PSICOLOGIA
PEDAGÓGICA

L. S. Vigotski

PSICOLOGIA PEDAGÓGICA

Tradução do russo e introdução de PAULO BEZERRA

wmf **martinsfontes**

SÃO PAULO 2018

Esta obra foi publicada originalmente em russo com o título
PEDAGOGUÍTCHESKAYA PSIKHOLÓGUIYA.
Copyright © Vigotskiy L. S.
Copyright © 2001, Livraria Martins Fontes Editora Ltda.,
Copyright © 2018, Editora WMF Martins Fontes Ltda.,
São Paulo, para a presente edição.

1ª edição *2001*
3ª edição *2010*
3ª tiragem *2018*

Tradução e introdução
PAULO BEZERRA

Revisões gráficas
Ana Luiza França
Eliane Rodrigues de Abreu
Produção gráfica
Geraldo Alves
Paginação
Studio 3 Desenvolvimento Editorial

Dados Internacionais de Catalogação na Publicação (CIP)
(Câmara Brasileira do Livro, SP, Brasil)

Vigotsky, Lev Semenovich, 1896-1934.
 Psicologia pedagógica / L.S. Vigotski ; tradução do russo e introdução de Paulo Bezerra. – 3ª. ed. – São Paulo : Editora WMF Martins Fontes, 2010. – (Coleção textos de psicologia)

Título original: Pedagoguítcheskaya Psikhológuiya
Bibliografia.
ISBN 978-85-7827-293-7

1. Pedagogia 2. Psicologia educacional I. Título. II. Série.

10-05215 CDD-370.15

Índices para catálogo sistemático:
1. Psicologia pedagógica : Educação 370.15

Todos os direitos desta edição reservados à
Editora WMF Martins Fontes Ltda.
Rua Prof. Laerte Ramos de Carvalho, 133 01325-030 São Paulo SP Brasil
Tel. (11) 3293-8150 e-mail: info@wmfmartinsfontes.com.br
http://www.wmfmartinsfontes.com.br

Índice

Introdução *XI*

Capítulo I
Pedagogia e psicologia **1**

Capítulo II
O conceito de comportamento e reação **15**

Capítulo III
Leis fundamentais da atividade nervosa superior (do comportamento) do homem **35**

Capítulo IV
Fatores biológico e social do comportamento **63**

Capítulo V
Os instintos como objeto, mecanismo e instrumento de educação **79**

Capítulo VI
A educação no comportamento emocional **127**

Capítulo VII
A psicologia e a pedagogia da atenção **149**

Capítulo VIII
Reforço e reprodução das reações **181**

Capítulo IX
O pensamento como forma especialmente complexa
de comportamento   213

Capítulo X
Enfoque psicológico da educação pelo trabalho   247

Capítulo XI
O comportamento social em face do desenvolvimento etário
das crianças   277

Capítulo XII
O comportamento moral   295

Capítulo XIII
A educação estética   323

Capítulo XIV
Exercício e cansaço   365

Capítulo XV
O comportamento anormal   379

Capítulo XVI
Temperamento e caráter   397

Capítulo XVII
O problema da inteligência e os objetivos individuais
da educação   427

Capítulo XVIII
Formas básicas de estudo da personalidade
da criança   433

Capítulo XIX
A psicologia e o mestre   445

Capítulo XX
O problema do ensino e do desenvolvimento mental
na idade escolar   465

Capítulo XXI
A dinâmica do desenvolvimento mental do aluno escolar em função da aprendizagem 489

Desenvolvimento dos conceitos cotidianos e científicos na idade escolar 517

A análise pedológica do processo pedagógico 547

Bibliografia 553
Índice onomástico 559

O desenvolvimento das nossas respostas é a história da nossa vida. Se nos coubesse procurar uma expressão para a verdade mais importante que a Psicologia moderna pode facultar ao mestre, ela rezaria simplesmente: o aluno é um aparelho que reage.

H. MÜNSTERBERG
A psicologia e o mestre

Introdução

Este livro se propõe uma questão de natureza principalmente prática. Ele gostaria de ajudar a nossa escola e o mestre e contribuir para uma elaboração de uma concepção científica do processo pedagógico em face dos nossos dados da ciência psicológica.

A psicologia passa atualmente por uma crise. As suas teses mais radicais e fundamentais estão sendo revistas, razão por que na ciência e na escola reina a mais completa confusão de idéias. Solapou-se a confiança nos sistemas anteriores e os novos ainda não se constituíram a ponto de ousarem destacar de si mesmos uma ciência aplicada.

A crise na psicologia implica fatalmente crise também para o sistema de psicologia pedagógica e sua reconstrução desde o início. Contudo neste sentido a nova psicologia é mais feliz que toda a sua antecessora, já que não terá de "tirar conclusões de suas teses e desviar-se quando deseja aplicar os seus dados à educação".

A questão psicológica ocupa o próprio centro da nova psicologia. A teoria dos reflexos condicionados é a base sobre a qual deve ser construída a nova psicologia. Reflexo condicionado é nome daquele mecanismo que nos transfere da biologia para a sociologia e permite elucidar a essência mesma e a natureza do processo educacional.

É preciso dizer francamente que a psicologia pedagógica como ciência só se tornou possível a partir dessa descoberta. Até então carecia daquele princípio fundamental capaz de unir em um todo aqueles dados fatuais fragmentários de que ela se valia.

Hoje deve tornar-se tarefa principal do curso a aspiração a manter uma unidade científica de princípio na análise de elementos particulares da educação e na descrição de diversos aspectos do processo pedagógico. É de suma importância mostrar com precisão científica definitiva que a educação, a despeito do que refira e das formas que assuma, sempre acaba tendo por base o mecanismo da educação do reflexo condicionado.

Entretanto seria incorreto ver nesse princípio um meio que tudo abrangesse e tudo salvasse, algum mágico "Abre-te Sésamo" da nova psicologia. Ocorre que a psicologia pedagógica, pela essência mesma da sua tarefa, opera com fatos e categorias psicológicas de natureza e ordem mais complexas do que algumas respostas isoladas ou reflexo e, em linhas gerais, do que aqueles a cujo estudo chegou a atual ciência da atividade nervosa superior do homem.

A pedagogia é levada a operar com formas mais sintéticas de comportamento, com respostas integrais do organismo. Por isso a teoria dos reflexos condicionados pode, naturalmente, constituir apenas o fundamento para o presente curso. Na descrição e análise de formas de comportamento mais complexas tem-se de empregar plenamente todo o material cientificamente fidedigno da velha psicologia, traduzindo conceitos velhos para uma linguagem nova.

O autor procurou sempre descobrir e mostrar a natureza motriz e refletora de todas essas formas de comportamento e assim ligá-la aos pontos de vista básicos e fundantes sobre o objeto.

Ele supõe, com Münsterberg, que passou o tempo em que "todo o aspecto motor parecia um apêndice sem importância, sem o qual a vida da alma poderia continuar da mesma forma em sua ordem. Hoje tudo se coloca ao contrário. Hoje a relação ativa e a ação são precisamente as que se consideram como aquelas condições que propiciam a efetiva possibilidade para o desenvolvimento dos processos centrais. Pensamos porque agimos" (1910, p. 118).

Quanto à terminologia, em parte alguma o autor temeu manter a antiga por ver nela o modo mais inteligível, cômodo e econômico de descrição de muitos fenômenos a ser empregado temporariamente até que se elabore uma nova linguagem científica. O autor achou que criar novos termos e denominações seria falsa pretensão, porque sempre que se descreveram fenômenos teve-se de adotar não só o nome como o material antigo. Por essa razão achou-se mais cômodo decodificar sempre o verdadeiro conteúdo do nome e do próprio material antigos. Por isso o livro traz marcas evidentes daquela época científica de transformação e crise em que tal terminologia estava sendo criada*.

Neste caso, como em qualquer curso sistemático, o autor teve de expor constantemente concepções alheias e traduzir idéias alheias para a sua linguagem. Teve de expor de passagem suas próprias considerações e unificá-las com considerações alheias. Apesar de tudo, supõe que se deva considerar este livro como uma nova experiência de construção de um curso de psi-

....
* Neste sentido o autor pôde basear-se em I. P. Pávlov, que considera: "Os dados objetivos obtidos [...] a ciência os transfere, mais dia menos dia, para o nosso mundo subjetivo e assim elucida, de forma imediata e clara, a nossa natureza tão misteriosa, esclarece o mecanismo e o sentido vital daquilo que mais ocupa o homem: a sua consciência, as angústias da sua consciência. Por isso permiti na exposição uma espécie de contradição nas palavras [...] Empreguei o termo 'psíquico' mas lancei apenas investigações objetivas, deixando de lado todo o subjetivo. Os fenômenos vitais, denominados psíquicos, embora observados objetivamente nos animais, mesmo assim se distinguem, ainda que seja pelo grau de complexidade, dos fenômenos puramente fisiológicos. Que importância há em como denominá-los: psíquicos ou complexamente nervosos à diferença dos simples fenômenos fisiológicos, uma vez que mal se tomou consciência e se reconheceu que o naturalista só pode abordá-los no aspecto objetivo, sem qualquer preocupação com a essência do fenômeno" (1924, pp. 30-1).

cologia pedagógica, como tentativa de criação de um manual de novo tipo.

A própria escolha do sistema e da distribuição do material constituiu uma experiência nova e ainda não realizada de grande síntese de diversos dados e fatos científicos.

No aspecto atual o livro não repete nenhum dos manuais do mesmo objeto de que o autor tenha conhecimento. Por isso o autor assume como sua cada idéia deste livro.

O autor deixa que a crítica competente julgue até que ponto ele conseguiu essa síntese e a convida a considerar o livro um manual provisório a ser substituído por outro mais aperfeiçoado no mais breve espaço de tempo possível.

Além de todos os erros pessoais do autor, a imperfeição dessa primeira experiência pareceu inevitável quando ele teve de construí-la em um campo absolutamente despreparado e não desbravado. O autor achava que o único objetivo do curso era pôr em prática, de modo rigoroso e coerente, o ponto de vista central do processo educacional como processo de reconstrução social das formas biológicas de comportamento. Por isso sua intenção principal era criar este curso de psicologia pedagógica em base biossocial.

O autor acharia que seu trabalho teria atingido a meta se, a despeito de todas as imperfeições do primeiro passo, este fosse dado na direção certa, se o livro viesse a ser o primeiro passo no sentido da criação de um sistema científico de psicologia pedagógica objetivo e preciso.

Paulo Bezerra

Capítulo I
Pedagogia e psicologia

A pedagogia

A pedagogia é a ciência que trata da educação das crianças. O que vem a ser educação? Esta pode ser definida de diferentes modos. Aproveitamos a definição de Blonski*, segundo quem "educação é uma ação premeditada, organizada e longa sobre o desenvolvimento de determinado organismo" (1924, p. 5).

Como ciência da educação, a pedagogia precisa estabelecer com clareza e precisão como organizar essa ação, que formas ela deve assumir, de que procedimentos lançar mão e em que sentido. Outra tarefa consiste em esclarecer para si mesma a que leis está sujeito o próprio desenvolvimento do organismo sobre o qual pretendemos agir. Em função disso a pedagogia abrange, em essência, vários setores inteiramente particulares do conhecimento. Por um lado, já que levanta a questão do desenvolvimento da criança, ela integra o ciclo das ciências biológicas, i.e., naturais. Por outro, uma vez que toda educação se propõe certos ideais, fins ou normas, ela deve operar com as ciências filosóficas e normativas.

----

* Cf. Comentário ao capítulo I no final do livro. (N. do T.)

Daí surge uma discussão permanente na psicologia sobre os seus aspectos filosófico e biológico. A metodologia da ciência estabelece a diferença básica entre as ciências que estudam os fatos e aquelas que estabelecem as normas. Não há dúvida de que a pedagogia se encontra na fronteira de ambas.

Entretanto nem os fatos em si são capazes de nos levar a conclusões científicas com o mínimo de precisão sobre a educação nem as normas nos podem garantir a exeqüibilidade real de um ideal sem se basearem em fatos. "A pedagogia filosófica", diz Blonski, "cria uma utopia pedagógica. Já a pedagogia científica começa o seu trabalho não estabelecendo ideais supremos, normas e leis mas estudando o desenvolvimento fatual do organismo a ser educado e a interação efetiva entre ele e o meio que o educa. A pedagogia científica não se baseia em especulações abstratas mas nos dados da observação e da experiência e é uma ciência empírica perfeitamente original e nunca uma filosofia aplicada" (1924, p. 10).

Sendo, porém, uma ciência empírica perfeitamente original, a pedagogia se baseia em ciências auxiliares: na ética social, que aponta os objetivos gerais e tarefas da educação, e na psicologia, associada à fisiologia, que indica os meios para a solução dessas tarefas.

A psicologia

Em sentido exato, psicologia é a doutrina ou ciência da alma. Assim era no início.

As primeiras concepções sobre o homem distinguiam nele o corpo e a alma como substâncias específicas, considerando dual a natureza dele. O surgimento dessa concepção remonta aos tempos primitivos em que o homem, observando os fenômenos do sonho, da morte e das doenças, convencia-se de que era habitado por um duplo ou algum espírito. Em pensamento mais desenvolvido essa crença assumiu o caráter de concepção sobre a alma, que era assemelhada a uma substância material fina como a fumaça ou o vapor. A própria palavra "alma" (*duchá*) é congênere da palavra russa *dichát* e significa "capacidade de respirar".

Em semelhante quadro, a psicologia era realmente a ciência da alma. Os filósofos estudavam a natureza e as propriedades dessa alma e se perguntavam se era ela mortal ou imortal, que relação havia entre alma e corpo, quais eram a essência e os traços de uma substância espiritual, etc.

Essa tendência dominou a psicologia durante muito tempo e por uma questão de justiça pode ser chamada de psicologia metafísica por ter sempre operado com matéria extra-sensorial, inacessível à nossa experiência. Com o surgimento da verdadeira ciência houve uma ramificação, uma separação de todo o conhecimento, sua desintegração em conhecimento metafísico, por um lado, voltado para os objetos da fé e ocupado como mundo extra-sensorial, e conhecimento positivo ou científico, que se restringia conscientemente nos marcos do seu conhecimento aos limites da experiência mas em compensação ganhava na fidelidade dos conhecimentos que obtinha.

No século XVIII, a psicologia desintegrou-se em racional e empírica. A psicologia metafísica continuou a ser chamada de psicologia racional, uma vez que o seu principal método de estudo era a especulação. Ao contrário, a psicologia empírica logo tomou consciência de si mesma como ciência dos fatos, baseada na experiência e empenhada em colocar-se na mesma relação com o objeto como o faziam as ciências naturais.

Mas a própria psicologia empírica, ainda que tenha começado por uma crítica impiedosa à psicologia racional, durante muito tempo continuou tratando de problemas metafísicos.

A psicologia metafísica foi objeto de uma crítica severa de Locke, Hume e Kant, que mostraram que a alma não passa de produto da nossa fantasia e, em realidade, na experiência nos é dada sempre apenas essa ou aquela percepção mas nunca a sensação da alma em forma de essência específica.

Portanto, no lugar da psicologia como ciência da alma começou a surgir uma nova ciência sobre os fatos da alma. Lange denominou essa ciência "psicologia sem alma", dizendo: "Por acaso a psicologia não se chama ciência da alma? Como se pode conceber uma ciência que duvida de ter ou não objeto de estudo? Temos uma denominação tradicional para um grupo grande de fenômenos mas de longe delimitado com precisão. Essa denominação nos veio da época em que se desconheciam as exigências rigorosamente científicas de hoje. Será o caso de abandonar a denominação, uma vez que se modificou o objeto da ciência? Seria pedante e pouco prático. Portanto, adotemos sem vacilar a psicologia sem alma. Ainda assim sua denominação será útil enquanto operarmos com um assunto que nenhuma ciência tem resolvido a contento" (1921, p. 8).

Foi a psicologia empírica que se tornou "psicologia sem alma", "psicologia sem nenhuma metafísica" ou "psicologia baseada na experiência". Aqui cabe observar que essa solução do problema foi de compromisso e paliativa. Mesmo que com isso se tenha abandonado boa dose de metafísica, ainda assim a psicologia não se equiparou inteiramente às ciências naturais. Ela passou a ser entendida como ciência dos fenômenos psíquicos ou fenômenos da consciência. Essas duas denominações não resistem a uma crítica científica.

Essa psicologia ensinava que os fenômenos psíquicos diferem por natureza de todos os demais fenômenos do mundo, são imateriais, *não extensivos*, inacessíveis à experiência objetiva e transcorrem paralelamente aos processos físicos no nosso corpo sem estarem a ele ligados por relação causal. Admitindo, assim, a existência de fenômenos imateriais, desprovidos de espaço, essa psicologia mantinha na íntegra a visão dualista da natureza humana (dualismo) própria do pensamento primitivo e religioso. Não é por acaso que essa psicologia estava estreitamente ligada à filosofia idealista, que ensinava que o espírito é um princípio específico diferente da matéria, enquanto a consciência tem uma realidade especial, autônoma, independente do ser. Por isso a psicologia, fechada numa consciência isolada da realidade, foi condenada à esterilidade, ao desligamento da realidade e à impotência diante das questões mais candentes do comportamento humano.

Em primeiro lugar, a consciência representa só uma parte insignificante da nossa experiência psíquica, já que existe todo o imenso mundo do inconsciente; em segundo, ou ela é apenas uma propriedade qualquer dessa experiência ou representa disfarçadamente o mesmo conceito que representa a alma, apenas com outro nome. "É incorreto ainda afirmar", diz Blonski, "que a psicologia estuda os fenômenos psíquicos. Essa psicologia não se distanciou da psicologia da alma e sofre dos mesmos defeitos do compromisso: ao proclamar-se psicologia sem alma, essa psicologia começa subitamente a estudar fenômenos... da alma. É verdade que ela se justifica quando usa as palavras 'fenômenos psíquicos' simplesmente para designar um grupo de fenômenos *sui generis* que diferem dos fenômenos ou objetos materiais porque eles, i.e., os fenômenos psíquicos, não existem no espaço sem ocuparem lugar, não são percebidos por olhos, ouvidos e demais órgãos dos sentidos e só são conhecidos imediatamente por quem os vivencia. Entretanto, acaso minhas idéias podem existir sem aquele lugar no espaço que se chama meu cérebro? Acaso não podeis ver, ainda que parcialmente, a minha alegria e ouvir os meus desejos? Como é possível afirmar depois disso que os fenômenos psíquicos estão desligados do espaço, não são percebidos imediatamente por ninguém senão por mim e não podem ser vistos?" (*ibid.*, p. 10).

Através dos seus maiores representantes, a psicologia empírica já havia sugerido a importância do aspecto motor no estudo dos processos psíquicos. Mostrou que começa com o movimento o desenvolvimento dos processos centrais mais complexos e que o movimento não é um "apêndice insignificante" da vida psíquica. E todos os processos psíquicos passaram a ser entendidos como integrantes da ação, como seus elementos prévios. "Pensamos porque agimos", diz Münsterberg. Mas não diz que a mais completa caricatura dessa teoria seria aquela concepção grosseiramente equivocada segundo a qual a riqueza da vida interior depende do número de movimentos e que a vida interior mais rica, conseqüentemente, deve ser a do atleta ou a do acrobata de circo. Nos atos complexos, a "resposta motora não consiste numa ação muscular qualquer mas em nova ampliação ou circuito das vias motoras no próprio cérebro" (1922, p. 128). Mas a despeito de toda a atenção dada ao aspecto motor, essa doutrina continuou a distinguir fenômenos psíquicos específicos da natureza imaterial, i.e., a manter o dualismo e o espiritualismo da psicologia empírica.

Por isso, em vez de uma ciência sobre os fenômenos psíquicos, hoje a psicologia começa a assumir a forma de uma nova ciência, que os cientistas americanos definem como ciência do comportamento dos seres vivos. Esses psicólogos entendem por comportamento todo o conjunto de movimentos, internos e externos, de que dispõe um ser vivo. A psicologia se apóia em um fato há muito estabelecido, segundo o qual todo estado de consciência liga-se forçosamente a esses ou àqueles movimentos. Noutros termos, todos os fenômenos psíquicos que ocorrem no organismo podem ser estudados do aspecto do movimento.

A psicologia considera até mesmo as formas mais complexas da nossa consciência como formas de certos movimentos especialmente delicadas e imperceptíveis. Assim, a psicologia se torna ciência biológica por estudar o comportamento como uma das formas fundamentais de adaptação de um organismo vivo ao meio. Por isso vê o comportamento como processo de interação entre o organismo e o meio, e seu princípio explicativo passa a ser o princípio da utilidade biológica da psique.

Contudo o comportamento do homem se processa nos complexos limites do meio social. O homem não entra em convívio com a natureza senão através do meio, e em função disso o meio se torna o fator mais importante, que determina e estabelece o comportamento do homem. A psicologia estuda o comportamento do homem social e as leis da mudança desse comportamento.

Nesse caso muda não só o objeto, mudam igualmente os métodos da ciência. Se o método principal da psicologia empírica era a auto-observação, i.e., a percepção dos seus próprios processos psíquicos, a nova psicologia rejeita esse método como único e até principal. E esse método se distingue por um extremado subjetivismo, porquanto cada um é, ao mesmo tempo, observador e observando. Ele requer o desdobramento da atenção, que nunca pode ser realizada inteiramente: ou sob a influência da observação desaparece o próprio sentimento ou outro fenômeno observável, ou corremos o risco de omitir o principal, captado pela agudeza da vivência imediata. "Observar o seu próprio medo significa não ter muito medo", observa Blonski, "observar a sua própria ira significa contribuir para que ela comece a passar. Se somos tomados de forte medo ou ira, não nos sobra tempo para observar a nós mesmos" (1921, p. 22).

Por isso, não cabe considerar a auto-observação como autopercepção ou estado passivo da consciência quando os fenômenos são, por assim dizer, propriamente registrados na nossa consciência, mas antes como atividade específica levada à percepção das próprias vivências. Essa ação pode influenciar de modo perturbador outras ações e ela mesma pode ser perturbada por elas. Por isso, ao negar a auto-observação como a única fonte de conhecimento psicológico, a ciência não se recusa a aplicar esse método como informe verbal do experimentando ou da sua enunciação, suscetível de análise e interpretação como todos os demais fatos do seu comportamento. Tais informes verbais ajudam a incluir na investigação do comportamento a consideração dos movimentos internos ou reações inibidos ou não revelados, que sem esse método permaneceriam fora do campo da nossa observação.

Mas é necessário pôr os dados obtidos com o auxílio desse método sob o mais rigoroso controle e verificação dos resultados objetivos, uma vez que sempre nos arriscamos a obter resultados falsos e subjetivamente distorcidos. Por isso os principais métodos da ciência continuam sendo as observações objetiva e experimental. Comparado à simples observação, o experimento tem o mérito de permitir suscitar a nosso arbítrio uma infinidade de fatos uma vez necessários, isolá-los, combiná-los, colocá-los em diferentes condições, modificá-los segundo as necessidades da pesquisa.

O primeiro traço distintivo da nova psicologia é o seu materialismo, uma vez que ela considera todo o comportamento do homem como constituído de uma série de movimentos e reações e dotado de todas as propriedades da existência material. O segundo traço é o seu objetivismo, uma vez que ela coloca como condição *sine qua non* das investigações a exigência de que estas tenham por base a verificação objetiva do material. O terceiro traço é o seu método dialético, que reconhece que os processos psíquicos se desenvolvem em indissolúvel ligação com todos os outros processos no organismo e estão sujeitos exatamente às mesmas leis a que está todo o restante na natureza. O quarto e último traço é o seu fundamento biossocial cujo sentido definimos anteriormente.

A psicologia científica passa atualmente por certa crise, e a nova ciência vive o período de sua construção inicial. Entretanto, isso não significa que ela deva apoiar-se apenas no seu próprio material. Ao contrário, ela é levada freqüentemente a apoiar-se em todo o material cientificamente fidedigno da velha psicologia. Tendo em vista que mudou na ciência o ponto de vista central e basilar sobre o objeto, tem-se sempre de dar um novo tratamento ao velho material, traduzir os velhos conceitos para a linguagem nova, elucidar e assimilar leis e fatos anteriores à luz das novas concepções. Por isso, durante muito tempo ainda iremos sentir inevitavelmente na psicologia certa duplicidade na sua origem, começando pelas mais amplas generalizações e terminando na terminologia. Isso é inevitável sobretudo no nosso período transitório e crítico em que a própria ciência passa por uma séria crise.

Psicologia pedagógica

Na segunda metade do século XIX houve uma transformação substancial na psicologia: esta chegou à fase do experimento. Ocorre que precisamente ao experimento todas as ciências naturais deviam os seus inusitados triunfos. O experimento criara a física, a química, a fisiologia. Pela primeira vez médicos, fisiólogos, químicos e astrônomos apontavam para a possibilidade do experimento em psicologia. Com o experimento em psicologia veio a aspiração por um estudo dos fenômenos, na medida do possível, preciso, e a psicologia passou a empenhar-se no sentido de tornar-se ciência exata. Daí, naturalmente, surge a aspiração a aproveitar na prática as leis teóricas da ciência como acontece em qualquer disciplina aplicada.

"A psicologia pedagógica", diz Blonski, "é o ramo da psicologia aplicada que trata de aplicar as conclusões da psicologia teórica ao processo de educação e aprendizagem" (1924, p. 11). A princípio, no momento do seu surgimento, a psicologia pedagógica suscitou grandes esperanças, e todos achavam que sob a sua direção o processo educacional se tornaria realmente tão preciso como a técnica. Mas as expectativas acabaram frustradas e logo veio o desencanto geral na psicologia. As causas eram várias: umas, de natureza teórica, decorrentes da própria essência dessa ciência; outras, de natureza prática, decorrente do seu desenvolvimento histórico.

As causas de natureza teórica consistiam em que a ciência nunca pode dirigir diretamente a prática. James teve muita razão ao indicar que é um profundo equívoco pensar que da psicologia se podem tirar determinados programas, planos ou métodos de lecionar para uso imediato na escola. "A psicologia é ciência, lecionar é arte, as ciências nunca irão produzir arte diretamente de si mesmas. A lógica ainda não ensinou nenhuma pessoa a pensar corretamente, assim como a ética da ciência nunca levou ninguém a agir bem. A pedagogia e a psicologia caminharam lado a lado, e de modo algum a primeira foi extraída da segunda. Ambas se eqüivaliam e nenhuma se subordinava à outra. De igual maneira o ato de lecionar e a psicologia deviam sempre estar *combinados* entre si, mas isso ainda não significa que algum método de lecionar seja o único assim combinado, pois muitos desses métodos podem estar em comunhão com as leis da psicologia. Por isso, se alguém conhece psicologia, daqui absolutamente não se segue que ele ainda seja um bom guia" (1905, pp. 6-7).

As causas de natureza prática que provocaram as frustrações na psicologia pedagógica são aquela natureza estreita que ela adquiriu inclusive entre os seus maiores representantes. Laj censurava Meuman por tê-la reduzido a um "simples ofício". De fato, na elaboração clássica ela está bem mais próxima "da higiene que da pedagogia" (Gessen).

Assim, a psicologia não faculta diretamente nenhuma conclusão pedagógica. Mas como o processo educacional é um processo psicológico, o conhecimento dos fundamentos gerais da psicologia evidentemente ajuda a levantar cientificamente o assunto. A educação acaba significando sempre a modificação do comportamento hereditário e a inoculação de novas formas de reação. Conseqüentemente, se queremos examinar esse processo do ponto de vista científico, devemos necessariamente nos dar conta das leis gerais das reações e das condições da sua formação. Assim a relação da pedagogia com a psicologia lembra inteiramente a relação de outras ciências aplicadas com suas disciplinas teóricas. A psicologia passou a ser aplicada a questões práticas, ao estudo do crime, à cura de doenças, ao trabalho e à atividade econômica. "Tudo indica", diz Münsterberg, "que teremos brevemente a nossa psicologia aplicada. E então essa espécie de psicologia aplicada não mais será um simples amontoado de trechos da psicologia teórica que podem ser usados com fins práticos. E então a psicologia aplicada assumirá em face da psicologia comum a mesma atitude que assume a engenharia perante a física. Tratará exclusivamente de uma questão: como a psicologia nos pode ajudar a atingir certos fins?

Portanto, a psicologia pedagógica, produto desses últimos anos, é uma ciência nova que faz parte da psicologia aplicada ao lado da psicologia clínica, forense, econômica, estética e industrial. A psicologia pedagógica vem dando apenas os seus primeiros passos e não está em condição de propor um sistema de regras ou sugestões com o mínimo de acabamento. Mesmo assim deve apoiar-se nas suas próprias potencialidades. Ser-lhe-ia inútil simplesmente tomar de empréstimo o material pronto à psicologia geral. Entretanto, o início foi lançado, e não há dúvida de que de embriões modestos surgirá dentro em breve a verdadeira psicologia pedagógica" (1910, pp. 96-7).

É por isso que não podemos, de modo algum, concordar com Blonski em que "a psicologia pedagógica toma à psicologia teórica, por um lado, aqueles capítulos de interesse para o pedagogo como memória, atenção, imaginação, etc., e, por outro, discute as reivindicações pedagógicas lançadas pela vida do ponto de vista da correspondência destas às leis da vida psíquica e resolve, por exemplo, como desenvolver uma alfabetização que melhor corresponda à psicologia infantil" (1924, p. 11).

Tudo aqui é falso. Em primeiro lugar, transferir capítulos prontos da psicologia geral implicará sempre aquele inútil trabalho de transferir materiais e trechos alheios prontos a que se refere Münsterberg. Em segundo, sem a mediação de nenhuma ciência é impossível imaginar a vida e apresentar reivindicações pedagógicas; é uma questão de preparo teórico. Por último, é impossível conceder à psicologia apenas o papel de perita.

Estabelecer-se-ia uma correta correlação de forças e tarefas científicas caso se distribuísse a competência científica entre disciplinas pedagógicas particulares da seguinte maneira: 1) história dos sistemas de educação; 2) história das idéias pedagógicas; 3) pedagogia teórica; 4) pedagogia experimental, identificada falsa e precipitadamente com a psicologia pedagógica que usa experiências; ela tem diante de si os objetivos da investigação experimental de determinados procedimentos pedagógicos mas nunca psicológicos; 5) psicologia pedagógica, que deve existir como ciência específica, e é absolutamente inútil alguns autores falarem da transformação da pedagogia em psicologia pedagógica. Essa concepção surgiu de fato apenas como fruto de equívoco e de uma discriminação imprecisa das tarefas de cada ciência.

"A pedagogia deve basear-se na psicologia pedagógica como a pecuária se baseia na biologia experimental", diz Blonski (*id*., p. 15).

Isso é uma coisa, bem outra é a afirmação de que "a pedagogia é uma psicotécnica experimental", como é uma coisa a afirmação de que a pecuária se baseia na biologia experimental e outra bem diferente é passar pela cabeça de alguém fundi-la com a biologia experimental. A primeira é correta, a segunda, não.

A pedagogia deve discutir os objetivos e tarefas da educação, aos quais a psicologia pedagógica apenas dita os meios de realização: "O jardineiro ama as suas tulipas e detesta a erva daninha. O botânico, que descreve e explica, não ama nem detesta nada, e do seu ponto de vista não pode amar ou detestar nada. Para ele a erva daninha é um vegetal tão autêntico e, conseqüentemente, tão importante quanto a flor mais bela. Assim como para o botânico a erva daninha não é menos interessante que a flor, de igual modo para a ciência do homem a tolice humana não é menos interessante que a sabedoria humana. Tudo isso é material a ser analisado e explicado sem parcialidade nem prevenção. Desse ponto de vista o ato mais nobre não se afigura melhor que o crime mais hediondo, o sentimento mais belo não tem mais valor que uma vileza repugnante, o pensamento mais profundo do gênio não pode ter preferência perante o murmúrio absurdo do louco; tudo isso é material indiferente, cuja única pretensão é a de existir como elo de uma cadeia de fenômenos causais" (Münsterberg, 1910, p. 30).

Do mesmo modo a psicologia pedagógica pode ser igualmente direcionada a qualquer sistema educacional. Pode indicar como se deve educar o escravo e o homem livre, de igual maneira o carreirista e o revolucionário. Isso nós verificamos brilhantemente no exemplo da ciência européia, que é igualmente criativa na produção de meios de edificação e destruição. A química e a física servem igualmente à guerra e à cultura. Por isso, cada sistema pedagógico deve ter seu sistema de psicologia pedagógica.

A ausência de semelhante ciência deve-se a causas históricas e às peculiaridades do desenvolvimento da psicologia. Blonski tem razão ao dizer que os defeitos atuais da psicologia pedagógica devem-se aos seus remanescentes espiritualistas e a um ponto de vista individualista, e que só a psicologia enquanto ciência biológica é útil à pedagogia.

A antiga psicologia, que examinava o psiquismo isolando-o do comportamento, não podia encontrar o verdadeiro terreno para uma ciência aplicada. Ao contrário, dedicando-se a ficções e abstrações, estava sempre dissociada da vida viva e por isso era impotente para destacar de si mesma a psicologia pedagógica. Toda ciência surge das necessidades práticas e acaba orientando-se para a prática. Marx dizia que os filósofos se limitaram a interpretar o mundo, era hora de transformá-lo. Esse momento chega para toda ciência. Mas enquanto os filósofos interpretavam a alma e os fenômenos psíquicos, não podiam refletir sobre a maneira de transformá-los porque estavam fora da esfera da experiência. Agora, porém, quando a psicologia passa a estudar o comportamento, ela se pergunta naturalmente como modificá-lo. A psicologia pedagógica é essa ciência que trata das leis da mudança do comportamento humano e dos meios de dominar essas leis.

Assim, a psicologia pedagógica deve ser considerada uma ciência autônoma, um ramo especial da psicologia aplicada. Deve-se reconhecer como equivocada a identificação da psicologia pedagógica com a pedagogia experimental, admitida por muitos autores (Meuman, Blonski e outros). Que a questão não é assim já foi demonstrado de modo bastante convincente por Münsterberg, para quem a pedagogia experimental é parte da psicotécnica. "Se é assim", diz Gessen, "terá essa parte da psicotécnica o direito de denominar-se pedagogia só porque se dedica a pesquisar meios técnicos capazes de encontrar aplicação prática na pedagogia? É o que ocorre, pois a psicotécnica aplicada na justiça não se torna jurisprudência por isso. De igual maneira a psicotécnica aplicada na vida econômica não se torna por isso parte da economia política. É evidente que a psicotécnica, aplicada no campo da educação, não tem qualquer fundamento para pretender não só vir a tornar-se, com o tempo, toda a pedagogia como considerar-se setor dela. No melhor dos casos, a pedagogia experimental poderia denominar-se psicotécnica pedagógica."

Seria mais correto distinguir: 1) a pedagogia experimental, que por via empírica resolve tarefas puramente pedagógicas e didáticas (escola experimental); 2) a psicotécnica pedagógica, que é análoga a outros setores da psicotécnica e se dedica à investigação psicológica aplicada à educação.

Mas até essa última é apenas uma parte da psicologia pedagógica, pois "a psicotécnica não é, absolutamente, idêntica à psicologia aplicada e constitui apenas metade dela" (Münsterberg, 1922, p. 4). A sua outra metade é a "psicologia da cultura". Juntas, elas formam aquela verdadeira psicologia pedagógica cuja criação é coisa de um futuro próximo.

"Não será por que a pedagogia experimental", pergunta Gessen, "ainda pode gabar-se tão pouco da precisão das suas conclusões que é estudada mais por pedagogos e filósofos que por médicos e especialistas?"

Capítulo II
O conceito de comportamento e reação

Comportamento e reação

As reações são os elementos fundamentais de que se forma todo o comportamento do homem e do animal quer nas formas mais simples, quer nas mais complexas. Costuma-se denominar reação em psicologia a ação responsiva do organismo suscitada por um estímulo qualquer. Se atentarmos para o comportamento do homem, é fácil perceber que todos os movimentos e atitudes costumam surgir em reação a algum impulso ou estímulo que denominamos causa desse ou daquele ato.

Todo ato nosso é forçosamente antecedido de alguma causa que o suscita em forma quer de fato ou acontecimento externo, quer de um desejo interno, motivação ou pensamento. Todos esses motivos de atos são os estímulos das nossas reações. Assim, a reação deve ser entendida como certa relação recíproca entre o organismo e o meio que o rodeia. A reação é sempre uma reação do organismo a essas ou aquelas mudanças do meio, sendo um mecanismo de adaptação sumamente valioso e psicologicamente útil.

A reação surge nos estágios mais primitivos de desenvolvimento da vida orgânica. As bactérias, por exemplo, reagem a estímulos insignificantes como a bilionésima fração de miligrama de sal de potássio. Outros organismos mais simples como as amebas, os infusórios, etc. também são dotados da capacidade nitidamente expressa de reação. Os vegetais também não são exceção. Darwin estabeleceu que as glândulas da drósera reagem ao estímulo de um grão de pó de ferro de 1/250 000 fração de miligrama.

A reação é a forma inicial e básica de todo comportamento. As formas mais simples dessa reação são *os movimentos oriundos de algo e os movimentos no sentido de algo*, que expressam o empenho animal de evitar estímulos desfavoráveis, comprimir o corpo, desviar-se do perigo e, ao contrário, aproximar-se do estímulo favorável, espichar-se, apossar-se. Foi dessas formas primárias de comportamento no processo da longa evolução que se desenvolveu uma infinidade de formas as mais diversas de comportamento humano.

Três momentos da reação

Toda reação, seja na forma mais primitiva dos organismos mais simples ou na forma mais complexa de comportamento consciente do homem, sempre compreenderá forçosamente três momentos básicos. O primeiro é a percepção, pelo organismo, desses e daqueles estímulos enviados pelo meio exterior, e é convencionalmente denominado momento sensorial. Segue-se o segundo momento de elaboração desse estímulo nos processos internos do organismo estimulados para a ação por um impulso. O terceiro e último momento é a ação responsiva do organismo, o mais das vezes sob a forma de movimento resultante de processos internos. Chamemos de motor a esse terceiro momento, podendo-se denominar central o segundo momento, que se aplica aos animais superiores e ao homem, nos quais está vinculado ao funcionamento do sistema nervoso central. Esses três momentos – o sensorial, o central e o motor – ou a percepção do estímulo, sua elaboração e ação responsiva têm presença necessária em todo ato de reação.

Para efeito de exemplo, cabe examinar algumas espécies mais simples de reação. Se o caule de um vegetal pende para o sol (heliotropismo), uma traça se precipita para a chama de uma vela, o cão saliva em resposta à carne que lhe puseram na boca, ou o homem, ao ouvir a campainha na porta de entrada, caminha para ela e a abre, em todos esses casos é fácil descobrir a existência de todos os três momentos já enumerados. O efeito dos raios solares sobre o vegetal, da chama da vela para a traça, da carne para o cão e do som da campainha para o homem serão os estímulos às respectivas reações. Os processos químicos internos, que surgem no vegetal e no organismo da traça sob o efeito dos raios, a excitação nervosa transmitida a partir da língua do cão e do ouvido do homem para o sistema nervoso central, tudo isso constitui o segundo momento das respectivas reações. Por último, a própria inclinação do caule, a arremetida da traça, a salivação no cão, os passos do homem e a virada da chave constituem o terceiro e conclusivo momento da reação.

Entretanto, nem sempre os três momentos são tão evidentes como nos exemplos que acabamos de citar. Às vezes atuam como estímulos alguns processos do organismo internos e invisíveis: mudança da circulação sangüínea, da respiração, dos órgãos internos, secreção das glândulas, etc. Nesses casos, o primeiro momento da reação permanece oculto aos nossos olhos.

Por vezes os processos internos, como os de mais difícil acesso à observação e menos estudados, ou atingem tal complexidade que não se prestam a controle no estado atual da ciência psicológica ou, ao contrário, assumem formas tão aceleradas que parecem inteiramente ausentes. Neste caso se nos afigura que, na reação, o terceiro momento vem imediatamente depois do primeiro, i.e., o movimento do organismo ocorre imediatamente depois do estímulo recebido, como durante a tosse, o grito reflexo, etc.

Manifesta-se mais amiúde em forma aberta o terceiro momento da reação: a própria ação responsiva do organismo. Ela pode manifestar-se em movimentos insignificantes e imperceptíveis ao olho como os movimentos embrionários da fala que fazemos quando pronunciamos mentalmente alguma palavra. Tal ação pode traduzir-se numa série de movimentos dos órgãos internos, e então também permanece oculta ao olho.

Por último, as reações podem entrar em tais relações complexas entre si que para a simples observação vem a ser absolutamente impossível desmembrar o comportamento em reações isoladas e indicar todos os três momentos em cada uma delas. O mesmo ocorre quando a ação responsiva é abandonada durante ou retardada em comparação com a ação do estímulo. Neste caso, nem sempre se consegue restaurar com facilidade e plenitude o processo trinário da reação.

Cabe observar que esses três momentos se manifestam com maior clareza nas reações mais simples. Nas formas complexas do comportamento humano elas assumem formas cada vez mais ocultas e obscuras, e freqüentemente faz-se necessária uma análise muito complexa para se descobrir a natureza da reação. Contudo mesmo nas formas mais complexas o comportamento humano se estrutura pelo tipo e o modelo da mesma reação precisa que se verifica nas formas mais complexas nos vegetais e organismos unicelulares.

Reação e reflexo

Nos animais dotados de sistema nervoso a reação assume a forma do chamado reflexo. Costuma-se entender por reflexo em fisiologia qualquer ato do organismo suscitado por algum estímulo externo do sistema nervoso; é transmitido através do nervo centrípeto ao cérebro, de onde, através do nervo centrífugo, suscita-se o movimento ou a secreção do órgão operativo. A própria via do reflexo habitual, formado: a) pelo nervo centrípeto, b) pelos neurônios aferentes e *eferentes* da medula espinhal e c) pelo nervo centrífugo, é denominada arco reflexo e constitui o esquema mais geral de todo ato nervoso. Ultimamente, alguns cientistas vêm chamando decididamente de reflexos todas as reações do homem, chamando de reflexologia a ciência que trata das reações do homem e do animal.

Entretanto essa substituição do termo não nos parece conveniente. O reflexo, como é fácil entender a partir de sua descrição, é apenas um caso particular de reação: resposta do sistema nervoso. Assim, o reflexo é um conceito estritamente fisiológico, sendo a reação um conceito amplamente biológico. Não existe reflexo nem nos vegetais, nem nos animais, nem nos seres dotados de sistema nervoso, mas aqui temos pleno direito de falar de reação. Assim, o conceito de reação nos ajuda a deslocar o comportamento humano para a longa série de movimentos biológicos de adaptação de todos os organismos, inferiores ou superiores, colocá-lo em relação com as bases da vida orgânica na Terra, abrir perspectivas ilimitadas para o estudo de sua evolução e examiná-lo no mais amplo aspecto biológico. Ao contrário, o conceito de reflexo nos enclausura na fisiologia do sistema nervoso e restringe o círculo dos fenômenos observáveis.

A isso ainda cabe acrescentar que nem de longe foi resolvida e continua discutível a questão de saber se não existiriam no organismo humano reações não associadas ao arco reflexo mas advindas imediatamente de excitadores químicos do sistema nervoso central. Assim, por exemplo, o acadêmico Lázariev estabelece, na teoria da excitação iônica dos nervos, a plena admissibilidade teórica e a possibilidade de tais estímulos primordiais e arbitrários do sistema nervoso, que resultam da desintegração do sal de potássio na massa cerebral. Os movimentos que daqui surgem são um tipo plenamente acabado de resposta, uma vez que estamos diante de todos os três momentos constituintes necessários: excitação sob a forma de desintegração dos sais, elaboração central e ato responsivo. Entretanto, só a muito custo poderemos chamar essa ação de reflexo. Para tanto, falta-lhe a primeira parte do arco reflexo, a participação do nervo centrípeto que conduz a excitação periférica do cérebro.

Por tudo isso, doravante manteremos sempre em toda a exposição o termo "reação" para designar as formas básicas do comportamento humano. Além do mais, esse termo tem atrás de si uma séria tradição científica, principalmente na parte experimental, i.e., mais exata da psicologia, em que esse termo designava os atos elementares do comportamento humano.

Divisão das reações em hereditárias e adquiridas

Basta a mais simples observação do comportamento do animal ou do homem para se perceber que em sua composição encontram-se reações de origem vária.

Umas delas são reações hereditárias ou natas, e são dadas à criança no primeiríssimo momento do nascimento ou surgem no processo do seu crescimento sem qualquer aprendizagem e influência de estranho. Assim são, por exemplo, os reflexos do grito, da engolição, da sucção, que se observam na criança desde as primeiras horas após o nascimento e em linhas gerais permanecem imutáveis ao longo de toda a sua vida. Essas formas hereditárias de comportamento dividem-se facilmente em duas classes: os reflexos e os instintos.

Outras reações, ao contrário, surgem no processo da experiência pessoal no tempo mais vário e devem sua origem não à organização hereditária mas às peculiaridades individuais da experiência pessoal. A diferença principal entre as reações natas e adquiridas consiste em que as primeiras são um capital de movimentos adaptatórios úteis extremamente uniforme para toda a espécie, enquanto as segundas, ao contrário, são sumamente variadas e se distinguem por uma extrema mutabilidade e inconstância. Tossem e revelam medo quase da mesma forma o australiano e o esquimó, o francês e o negro, o operário e o milionário, a criança e o velho, o homem antigo e o contemporâneo. Nas formas hereditárias de comportamento há muito em comum entre o animal e o homem. Ao contrário, as reações adquiridas são sumamente diversas dependendo das particularidades históricas, geográficas, sexuais, individuais e de classe.

Reflexos hereditários ou incondicionados

Os reflexos hereditários ou incondicionados devem ser considerados o grupo principal de reações de uma criança recém-nascida. A criança grita, move as mãos e os pés, tosse, alimenta-se, e faz tudo isso graças a um mecanismo nervoso-refletor bem ajustado e acionado desde os primeiros minutos.

Devemos reconhecer como traços distintivos dos reflexos, em primeiro lugar, o fato de serem eles uma ação de resposta a algum estímulo; em segundo, o fato de serem mecânicos, involuntários e inconscientes, de sorte que, se o homem deseja recalcar esse ou aquele reflexo, freqüentemente ele não tem condição de fazê-lo; em terceiro, o fato de serem o mais das vezes biologicamente úteis. Assim sendo, se a criança fosse incapaz de tossir por reflexo, ela poderia facilmente sufocar-se ao tomar o alimento; o reflexo existente a leva a fazer movimentos de rejeição e expulsão para livrar-se das partículas de alimento que tenham caído no orifício da traquéia e a ameacem. É igualmente útil o reflexo de fechar as pálpebras em resposta a algum estímulo mecânico desagradável direcionado para o olho. Esse reflexo protege de danos mecânicos um órgão tão importante e delicado como o olho.

Do exposto já podemos ver que o recém-nascido existe principalmente por força das formas hereditárias de comportamento. Se ele pode alimentar-se, respirar e mover-se, tudo isso ele deve aos reflexos. Este não é senão a ligação mais simples que existe entre esse ou aquele elemento do meio e o respectivo movimento adaptatório do organismo.

Os instintos

Costuma-se denominar instintos as formas mais complexas de comportamento hereditário. Ultimamente vem-se promovendo com intensidade o ponto de vista segundo o qual o instinto deve ser considerado um reflexo complexo ou em cadeia. Entende-se por isso uma união de alguns reflexos em que a parte responsiva de um reflexo serve de estímulo à seguinte. Neste caso, como resultado de um impulso insignificante ou de algum estímulo externo, pode surgir uma complexa série de ações e atos interligados de tal modo que cada ação suscitará automaticamente a seguinte.

Tomemos para exemplo o instinto alimentar, que se manifesta na criança. Desse ponto de vista a questão deve ser vista assim. O primeiro estímulo são os processos internos, que motivam a criança a fazer por reflexo vários movimentos de orientação e busca com a boca, os olhos e a cabeça. Quando a mãe, respondendo a esses movimentos, aproxima o peito dos lábios da criança, surgem um novo estímulo e um novo reflexo de pegar o mamilo com os lábios. Por sua vez, esse movimento suscita novo reflexo dos movimentos de sucção, resultando no afluxo do leite à boca da criança. Um novo estímulo suscita o reflexo da engolição, etc.

Assim entendido, o instinto não passa de cadeia de reflexos sucessivos, unidos entre si em forma de elos. Em termos convencionais e esquemáticos o instinto pode ser representado pela seguinte fórmula: se representarmos um reflexo comum com ab, com a designando o estímulo e b o reflexo, o instinto será expresso pela seguinte fórmula: ab-bc-cd-de, etc.

Entretanto essa concepção de instinto suscita várias objeções. Em primeiro lugar, indica que o instinto tem ligação bem menos restrita e precisa com os elementos do meio circundante do que o reflexo. O reflexo é uma relação unívoca, rigorosamente definida e determinada. No instinto, ao contrário, tal relação se afigura bem menos determinada e mais livre.

Observadores contam que em esquilos jovens, separados dos pais no ato do nascimento, educados em um quarto sem nunca terem visto terra e mata e sempre alimentados pela mão do homem, no outono começa a manifestar-se o instinto de armazenamento de alimentos para o inverno. O esquilo enterra nozes no tapete ou no divã ou as junta em um canto do quarto. Em tais condições estão inteiramente excluídas a possibilidade de aprendizagem e todos aqueles elementos do meio que costumam acompanhar a manifestação do instinto. Por isso cabe supor que a relação entre a reação instintiva e o meio é bem mais extensiva que o reflexo.

Ademais, o sistema de movimentos constituintes do reflexo está rigorosamente determinado e dado de antemão em forma plenamente exata. Os movimentos instintivos, ao contrário, nunca podem ser previstos e considerados de antemão até o fim, nunca representam um padrão exato e variam de momento a momento.

Por último, a terceira particularidade do instinto consiste em maior complexidade dos movimentos durante o seu acionamento. Enquanto no reflexo costuma funcionar um órgão, nos instintos deparamos com vários movimentos combinados de diversos órgãos.

A isso ainda cabe incorporar as diferenças anatômicas e fisiológicas entre os instintos e o reflexo. Na sua formação desempenha papel sumamente importante o sistema nervoso vegetal ou vegetativo, bem com a secreção hormonal ou interna.

À luz de tudo isso cabe destacar os instintos em uma forma especial de comportamento hereditário, tomando por base o indício de que o reflexo é uma reação de expedição de algum órgão, sendo o instinto uma resposta do comportamento de todo o organismo. Foi Vagner que lançou esse indício.

É mais simples entender essa distinção no exemplo do acasalamento de moscas decapitadas, apresentado por Vagner. Moscas decapitadas estão aptas para acasalar-se apenas sob a condição de que o par seja formado por uma mosca decapitada e outra normal. Neste caso, a mosca normal faz todos os movimentos a serem executados antes da união; tais movimentos têm a participação de diferentes órgãos e não podem ser considerados nem previstos de antemão. A mosca decapitada também se revela apta para o ato do acasalamento. Neste caso temos um comportamento experimentalmente desmembrado em formas instintivas e reflexas. Todas as respostas do comportamento do organismo, que antecedem metade do ato, devem estar situadas no comportamento instintivo, relacionado ao funcionamento dos centros da cabeça. O próprio ato de união sexual é um reflexo simples que não requer participação dos centros da cabeça e está localizado em centros inferiores.

Origem das reações hereditárias

A questão da origem está entre as mais difíceis. Temos de operar com fatos ocorridos ao longo de muitos milênios, fatos há muito desaparecidos, e julgar o passado com base no presente. O mesmo ocorre com a questão da origem das formas hereditárias de comportamento. No estado atual do conhecimento científico, é absolutamente impossível responder ao menos aproximadamente à questão da origem desse ou daquele instinto ou reflexo.

Entretanto Darwin estabeleceu e elucidou o princípio geral da origem de tais fenômenos. Nesse sentido não existe nenhuma diferença de princípio entre a origem das formas hereditárias úteis de organização dos animais e seu comportamento.

Na época do pensamento religioso, dominava a concepção da racionalidade maravilhosa com que estavam estruturados os organismos animais e vegetais, da correspondência entre o organismo e as condições de sua existência. O pensamento précientífico via nisso uma prova evidente da providência racional e boa, que havia dotado a ave de asas, o peixe de nadadeiras e o homem de razão. A não ser com o auxílio da idéia de Deus, o homem não conseguia explicar para si mesmo a maneira pela qual surgira essa excepcional capacidade de adaptação de todo o vivo à vida e, julgando tudo por analogia consigo mesmo, personificava a natureza atribuindo-lhe um princípio racional e consciente e tomava conceito de objetivo por base da explicação do mundo.

A maior conquista do pensamento científico foi a rejeição dessa concepção de mundo, rejeição essa que ganhou formas mais acabadas na teoria da origem das espécie de Darwin. Essa teoria afastou definitivamente do campo científico a concepção do criador racional e pela primeira vez introduziu-se o princípio da evolução natural dos organismos vivos, o princípio da explicação natural da origem do mundo e do homem.

Como se sabe, Darwin não examinou a correspondência harmoniosa entre o organismo e o meio do ponto de vista ingênuo da racionalidade mas da causalidade cientificamente interpretada. Nesse sentido teve de colocar no centro da atenção o mecanismo motriz básico da evolução: a luta pela sobrevivência no mundo dos vegetais e animais. É esse princípio mesmo que coloca diante de cada vivente o dilema: adapte-se à vida ou morra. E nessa luta os não adaptados morrem e desaparecem. Sobrevivem aqueles organismos que, por força de certas causas, revelam-se mais aptos que outros à sobrevivência.

Entre esses organismos sobreviventes ocorre reiteradamente o mesmo processo de luta, que sempre faz a seleção dos exemplares da espécie mais aptos e capacitados para a vida. E como o processo de luta não cessa um instante, de igual maneira não cessa o processo de aperfeiçoamento da espécie e de sobrevivência dos mais aptos. Ademais, os organismos sobreviventes só podem conservar o direito à vida sob uma constante tensão de todas as forças, com uma ativa evolução das potencialidades adaptativas. Com isso eles exercitam, desenvolvem e levam ao máximo aperfeiçoamento possível os órgãos necessários e úteis, enquanto a inércia vai atrofiando gradualmente os órgãos inúteis e não usados.

Por último, aqui ainda se incorpora a ação de seleção sexual, que está voltada para o mesmo aspecto e leva a que só os exemplares mais aptos deixam descendentes; estes, por força da hereditariedade, herdam e consolidam as peculiaridades biológicas dos seus antepassados.

Só graças à lei trágica da luta, que é a lei básica da vida, a evolução dos organismos pôde estender-se dos infusórios unicelulares ao homem. Nos últimos tempos essa teoria de Darwin recebeu uma correção substancial na chamada teoria das mutações. O sentido mais essencial da correção consiste em que, no processo de evolução, o surgimento de novas espécies ocorre não só por meio da evolução, i.e., da acumulação lenta e gradual de mudanças insignificantes, como também de saltos repentinos.

A origem dos instintos e dos reflexos simples também é atribuída inteiramente a esses princípios básicos da evolução e da teoria das mutações, e eles não devem ser entendidos como determinação racional de alguma vontade racional mas como uma experiência terrível e útil, elaborada no processo de luta pela sobrevivência, e que custou muitas vidas. E como se devem ver os instintos e reflexos, i.e., as formas hereditárias de comportamento como uma das modalidades de adaptação biológica, não cabe duvidar de que, nos traços mais importantes, essenciais, a origem dos instintos e reflexos é a mesma que a origem da estrutura do corpo e dos órgãos dos animais. Compreende-se perfeitamente que na luta pela sobrevivência sobreviveu quem, diante do perigo, revelou reflexo defensivo e retirou o pé da mordida ou picada mortífera.

É evidente também que a impressionante utilidade de todos os instintos deve-se apenas ao fato de que os animais que não conseguiram desenvolver formas tão complexas e perfeitas de adaptação acabaram sucumbindo. Conta-se a história de um grego que foi levado a um templo, onde viu *tábuas de agradecimento*, oferecidas a Deus, com imagens de náufragos que se salvaram graças à reza. O cético disse: "Mostrem-me imagens de quem acabou morrendo apesar da reza. Do contrário não vou acreditar na onipotência de Deus." O mesmo acontece na vida. Os adaptados são os que se salvaram, mas a adaptação não é a lei básica da vida orgânica. Há muito mais inadaptados mas nós não os percebemos porque eles morrem.

Qualquer pessoa compreende que, por força da lei geral da seleção natural, o mesmo trabalho biologicamente útil de adaptação ocorreu no comportamento dos animais e na estrutura do seu corpo. O fato de ter o homem elaborado o reflexo da tosse, o coelho o instinto do medo ou o pássaro o instinto do vôo atribui-se à circunstância de que a incapacidade de tossir, de pôr-se de sobreaviso diante do medo ou migrar quando chega o frio leva à morte.

A teoria dos reflexos condicionados

A origem das reações não hereditárias foi até ultimamente questão vaga e obscura para a ciência. Durante muito tempo os pedagogos se inclinaram a considerar que uma criança recém-nascida era um quadro em branco, uma folha em branco em que o educador podia escrever o que quisesse. Pela breve descrição das formas diversas e complexas de comportamento hereditário, pode-se concluir facilmente o quanto é equivocada essa concepção.

A criança não é uma folha de papel em branco, mas uma folha preenchida inteiramente pelos vestígios da experiência biologicamente útil dos antepassados. Contudo, é muito difícil indicar qual foi precisamente o mecanismo de surgimento de reações readquiridas. Só nos últimos decênios, graças aos êxitos principalmente do pensamento fisiológico russo, conseguiu-se chegar perto da decifração desse mecanismo. A teoria dos reflexos condicionados, elaborada em seus fundamentos pelo acadêmico Pávlov, revela as leis desse mecanismo com a precisão indiscutível de uma ciência natural experimental.

A essência dessa teoria pode ser facilmente explicada a partir do exemplo da experiência clássica da educação pelo seguinte mecanismo do reflexo condicionado: põe-se na boca de um cão um pedaço de carne, torrada moída, ácido clorídrico, etc. O cão responde a esses estímulos segregando saliva numa quantidade rigorosamente determinada e de qualidade inteiramente definida em função da natureza do estímulo. Assim, por exemplo, o cão responde ao ácido clorídrico com uma salivação volumosa, mas a composição da saliva é sumamente aquosa e líquida, uma vez que, neste caso, a função do reflexo é eliminar o estímulo desagradável. Quando o alimento é seco e picante, ele libera um líquido extremamente viscoso, grosso e gosmento em quantidade bem inferior. Ao cobrir um osso ou torrada, ele protege as mucosas macias contra afecção. Assim, temos aqui um reflexo completo com os três momentos básicos e todas as peculiaridades típicas.

Se sempre que usarmos a carne ou o ácido para influenciar o cão, ou melhor, se alguns segundos antes acendermos no quarto uma luz azul, tocarmos a campainha, acariciarmos, coçarmos ou beliscarmos o cão, depois de certo número de experiências formar-se-á e consolidar-se-á nele uma nova ligação entre o estímulo de exterior e indiferente (a luz azul, a campainha, etc.) e seu reflexo salivar. Basta que se acenda no quarto a luz azul sem dar carne ao cão para que ele segregue saliva na mesma quantidade e qualidade que segrega quando lhe damos carne. Esse novo reflexo salivar deve denominar-se condicionado, pois ele só surge sob determinadas condições: de coincidência ou combinação do novo estímulo externo com o fundamento anterior (luz azul + carne). Por isso, em experiência diferente esse reflexo recebe a denominação de combinado.

Deve-se distinguir do reflexo condicionado o reflexo hereditário ou incondicionado, e distinguir do novo estímulo condicionado o estímulo anterior ou incondicionado. O que difere o reflexo condicionado do incondicionado? Em primeiro lugar, a origem: ele não é dado na experiência imediata mas surge no processo da experiência pessoal. Em segundo lugar, ele é individual e absolutamente diverso em diferentes representantes da mesma espécie. Em terceiro, tem um número bem maior de formas temporais e instáveis e tende a desaparecer e extinguir-se se não for reiteradamente reforçado por um estímulo incondicionado.

Essa caracterização já mostra que o reflexo condicionado é dotado de todas as peculiaridades das reações adquiridas, é uma conquista do indivíduo, forma um ciclo da sua experiência pessoal que não se transmite por via hereditária. Essa descoberta simples e genial elucida aspectos sumamente importantes no comportamento do animal. Revela o mecanismo graças ao qual esse comportamento se torna excepcionalmente flexível, diversificado e rápido no seu processo de adaptação. A lei da formação dos reflexos condicionados pode ser assim expressa na forma mais genérica: afora os vínculos hereditários, que existem entre o meio e o organismo, este elabora e estabelece, durante toda a sua vida, novos vínculos entre elementos particulares do meio e suas respostas, cabendo observar que a diversidade de novos vínculos é absolutamente inesgotável. A lei reza que, em certas condições, um novo laço pode ser estabelecido entre qualquer elemento do meio e qualquer resposta do animal. Basta apenas que no tempo da sua ação esse fenômeno coincida com a ação do estímulo anterior.

É fácil perceber a excepcional importância biológica que podem representar semelhantes reflexos, em que grau eles podem aproximar e adaptar o comportamento do animal às exigências do meio. São eles, precisamente, que permitem ao animal dar respostas adaptativas a estímulos que mal vão reagindo, reagir aos sinais mais distantes e orientar o seu comportamento não só sob o efeito de estímulos reais mas na previsão de estímulos futuros.

Essa lei mostra que as respostas adquiridas não constituem nada de essencialmente novo em comparação com as reações congênitas, das quais não diferem por princípio. Estabelece que a experiência pessoal não surge senão à base da experiência hereditária, e que toda resposta adquirida é uma resposta hereditária apenas modificada em função de condições de sobrevivência diversas. O processo de elaboração dos reflexos condicionados não é outra coisa senão um processo de adaptação da experiência hereditária da espécie às condições individuais.

Aqui é de suma importância observar que o meio é o fator decisivo nesse processo de estabelecimento da experiência individual. É a própria estrutura do meio que cria e predetermina aquelas condições das quais acaba dependendo a elaboração de todo o comportamento individual.

Pode-se dizer que, no tocante a cada um de nós, o meio desempenha o mesmo papel desempenhado pelo laboratório de Pávlov em relação aos cães objeto das suas experiências. De fato, o que acaba determinando a elaboração dessa ou daquela resposta condicionada no cão? Por que um animal aprende a responder com salivação à luz azul, outro à batida do metrônomo, um terceiro a um afago na pele?

É claro que, nesse caso, a causa é a organização do meio em laboratório. Se a injeção do ácido foi acompanhada da luz azul, formou-se um reflexo da cor, etc. O mesmo ocorre com o meio real, onde, por força das diversas peculiaridades da sua estrutura, diferentes grupos de estímulos coincidem e predeterminam o caráter e as formas das respostas adquiríveis. Assim, a teoria dos reflexos condicionados estabelece que as respostas adquiridas são elaboradas e surgem à base de reações congênitas sob influência decisiva do meio.

Se levarmos em conta que as reações congênitas se elaboraram e se formaram, em suma, sob influência do meio, poderemos definir o reflexo condicionado como o "meio multiplicado pelo meio". Provavelmente não há no homem nenhuma resposta de que a criança não disponha no berço. Ela é dotada dos elementos de todas as formas mais complexas de comportamento, que levaram à descoberta da análise espectral, às campanhas de Napoleão ou ao descobrimento da América. Nenhuma resposta nova surge no processo da experiência individual, mas esses elementos são dados à criança em um amontoado caótico, descoordenado, desorganizado. Todo o processo de crescimento, que separa o comportamento do adulto do comportamento da criança, consiste em estabelecer novos vínculos entre o mundo e as respostas do organismo e uma relação com o estabelecimento de uma coordenação mútua desses elementos.

O psicólogo moderno poderia dizer: apresente-me todas as reações de uma criança recém-nascida e todos os cruzamentos das influências na estrutura do meio que eu preverei com precisão matemática o comportamento do adulto em cada momento dado.

Desse modo, ficamos com uma noção da excepcional plasticidade e da mutabilidade do comportamento em termos de sua adaptação infinita e sutil ao meio.

Os super-reflexos

Pela mesma via experimental conseguiu-se estabelecer que as novas condições dos vínculos podem formar-se à base não só de reflexos congênitos ou incondicionados mas também de reflexos condicionados. Se elaboramos no cão o reflexo salivar condicionado à luz azul, o cão irá segregar saliva sempre que acendermos luz azul no quarto. Se agora fizermos o acender da luz azul ser acompanhado de um novo estímulo externo, por exemplo, de uma batida do metrônomo, ao cabo de certo número de experiências formar-se-á no cão um novo reflexo condicionado e ele só irá salivar ao ouvir uma batida do metrônomo ao acender da luz azul.

Seria justo chamar esse novo reflexo de reflexo condicionado de segundo grau ou segunda ordem, uma vez que ele mesmo surgiu e formou-se à base do reflexo condicionado. Nesse caso, o mecanismo de formação dos reflexos condicionados de graus superiores, ou super-reflexos, em nada de essencial difere da formação dos reflexos de primeiro grau. Para surgir, também necessitam de um laço anteriormente estabelecido e da simultaneidade dos estímulos anterior e novo.

Durante as experiências com os cães conseguiu-se uma elaboração dos reflexos condicionados não superiores aos de terceiro grau, mas isto somente porque as investigações começaram há muito pouco tempo, operam com o dispositivo nervoso primitivo do cão e experimentam um reflexo que, por função biológica, não deve ser terreno apropriado para o desenvolvimento dos super-reflexos, vale dizer, dos reflexos dos graus superiores.

Entretanto é fácil imaginar, no dispositivo nervoso mais aperfeiçoado do homem e também parcialmente do animal, a possibilidade de surgimento de reflexos condicionados de ordem excepcionalmente elevada, muito distantes do laço incondicionado que inicialmente os gerou.

Há todos os fundamentos para se supor que, na sua imensa maioria de formas, o comportamento do homem se constitui desses super-reflexos de ordem excepcionalmente elevada. Aqui é de suma importância observar que cada laço condicionado, que surge na experiência pessoal, pode servir como princípio para novo laço e que, em termos teóricos, a formação das respostas condicionadas é infinita e desconhece limites. Isto torna a confirmar aquela grandiosa importância biológica que adquire o comportamento humano graças aos super-reflexos e aos reflexos condicionados.

Formas complexas de reflexos condicionados

Como mostra a pesquisa, são possíveis formas de reflexos condicionados sumamente complexas. Se a ação do estímulo incondicionado, por exemplo, carne como alimento, não começa logo após o início da ação do estímulo condicionado (o acender da luz azul) mas sempre depois certo intervalo (3 s), como resultado de várias experiências o cão elabora o reflexo condicionado preservado ou retardatário. Ele não saliva tão logo se acende a luz, mas três segundos depois. Esse tipo de reflexo permite compreender respostas em que a ação responsiva está separada do estímulo por um espaço de tempo mais ou menos longo.

Outro tipo de reflexo complexo é o subseqüente. Este surge se a ação do reflexo incondicionado começa ao término da ação do condicionado. Assim, quando se acende no quarto uma luz azul mas se dá carne ao cão só depois de apagada a luz, resulta de várias experiências que o cão segrega saliva ao apagar-se a luz azul. É um reflexo como que subseqüente ao agente estimulador, quando o próprio estímulo deixou de agir. Esse tipo de reflexo nos permite esclarecer como formas complexas de respostas condicionadas surgem nas formas complexas da estrutura do meio.

Em todas as formas de comportamento do animal e do homem (das mais elementares às mais complexas) Pávlov vê elos de uma única cadeia: da "adaptação ilimitada em todas as suas proporções, que constitui a vida na Terra. O movimento dos vegetais no sentido da luz e a procura da verdade por meio da análise matemática não seriam, no fundo, fenômenos da mesma série? Não estariam aí os últimos elos da cadeia quase infinita das adaptações, que se realizam em todo o mundo vivo?" (1924, p. 30).

Capítulo III
Leis fundamentais da atividade nervosa superior (do comportamento) do homem

As leis da inibição e da desinibição

A diversidade do comportamento do animal e as formas complexas de reflexos condicionados só se tornam compreensíveis se levarmos em conta as leis da inibição dos reflexos. É fácil compreender que a abstenção ou o recalque da resposta podem, às vezes, vir a ser condições essenciais de comportamento. Para o comportamento, abster-se de responder é, amiúde, tão necessário quanto responder.

Suponhamos que um animal tenha se preparado para um ataque: lançar-se contra o inimigo. Neste caso, é de suma importância que as reações defensivas de medo e fuga sejam recalcadas ou inibidas e não perturbem o fluxo normal da reação de ataque. Em certos casos, reprimir o grito reflexo é tão necessário em termos biológicos quanto emiti-lo. Desse modo, a inibição e a repressão de umas reações é condição necessária do fluxo regular de outras.

A forma mais simples de inibição é a chamada inibição externa simples. Se durante a ação do reflexo condicionado sobre o cão aplicarmos um estímulo externo de bastante força, a ação do reflexo cessa ou sofre inibição. O novo estímulo será uma espécie de inibidor do reflexo. Portanto, se o cão saliva sob o efeito da luz azul e nesse ínterim ouve-se uma batida forte, o reflexo secretório sofrerá inibição. De igual maneira inibem-se ou cessam no homem todas as reações ao ouvir-se um disparo inesperado, um grito, etc.

Outra forma de inibição são as chamadas inibições condicionadas. Se o agente inibidor externo age muitas vezes consecutivas, perde o seu efeito inibidor sobre o reflexo. Se o reflexo secretório da luz azul for sempre acompanhado de uma batida, pouco a pouco a batida deixará de inibir o reflexo e o fluxo salivar ocorrerá de modo plenamente normal. Se tomarmos um estímulo que perdeu a força inibitória ou um estímulo de força insuficiente e fizermos concomitantemente uma experiência de modo a que a luz azul, agindo sozinha, seja acompanhada do oferecimento de carne ao cão, ou seja, se reforçarmos o reflexo condicionado com um incondicionado e deixarmos de fazer a luz azul, que é acompanhada de um novo estímulo – uma batida, por exemplo – deixar de sê-lo, ao cabo de certo tempo a batida se tornará inibição condicionada do reflexo secretório. Ao incorporar-se sempre à ação da luz azul, ela inibirá o reflexo. Ela difere da simples inibição externa por ter surgido no processo da ação da estrutura complexa do meio pela mesma via que surgiu o reflexo condicionado e formou-se sob o efeito das mesmas condições.

Paralelamente à inibição externa existe a inibição interna, que não está ligada à ação desse ou daquele estímulo externo mas a processos internos no sistema nervoso. A espécie mais simples de inibição interna é a extinção do reflexo condicionado. Se estimularmos demoradamente no cão um reflexo condicionado fortemente elaborado sem reforçá-lo com um estímulo incondicionado, ele começa gradualmente a enfraquecer-se, a diminuir, a extinguir-se e apagar-se, acabando por cessar inteiramente. Podemos nos convencer de que, neste caso, estamos diante de uma inibição do reflexo e não do seu completo desaparecimento se deixarmos o cão descansar ou fizermos a experiência no dia seguinte: o reflexo tornará a renovar-se.

A excepcional utilidade biológica dessa inibição interna ganhará plena evidência se atentarmos para o fato de que ela protege o animal contra dispêndio estéril e inútil de energia e o ajudará a gastá-la de forma econômica e calculada. Ela protege o animal contra o reforço de vínculos condicionados falsos e casuais. Há todos os fundamentos para se pensar que o sono não passa de formas diluídas dessa inibição interna geral de reações.

Não é menos importante a inibição das reações no processo de diferenciação. Se o animal elaborou o reflexo condicionado de algum estímulo, ele irá reagir também a todos os estímulos semelhantes. Por exemplo, com um reflexo condicionado diante das batidas do metrônomo com velocidade de cem batidas por minuto, o animal reagirá tanto a cinqüenta quanto a duzentas batidas. Mas se cem batidas forem sempre reforçadas por um estímulo incondicionado e todas as demais não forem reforçadas, estabelecer-se-á no animal uma diferenciação. Ele aprenderá a distinguir com grande precisão as estimulações e a reagir somente à necessária, ficando todas as demais inibidas pelos inibidores internos. Graças a esse mecanismo de diferenciação obtém-se uma excepcional especificação, uma definição precisa das conexões, a mais sutil distinção dos elementos do meio pelo organismo e a correspondência entre as reações desse organismo às ações necessárias e esses elementos.

O mesmo mecanismo de inibição interior serve de base aos reflexos *subseqüentes* e retardatários. Disso podemos nos convencer da seguinte maneira. Sabe-se que as inibições têm força retroativa, isto é, quando aplicadas à inibição a inibem ou desinibem o reflexo. Se temos elaborado o reflexo condicionado deslocado ou o subseqüente à luz azul, o cão não saliva imediatamente após acender-se a luz azul. O reflexo fica algum tempo inibido. Mas se nesse lapso de tempo agimos sobre o cão com um estímulo de fora de bastante força, com uma batida, por exemplo, o reflexo se manifesta imediatamente. A batida, que em qualquer momento seria uma inibição para qualquer reflexo condicionado, uma vez aplicada ao reflexo inibido inibe a inibição e desinibe o reflexo. A que formas complexas pode chegar o comportamento, dependendo de unificações várias das inibições e dos reflexos, pode ser visto por uma experiência de Pávlov. Um cão elaborou um reflexo condicionado à luz. Ele segrega dez gotas de saliva. Se durante o efeito desse reflexo tira-se algum som ao piano, o reflexo se inibe totalmente. Se em seguida faz-se o metrônomo bater, o efeito do reflexo se renova mas o cão segrega apenas quatro gotas de saliva. Para explicar esse fenômeno, tentemos toda sorte de combinações de três agentes estimuladores: de um, dois e três. O melhor é registrar os resultados da experiência em uma coluna, em que as iniciais indicam todos os três agentes estimuladores, designando o sinal "+" o seu efeito conjunto.

$$
\begin{aligned}
L &= 10 \text{ gotas} \\
P &= 0 \text{ ''} \\
M &= 0 \text{ ''} \\
L+P &= 0 \text{ ''} \\
L+P+M &= 4 \text{ ''} \\
L+M &= 6 \text{ ''} \\
P+M &= 0 \text{ ''}
\end{aligned}
$$

Fica evidente que a luz estimula por si mesma dez gotas. O tom e o metrônomo são inibidores e não produzem nenhum resultado, seja por si mesmos, seja combinados. O tom inibe o reflexo inteiramente e o reduz a zero. O metrônomo, como agente estimulador da mesma ordem sonora, é secundário e mais fraco, inibe o reflexo só parcialmente e o reduz a seis gotas. Combinados, todos os três agentes estimuladores produzem quatro gotas, e esse resultado decorre da complexa interação de todos os três agentes estimuladores: a luz motiva dez gotas, o tom inibe todas elas, o metrônomo inibe a inibição e desinibe as mesmas quatro gotas que havia inibido na ação conjunta com a luz.

O exemplo mostra que mesmo onde temos apenas três elementos – a luz, o piano e o metrônomo – o comportamento do animal pode assumir formas sumamente complexas e excepcionais em função das combinações e da estrutura desses elementos. É fácil imaginar a que grandiosa complexidade chega o comportamento do animal sob o efeito de uma infinidade de elementos que constituem a complexa estrutura do meio real e agem durante longos anos sobre o organismo.

Psiquismo e respostas

A teoria dos reflexos condicionados permite considerar todo o comportamento do homem como um sistema de reações adquiridas, estribadas em reações hereditárias. Sob uma análise minuciosa, as formas mais complexas e sutis do psiquismo revelam uma natureza reflexa e permitem estabelecer que o psiquismo deve ser considerado como formas especialmente complexas de comportamento.

Antes os psicólogos afirmavam que os fenômenos psíquicos são algo isolado, único na natureza, sem similares e radicalmente diversos do mundo físico. Nesse sentido, eles costumavam indicar que tais fenômenos não são extensivos, são inacessíveis à observação de estranhos, estão estreitamente ligados ao indivíduo. Consideravam que tudo isso é a diferença de princípio que separa o psíquico do físico.

A análise científica revela com muita facilidade que as formas mais sutis do psiquismo são sempre acompanhadas dessas ou daquelas reações motoras. Se tomarmos a percepção dos objetos, perceberemos que nenhuma percepção ocorre sem o movimento dos órgãos adaptativos. Ver significa efetuar operações muito complexas com os olhos. Até mesmo o pensamento vem sempre acompanhado desses ou daqueles movimentos inibitórios, o mais das vezes de reações motoras internas que acionam o discurso, ou seja, vem acompanhado da emissão embrionária de palavras. Se o falante pronuncia uma frase em voz alta ou a pensa de si para si, a única diferença daí resultante consiste em que, no segundo caso, todos os movimentos acabam inibidos, enfraquecidos, imperceptíveis ao olho estranho. No fundo, tanto o pensamento como a fala emitida em voz alta são reações motoras que acionam o discurso, só que de grau e força diferentes.

Foi isso mesmo que deu ao fisiólogo Siétchenov o motivo para lançar a teoria dos reflexos psíquicos, dizer que o pensamento é um reflexo interrompido em dois terços ou *são* dois terços do reflexo psíquico.

É ainda mais fácil mostrar a natureza motora reflexa de qualquer sentimento. Como se sabe, pode-se ler quase todo sentimento no rosto do homem ou nos movimentos do seu corpo. Tanto o medo quanto a raiva são acompanhados de mudanças físicas tão sensíveis que, pela simples aparência do homem, podemos concluir sem erro se ele está com medo ou raiva. Todas essas mudanças físicas se resumem a reações motoras dos músculos (mímica e pantomima), reações secretórias (secreção de saliva e espuma na boca), reações respiratórias e circulatórias (palidez, ofego).

O terceiro e último campo do psiquismo é a chamada vontade, que sempre está ligada a esses ou aqueles atos e, na psicologia tradicional, chegou até a revelar sua natureza motora. A teoria dos desejos e motivos como fonte motriz da vontade deve ser entendida como teoria dos sistemas das excitações internas.

Em todos esses casos não estamos diante senão das mesmas manifestações físicas, das mesmas reações, só que em formas infinitamente mais complexas. É por isso que o psiquismo deve ser entendido como formas especialmente complexas da estrutura do comportamento.

O comportamento do animal e o comportamento do homem

Para as ciências naturais modernas não é mais problema a identidade da origem e da natureza do animal e do homem. Para a ciência, o homem é apenas a natureza superior e nem de longe definitiva do animal. De igual maneira, há muito em comum no comportamento dos animais e do homem, e pode-se dizer que o comportamento do homem surge nas raízes do comportamento do animal e muito amiúde é apenas o "comportamento de um animal que assumiu posição vertical".

Entre outras coisas, os instintos e emoções, i.e., as formas hereditárias de comportamento são tão semelhantes nos animais e no homem que sugerem, sem dúvida, uma fonte comum para a sua origem. Alguns naturalistas não tendem a estabelecer diferença de princípio entre os comportamentos do homem e do animal e reduzem a diferença entre esses comportamentos a diferentes graus de complexidade e sutileza do aparelho nervoso. Os partidários dessa concepção supõem que é possível explicar o comportamento do homem exclusivamente do ponto de vista da biologia.

Contudo é fácil perceber que isso não é assim. Entre o comportamento do animal e o comportamento do homem existe uma diferença de princípio. Do ponto de vista dos reflexos condicionados, toda a experiência e todo o comportamento do animal podem ser reduzidos a reações hereditárias e a reflexos condicionados. Todo o comportamento do animal pode ser expresso pela seguinte fórmula: 1) reações hereditárias + 2) reações hereditárias × experiência individual (reflexos condicionados).

O comportamento do animal se constitui dessas reações hereditárias mais reações hereditárias multiplicadas pelo número de novos vínculos que foram adquiridos na experiência individual. Mas é evidente que essa fórmula não cobre nem o mínimo sequer o comportamento do homem.

Antes de mais nada, no comportamento do homem, comparado ao comportamento dos animais, observamos o emprego ampliado da experiência das gerações passadas. O homem usa a experiência das gerações passadas não só naquelas proporções em que tal experiência está consolidada e é transmitida por herança física. Todos nós usamos na ciência, na cultura e na vida uma enorme quantidade de experiência que foi acumulada pelas gerações anteriores e não se transmite por herança física. Em outros termos, à diferença do animal o homem tem história, e essa experiência histórica, isto é, essa herança não física mas social difere-o do animal.

O segundo integrante novo na nossa fórmula é a experiência social coletiva, que também constitui um novo fenômeno no homem. Este utiliza não só aquelas reações condicionadas que se formaram na sua experiência individual, como acontece com o animal, mas também aqueles vínculos condicionados que se estabeleceram na experiência social de outros homens. Para que se formasse no cão o reflexo à luz, foi necessário que em sua experiência se cruzassem os efeitos da luz e da carne. Em sua experiência diuturna o homem utiliza reações contidas na experiência alheia. Eu posso falar do Saara sem nunca ter saído de minha cidade natal, posso saber muito sobre Marte sem nunca ter olhado pelo telescópio. Aquelas reações condicionadas do pensamento ou do discurso, nas quais se exprimem esses significados, não estão contidas na minha experiência pessoal mas na experiência de pessoas que efetivamente visitaram a África e olharam de fato pelo telescópio.

Por último, o traço mais importante que difere o comportamento do homem do comportamento do animal são as novas formas de adaptação que encontramos pela primeira vez no homem.

O animal se adapta passivamente, reage às mudanças do meio com mudanças dos seus órgãos e da constituição do seu corpo. Ele muda a si mesmo para adaptar-se às condições de sobrevivência. Já o homem adapta ativamente a natureza a si mesmo. Em vez de mudar seus órgãos ele muda o corpo da natureza para que este lhe sirva de ferramenta. Não reage ao frio fazendo crescer sobre seu corpo uma pele defensiva, mas sim com adaptações ativas do meio, construindo habitações e confeccionando roupa.

Segundo definiu um estudioso, toda a diferença entre o homem e o animal consiste em que o homem é um animal que faz ferramentas. Desde que se tornou possível o trabalho na acepção humana da palavra, ou seja, a intervenção planejada e racional do homem nos processos naturais com o fim de reagir e controlar os processos vitais entre o homem e a natureza, desde então a humanidade se projetou a um novo degrau biológico e à sua experiência incorporou-se algo que fora estranho aos antepassados e parentes animais.

É verdade que encontramos em formas embrionárias nos animais uma adaptação ativa como a construção de ninhos pelas aves e de moradas pelo castor, etc. Tudo isso lembra o trabalho como atividade do homem, mas ocupa um lugar tão ínfimo na experiência do animal que, em linhas gerais, é impotente para mudar o caráter básico da adaptação passiva. O mais importante consiste em que, apesar de toda a aparente semelhança, o trabalho do homem difere do trabalho do animal do modo mais decidido e categórico. Marx exprimiu com força definitiva essa diferença.

"A aranha realiza operações que lembram as operações de um tecelão, e a abelha, ao construir seus alvéolos de cera, humilha alguns arquitetos. Contudo, o pior arquiteto difere desde o início da melhor abelha porque antes de construir seu alvéolo de cera ele já o construiu na própria cabeça. No final do processo de trabalho obtém-se um resultado que no início desse processo já existia na imaginação do homem, ou seja, existia no ideal." (K. Marx e F. Engels, *Obras* (edição em russo), t. 23, p. 189.)

De fato, a tecedura da teia pela aranha e a construção dos alvéolos pela abelha são as mesmas formas hereditárias instintivas e passivas de comportamento como o são outras reações passivas. O trabalho do pior tecelão ou arquiteto constitui formas ativas de adaptação por ser trabalho consciente.

O aspecto consciente do comportamento humano e a natureza psicológica da consciência quase chegam a constituir-se na questão mais difícil de toda a psicologia, e dela falaremos mais adiante. Mas de antemão já podemos achar claro que devemos interpretar a consciência como as formas mais complexas de organização do nosso comportamento, particularmente como certo desdobramento da experiência, que permite prever por antecipação os resultados do trabalho e encaminhar as nossas próprias respostas no sentido desse resultado. É essa experiência desdobrada que constitui o terceiro e último traço distintivo do comportamento humano.

Conseqüentemente, toda a fórmula do comportamento do homem, em cuja base estará a fórmula do comportamento do animal completada por novos membros, terá o seguinte aspecto: 1) reações hereditárias + 2) reações hereditárias × experiência individual (reflexos condicionados) + 3) experiência histórica + 4) experiência social + 5) experiência desdobrada (consciência).

Assim, o fator decisivo do comportamento humano é não só biológico mas também social, que traz consigo momentos inteiramente novos para o comportamento do homem. A experiência do homem não é mero comportamento do animal que assumiu posição vertical; é uma função complexa decorrente de toda a experiência social da humanidade e de seus grupos particulares.

Adição das reações no comportamento

O conceito de reflexo ou reação é, em essência, abstrato e convencional. Em realidade, quase nunca encontramos o reflexo em forma pura. Encontramos grupos mais ou menos complexos de reflexos. Na realidade concreta só existem eles e não reações particulares.

Pode-se obter uma reação isolada ou um reflexo em laboratório com experimento em rã mas nunca com um homem vivo. Os reflexos do homem vivo estão em ligação recíproca permanente e indissolúvel, e nisso se verifica que em função do caráter e da estrutura de cada grupo muda também o caráter do reflexo que faz parte da sua composição. Desse modo, o reflexo não é uma grandeza constante, dada para sempre, mas variável a cada vez, e não independente mas dependente do caráter geral do comportamento em dado instante.

Por tais razões o reflexo se define não como propriedade constante de dado órgão mas como função derivada do estado do organismo.

Vamos encontrar o caso mais simples de interconexão dos reflexos já na inibição e na desinibição das reações, em que vemos que os reflexos podem enfraquecer ou reforçar uns aos outros, inibir ou estimular uns aos outros para a atividade.

Em suas experiências Pávlov deparou também com um caso mais complexo de choque de dois reflexos. Alguns cães desenvolveram no processo das experiências a chamada reação de vigilância ao experimentador, ou seja, uma tempestuosa reação agressiva traduzida em um latido ameaçador a qualquer pessoa que estivesse na sala. Essa reação de vigilância suspendia sempre o efeito do reflexo salivar elaborado e interessou tanto os pesquisadores que se tornou objeto de estudo particular.

Os cães elaboraram reação de vigilância em relação a um dos experimentadores e reação alimentar do tipo de reflexo condicionado à vista de outro experimentador, à palavra "salame" pronunciada por ele e à vista de um pote do qual o cão recebia o salame. Quando as duas reações ocorriam simultaneamente, isto é, quando o segundo experimentador entrava com o primeiro na sala durante o trabalho, era possível observar o quadro nítido da luta entre as duas reações. Via-se, neste caso, que à medida que se acrescentavam agentes excitantes à reação alimentar enfraquecia e extinguia-se paulatinamente a reação de vigilância. Mal uma pessoa entrava na sala o cão se lançava contra ela com um latido furioso, mas quando ela pronunciava a palavra convencionada abrandava-se o latido e as duas reações pareciam equilibrar-se entre si. O cão não se lançava contra o presente mas também não se deixava atrair. Mas quando mostravam o pote este provocava uma reação alimentar tempestuosa e nítida. "Dois reflexos", observa Pávlov, "são como que dois pratos de uma balança" (1924, p. 279). Basta reforçar o efeito sobre um dos pratos para que este pese mais, basta reforçar o outro para que vença o contrário. Se levarmos em conta que, como diz Pávlov, todo reflexo é limitado e regulado não só por outro reflexo externo que age simultaneamente mas também por uma massa de estímulos internos – químicos, térmicos, etc. –, e que todos esses reflexos estão em permanente interação, pode-se compreender facilmente toda a complexidade do comportamento humano.

Para entender o mecanismo através do qual se consegue a coordenação dos reflexos, cabe conhecer o princípio da luta pelo campo motriz comum, princípio esse estabelecido pelo fisiólogo inglês Sherrington. Segundo ele, o comportamento racional só pode ser posto em prática sob certa auto-regulação mútua de reflexos particulares, senão o homem não seria um organismo integral dotado de um sistema único de comportamento mas um conglomerado policrômico de órgãos particulares com reflexos absolutamente dispersos. Há muito tempo os fisiólogos supunham que existiam no sistema nervoso centros especiais que inibiam e regulavam o fluxo dos reflexos. Entretanto, as investigações subseqüentes não confirmaram tal hipótese e descobriram que é bem diferente o mecanismo de coordenação dos reflexos e sua integração no comportamento global do organismo.

Ocorre que no sistema nervoso do homem existe um número irregular de filamentos receptores (os chamados receptores) e motores (condutores). Estimativas mostram que há cinco vezes mais receptores que neurônios condutores. Deste modo, cada neurônio motor está ligado não a um mas a muitos receptores, talvez a todos. Essa ligação é de estabilidade e força várias. Cada aparelho motor está ligado a vários grupos de receptores, talvez mesmo a todos; conseqüentemente, no organismo não pode existir nenhum reflexo isolado e independente.

Por conseguinte, entre diferentes grupos de receptores pode surgir uma luta excepcionalmente tensa pelo campo motor comum e o desfecho dessa luta depende de muitas condições sumamente complexas.

O mecanismo da luta pelo campo motor comum é o mecanismo da coordenação dos reflexos; ele serve de base à unidade do indivíduo e ao ato fundamental da atenção, é a seta que põe nos trilhos o comportamento da nossa resposta, e o comportamento do animal, como observa Sherrington, constitui-se em várias transições subseqüentes do campo motor de um grupo de receptores a outro.

"O sistema de receptores pertence ao sistema de vias aferentes como a boca de um funil pertence ao tubo de escoamento. Mas cada receptor está ligado não a um mas a muitos, provavelmente a todos os filamentos aferentes; é claro que essa ligação é de estabilidade variada. Por isso, ao continuarmos nossa comparação com o funil, cabe-nos dizer que todo o sistema nervoso é um funil em que cada boca é cinco vezes mais larga que a outra; no interior desse funil estão dispostos os receptores que também são funis, cuja boca larga está voltada para o tubo de escoamento do funil comum e o cobre inteiramente. Essa comparação dá alguma noção da diversidade e da multiplicidade de zonas comuns no sistema nervoso central.

Foi estabelecido que, em caso de envenenamento com estricnina, pode-se obter um reflexo a qualquer músculo do corpo a partir de qualquer nervo aferente. Em outros termos, todo campo terminal comum está ligado a todos os receptores de todo o organismo" (Cf. Sherrington, 1969, pp. 149-50).

Graças a esse princípio, em cada momento cria-se uma unidade de ação e isso, por sua vez, serve de base ao conceito de indivíduo; desse modo, a criação da unidade do indivíduo é tarefa do sistema nervoso. A interferência de reflexos heterogêneos e a colaboração entre homogêneos constituem, ao que tudo indica, a base do processo psíquico radical da atenção.

I. P. Pávlov compara o funcionamento do nosso sistema nervoso central ao funcionamento de uma central telefônica, onde confluem ligações e mais ligações entre o homem e os elementos do mundo. Seria correto, ainda, comparar o sistema nervoso a uma porta estreita em algum prédio grande ou teatro, para onde se precipita em pânico uma multidão de muitos milhares. Os que passam pela porta são uns poucos que se salvaram dentre os milhares que morreram, enquanto a própria luta pela porta lembra de perto essa luta pelo campo motor comum, que se desenvolve incessantemente no organismo humano e dá ao comportamento do homem o caráter trágico e dialético de luta incessante entre o mundo e o homem e entre os diversos elementos do mundo dentro do homem.

Nessa luta modifica-se a cada segundo a correlação de forças e, conseqüentemente, todo o quadro do comportamento. Tudo nela flui e modifica-se, cada instante nega o anterior, cada reação se transforma na relação oposta, e o comportamento em seu conjunto lembra uma luta entre forças que não cessa um só instante.

O princípio do dominante no comportamento

Nessa luta entre reações o fator decisivo vem a ser não só a luta pelo campo motor comum como também as relações mais complexas entre determinados centros do sistema nervoso. Estudos experimentais mostraram que, se no sistema nervoso domina algum foco intenso de excitação, este tem a propriedade de atrair para si outras excitações que nesse período surgem no sistema nervoso e de reforçar-se à custa delas.

Assim, se pegamos uma rã durante o reflexo do abraço, ou seja, no período de intensa excitação sexual, e lhe aplicamos algum excitante externo (ácido, um choque elétrico, uma picada), o reflexo do abraço, além de não diminuir, ainda se reforça. A reação defensiva comum ao novo excitante desaparece. De igual maneira os atos de engolir e defecar no cavalo são reforçados por estímulos externos. A gata, separada dos machos no período do cio, reforça o reflexo básico em função dos *estímulos mais externos* como, por exemplo, uma batida de garfo ou louça que lhe costume lembrar alimento.

Experimentos com rãs permitiram esclarecer que a excitação principal no sistema nervoso central é capaz de inibir todas as demais excitações ou adiar os reflexos, dando-lhes uma orientação inteiramente nova. Esse papel principal de uma excitação intensa, que subordina a si todas as demais, dá motivo para denominá-la dominante, chamando as demais de subdominantes.

O experimento mostrou que se provocamos na rã um dominante artificialmente sensorial, ela reage às mais diversas excitações limpando a pata envenenada, isto é, todos os reflexos serão orientados para aquele ponto da pele que está ligado ao centro do dominante sensorial. Assim, se na rã provocamos com estricnina a excitação dos centros sensoriais da pata direita traseira, excitando cada uma das outras patas obtemos um reflexo defensivo que, não obstante, estará sempre voltado para a pata direita traseira, mesmo que a excitação com ácido tenha sido aplicada a qualquer outro ponto da pele. Assim, o dominante sensorial não bloqueia os demais reflexos mas lhes transmite uma orientação inteiramente nova.

Se provocamos na mesma rã um dominante nos centros motores da mesma pata, o efeito será inteiramente diverso. Agora, estando os diferentes pontos da pele excitados por ácido, o reflexo de limpar será encaminhado sempre para o lugar certo e verdadeiro da excitação, mas a primeira a reagir será a pata cujos centros motores foram excitados. Assim, o dominante motor predetermina a escolha do órgão que reage e relega todos os demais ao retardamento.

O princípio do dominante, introduzida por Ukhtômski, vem a ser o princípio básico de funcionamento do sistema nervoso, que coloca sob o poder do reflexo dominante todos os demais reflexos dos diferentes órgãos e lhes coordena a atividade em um sentido.

Já vimos que o comportamento do homem é apenas uma das poucas possibilidades realizadas. Agora podemos definir o comportamento como um dominante vitorioso e como reflexos subdominantes aceitaram servir a esse comportamento.

A constituição do homem em face do seu comportamento

A constituição do organismo humano com as leis hereditárias do seu comportamento é o primeiro fator biológico do nosso comportamento. Na constituição do organismo do homem, do ponto de vista do seu comportamento, devem-se distinguir, respectivamente, três momentos de reação: 1) o aparelho receptor, 2) o aparelho central e 3) o aparelho respondente.

O aparelho receptor no organismo humano é representado por todo o sistema de órgãos especiais dos sentidos: o olho, o ouvido, a boca, o nariz, a pele (campo exteroceptivo), ou seja, por aparelhos especialmente predestinados à recepção das estimulações externas, à sua análise e transmissão a um centro. Esses aparelhos possuem nervos centrípetos cuja função é transmitir a excitação ao centro. Esses nervos findam em aparelhos terminais específicos localizados no cérebro, de função idêntica à da análise subseqüente. Pávlov teve razão ao chamar de analisador todo esse aparelho, que começa em um órgão periférico e finda no aparelho terminal do nervo sensitivo, uma vez que ele, no fundo, não tem outro destino senão o de analisar e decompor o mundo nos elementos mais ínfimos e sutis e ajustar as reações do homem às mudanças mínimas e mais insignificantes do meio.

O trabalho de análise, que permite ao organismo estabelecer as relações mais complexas e sutis com o mundo, é uma das funções fundamentais do córtex dos grandes hemisférios cerebrais. As leis básicas da sua atividade são a irradiação e a concentração da excitação dos nervos. A princípio, no processo de elaboração do reflexo condicionado, o organismo reage a qualquer estímulo semelhante. A excitação se dissemina, dissolve-se nas áreas contíguas, irradia-se. Ocorre gradualmente a concentração da excitação, ou seja, sua reunião em um trecho cada vez mais limitado e estreito, sua restrição a uma área. Se a irradiação nos permite entender de que modo respondemos com o mesmo movimento a agentes estimuladores semelhantes e a generalizar a nossa experiência, a concentração esclarece como nós a especializamos e detalhamos e como a ajustamos com absoluta precisão a certos agentes estimuladores.

A mesma estrutura se verifica no aparelho interiormente receptor ou campo íntero-receptor, que está adaptado para receber os estímulos internos e se localiza naquelas camadas internas que parecem enroladas e cobrem as cavidades internas dos nossos órgãos. É ela que está adaptada para receber os estímulos químicos, térmicos e outros das superfícies internas do corpo.

Se o primeiro aparelho nos permite perceber o mundo exterior, o segundo está adaptado para perceber os mais importantes processos orgânicos que se desenvolvem no interior do organismo – no estômago, no intestino, no coração, nos vasos sangüíneos e outros órgãos relacionados às funções fundamentais do organismo.

O terceiro e último aparelho constitui o campo proprioceptivo, que recebe por esse mesmo caminho as próprias reações do organismo graças às excitações periféricas que surgem, durante esse processo, no funcionamento dos órgãos: nos músculos, nas articulações, nos tendões, etc.

O organismo pode reconhecer suas próprias reações, quer através dos dois primeiros aparelhos – nos casos em que o resultado da reação age sobre ele mais uma vez através do campo exteroceptivo – quer através do campo interoceptivo. Por exemplo, o reflexo salivar atua através do aparelho receptor exatamente como atua qualquer estímulo externo. De igual modo, pode o reflexo agir também através do campo receptivo interno, se dele resultam mudanças diversas nos órgãos internos. Nesse caso, a reação se percebe em analogia com o mundo exterior ou os próprios processos orgânicos. Mas existe ainda um aparelho especial, que pela estrutura é absolutamente análogo aos dois primeiros, impregna todos os órgãos executivos do corpo e tem como única função perceber aquelas mudanças periféricas que acompanham a reação.

Se cruzarmos os braços e dedos de um homem de olhos fechados, ele sempre poderá dar-se conta da situação em que foi colocado graças às sensações internas motoras ou cinestésicas do campo proprioceptivo.

Para toda a compreensão subseqüente do psiquismo é de suma importância perceber e memorizar três situações. Primeira: o campo proprioceptivo está construído segundo o mesmo tipo dos demais campos. Por outras palavras, o homem toma conhecimento dos seus próprios movimentos graças ao mesmo mecanismo através do qual ele percebe o mundo exterior.

Segundo: o campo proprioceptivo pode ser excitado por influências externas apenas secundárias, isto é, por sua própria reação. Noutros termos, é possível uma reação em círculo, que devolve ao organismo sua própria reação e se constitui de seis momentos à diferença da habitual reação trinária: 1) estimulação externa, 2) elaboração central, 3) reação, 4) estimulação proprioceptiva, 5) sua elaboração e 6) reforço ou retardamento da primeira reação.

Desse modo, pelo fato de cada reação revelar-se, surge para o organismo a possibilidade de regular e orientar o fluxo dessas reações.

Terceiro: os reflexos oriundos do campo proprioceptivo podem entrar nas mesmas relações com todos os outros reflexos exatamente como fazem todos os demais. Podem exercer sobre eles o mesmo efeito de enfraquecimento e reforço, de desvio e orientação.

Na constituição do homem, o aparelho de elaboração é constituído pelos segmentos centrais do sistema nervoso, ou seja, pela massa da medula espinhal e do cérebro. Em termos genéticos, a medula espinhal é produto de origem mais remota, e por isso a ela estão ligadas as funções inferiores e mais primitivas na vida do organismo. Entre outras coisas, na medula espinhal e nos centros subcorticais estão localizados todos os reflexos hereditários e dispostos todos os centros motores. O córtex cerebral é uma espécie de superestrutura erigida sobre o sistema nervoso central e, no fundo, não tem, além dos centros subcorticais, ligação independente com a periferia do corpo. Ele é uma espécie de nádega e receptáculo de todos os reflexos condicionados.

Se consideramos a medula espinhal como espaço da localização da experiência hereditária e das reações hereditárias, ou seja, de vínculos que se concluíram na experiência hereditária, então devemos considerar o córtex cerebral como órgão da experiência pessoal do indivíduo, como região das respostas condicionadas. Assim, o córtex cerebral, por si mesmo desprovido de funções motoras, desempenha apenas funções de retardamento e complexificação, abre novas vias e fecha novos vínculos condicionados.

Em função disso, o córtex cerebral está ligado da forma mais estreita possível a todo o aparelho receptor e é uma espécie de projeção sutilíssima de todo o aparelho, entra em excitação quando se excitam os pontos correspondentes na periferia do corpo. Essa primeira função deve ser denominada função analisadora, uma vez que visa à decomposição mais sutil possível do mundo nos seus elementos integrantes para possibilitar o estabelecimento dos vínculos mais sutis entre o organismo e o meio.

Outra função não menos importante desse aparelho consiste na atividade sintética ou restritiva do córtex cerebral, que conduz ao estabelecimento e ao fechamento de novos vínculos na forma de reflexos condicionados. É com essas duas atividades que se esgota até certo ponto a atividade do aparelho elaborador.

Dando continuidade ao que fez Pávlov, cabe efetivamente assemelhar essa atividade a uma central telefônica, na qual ocorrem a cada instante, de modo flexível, a abertura e o fechamento de novas ligações de toda espécie e por isso ela constitui uma riqueza inesgotável e uma variedade de todas as possíveis combinações dentre uma infinidade de elementos vários. É precisamente por isso que o comportamento humano não se esgota em formas-padrão dadas de uma vez por todas mas é um conjunto absolutamente imprevisível de possibilidades que de maneira alguma pode ser considerado de antemão.

É importante observar que também nesse aparelho elaborador ocorre a mesma luta pelo campo motor comum que, como já vimos, é o principal regulador de todo o comportamento. Assim, a função de coordenar os reflexos no sistema do comportamento também está localizada aqui.

O próprio *fechamento* do reflexo condicionado depende diretamente desses processos.

É curioso observar que semelhante *fechamento* é apenas um caso particular do processo do dominante. Em realidade, se analisarmos o mecanismo do reflexo condicionado, fica fácil perceber que ele é um choque de dois estímulos, por exemplo, carne e luz. Nesse caso, não se pode perder de vista que estímulos condicionados como a luz e o som também suscitam a sua resposta: uma resposta orientada e dirigida do olho e da cabeça, o reflexo da pupila, etc. Cabe perguntar: por que o reflexo condicionado *se fecha* da carne para a luz e não ao contrário, ou seja, por que da ação conjunta da carne e da luz resulta que o cão começa a segregar saliva perante a luz e não produz o reflexo do olho e da pupila perante a carne?

É evidente que temos aqui o choque de dois reflexos, sendo que o mais forte, o reflexo alimentar e salivar, é dotado da capacidade do dominante: de atrair e rejeitar o estímulo mais fraco.

Resta examinar o aparelho responsivo na constituição do homem. Esse aparelho é um sistema formado por exatamente todos os órgãos funcionais do organismo: por músculos e tendões para as respostas motoras, pelo coração e os vasos sangüíneos para as respostas somáticas, pelas glândulas de secreção interna e externa para as respostas secretórias. Em conjunto, isso tudo não é senão um aparelho funcional executivo e efetor do organismo. Em relação a cada uma das partes do aparelho refletor, cabe dizer o mesmo que se diz de cada músculo. Como cada músculo está ligado a todo um grupo de receptores, qualquer grupo de células receptoras pode apoderar-se de cada efetor, de cada órgão motor, circulatório ou secretor. Noutros termos, cada órgão pode reagir a qualquer estímulo e é, como um músculo, segundo expressão de Sherrington, "um cheque ao portador".

Nesse aparelho cabe examinar a atividade das glândulas de secreção interna. No organismo do homem e dos animais há muito tempo foi estabelecida a presença de corpos glandulares especiais que, por toda a sua estrutura, lembram glândulas comuns (a salivar, etc.) e diferem destas por não terem canal externo de saída, graças a que até ultimamente não se conseguia estudar a sua secreção.

Durante muito tempo a função dessas glândulas permaneceu um enigma, incompreensível, e só nos últimos decênios o conhecimento científico vem começando a aproximar-se da solução desse problema sumamente complexo da constituição do homem. Graças ao estudo de casos patológicos em que a ausência ou a hipertrofia de alguma glândula acarretou mudanças várias ou perdas de funções, graças ao estudo do efeito medicinal de alguns preparados dessas glândulas que restauram funções e, por último, graças à extração experimental e a inoculação de glândulas conseguiu-se estabelecer com plena certeza no homem e nos animais que tais glândulas lançam sua secreção diretamente no sangue, e por isso costumam ser denominadas sangüíneas, endócrinas ou glândulas de secreção interna.

Paralelamente a essas glândulas existem as glândulas de função dupla, aquelas que produzem secreção interna e externa ao mesmo tempo. Situam-se entre estas, por exemplo, as glândulas genitais ou o pâncreas. Ainda não se conseguiu estabelecer com precisão em que consiste a própria secreção dessas glândulas, e os produtos da sua secreção no sangue costumam ser denominados hormônios (do grego *hormao*, que significa "movimento", "excito").

O próprio nome já mostra que a secreção interna é da maior importância para a atividade de todo o organismo. Assim, foi estabelecido que as pessoas que nascem sem a tiróide e são plenamente normais em todos os outros sentidos sofrem de cretinismo congênito; contudo, basta inocular nessa pessoa a tiróide que ela começa a restabelecer a sua saúde; o mesmo acontece aos animais se lhes extraem a tiróide ao nascerem. Mas se forem alimentados com uma tiróide alheia, a doença passa gradualmente. Ao contrário, o desenvolvimento exagerado da tiróide, encontrado em certas doenças, acarreta um metabolismo acelerado e leva a um rápido esgotamento do organismo. A extração das glândulas paratiróides acarreta convulsões mortais. As anormalidades de outra glândula, apêndice do cérebro, a hipófise, exercem certa influência sobre o crescimento, o tamanho e a formação dos ossos.; assim, o crescimento da hipófise acarreta o gigantismo e o crescimento anormal de algum órgão. Ao contrário, a extração da hipófise está relacionada ao nanismo.

Foi estabelecido que a castração, isto é, a extração das glândulas genitais, reflete-se imediatamente em toda a constituição do corpo. Nos homens a voz afina e fica parecida à das mulheres, a barba desaparece do rosto e todo o corpo começa a ganhar aspecto efeminado. Graças aos experimentos de Steinach, Vóronov, Zavódovski e outros, nos últimos tempos conseguiu-se estabelecer experimentalmente dois fatos notáveis relativos à secreção interna. O primeiro foi a dependência de toda a natureza absolutamente sexual do corpo humano em face da secreção interna das glândulas genitais. Fez-se a seguinte experiência: transferiu-se para um galo castrado a glândula genital de uma galinha e vice-versa, obtendo-se como resultado uma mudança de sexo por via experimental. Esse galo perdeu todos os seus traços sexuais (secundários): a voz, a crista, a cauda e os próprios hábitos, tornando-se em tudo semelhante à galinha. De igual maneira conseguiu-se fazer uma galinha metamorfosear-se no galo. Assim se conseguiu estabelecer uma dependência direta entre a constituição do corpo do animal e sua natureza, por um lado, e a secreção interna das glândulas genitais, por outro. Tudo o que denominamos feminino e masculino, tanto na constituição do corpo quanto na natureza e no psiquismo, acaba condicionado precisamente pela secreção interna das glândulas genitais.

O segundo fato àquele relacionado e não menos notável consiste no seguinte: conseguiu-se mostrar a dependência direta entre a secreção das glândulas genitais e todas as diversas mudanças do organismo – do corpo e do espírito – que se costuma chamar de velhice. Há muito tempo havia-se observado que a idade e o sexo do homem seguiam como que em ondas paralelas em sua evolução, mas só bem ultimamente conseguiu-se estabelecer que a velhice, no fim das contas, está condicionada à interrupção do afluxo de hormônios ao sangue. As notáveis experiências de Steinach consistiram no seguinte: colava-se a qualquer ponto do corpo de um animal velho e decrépito a glândula genital de um animal jovem, e quando a glândula começava a depositar no sangue a sua secreção sempre se manifestava o efeito rápido e evidente do rejuvenescimento. As forças voltavam ao animal, desaparecia a decrepitude da velhice, o pêlo tornava a começar a nascer, reaparecia o brilho nos olhos embaçados e o animal começava a viver uma espécie de segunda juventude. Idênticos efeitos de rejuvenescimento foram obtidos no homem, mas nesse caso a operação consistiu em regular o funcionamento da glândula genital no sentido de aumentar a sua secreção interna.

Esse levantamento mostra que fenômenos como o crescimento e a constituição do corpo, o tamanho e a forma dos órgãos, as peculiaridades genitais do homem, que se manifestam de igual maneira tanto nos aspectos corporais quanto espirituais, acabam dependendo da secreção interna. Até hoje a natureza e a essência dessa dependência ainda não foram definitivamente decifradas, mas já no atual estado dos conhecimentos científicos pode-se considerar indiscutível que o papel decisivo é aqui desempenhado pelo quimismo do sangue. Graças à segregação desses e daqueles hormônios ocorre a mudança da composição química do sangue, e em função disto modificam-se do modo mais substancial todos os processos no organismo, inclusive os processos nervosos. Conseqüentemente, dependem diretamente da composição química do sangue todos os processos vitais do organismo, enquanto as glândulas de secreção interna são, em primeiro lugar e principalmente, reguladores desse quimismo no sangue.

Isso pode ser explicado de modo muito simples e convincente. Qualquer pessoa sabe que efeito mágico exercem os venenos sobre o organismo: basta ingerirmos uma pequena dose de álcool para que mudem inteiramente a nossa consciência, os batimentos cardíacos, a respiração, a percepção do mundo, o estado de ânimo, o sentimento e a vontade. Nisso se baseou, em todos os tempos, o uso amplamente difundido do veneno como meio de provocar artificialmente essas ou aquelas mudanças no corpo. A morfina e o ópio, a cocaína e o éter modificam em diferentes sentidos a nossa consciência e, embora exerçam sobre o organismo um efeito destrutivo, ainda assim mergulham o homem em um mundo tão fantástico e mágico, possuem tamanha capacidade mágica de mudar os nossos sentimentos, disposição e percepção, toda a nossa experiência terrestre que parecem ter sido eles mesmos que serviram de fonte às histórias fantásticas de todo o mundo. O que acontece quando o organismo está envenenado? Como é fácil perceber, ocorre apenas o lançamento de algumas substâncias novas – venenos – no sangue que modificam radicalmente primeiro a composição química do sangue, depois o caráter de todos os mesmos processos, acima de tudo os nervosos, dos quais depende todo o nosso comportamento.

Algo semelhante ocorre com as glândulas de secreção interna: agindo sobre a composição química do sangue, elas também regulam o fluxo dos processos nervosos e contribuem para mudanças substanciais do nosso psiquismo. O homem tem dentro de si, no seu sistema secretório, uma espécie de farmácia permanente, que excita e intoxica o organismo com toda sorte de hormônios. Nesse caso as glândulas de secreção interna não apresentam nada disperso ou independente. Ao contrário, elas estão unificadas em um sistema harmonioso, cuja presença foi estabelecida com precisão mas até hoje aguarda solução definitiva. Não há dúvida de que as glândulas influenciam umas às outras através do sangue, que espalha os hormônios por todo o corpo e por isso é o melhor boletim no organismo. Os hormônios de uma glândula excitam ou inibem outra glândula e, depois de uma luta demorada e complexa para cada momento dado, instala-se um específico sistema de equilíbrio e interação da secreção interna, que depende da existência de diversos hormônios.

Por sua vez, o sistema hormonal ou secretório se encontra na mais estreita dependência e relação com outros sistemas unificadores do organismo, ou seja, o circulatório e o nervoso. A relação com o sistema circulatório é evidentemente notória, uma vez que este é o mecanismo que distribui os hormônios por todo o corpo, em cujos pontos mais distantes realiza a influência desses hormônios. Noutros termos, o sistema hormonal realiza a sua influência através do sistema circulatório, e assim voltamos à antiga concepção do sangue como a verdadeira nádega da alma e da vida. O homem antigo acreditava que o sangue era a alma, e a ciência de hoje começa a pensar que é justamente o quimismo do sangue que determina o nosso comportamento. Aqui cabe mencionar outro laço existente entre o sistema hormonal e o nervoso. "O sistema nervoso", diz A. Weil, "domina os demais órgãos do corpo e as glândulas endócrinas e vice-versa; os *íncretos*, por sua vez, podem influenciar os terminais periféricos e os centros e dos nervos" (1923, p. 150). Essas glândulas estão ainda aptas a levar estimulações ao centro e receber deste impulsos executivos como qualquer músculo; nesse sentido elas integram como componentes o aparelho responsivo do sistema nervoso e estão sujeitas a todas as leis da educação e do estabelecimento dos reflexos condicionados. Um experimento mostrou que, se a ação se desenvolve em resposta a um estímulo químico interno, a partir dela pode-se concluir um reflexo condicionado. Por exemplo, se colocarmos um músculo numa caixa de vidro dividida em três partes e depositarmos o músculo e o alimento nos cantos, a corrida do rato para o alimento será sempre condicionada pelo chamado sangue faminto, ou seja, pela mudança da composição química deste. Se o experimento for sempre acompanhado de um toque de campainha, resultará que o rato aprenderá a correr ao sinal de um só toque mesmo sem haver estimulação do sangue faminto, uma vez que ele comeu há apenas alguns minutos. Desse modo, verifica-se que o agente químico interno da estimulação não é algo isolado do mundo exterior mas faz parte do funcionamento geral do sistema nervoso.

Se o sistema nervoso influencia o hormonal, não é menos evidente a influência inversa dos hormônios sobre o cérebro. Já observamos anteriormente como são sérias as mudanças que ocorrem no sistema nervoso e no comportamento em caso de extração dessa ou daquela glândula. O cérebro influencia o sistema hormonal e, através dele, torna a exercer influência sobre si mesmo. Por isso é profundamente verdadeira a observação: "O homem não pensa só com o auxílio do cérebro, mas por meio de uma atividade coordenada e rigorosamente determinada do conteúdo da sua caixa craniana em associação com todas as glândulas de secreção interna."

Por último, a derradeira conseqüência da teoria da secreção interna consiste na conclusão, sumamente instrutiva para os psicólogos, segundo a qual o físico e o psíquico, o espírito e a matéria, a constituição do corpo e o caráter são, em essência, processos profundamente idênticos, estreitamente entrelaçados, e a divisão desse ou daquele não encontra justificativa em nenhuma razão real. Ao contrário, em psicologia a premissa básica passa a ser a hipótese da unidade de todos os processos que ocorrem no organismo, da identidade entre o psíquico e o físico e de que é falso e impossível delimitá-los. A teoria da secreção interna aponta justamente para um desses mecanismos psicofísicos que realizam essa unidade. Se o sistema secretório constitui parte do aparelho responsivo do nosso comportamento e, conseqüentemente, depende dele, fica evidente que funções do organismo como o crescimento, a atividade sexual e a forma e o tamanho das partes do corpo dependem da atividade da secreção interna. Em parte alguma a unidade entre o psíquico e o físico aparece com tanta clareza como na teoria da secreção interna.

Capítulo IV
Fatores biológico e social do comportamento

De tudo o que foi dito podem-se fazer conclusões psicológicas sumamente importantes no tocante à natureza e à essência do processo educacional. Vimos que o comportamento do homem é formado pelas peculiaridades e condições biológicas e sociais do seu crescimento. O fator biológico determina a base, o fundamento das reações inatas, e o organismo não tem condição de sair dos limites desse fundamento, sobre o qual se erige um sistema de reações adquiridas.

Nesse caso aparece com plena evidência o fato de que esse novo sistema de reações é inteiramente determinado pela estrutura do meio onde cresce e se desenvolve o organismo. Por isso toda educação é de natureza social, queira-o ou não.

Vimos que o único educador capaz de formar novas reações no organismo é a sua própria experiência. Só aquela relação que ele adquiriu na experiência pessoal permanece efetiva para ele. É por isso que a experiência pessoal do educando se torna a base principal do trabalho pedagógico. Em termos rigorosos, do ponto de vista científico não se pode educar o outro. É impossível exercer influência imediata e provocar mudanças no organismo alheio, é possível apenas a própria pessoa educar-se, ou seja, modificar as suas reações inatas através da própria experiência.

"Os nossos movimentos são os nossos mestres." No fim das contas, a própria criança se educa. Em seu organismo, e não em algum outro lugar, ocorre aquele embate decisivo entre diferentes influências, que determina o seu comportamento durante longos anos. Nesse sentido, a educação em todos os países e em todas as épocas sempre foi social, por mais anti-social que tenha sido em sua ideologia. Nos seminários, no velho ginásio, no corpo de cadetes, nos educandários para moças nobres, nas escolas da Grécia, da Idade Média e do Oriente quem educou nunca foram os mestres nem os preceptores mas o meio social escolar estabelecido para cada caso particular.

Por isso a passividade do aluno como subestimação da sua experiência pessoal é o maior pecado do ponto de vista científico, uma vez que toma como fundamento o falso preceito de que o mestre é tudo, e o aluno, nada. Ao contrário, o ponto de vista psicológico exige reconhecer que, no processo educacional, a experiência pessoal do aluno é tudo. A educação deve ser organizada de tal forma que não se eduque o aluno mas o próprio aluno se eduque.

Por isso a culminação da incongruência psicológica é o tradicional sistema escolar europeu, que sempre reduziu o processo de educação e aprendizagem à percepção passiva das prescrições e ensinamentos do mestre pelo aluno. O processo de educação deve basear-se na atividade pessoal do aluno, e toda a arte do educador deve consistir apenas em orientar e regular essa atividade. No processo de educação o mestre deve ser os trilhos por onde se movimentam com liberdade e independência os vagões, que recebem dele apenas a orientação do próprio movimento. A escola científica é, necessariamente, uma "escola de ações", segundo expressão de Laj.

A base da ação educacional dos próprios alunos deve ser o pleno processo de respostas com todos os seus três momentos: a percepção do estímulo, a sua elaboração e a ação responsiva. A velha pedagogia intensificava exageradamente e deformava o primeiro momento da percepção e transformava o aluno em esponja, que cumpria a sua função com tanto mais acerto quanto absorvia os conhecimentos alheios. Entretanto, o conhecimento que não passou pela experiência pessoal não é conhecimento coisa nenhuma. A psicologia exige que os alunos aprendam não só a perceber mas também a reagir. Educar significa, antes de mais nada, estabelecer novas reações, elaborar novas formas de comportamento.

Dando importância tão excepcional à experiência pessoal do aluno, podemos reduzir a zero o papel do mestre? Podemos substituir a velha fórmula "o mestre é tudo, o aluno, nada" pela fórmula inversa "O aluno é tudo, o mestre, nada?". De modo algum. Se, do ponto de vista científico, devemos negar ao mestre a capacidade de exercer influência educacional imediata, a capacidade mística de "esculpir a alma alheia", então é precisamente porque reconhecemos para o mestre uma valor imensuravelmente mais importante.

Pelo exposto anteriormente vimos que a experiência do aluno, o estabelecimento dos reflexos condicionados é determinado integralmente e sem qualquer reserva pelo meio social. Basta mudar o meio social para que mude incontinenti o comportamento do homem. Já dissemos que o meio desempenha em relação a cada um de nós o mesmo papel que desempenha o laboratório de Pávlov em relação aos cães em situação semelhante. Ali as condições de laboratório determinam o reflexo condicionado do cão, aqui o meio social determina a elaboração do comportamento. Do ponto de vista psicológico, o mestre é o organizador do meio social educativo, o regulador e controlador da sua interação com o educando.

Se o mestre é impotente para agir imediatamente sobre o aluno, é onipotente para exercer influência imediata sobre ele através do meio social. O meio social é a verdadeira alavanca do processo educacional, e todo o papel do mestre consiste em direcionar essa alavanca. Como um jardineiro seria louco se quisesse influenciar o crescimento das plantas, puxando-as diretamente do solo com as mãos, o pedagogo entraria em contradição com a natureza da educação se forçasse sua influência direta sobre a criança. Mas o jardineiro influencia o crescimento da flor aumentando a temperatura, regulando a umidade, mudando a disposição das plantas vizinhas, selecionando e misturando terra e adubo, ou seja, mais uma vez agindo indiretamente, através das mudanças correspondentes do meio. Assim faz o pedagogo que, ao mudar o meio, educa a criança.

Aqui se deve ter em vista que o pedagogo atua no processo de educação em papel duplo, e nesse sentido o trabalho do mestre não representa nenhuma exceção se comparado a qualquer modalidade de trabalho humano. Qualquer trabalho humano é duplo por natureza. Nas formas mais primitivas e nas mais complexas de trabalho humano, o trabalhador exerce um duplo papel: por um lado, como organizador e administrador da produção, por outro, como peça de sua própria máquina. Tomemos, como exemplo, o trabalho do puxador do jinriquixá japonês, que arrasta o carro com passageiros pela cidade, e o comparemos ao trabalho de um motorneiro de bonde. Veremos que o jinriquixá é mera fonte de força física, de tração, e com a força dos seus músculos e nervos substitui a força do cavalo, do valor ou da eletricidade. Mas, ao mesmo tempo, o puxador do jinriquixá desempenha um papel em que não pode ser substituído pelo cavalo, pelo vapor nem pela eletricidade: ele não é apenas peça da sua máquina mas também o seu comandante, o administrador, regulador e organizador de uma produção simples. Ele levanta o varal do carro, no momento necessário o põe em marcha e pára, contorna os obstáculos, dá guinadas, escolhe o devido rumo.

Encontramos esses mesmos dois momentos no trabalho de um motorneiro de bonde. Com seu sistema muscular ele também desloca de um lugar a outro a alavanca do freio ou do motor, e com a força mecânica de um golpe de pé dá sinais; assim, ele ainda é simples peça da sua máquina, peça essa que muda a disposição de outras peças. Bem mais notório é o segundo papel do motorneiro: aquele em que ele atua como organizador e administrador de todo esse complexo sistema de motores, freios e sinais.

Vê-se por essa comparação que, embora os dois momentos do trabalho estejam de igual maneira presentes no motorneiro e no puxador do jinriquixá, não obstante eles trocaram de lugar. No jinriquixá, o trabalho de organizador e administrador da máquina desempenha um papel insignificante e imperceptível em comparação com o trabalho físico. Se o puxador do jinriquixá sente cansaço não é, evidentemente, por ter dirigido a máquina mas pelas correrias e o movimento do varal. No motorneiro, ao contrário, o trabalho físico está próximo do zero e cresce em proporções grandiosas a importância do trabalho mental. Graças ao aperfeiçoamento da técnica, o desenvolvimento do trabalho segue em uma direção que podemos classificar convencionalmente como "do puxador do jinriquixá ao motorneiro". Na indústria moderna o operário vai-se tornando cada vez mais organizador da produção e administrador das máquinas.

De igual maneira o mestre, por um lado, é o organizador e administrador do meio social educativo e, por outro, de parte desse meio. Onde ele substitui livros, mapas, um dicionário, um colega ele atua como o puxador do jinriquixá que substitui o cavalo. Onde o mestre, à semelhança do puxador do jinriquixá, atua como peça da máquina educacional, não atua como educador do ponto de vista científico. Ele só atua como educador onde, afastando a si mesmo, chama ao serviço as poderosas forças do meio, administrando-as e fazendo-as servir à educação.

Assim chegamos à seguinte fórmula do processo educacional: a educação se faz através da própria experiência do aluno, a qual é inteiramente determinada pelo meio, e nesse processo o papel do mestre consiste em organizar e regular o meio.

Para que esse papel se torne inteiramente claro, é preciso que examinemos em maiores detalhes o conceito de meio educativo. À primeira vista, pode parecer facilmente que não se faz necessário nenhum meio educativo específico, que a educação pode ser levada a cabo em qualquer meio e que, em particular, o melhor educador é aquele meio que foi destinado como espaço da futura atividade do educando. Todo meio social artificialmente criado sempre compreenderá vínculos que serão diferentes da realidade concreta e, conseqüentemente, sempre irá manter certo ângulo de divergência com a vida. Daí ser muito fácil concluir que não se deve criar nenhum meio educativo artificial: a vida educa melhor que a escola, façamos a criança entrar de cabeça no ruidoso fluxo da vida e podemos estar antecipadamente seguros de que esse modo de educar produzirá um homem firme e apto para enfrentar a vida.

Contudo é falsa semelhante concepção. Aqui é necessário levar em conta dois momentos. Primeiro: a educação sempre visa não à adaptação ao meio já existente, o que pode efetivamente ser feito pela própria vida. Nos primeiros anos da revolução muita gente interpretou a tarefa da educação como sendo a de destruir a escola. A rua revolucionária seria o melhor educador, era preciso fazer das nossas crianças meninos de rua, urgia destruir a escola em nome da vida: tais eram os lemas. Nessas concepções havia muito de um pathos sadio, de reação verdadeira contra uma escola separada da vida por uma muralha chinesa, e é provável que nas tempestuosas épocas das revoluções a abolição da educação seja o método educativo mais verdadeiro. Entretanto a questão é bem diferente em épocas mais tranqüilas e à luz de um pensamento científico sóbrio. É verdade que educamos para a vida, que esta é o árbitro supremo, que o nosso objetivo final não é inocular méritos escolares especiais seja de que espécie for mas comunicar habilidades e hábitos para a vida, que a iniciação à vida é o nosso objetivo final. Mas na vida existem os mais variados hábitos e a iniciação pode compreender as mais diversas qualidades. Não podemos dispensar um tratamento indiferente e igual a todos os seus elementos nem dizer decididamente "sim" a tudo só porque isso existe na vida. Logo, não podemos aceitar que o processo educativo seja deixado a mercê dos elementos da vida. Nunca conseguiremos calcular de antemão que elementos da vida irão predominar no nosso educando nem se teremos como resultado uma caricatura da vida, isto é, uma coleção dos seus aspectos negativos e imprestáveis.

Na nossa rua há tanta impureza e sujeira ao lado do belo e do sublime que deixar o desfecho da luta pelo campo motor da criança com o livre jogo dos estímulos seria tão louco quanto querer chegar à América lançando-se ao oceano e entregando-se ao jogo livre das ondas.

Segundo: é necessário levar em conta que os elementos do meio podem, vez por outra, conter influências totalmente nocivas e destrutivas para um organismo jovem. É preciso ter em vista que não operamos com um membro estabelecido do meio mas com um organismo em crescimento, em mutação, frágil, e que muito do que é perfeitamente aceitável para o adulto é nocivo à criança.

As duas considerações – por um lado, a não-correspondência do meio adulto à criança e a complexidade excepcional e diversidade de influências do meio, por outro – levam-nos a rejeitar o princípio espontâneo no processo educacional e lhe contrapor uma resistência racional e uma administração desse processo movida pela organização racional do meio.

É essa a natureza de todo conhecimento científico. Toda tese teórica é verificada ou testada pela prática, e sua veracidade só se estabelece quando se justifica a prática que a tomou por base. O homem não descobre as leis da natureza para resignar-se impotente diante do seu poderio e renunciar à própria vontade. Nem para agir de modo irracional e cego, a despeito dessas leis. Mas ao subordinar-se racionalmente a elas, ao combiná-las, ele as subordina. O homem sujeita a natureza ao seu serviço segundo as leis da própria natureza. O mesmo acontece com a educação social. O conhecimento das verdadeiras leis da educação social, independentes da vontade do mestre, de modo algum significa o reconhecimento da nossa impotência diante do processo educacional, recusa a intervir nele e entrega de toda a educação à força espontânea do meio.

Ao contrário, como qualquer ampliação do nosso conhecimento, esse conhecimento significa o aumento do nosso poder sobre esse processo, as grandes possibilidades da nossa ativa intervenção nele. O conhecimento da verdadeira natureza da educação nos indica os meios através dos quais podemos dominar inteiramente. Assim, a teoria psicológica da educação social, além de não significar capitulação perante a educação ainda marca, ao contrário, um ponto superior no domínio do fluxo dos processos educativos.

É assim que a também psicologia pedagógica se torna uma ciência prática sumamente eficaz. Ela não se limita a tarefas meramente teóricas como apreender e descrever a natureza da educação, descobrir e formular as suas leis. Ela deve nos ensinar a dominar a educação com base nas próprias leis desta. Fica clara ainda a idéia, acima enunciada, segundo a qual no processo de educação o mestre, munido de uma nova concepção do assunto, não é menos e sim infinitamente mais importante que antes. E embora, pelo visto, seu papel saia perdendo no aspecto ativo externo uma vez que ele ensina e educa menos, esse papel sai ganhando no aspecto ativo interno. O poder desse mestre sobre o processo educativo é tantas vezes maior que o poder do antigo mestre quantas vezes o poder do motorneiro é maior que a força do jinriquixá.

O aspecto ativo do processo educativo e dos seus alunos

O que menos se deve é imaginar o processo educativo como unilateralmente ativo e atribuir todo o caráter ativo ao meio, reduzindo a nada o caráter ativo do próprio aluno, do mestre e de tudo o que está em contato com a educação. Na educação, ao contrário, não existe nada de passivo, de inativo. Até as coisas mortas, quando se incorporam ao círculo da educação, quando se lhes atribui papel educativo, adquirem caráter ativo e se tornam participantes ativos desse processo.

Com uma visão superficial é muito fácil tirar da teoria dos reflexos condicionados a conclusão segundo a qual o comportamento humano e a educação são interpretados de modo exclusivamente mecanicista e o organismo lembra um autômato que responde aos estímulos do meio com uma exatidão de máquina. Já apontamos a falsidade de semelhante concepção. O próprio processo de formação do reflexo condicionado, como já mostramos, surge da luta e do choque de dois elementos inteiramente independentes entre si na natureza e entram em choque cruzando-se e esbarrando-se no organismo em conformidade com as leis desse mesmo organismo.

"O homem se opõe à natureza como força da natureza", o organismo se opõe ao mundo como grandeza ativa em luta. O organismo vai de encontro às influências do meio munido da experiência que herdou. O meio como que achata como uma espécie de martelo e forja essa experiência, deformando-a. O organismo luta pela auto-afirmação. O comportamento é um processo dialético e complexo de luta entre o mundo e o homem, e tanto no interior do homem quanto no desfecho dessa luta as forças do próprio organismo e as condições de sua constituição herdada desempenham papel não inferior ao da influência agressiva do meio.

Reconhecer a "total impregnação social" da nossa experiência de modo algum significa reconhecer o homem como um autômato e negar-lhe qualquer importância. Por isso a fórmula já referida, que se propõe prever o comportamento do homem com precisão matemática e libertá-lo das reações hereditárias do organismo e de todas as influências do meio, errava em um momento essencial: ela não leva em conta a infinita complexidade da luta que se desenvolve no interior do organismo e nunca permite que se calcule e se liberte de antemão o comportamento do homem, que nunca se manifesta senão no desfecho dessa luta. O meio não é algo absoluto, exterior ao homem. Não se consegue nem sequer definir onde terminam as influências do meio e começam as influências do próprio corpo.

Portanto, como acontece nos campos íntero e proprioceptivos, o próprio corpo é para si uma parte do meio social. O processo de estabelecimento das reações adquiridas, dos reflexos condicionados, é um processo ativo bilateral, no qual o organismo não só experimenta a influência do meio como também exerce até certo ponto influência sobre o meio através de cada uma de suas reações e sobre si mesmo através desse mesmo meio. Nesse processo bilateral o reflexo pertence ao organismo como reação pronta, ao meio pertencem as condições para o surgimento de uma nova reação. O estabelecimento das reações depende sempre do desfecho do embate entre o organismo e o meio.

Mas o meio também não é algo de absolutamente estagnado, rígido e imutável. Ao contrário, na realidade fatual não existe meio indiviso. Ele se subdivide em uma série de segmentos mais ou menos independentes e isolados entre si, que, como algo diferente, podem ser objeto de uma ação racional do homem. Em suma, para o homem o meio é meio social, porque onde este atua até mesmo como meio natural são patentes, apesar de tudo, momentos sociais determinantes em relação ao homem. Em relação ao meio, o homem sempre usa a experiência social. Se ao contemplarmos um bosque, um rio ou uma árvore temos consciência de que estamos diante de um bosque, de um rio, de uma árvore e os nomeamos, compreendemos o que significam, isso quer dizer que aplicamos a tais objetos operações de experiência social tão complexas que só podem não ser notadas por força da mesma lei pela qual não percebemos que respiramos, crescemos, giramos com a Terra, isto é, não percebemos aquelas mudanças que se processam e modo ininterrupto e permanente.

Por isso, contrapor o meio social ao natural só é possível em sentido muito restrito e convencional. Se interpretamos o meio social convencionalmente como um conjunto de relações humanas, fica perfeitamente compreensível a excepcional plasticidade do meio social, que quase chega a fazer dele o instrumento mais flexível da educação. A situação do contato entre os elementos do meio não é constrangida e imóvel mas mutável, e nela as formas e contornos do meio facilmente se modificam. Combinando de certo modo esses elementos, o homem sempre cria formas e mais formas novas de meio social.

É por isso que no processo de educação também cabe ao mestre um papel ativo: o de cortar, talhar e esculpir os elementos do meio, combiná-los pelos mais variados modos para que eles realizem a tarefa de que ele, o mestre, necessita. Deste modo, o processo educativo já se torna trilateralmente ativo: é ativo o aluno, é ativo o mestre, é ativo o meio criado entre eles. Por isso, o menos possível é interpretar esse processo como placidamente pacífico e regular. Ao contrário, a sua natureza psicológica mostra que ele é uma luta sumamente complexa, na qual se lançaram inúmeras forças das mais complexas e diversas, que ele é um processo dinâmico, ativo e dialético, que não lembra um processo de crescimento lento e evolutivo mas um processo movido a saltos, revolucionário de embates contínuos entre o homem e o mundo.

Os objetivos da educação do ponto de vista psicológico

Os objetivos da educação em todas as suas dimensões são uma questão que não faz parte do objeto da psicologia pedagógica. Ela deve descobrir o aspecto formal de todo processo educativo sem considerar-lhe os fins, explicar as leis que o regem independentemente do rumo que possa tomar a ação de tais leis. É assunto da pedagogia geral, da ética social traçar e indicar os fins da educação.

A natureza psicológica do processo educativo é absolutamente idêntica, queiramos nós educar um fascista ou um proletário, preparemos nós um acrobata ou um bom servidor. Devemos nos interessar apenas pelo próprio mecanismo do estabelecimento de novas respostas, sem levar em conta para o bem de quem tendem essas respostas.

Contudo há nessa questão certo aspecto formal que só pode ser considerado do ponto de vista psicológico. Em psicologia não se devem discutir esses ou aqueles fins concretos da educação mas que objetivos podem ser propostos em um âmbito global ao processo educativo de um ponto de vista científico. Quais são as condições cuja observação leva nossos objetivos a assumir a contramão do processo educativo? A solução desse problema é da alçada exclusiva da teoria psicológica da educação.

Por tudo o que até aqui foi exposto vemos que o processo educativo é integralmente concreto. Não consiste senão no estabelecimento de novas relações, que são sempre inteiramente materiais e concretas. Desse simples fato já se compreende que só podemos estabelecer objetivos concretos para o processo de educação. Do ponto de vista científico podemos falar igualmente da educação de um fascista ou de revolucionário, de um acrobata ou de um servidor, porque em todos esses casos sempre estamos diante do caráter absolutamente definido das respostas, do sistema perfeitamente claro do comportamento e do ideal preciso da atividade que desejamos atingir.

Mas falar dos ideais abstratos da educação como desenvolvimento de um indivíduo integral e harmonioso ou de um homem culto e civilizado carece de sentido do ponto de vista científico, pois isso não tem a menor importância para a escolha daquelas relações de que queremos lançar mão no processo educativo. Formular cientificamente os fins da educação implica traçar de modo plenamente concreto e preciso o sistema de comportamento que pretendemos realizar na nossa educação.

Basta lançarmos um olhar sobre os sistemas educacionais em seu desenvolvimento histórico para percebermos que, em realidade, os objetivos da educação sempre foram plenamente concretos e vitais e corresponderam aos ideais da época, à estrutura econômica e social da sociedade que determina toda a história da época. Se esses ideais foram formulados de modo diferente, isto terá dependido sempre da impotência científica de quem o formulou ou da hipocrisia de classe da época.

O feudalismo, que só estava interessado em educar escravos dóceis e resignados, evidentemente não poderia falar abertamente de tal coisa e tinha de escudar-se na doutrina religiosa da salvação da alma. Assim aconteceu em todas as épocas em que a classe exploradora dirigente, que comandava também a educação, disfarçava com palavras abstratas o verdadeiro objetivo da educação. Hoje, quando estão desnudadas as contradições de classe, desapareceu a necessidade de tal disfarce, e a tendência do homem da nossa época é formular com plena concretitude e precisão os objetivos vitais da educação.

É necessário levar em conta que a educação teve caráter de classe sempre e em qualquer parte, independentemente de seus apólogos ou apóstolos terem ou não consciência desse fato. Ocorre que, na sociedade humana, a educação é uma função social perfeitamente definida, sempre orientada pelos interesses da classe dominante, e a liberdade e independência do pequeno meio educativo artificial em face do grande meio social são, no fundo, liberdades convencionais e independência muito relativas dentro de espaços e limites estreitos.

Sempre existe certa interação de influências e uma ligação entre o meio social grande e o pequeno, e toda a complexidade da questão psicológica da educação não consiste senão no estabelecimento dos verdadeiros limites dessa independência. Descobrir e mostrar a natureza de classe e o conteúdo de qualquer sistema educacional não parece difícil. Basta lembrar o sistema educacional da escola na Rússia czarista, que criava liceus e institutos para a nobreza, escolas reais para a burguesia urbana, orfanatos e escolas de ofícios para a pobreza.

Por isso, do ponto de vista psicológico não faz sentido falar de quaisquer objetivos abstratos e gerais de qualquer educação no sentido geral. Cada sistema educacional tem seus próprios fins inclusive cada período da educação pode ter os seus, e independentemente da expressão que possam ter sempre irão formar certos aspectos e o caráter do comportamento que a educação quer desencadear para a vida. Só esses fins da educação podem ter significado real na escolha e na orientação do processo educacional, pois só eles podem oferecer regras para a seleção dos efeitos educacionais necessários e sua correta combinação em sistema pedagógico harmonioso.

A educação como seleção social

Chegamos ao momento de formular, de modo definitivo, a natureza psicológica do processo educativo com base em todo o material considerado. Contudo, seria sumamente difícil fazê-lo com uma frase, uma vez que, segundo um provérbio francês, toda definição é uma restrição, ou seja, um enfoque parcial e unilateral do objeto. Por isso tentaremos examinar a educação partindo de alguns aspectos fundamentais.

A primeira definição aproximada de educação sugere que o processo educativo se reduz à fixação e à acumulação de reações condicionadas com base em reações inatas e à elaboração de formas de comportamento úteis para a adaptação ao meio social. Noutros termos, a educação é definida como adaptação da experiência hereditária a certo meio social.

Mas não é difícil perceber que semelhante definição é ampla demais, porque o conceito de educação abrangeria qualquer nova resposta condicionada e perderíamos os critérios para diferenciar a educação do estabelecimento de uma nova resposta condicionada que articulamos diariamente quando resolvemos cumprimentar um novo conhecido, interpretar uma nova palavra interessante, reagir a um novo acontecimento. Desse ponto de vista é necessário distinguir a educação da vida cotidiana.

Não há nenhuma dúvida de que toda construção dessa resposta nova na vida é, no fundo, uma ação psicológica sobre si mesmo, um processo auto-educativo. Isto salta à vista de modo especialmente acentuado onde encontramos não fixações singulares e fortuitas de respostas mas um processo planejado, racional e longo de elaboração de novos sistemas de comportamento entre os adultos. Assim, quando instruímos soldados, ensinamos um novo jogo, damos algum curso de estenografia ou datilografia deparamos, sem dúvida, com processos psicológicos de natureza educativa, porque em todos esses casos trata-se da elaboração e do estabelecimento de novos sistemas de respostas, de novas formas de comportamento.

Para efeito de clareza e precisão do assunto, entretanto, seria mais correto falar antes de reeducação no amplo sentido do termo do que de educação. A diferença entre essas duas palavras destoa um pouco do significado que elas recebem no seu emprego usual. Na linguagem comum é praxe entender reeducação como reelaboração radical e reconstrução dos sistemas de respostas já existentes. Assim se costuma falar de reeducação de um criminoso, um doente mental, etc. Na linguagem do dia-a-dia ninguém iria falar de reeducação nos cursos de datilografia ou estenografia. Do ponto de vista popular nada educamos aqui mas informamos e elaboramos uma espécie de novas habilidades. Por outro lado, do ponto de vista científico seria correto falar precisamente de reeducação em todos esses casos, uma vez que, em termos psicológicos, termos em toda a parte a fixação de alguns novos vínculos no sistema já constituído de comportamento.

Deve-se considerar como traço essencial da educação o momento de não-fixidez, de fluidez, de crescimento e mudança autônoma do organismo. Assim, o conceito de educação só se aplica em forma pura à criança, ou seja, ao organismo em crescimento e automudança. Isso é plenamente análogo a todos os demais processos físicos do organismo. Nele, as mudanças se processam continuamente durante toda a vida. Contudo, as mudanças que costumam ser chamadas de crescimento têm um sentido biológico bem diferente. Seu destino e fim consistem na preparação do jovem ser para uma atividade vital complexa e multifacetada. A palavra "educação" só se aplica ao crescimento. Assim, a educação só pode ser definida como ação planejada, racional, premeditada e consciente e como intervenção nos processos de crescimento natural do organismo. Conseqüentemente, só poderá ter caráter educativo aquela fixação de novas reações que, de uma forma ou de outra, intervenha nos processos de crescimento e os oriente. Logo, nem todos os vínculos que se concluem na criança são atos educativos.

Se ao sair de casa eu combino com a criança onde vou deixar a chave, com essa atitude estou concluindo um novo vínculo com ela. Mas se essa relação não tiver nenhuma outra função além de ajudar a criança a procurar a chave, não poderá ser denominada educativa do ponto de vista psicológico. Por conseguinte, tudo o que fazemos com a criança é educação no sentido científico do termo.

Vê-se, pelo exposto, que a educação pode ser objeto e problema da psicologia infantil. Em que consiste o sentido desse processo? Será mais correto defini-lo como processo de seleção social. Estamos lembrados de que a reação é um complexo processo de inter-relação do homem com o mundo, determinado pela adaptação. O comportamento é a forma superior de adaptação ao meio. Mas a criança tem uma infinidade de oportunidades sociais, e dela podem construir-se as mais diferentes individualidades. A criança, segundo Franck, que se imagina um "bandido", soldado ou cavalo e "representa" esses seres, na realidade está mais certa que seus pais ou mestres-psicólogos, que vêem nela apenas um ser pequeno e indefeso que vive na infância. Sob essa aparência esconde-se de fato uma reserva de potencialidades e realidades que não intervêm na realidade concreto-material da sua vida. Nesse pequeno ser realmente habitam forças e aspirações do bandido, do soldado e até dos cavalos; ele é mesmo algo infinitamente maior do que parece ao observador externo" (1917, p. 57). Na criança encerra-se potencialmente uma infinidade de futuras individualidades, ela pode vir a ser essa, aquela e aquela outra. A educação faz a seleção social da individualidade necessária. Através da seleção, ela faz do homem como biótipo o homem como sociótipo.

Capítulo V
Os instintos como objeto, mecanismo e instrumento de educação

A atividade instintiva do animal e do homem sempre foi concebida pelos observadores como algo misterioso e enigmático. Até hoje ela permanece a mais obscura e não elucidada para a psicologia do homem e do animal. As causas dessa obscuridade e ausência de elucidação radicam antes de mais nada na obscuridade da própria atividade instintiva.

Encontramos instintos tanto nos estágios mais primitivos da vida quanto nos mais elevados e, por mais estranho que pareça, além de não notarmos a sua evolução e seu progresso nós, ao contrário, ainda estabelecemos sem margem de dúvida que o comportamento puramente instintivo é infinitamente mais aperfeiçoado nos animais inferiores que nos superiores. No homem o instinto quase nunca se manifesta em forma pura, sempre funciona como componente de um todo complexo e por isso atua de modo mais velado, como uma mola secreta situada atrás dos mecanismos explícitos do comportamento.

Até hoje a ciência não resolveu a questão da natureza dos instintos e sua classificação. Há muito tempo alguns estudiosos vêm apoiando intensamente a concepção segundo a qual efetivamente não existe o instinto como tal, como forma específica de comportamento. Outros, ao contrário, consideram o instinto algo original, não redutível a nada, uma espécie de classe especial de reações do homem e do animal.

Um estudioso observou com muito acerto que denominamos instinto tudo o que não entendemos. De fato, no uso comum a palavra "instinto" é aplicada a todos os casos em que não estamos em condição de indicar a causa verdadeira e próxima da nossa conduta.

É mais fácil elucidar a natureza do instinto se compará-lo ao reflexo comum. Existe um ponto de vista segundo o qual o instinto é apenas um reflexo complexo ou em cadeia. Mas, como já vimos, existe toda uma série de diferenças entre instinto e reflexo. Biékhteriev propõe chamar os instintos de reflexos complexos e orgânicos e os destaca em uma classe especial constituída de reflexos simples e incondicionados. É isto que significa, em essência, reconhecer o instinto como classe especial de reações, dotada de natureza autônoma.

O correlato anatômico-fisiológico dos instintos é o primeiro a destacá-los em uma classe especial de reações. A ciência atual divide todo o sistema nervoso em dois sistemas básicos: o sistema nervoso animal e o vegetativo. O primeiro comanda todas as funções animais do organismo, antes de tudo as reações motoras, estabelece a correlação entre o organismo e o meio exterior. O segundo comanda as funções vegetativas do organismo, operando nos órgãos internos, cavidades, tecidos, etc. Todos os dados mostram que os instintos, à diferença das outras reações, estão vinculados da forma mais íntima possível a essa parte íntima e vegetativa do sistema nervoso. São precisamente os nervos dessa parte que, depois de cortar as glândulas e as cavidades internas do corpo e alimentar absolutamente todos os tecidos que revestem os vasos sangüíneos, constituem-se nas vias primárias por onde as excitações internas do organismo, ligadas ao instinto, chegam ao sistema nervoso central.

A atividade instintiva radica em vagas ânsias de satisfação orgânica do corpo, nos complexos processos químico-vegetativos do organismo e é uma espécie de resultado das exigências mais íntimas do organismo ao mundo.

Do ponto de vista fisiológico, é facílimo admitir que os processos profundamente íntimos de secreção interna também são os agentes estimulantes dos instintos. Indubitavelmente, pode-se considerar como estabelecido que o instinto sexual é motivado principalmente por essas duas vias: através dos gânglios do sistema vegetativo e diretamente através da excitação hormonal dos centros nervosos do cérebro. No segundo caso, a reação instintiva difere substancialmente do reflexo não por ter como correlato o arco reflexo, mas por surgir graças a um estímulo aplicado imediatamente ao cérebro. Isso comunica a uma dada reação um caráter como que autônomo, ao contrário do caráter responsivo do reflexo.

Deve-se considerar a diferença biológica entre reflexo e instinto, que, em linhas gerais, consiste em que os instintos são reações hereditárias tanto quanto os reflexos, estes, entretanto, relacionados a peculiaridades notórias como a idade, a periodicidade, etc. Noutros termos, o reflexo é uma reação constante, que não se modifica durante toda a vida, ao passo que as reações instintivas podem modificar-se, surgir e desaparecer em função da idade, do período fisiológico e natural, etc.

Por último, do ponto de vista psicológico são instinto aqueles desvios que permitem reduzi-lo a uma simples soma ou seqüência de reflexos. Isso, antes de mais nada, não representa uma dependência tão rigorosa entre o agente estimulante e a reação que caracteriza o instinto. Há muito tempo os naturalistas vêm falando da cegueira dos instintos. Sendo o instinto cego, isto quer dizer, entre outras coisas, que ele não percebe a ausência do agente estimulante e pode agir quando transferido para uma situação inteiramente diversa. Depois, aponta-se para a fixação não rigorosa da própria composição dos reflexos que integram a reação instintiva. Nunca é possível calcular e determinar antecipadamente os movimentos e a sua ordem, que fazem parte da reação instintiva. Ao contrário, o reflexo funciona com uma exatidão mecânica. E embora ele seja um todo complexo e integrante, ainda assim esse todo está constituído de tal forma que no reflexo complexo, do qual participam muitos músculos particulares, podemos fazer uma idéia precisa da seqüência com que eles se manifestam um após outro em seu funcionamento.

Já mostramos a diferença entre instinto e reflexo, formulada com base em observações experimentais de Vagner com o acasalamento de moscas decapitadas. O que essa experiência mostra de melhor é que o instinto pode ser encontrado em associações especialmente complexas com reflexos mas, não obstante, representa algo diferente do reflexo, uma vez que nele o próprio caráter do vínculo e da unificação das reações é substancialmente diverso.

Tudo isso dá fundamento suficiente para o psicólogo destacar o comportamento instintivo numa classe especial e, como Vagner, reconhecer que o instinto é uma reação do comportamento de todo o organismo enquanto o reflexo é uma respostas de órgãos particulares.

Quando comparamos o instinto ao reflexo temos facilidade de perceber naquele a integração dos reflexos hereditariamente preestabelecida, o dominante preestabelecido do processo, o desfecho previamente resolvido da luta pelo campo motor comum e o caráter integral do comportamento.

A origem dos instintos

Existem divergências tanto no que se refere à origem quanto à natureza dos instintos.

Alguns estudiosos admitem que as reações instintivas foram primordialmente reações de tipo racional consciente, das quais o animal, movido por causas fortuitas ou pelo método de provas e erros, selecionava, reforçava e transmitia por hereditariedade as reações úteis. Os partidários dessa concepção encontram sua confirmação na automatização atingida pelas ações racionais conscientes do homem caso estas se repitam com freqüência, uniformidade e a mesma seqüência.

De fato, nove décimos do nosso comportamento transcorrem de modo totalmente automático, independentemente da consciência. É como se os centros nervosos que comandam esses movimentos se tornassem autônomos. Respiramos, andamos, escrevemos e falamos, tocamos piano, lemos e nos vestimos de modo totalmente automático, sem pensar sempre na ação que temos de executar. As pernas parecem nos levar por conta própria sem exigir sempre impulso volitivo, decisões de levantar e colocar o pé; de igual maneira os dedos de um pianista experiente e o aparelho discursivo de qualquer pessoa executam com autonomia o seu trabalho.

Basta apenas que se comparem o esforço, o nível de tensão, o dispêndio de atenção efetuados pelo homem que começa a aprender uma língua estrangeira ou a tocar piano com a leveza e a liberdade com que ele realiza posteriormente os mesmos movimentos para que se compreenda o quanto é grande a força do automatismo psíquico. Observemos uma criança que apenas começa a andar. Todo o seu rosto traduz um estado de extrema tensão, ela executa um trabalho mental sumamente difícil. Sempre que ela levanta a perninha e procura o correspondente ponto de apoio, arrastando a outra, ela realiza uma tarefa de extrema complexidade. Comparemos a ela a outra criança que dois anos depois corre livremente e notaremos a diferença essencial que a automatização introduz na reação humana.

Pode parecer que a automatização diminui o caráter da reação humana, que a reduz a um tipo inferior e a mecaniza, sendo, em linhas gerais, um passo atrás e para baixo em comparação com a reação consciente de tipo racional. Contudo, não é bem assim. É fácil mostrar que a automatização dos nossos movimentos é uma condição psicológica não livre precisamente para o surgimento dos tipos superiores de atividade.

Em primeiro lugar, os atos automatizados são os únicos a constituir o tipo mais acabado de reação. O toque do pianista, o discurso do orador, a dança do bailarino, em suma, tudo o que requer extrema sutileza e precisão dos movimentos atinge a sua perfeição e seu acabamento quando os centros que comandam os devidos movimentos parecem automatizar-se, isolam-se de todas as demais influências do sistema nervoso e realizam o seu trabalho com extrema graça e um ritmo que em toda a natureza só é acessível ao nervo humano.

Em segundo lugar, a automatização dos movimentos é condição indispensável para que o sistema nervoso central se desencarregue de toda uma série de trabalhos externos. É uma espécie de divisão do trabalho original entre os centros nervosos, uma desincumbência de várias formas de trabalho inferior e habitual pelos centros superiores. Se o caminhar não se realizasse automaticamente mas sempre exigisse a consciência dos movimentos, ele absorveria uma quantidade tão gigantesca de energia nervosa que não deixaria nenhum lugar para outros atos. O orador pode entregar-se à composição do sentido do seu discurso precisamente porque o próprio processo da emissão dos sons se realiza como que por si mesmo e não exige dele nem atenção nem pensamento. Por isso é tão difícil falar uma língua pouco habitual, na qual a pronúncia ainda não está suficientemente automatizada.

Assim, a automatização dos movimentos é uma lei universal da nossa atividade e tem uma importância psicológica excepcional. O fundamento dessa lei reside na específica plasticidade da nossa massa nervosa, na qual como que se forma a protolinguagem das vias nervosas, conservam-se vestígios de excitações anteriormente experimentadas e surge a predisposição para a sua repetição.

Quando se dobra uma folha de papel, no lugar da dobradura forma-se um vinco, vestígio do movimento realizado, certa deformação e transposição na distribuição das células. Agora o papel está predisposto para dobrar-se precisamente nesse lugar. Basta o mais leve sopro para que isso aconteça. Algo semelhante acontece no sistema nervoso, embora, nesse caso, não se deva, de modo algum, interpretar ao pé da letra essa comparação e imaginar vestígios de excitações nervosas parecidos com dobras de papel.

O processo de automatização permite esclarecer como o processo de reações instintivas originou-se de reações conscientes. Os adeptos dessa concepção supõem que mais ou menos pelo mesmo caminho por onde o movimento consciente do aprendizado de piano posteriormente se automatiza surgem as reações instintivas através da seleção feita de atos conscientes e arbitrários. Desse modo, esses psicólogos entendem o instinto como ato racional mecanizado, o que lhes permite afirmar que o que hoje é instintivo e mecânico outrora teria sido criativo e racional. "O instinto é a razão decaída", eis a fórmula precisa dessa concepção. Do ponto de vista dessa concepção, o esquema de desenvolvimento dessas reações pode ser assim representado: razão-instinto-reflexo.

Essa concepção, mesmo que seja confirmada pela brilhante analogia com a automatização dos movimentos humanos, ainda assim não pode ser considerada muito provável. O automatismo apenas esclarece como os atos fortuitos, depois de várias repetições, tornam-se exatos e mecânicos, mas isso de modo algum significa que em seus primórdios tais atos tenham sido racionais. Sugere apenas que os atos racionais também podem automatizar-se, mas não se deve considerar que essa capacidade seja exclusiva deles. Ao contrário, pelo que já expusemos, todas as considerações mostram que a atividade de tipo racional, que surge com a participação direta do córtex cerebral, erige-se na base das reações hereditárias e no processo de evolução ela desempenha um papel mais tardio do que o que cabe aos instintos.

Segue-se daí que há muito mais probabilidades em outra concepção segundo a qual, pela origem, os instintos devem ser considerados mais primitivos que os atos racionais. Desse ponto de vista a razão é um instinto conscientizado, ou seja, que passou pela experiência pessoal. Segundo essa concepção, o esquema da evolução das reações terá a seguinte representação: reflexo-instinto-razão. Assim, o reflexo enquanto forma mais primitiva de comportamento é reconhecido como o fundamento, a base de todas as formas de atividade humana.

Isso, entretanto, não significa que o instinto se reduz ao reflexo. À base do reflexo, no processo de evolução o instinto pôde surgir como forma de comportamento inteiramente diferente dele embora a ele relacionada por via genética. "Pelas fundações de um prédio", diz Vagner, "não se pode fazer idéia do que nelas vai ser edificado: uma mercearia, um laboratório químico ou um tabelionato. A classe dos répteis é a base da classe das aves e da classe dos mamíferos. Contudo seria leviandade procurar no bico do pombo dentes de lagarto e nos ossos da pata do crocodilo uma canela de ave" (1923, p. 43).

Mas o segundo esquema tampouco é plenamente satisfatório, pois sabemos que as formas racionais de comportamento surgem diretamente do reflexo e dispensam inteiramente o elo intermediário em forma de instinto. De igual maneira, numa série de organismos nem mesmo o instinto mais aperfeiçoado conduz, em sua evolução, à formação e elaboração de reações racionais. Por tudo isso, na questão da origem do instinto o mais certo e correto é adotar o esquema proposto por Vagner, segundo o qual o instinto e a razão, tendo o reflexo como fundamento comum, mesmo assim evoluíram por vias paralelas e autônomas para formas de comportamento específicas e independentes umas das outras. O esquema assume o seguinte aspecto:

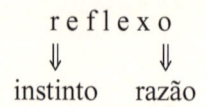

$$\begin{array}{c} \text{reflexo} \\ \Downarrow \quad \Downarrow \\ \text{instinto} \quad \text{razão} \end{array}$$

Correlação entre instinto, reflexo e razão

É sumamente interessante para o pedagogo o vínculo existente entre o instinto, o reflexo e a razão, encontrado na psicologia animal e, ao que tudo indica, confirmado no homem.

O vínculo consiste em que os instintos exercem influência inibitória sobre o reflexo. Isso se vê pela seguinte experiência.

Se dermos uma pancada com uma pinça em um inseto decapitado que se arrasta em linha reta em certa direção, ele começará um movimento giratório reflexo para a direita e a esquerda. Surge o reflexo defensivo de desvio do perigo; nesse processo as oscilações continuarão enquanto o simples cansaço e a exaustão não lhes puserem fim. É essa a forma puramente reflexa de comportamento. Um inseto normal, que não perdeu a reação instintiva, irá reagir de modo diferente ao mesmo estímulo: desviar-se-á de modo reflexo para um lado, mas depois os movimentos reflexos serão suspensos e reprimidos pelo instinto de autopreservação, que obrigará o inseto a recorrer a movimentos mais complexos para fugir ao perigo.

A mesma influência inibitória sobre os reflexos é exercida pela consciência. É famosa a história da aposta que Darwin fez com doze jovens, sustentando que eles não conseguiriam espirrar depois de cheirarem o tabaco mais forte. E realmente nenhum deles espirrou durante o experimento, embora tanto antes quanto depois o mesmo tabaco exercesse um forte efeito sobre eles. A forte vontade de ganhar a aposta, condicionada pela grande soma em jogo, a concentração da atenção nesse ato, o medo de perder e outros processos conscientes paralisaram e inibiram o reflexo.

Aqui cabe aludir de passagem à interessante conclusão pedagógica que se deve tirar dessa lei. Se uma emoção forte, ligada à vontade e ao medo, atua de modo tão desestabilizador sobre o comportamento e perturba até o fluxo das reações inferiores, é fácil compreender o quanto são antipsicológicos todos os procedimentos pedagógicos como exames e similares, que colocam notoriamente os alunos na mesma situação em que Darwin colocou os seus parceiros, uma vez que tal procedimento costuma deturpar fortemente o fluxo normal e a reprodução das reações.

Deve-se salientar como universal e indiscutível o preceito psicológico de que os exames e todos os procedimentos afins sempre produzem um quadro totalmente falso e deformado do comportamento e o mais das vezes atuam como elemento rebaixador e deturpador sobre os sistema de reprodução das reações. É verdade que são possíveis casos inversos, de conhecimento geral, em que a tensão causada pelo exame estimula lembranças inusitadamente agudas, respostas inteligentes, mas até isso se afigura anormal do ponto de vista psicológico.

De igual maneira há todos os fundamentos para se supor que, assim como os instintos exercem efeito inibidor e opressivo sobre os reflexos, eles mesmos estão sujeitos ao mesmo efeito por parte das reações conscientes.

Os instintos e as leis biogenéticas

Há muito tempo, estudiosos das ciências naturais observaram a estranha dependência existente entre a ontogênese e a filogênese dos organismos, ou seja, entre a evolução da espécie e a do indivíduo. Em determinado estágio observam-se no embrião humano particularidades como aberturas branqueadas, cauda e camada de pêlos, que representam uma analogia com os remotos graus de evolução dos tempos em que os antepassados do homem viviam n'água e tinham cauda.

Vários fatos sugerem uma correspondência entre a história da evolução do organismo da célula embrionária e a evolução de toda a espécie. Essas circunstâncias deram a Haeckel o motivo para formular a lei biogenética aproximadamente da seguinte forma: a história do indivíduo representa a história reduzida e compacta da espécie. A evolução do organismo repete a evolução da espécie, e em seu desenvolvimento o embrião e a cria passam por todos os mesmos estágios por que passou o desenvolvimento da espécie. Desse modo, o embrião realiza algo como uma passagem reduzida e acelerada de toda a via evolutiva.

Muitos pensadores transferiram essa lei para a psicologia e até hoje a aplicam em muitos sistemas como lei básica do desenvolvimento do psiquismo infantil e princípio normativo da psicologia pedagógica. Supõe-se que, em seu desenvolvimento, a criança repita em forma reduzida e modificada todas as principais etapas vividas pela humanidade do momento do aparecimento do homem na Terra aos nossos dias. Nos primeiros tempos de vida a criança é mera apropriadora do objeto. Puxa tudo para si, leva tudo à boca, e isso corresponde à época em que o homem primitivo, à semelhança do animal que desconhece o trabalho, alimentava-se da apropriação de produtos já prontos. Um pouco mais tarde surge-lhe o instinto da errância: de fugir, escalar, sondar as redondezas, e isto corresponde à segunda fase do desenvolvimento histórico, quando a humanidade faz a transição para o modo nômade de vida. Considera-se que, em determinado estágio, o interesse da criança por animais domésticos está ligado à pecuária primitiva. O hábito infantil de brigar e o instinto de luta são vistos como eco das sangrentas desavenças da sociedade humana dos tempos primitivos. Por último, a animização universal dos objetos pelas crianças, seu amor por tudo o que é fantástico, seu apego a contos maravilhosos e as formas primitivas de seus desenhos e da sua linguagem encontram analogia no animismo dos selvagens, nas crenças religiosas primitivas e nos mitos.

Tomado em conjunto, tudo isso permite afirmar que a criança realmente vivencia em breves anos muitos milênios vividos pela humanidade, donde se tira a conclusão pedagógica sobre a legitimidade das manifestações primitivas na idade infantil, do reconhecimento da criança como um pequeno selvagem e da exigência de não combater todas essas manifestações mas facultar à criança a liberdade de superar os instintos primitivos e as inclinações do selvagem. Assim, a atenção desmedida dispensada às estórias fantásticas, a explicação sempre animística dos fenômenos do mundo dada às crianças e a fé em seres fantásticos, em objetos animados, etc. tornaram-se procedimento pedagógico geral, um lugar-comum do qual até o pedagogo avançado que pensa cientificamente tem dificuldade de resguardar-se.

Mas esse princípio não pode ser aceito em forma definitiva, uma vez que, antes de mais nada, não dispomos de dados suficientes sobre a história do desenvolvimento da humanidade para julgar analogia. O que sabemos não passa de analogias isoladas, fragmentárias, amiúde extremamente distanciadas, que de modo algum permitem dizer que o desenvolvimento da criança repete em seu curso geral a história do desenvolvimento da humanidade. Podemos falar com fidelidade científica apenas que momentos isolados no desenvolvimento da criança podem ser colocados numa relação, ora mais próxima, ora mais distante com determinados momentos da história da humanidade. Devemos reconhecer com Marshall que, se a história do indivíduo realmente repete a história da espécie, nessa repetição imensos capítulos foram inteiramente omitidos, outros deformados ao ponto do irreconhecível, terceiros foram deslocados em tal ordem que, no conjunto, tal repetição pode ser reconhecida não como reprodução mas antes como deturpação e, além de não ser um princípio explicativo do desenvolvimento da criança, ela mesma precisa ser explicada.

Com semelhante limitação do sentido essa lei perde sua força atrativa e deixa de ser explicação universal para tornar-se um problema. "Explicar o desenvolvimento da criança com o desenvolvimento da humanidade", diz Kornílov, "significa explicar um enigma com outro" (1922, p. 16).

Aplicado à psicologia do instinto, isso significa que aqui também temos de nos limitar a comparar alguns instintos da criança a formas análogas de atividade do selvagem mas nunca reconhecer que, no desenvolvimento dos instintos, estamos diante de um mecanismo direto e inerte de simples repetição de uma história já vivenciada. Tal reconhecimento estaria em contradição radical com aquele condicionamento social dinâmico do psiquismo que aqui estabelecemos anteriormente como princípio básico. É fácil mostrar que no sistema do comportamento humano os instintos tampouco representam algo estagnado, que se move apenas por força da inércia. Exatamente como acontece com todas as demais formas de reação, no sistema real do comportamento os instintos são condicionados socialmente, adaptam-se e se modificam e estão aptos a se transformar em novas formas. Por essa razão, não é ao princípio do paralelismo no desenvolvimento dos instintos que cabe a importância maior para a pedagogia mas ao mecanismo da sua adaptação social e inclusão na rede comum do comportamento.

Dois extremismos nas concepções de instinto

Na antiga concepção imobilista de instinto havia dois extremismos na sua avaliação psicológica e pedagógica. Uns viam no instinto a herança do animal no homem, a voz das paixões mais descomedidas e selvagens, um remanescente do fardo dos tempos primitivos e selvagens vivido e deixado para trás pela sociedade humana. Para esses, o instinto se afigurava algo como órgãos rudimentares, ou seja, órgãos que outrora tiveram certo sentido biológico e função correspondente a um grau inferior de evolução do organismo. Com a passagem para um nível superior, esses órgãos se tornam desnecessários e são condenados a um atrofiamento gradual e à extinção. Daí a avaliação psicológica excepcionalmente baixa das capacidades instintivas e o lema pedagógico de negar aos instintos qualquer valor educativo, atribuir-lhes ausência total de preocupação com o desenvolvimento do instinto e, às vezes, a exigência de combate, repressão e coibição dos instintos infantis. Todo um sistema pedagógico desenvolveu a educação sob a bandeira dessa luta contra os instintos.

Outra concepção, justamente oposta, propunha reverência aos instintos e queria pôr o instinto em relevo no sistema educativo. Esses psicólogos viam nos instintos a voz sábia da própria natureza, o mais ideal dos mecanismos de um comportamento infalível e exato, o modelo de uma atividade – instintiva – perfeita, e daí tiravam a conclusão pedagógica que reconhecia nos instintos a importância de sábios guias da educação. Se os primeiros sistemas conclamavam o combate aos instintos, os segundos viam todo o sentido da educação em seguir do modo mais indolor possível os processos naturais de desenvolvimento dos instintos.

Não é difícil compreender que nenhuma dessas concepções pode ser reconhecida como correta, uma vez que cada uma delas encerra certa dose de verdade e falsidade. A concepção científica dos instintos é o reconhecimento dos seus aspectos tanto negativos quanto positivos, bem como a afirmação de que os instintos representam uma imensa força educativa que pode ser igualmente nociva e útil. A eletricidade em um raio mata, mas, subordinada ao homem, ela mesma move trens, ilumina cidades e leva o discurso humano de um extremo a outro da Terra. De igual maneira o psicólogo enfoca os instintos como uma imensa força natural e espontânea, que por si só constitui um fato capaz de ser igualmente útil e nocivo. É necessário pôr os instintos a nosso serviço. "Eles são terríveis como senhores e maravilhosos como criados", diz um psicólogo americano. Por isso não se deve tratar de combater ou seguir os instintos mas de observar a sua verdadeira natureza psicológica, cujo conhecimento deve nos proporcionar a possibilidade de dominar essa força educativa.

O instinto como mecanismo de educação

Do ponto de vista psicológico, o instinto se revela um poderoso impulso, que está relacionado às mais complexas necessidades orgânicas e às vezes atinge uma força absolutamente insuperável. O instinto é o mais poderoso impulso e estímulo à atividade. Daí já ser perfeitamente compreensível que essa imensa força natural do impulso deve ser plenamente aproveitada na educação. E graças ao fato de que o comportamento instintivo, como definimos antes, não são formas rígidas estabelecidas de uma vez por todas é que ele pode transbordar nas mais variadas formas de atividade; como um motor, o instinto pode pôr em curso as reações mais diversas.

É absolutamente impossível não reprimir, não oprimir os instintos, uma vez que isso significaria combater de modo estéril a natureza da criança, e caso essa luta desse resultado isto implicaria depreciar e reprimir a natureza da criança, em privá-la das qualidades mais importantes e preciosas. Basta lembrar que pessoas insignificantes e indolentes, totalmente imprestáveis e sem vitalidade produzia a velha educação, que punha em destaque a repressão do instinto. Toda a força da criação humana, o mais elevado florescimento do gênio são possíveis não no solo estiolado e exangue da esterilização dos instintos mas na base do seu mais alto florescimento e na pujante intensificação de suas potencialidades. O psicólogo americano Edward Thorndike diz mais ou menos o seguinte sobre os instintos: "Não se pode voltar o rio Niágara de costas para o lago Erie e ali mantê-lo, mas construindo canais de derivação pode-se dar novo curso às suas águas e levá-lo a nos servir, pondo em movimento as rodas das fábricas".

O mesmo acontece com o instinto: ele representa uma imensa força natural, é a expressão e a voz das necessidades naturais do organismo, mas isto não significa que ele deva ser uma força terrível e destruidora. Como as outras formas de comportamento, o instinto surgiu do processo de adaptação ao meio, mas uma vez que os instintos são formas muito antigas de adaptação, é natural que, com a mudança do meio, essas formas de adaptação se tornem inadequadas às circunstâncias modificadas. Sendo assim, surge certa discrepância, certa desarmonia entre o instinto e o meio.

É fácil tomar como exemplo dessa desarmonia o instinto de autopreservação, que até hoje se manteve em sua forma de defesa e ataque. O instinto de medo e fuga ao perigo é, sem dúvida, uma das mais benéficas conquistas biológicas no reino dos animais. É correta a expressão: "o medo é o guarda da humanidade". Sem o medo a vida provavelmente não poderia evoluir a ponto de atingir suas formas superiores. É de suma importância o animal fugir instintivamente ao defrontar-se com o perigo. Contudo, nos últimos séculos as condições de vida mudaram de tal forma que, diante do perigo, a fuga instintiva não é, de modo algum, uma reação útil do homem. Ao coelho é útil o fato de suas orelhas se levantarem e todo o corpo tremer ao mínimo ruído, pois isto o protege do caçador e do carnívoro; mas para o homem nem sempre é útil empalidecer, começar a tremer e perder a voz diante do perigo. As condições do meio mudaram tanto que o homem tem de reagir ao perigo de modo inteiramente diverso. O mesmo ocorre com a fúria: para a fera é de suma utilidade que, em ato reflexo, seus dentes comecem a ranger, o sangue lhe suba à cabeça, as patas fiquem retesadas para o ataque quando ela depara com o inimigo; já para o homem dificilmente será útil retesar as maças do rosto e cerrar os dentes e os punhos em acesso de fúria. Noutros termos, os instintos como forma de adaptação, elaborados em determinadas condições, só podem ter utilidade para essas condições; já em condições modificadas eles podem entrar em desarmonia com o meio, e então a tarefa da educação será eliminar essa desarmonia, repor os instintos em acordo com as condições do meio. Toda a cultura humana, que diz respeito ao próprio homem e ao seu comportamento, não é senão essa adaptação do instinto ao meio.

O conceito de sublimação

A antiga psicologia supunha que o psiquismo do homem estivesse limitado ao estreito círculo das suas vivências conscientes. Por isso permaneceram incompreensíveis e enigmáticas para ela as manifestações psíquicas das quais o próprio homem não tem consciência mas, apesar disso, manifestam-se de modo imperioso e persistente no campo do comportamento. Para esse campo das reações, que determina o nosso comportamento, os psicólogos propuseram a denominação de campo subconsciente ou subliminar (*liminen* – limiar), por estar à margem da consciência.

As pesquisas mostraram que o campo do subconsciente tem por base certas aspirações e impulsos instintivos que por algum motivo não conseguiram realizar-se depois de entrar em conflito com outras forças psíquicas e foram deslocados para o campo do inconsciente. Com isso foram como que alijados da influência sobre o nosso comportamento mas não inteiramente destruídos. Uma vez deslocados para lá, ainda assim continuaram existindo e agindo sobre o fluir das reações. Observe-se ainda que essa ação pode ter duplo caráter dependendo do eventual desfecho do conflito. Se o conflito assume formas prolongadas, as aspirações e desejos reprimidos podem exercer influência destrutiva e perturbadora sobre o fluxo das reações, aproveitam cada oportunidade para tornar a penetrar na consciência, irromper nos seus processos e apossar-se do mecanismo motor; neste caso, no subconsciente temos sempre um inimigo feroz, ferido, confinado nos seus desvãos.

Às vezes, o desfecho desse conflito ganha formas notoriamente mórbidas de doença neurótica. A neurose é, no fundo, uma forma de doença na qual o conflito entre os instintos e o meio leva à insatisfação desses instintos, ao deslocamento das *tendências* para a esfera do subconsciente, a uma grave desintegração da vida psíquica. Mesmo que esses conflitos não assumam formas nitidamente mórbidas, ainda assim continuam sendo essencialmente uma anormalidade, e pode-se dizer francamente que o sistema educacional que não resolve a questão do instinto é uma fábrica de neuróticos. A fuga para a neurose é a única saída para as tendências não resolvidas e os instintos não utilizados.

O conflito pode assumir outra forma quando as *tendências*, deslocadas do campo da consciência, ganham formas mais elevadas e se convertem em formas superiores de energia psíquica. Costuma-se chamar esse caso de sublimação. Como na física temos a transformação da energia mecânica, luminosa, elétrica, etc., de igual maneira no psiquismo o funcionamento de determinados centros não é algo fechado e isolado mas admite a possibilidade dessa transformação de umas tendências em outras, de umas reações em outras. Dá-se o nome de sublimação à transformação dos tipos inferiores de energia em superiores através do deslocamento para o subconsciente. Assim, do ponto de vista psicológico existe um dilema para a educação dos instintos: ou a neurose ou a sublimação, isto é, ou o eterno conflito das tendências não satisfeitas com o nosso comportamento ou a transformação de tendências inconciliáveis em formas de atividade superiores e complexas.

A educação do instinto sexual

Para esclarecer todas as questões do instinto, examinemos como exemplo o instinto sexual e sua educação. Não requer maiores esclarecimentos o fato de que o instinto sexual é o mais poderoso mecanismo biológico de preservação da espécie e que onde ele se extingue a vida se extingue. Tampouco é menos evidente que, em termos psicológicos, o instinto sexual é uma poderosa fonte de impulsos psíquicos, sofrimentos, prazeres, desejos, dores e alegrias.

O problema da educação sexual sempre foi resolvido de diferentes modos, mas ele ganhou formas especialmente trágicas nos últimos decênios, quando a moral burguesa, por um lado, e as condições da cultura, por outro, associadas à estrutura do sistema educacional, caíram no impasse e não abriram nenhuma possibilidade de solução desse problema. É difícil imaginar alguma coisa mais terrível que a vida sexual na escola de um passado recente.

A questão sexual foi oficialmente excluída da vida escolar, supondo-se que não existia. Essa ignorância da questão redundou no combate a todas as manifestações do sentimento sexual, na qualificação de toda essa área como suja e abjeta, e a isso os educandos responderam com neuroses, com dramas graves ou recalcando efetivamente essa força grandiosa do corpo humano nos seus subterrâneos e pondo sua educação sexual e sua ilustração nas mãos de uma criadagem pervertida e de colegas. Daí encontrarem lugar na escola todas as formas de anormalidades sexuais, que ceifam de modo tão trágico as próprias raízes da vida.

Devemos contrapor duas teses básicas à velha escola nessa questão: em primeiro lugar, a renúncia à concepção de que a infância é uma idade angelical estéril, razão por que a questão sexual não existe para a infância; em segundo, que a pior das saídas é excluir a educação sexual do sistema geral das ações educativas, apagar totalmente essa região da vida do jovem, impor veto ostensivo e burocrático a essa questão. Antes de mais nada o novo ponto de vista nos obriga a reconhecer que o estado da infância não pode ser concebido como totalmente assexuado até o momento conhecido como amadurecimento sexual; ao contrário, a investigação psicológica mostra que encontramos a sexualidade infantil e suas diversas manifestações patológicas e normais na mais tenra idade, inclusive na fase da amamentação. A masturbação na tenra infância e inclusive na fase da amamentação é manifestação há muito estabelecida na prática médica. Na prática da psicanálise, o estudo de doentes mentais adultos revela neles um conflito do qual fazem parte as vivências sexuais da infância mais tenra e distante.

Mas, como é natural, essas vivências sexuais têm forma bem diferentes das vivências sexuais do adulto. Antes de mais nada, na infância encontramos a forma de um erotismo amplamente diluído, desvinculado do funcionamento de órgãos especiais, não localizado em pontos rigorosamente orgânicos mas excitável pelas funções dos mais diversos órgãos e ligado principalmente à mucosa do corpo, às zonas erotógenas. Depois, a própria natureza desse erotismo difere um pouco do erotismo adulto: assume a forma de auto-erotismo, ou seja, de um erotismo voltado para si mesmo, e de um narcisismo psicologicamente normal, noutros termos, de um estado em que as excitações eróticas partem do próprio corpo e nele se resolvem. Seria absolutamente inadmissível supor que um sistema tão importante como o sexual pudesse existir com absoluta autonomia em face do todo o restante e de repente manifestar-se com a chegada de determinada idade.

No período imediatamente seguinte o erotismo infantil ganha novas formas: já se volta para aquelas pessoas mais próximas com quem a criança está ligada e se constitui em um componente complexo na relação da criança com a mãe e os demais. O sentimento da diferença de sexo está ausente nas crianças de tenra idade, mas deparamos muito amiúde com a paixão infantil, não raro sumamente impulsiva e forte e situada na idade mais tenra. Em linhas gerais, cabe afirmar que, nesse período da vida da criança, o instinto sexual assume formas latentes que não se deixam revelar e em condições normais caminha ele mesmo pela via da sublimação. Já na idade mais tenra encontramos no comportamento dos meninos e meninas toda uma série de peculiaridades que fazem dessas crianças pequenos homens e mulheres. Não há dúvida de que, em todos esses casos, estamos diante do instinto sexual sublimado.

Bem mais complexo é o problema da educação do instinto sexual na fase madura, quando os impulsos despertos não conseguem encontrar saída e satisfação e se manifestam no estado tempestuoso, vago e inquietante do psiquismo e é vivido por todo indivíduo no período da adolescência e da tenra juventude. Aqui o sentimento sexual assume forçosamente o caráter de conflito, de onde uma saída feliz só é possível se ocorre a necessária sublimação, isto é, se as forças tempestuosas e destrutivas do instinto forem direcionadas pelos canais competentes. Enquanto objeto de educação, o instinto sexual requer adaptações à estrutura social da vida que não contrariem as formas estabelecidas, e a tarefa não consiste, absolutamente, em reprimir ou enfraquecer o instinto sexual: ao contrário, o educador deve preocupar-se com a sua plena conservação e seu desenvolvimento normal. A principal discrepância desse instinto com as condições do meio consiste em que o instinto, em suas formas naturais hereditárias, é totalmente impessoal, cego e desvinculado do fim a que ele serve. O instinto sexual do animal e do homem está dirigido a todo indivíduo do sexo oposto.

A diferença essencial que a cultura introduz no comportamento sexual está no caráter seletivo e pessoal que o sentimento sexual assume no homem. A partir do exato momento em que esse instinto é direcionado para uma pessoa determinada e como que se extingue em relação às demais ele deixa de ser instinto animal para tornar-se sentimento humano. Romeu e Julieta não conseguiram sobreviver um ao outro, apesar de haver em Verona muitos rapazes e moças bonitas e cada um deles pudesse encontrar mulher ou marido. Mas Romeu precisava somente da sua Julieta e Julieta do seu Romeu. Tal fato seria impensável no mundo dos animais, e a partir dele começa o humano no instinto sexual. É por isso que o psicólogo de hoje deve proceder a uma reavaliação radical dos valores na pedagogia sexual.

O amor adolescente, que até bem recentemente era considerado inadmissível e nocivo entre nós e por isso assumia formas deturpadas de namoro ou flerte, aos olhos do novo psicólogo é o único meio de humanização do instinto sexual. Esse amor ensina a limitar esse instinto e direcioná-lo em apenas um sentido, cria a primeira habilidade de estabelecer relações totalmente especiais com uma só pessoa, destacá-las de todas as demais relações humanas, dar-lhes sentido exclusivo e profundo. O amor na fase adolescente é a forma mais natural e inevitável de sublimação do instinto sexual. E o objetivo final da educação consiste apenas em ensinar o amor ao homem. Outra discrepância do instinto com o meio é a desarmonia entre a sua real falta de uso e a enorme tensão que ele comunica; também neste sentido a tarefa da educação não consiste em orientar o instinto pela linha da menor resistência nem pelo caminho mais curto e mais fácil de atingir a satisfação mais próxima e sim pelo caminho longo, difícil e belo.

É necessário vencer a cegueira do instinto, introduzi-lo no campo geral da consciência, vinculá-lo a todo o resto do comportamento e ligá-lo ao fim e à função a que está destinado. Aqui vem sendo proposta há muito tempo a ilustração sexual como principal medida educativa. Entendemos por ilustração sexual levar ao conhecimento das crianças da idade mais tenra a visão científica da vida sexual. De fato, não se pode deixar de reconhecer as benéficas forças educativas da ilustração sexual. A verdade sempre educa a veracidade. Todas as histórias de cegonhas e de crianças encontradas entre as folhas do repolho logo revelam sua falsidade diante da criança, lançam sobre a questão o manto do mistério, despertando a curiosidade infantil, relacionam tudo isso na interpretação da criança a algo mau e vergonhoso, levam-na a conhecer o assunto de fontes inescrupulosas e pervertidas, turvando e sujando o psiquismo e a imaginação infantis. Nesse sentido torna-se necessidade premente que a criança conheça a verdade sobre a vida sexual, e a expressão "É melhor um dia antes que uma hora depois" converte-se em lema dos pedagogos.

Contudo, cabe rejeitar a apreciação exagerada da ilustração sexual, uma vez que seu significado é limitado e freqüentemente convencional. Antes de mais nada, não se pode ver na ilustração sexual um meio radical de educação sexual: o homem pode ser muito bem e corretamente ilustrado em termos sexuais e ter péssima educação. Os instintos são uma coisa complexa e delicada demais para que possamos combatê-los e substituí-los só por conhecimentos. Como um regulamento moral, a ilustração sexual é desprovida de qualquer força diante de um impulso real; não lhe pode dar o devido sentido. Entender como se deve agir ainda está longe de significar agir corretamente; ao contrário, freqüentemente isso indica colisões muito mórbidas no comportamento da criança. Por exemplo, não tem força alguma no combate à masturbação infantil nenhuma explicação que diga que ela é nociva, que intimide, etc. Ao contrário, pode-se dizer que o dano principal surgiu justamente em função de uma ilustração mal conduzida, uma vez que a intimidação da criança criou um grave conflito entre o impulso invencível e sem outra saída e a consciência angustiante da culpa, do medo e da vergonha. Sem saber resolver esse conflito, a criança sofre muito mais com o perigo psíquico que com o real. Depois, a ilustração sexual nem sempre leva em conta a psicologia dos interesses da criança: em manuais estrangeiros costuma-se oferecer às crianças um material que não corresponde aos seus interesses naturais. Assim, o processo de reprodução no mundo dos vegetais e dos animais, de onde é praxe começar a ilustração sexual, ocupa menos a criança que a pergunta sobre como nasceu seu irmãozinho caçula. Abranger processos distantes como a germinação dos vegetais e o nascimento de uma criança com uma simples idéia geral e compreender a unidade de tais processos parece acima das forças da criança.

O tato incomum que se exige na ilustração sexual é ainda condicionado pelo fato de que a criança não entende nenhum conhecimento abstrato e as informações que lhe tornaram a comunicar ela não consegue destacar em um grupo especial, antes incorporando-as ao seu eterno instinto de curiosidade e investigação; e então os resultados da ilustração sexual podem revelar-se acima das possibilidades da criança. Tudo isso, evidentemente, leva-nos a ver a ilustração sexual com a maior das cautelas mas nunca excluí-la inteiramente. Devemos reconhecer que ela tem certo valor relativo e, por razões psicológicas, postergá-la para uma idade mais tardia, quando todos os três perigos a ela relacionados – interesse apenas pelo concreto, incapacidade para generalizações científicas e aplicação prática de qualquer conhecimento – diminuem consideravelmente.

Portanto, a ilustração sexual, se vinculada a outras medidas educativas, pode vir a ser um assunto de suma utilidade quando tratada com certo tato pedagógico. O mecanismo da educação do instinto sexual consiste na sublimação a que já nos referimos. Há muito se observou que a secreção interna das glândulas sexuais está vinculada do modo mais estreito às formas superiores da atividade do homem, da criação e do gênio. Entre outras coisas, as raízes sexuais da criação artística são de total evidência para qualquer um. Os gregos antigos compreendiam magnificamente essa ligação quando chamavam Eros não só de força do impulso sexual mas também de tensão da criação poética e do pensamento filosófico. Platão exprimiu em termos muito corretos, embora em forma mitológica, essa profundíssima verdade.

Segundo Platão, o mais vil e o mais sublime se combinam igualmente em Eros, que ele concebe como filho do deus da abundância e da deusa da miséria. "Ele é pobre, grosseiro, sujo, anda a deitar-se no chão sem teto e está sempre à procura do bem e da beleza: é um grande mago e feiticeiro." Schopenhauer exprime essa mesma idéia ao dizer que a maior tensão na arte surge justamente quando amadurece o desejo sexual. E é fácil perceber por via puramente experimental que toda destruição e exaustão do sentimento sexual é acompanhada do esgotamento e do fenecimento da criação. E não é de surpreender que a idade mais criativa do homem seja a idade do sexo florescente. Desse modo, a linha principal da educação sexual é a sublimação do instinto sexual, ou seja, o seu confinamento no subconsciente por outros interesses de ordem superior para que, de lá, ele alimente a criação. Cada um sabe o quanto essa linha é facilitada pelo estado especial de tempestade e pressão, por aquela sede de façanha, por aquele imenso acervo de aspirações que o jovem encontra em si. Nesses casos o pedagogo não precisa criar artificialmente em nenhuma área uma fonte para sublimação, a idade juvenil é a idade da criação natural, cabendo ao pedagogo apenas escolher a orientação em que deve ocorrer a sublimação.

A segunda fonte da sublimação, não menos rica que a criação individual, pode ser constituída pelas relações sociais, que também são uma espécie de condutos naturais por onde se canaliza o instinto sexual sublimado. A amizade e o companheirismo, as afinidades profundas e os laços afetivos que unem os jovens nessa fase não conhecem nada similar em nenhuma outra fase da vida humana. Nenhuma outra fase etária do homem conhece uma amizade como a juvenil. E não há dúvida de que, no fim das contas, essas relações sociais se alimentam da mesma fonte de que se alimenta a criação juvenil. Neste caso é necessário ter em vista que a sublimação é um processo interior profundamente íntimo em que o grão fenece para uma nova germinação.

Premissas psicológicas do estudo conjunto

Resta a questão dos meios pelos quais essa sublimação pode ser alcançada. Qualquer pessoa entende que os meios de pregação moral e até mesmo os meios de instrução sexual são de absoluta impotência para contrapor qualquer coisa àquelas poderosas alavancas da excitação que surgem vinculadas à atividade sexual. A estas devem ser contrapostas alavancas igualmente fortes e de ação permanente. Isso não se consegue fazendo da educação sexual alguma questão especial, mas criando um clima sistemático de trabalho que corresponda aos interesses vitais do jovem e represente um sistema de canais de derivação bem construídos, capazes de conter a energia sexual sublimada e imprimir-lhe uma orientação correta. É na criação de tais canais que reside a tarefa da educação sexual, que deve ser resolvida em algum lugar e à margem das questões do sexo.

A unidade única e plenamente necessária de caráter social é a prática da educação conjunta de ambos os sexos, que se tornou comum na nossa escola mas que até agora não encontrou reconhecimento geral e continua esbarrando em objeções. As premissas psicológicas desse sistema são de extrema simplicidade e clareza. A primeira delas consiste na regra psicológica básica segundo a qual, se queremos aplacar a força de um estímulo, devemos nos preocupar com que ele seja permanente, habitual, totalmente imperceptível e não suscite reação importante. Quanto maior é o número de combinações de que faz parte esse estímulo tanto mais facilmente conseguimos que ele não seja notado e se torne relativamente neutro. Assim, deixamos de notá-lo como fazemos com a luz, o ar, um ambiente habitual, e elaboramos as reações mais automáticas, mais precisas e delicadas, mais sólidas e breves no tratamento com eles.

Assim, pois, o primeiro momento da educação sexual é a tarefa de extinguir essa reação em face de qualquer pessoa do sexo oposto. É exatamente o contrário o objetivo atingido pela educação baseada na separação dos sexos. Desejando isolar os estímulos sexuais e assim proteger o instinto contra sua manifestação precoce, a educação separada ressalta a diferença entre os sexos e exclui o centro de convívio entre eles ao concentrar toda a atenção dos educandos nas diferenças sexuais. Desde o primeiro ano escolar o menino se habitua a olhar para a menina (e vice-versa) como para um ser inteiramente distinto, que tem outros interesses, e o convívio com ele não é permitido, representa algo indigno, vergonhoso e tentador e por isso estão excluídas de antemão todas e quaisquer relações de companheirismo com ele. O próprio sistema da velha educação, digamos, no antigo ginásio, só deixou nas relações entre os sexos formas de convívio como as danças durante os bailes, a paquera escondida e o flerte. Isso naturalmente contribuiu para a criação de um específico meio fechado e doentio em termos sexuais, no qual o instinto sexual foi recalcado e limitado e, por não encontrar vazão em um emprego racional, manifestou-se nítida e tempestuosamente nas formas mais violentas, grosseiras e animalescas.

O resultado de semelhante educação foi, naturalmente, a concepção de que, salvo as relações sexuais, não é possível nenhuma outra relação com a mulher, uma vez que ela é antes de tudo fêmea e, por esse simples fato, qualquer pessoa de outro sexo é um fortíssimo estímulo ao instinto. Em nenhum lugar, mesmo nos mais depravados, o ponto de vista sobre a mulher esteve tão ligado às peculiaridades sexuais como nos mosteiros. Ali esse instinto funcionava como estímulo precisamente porque era excepcionalmente raro, conservava uma força incomum de ação, e por isso esse sistema de ensino é chamado com justeza de sistema de instigação do instinto sexual. Convence sumamente o fato de que, quanto mais rigoroso era o sistema de educação separada, quanto mais isolados ficavam os dois sexos, mais agudas e desagradáveis eram as formas que o instinto assumia, como se verificava igualmente nos fechados estabelecimentos de ensino masculinos e femininos.

Segundo momento: convivendo constantemente, estabelecendo entre si milhares de relações das mais complexas e diversas, os meninos e as meninas se habituam a não reagir, a não notar as peculiaridades sexuais: elas se tornam familiares e não inoportunas, não excitantes e compreensíveis. Nesse caso o sexo deixa de ser notado, como a luz, o ar, o calor. Criam-se e elaboram-se condutos tão vastos e poderosos, por onde pode canalizar-se a excitação sexual, que esse fator sozinho já resolve em enorme medida a tarefa da sublimação.

Terceiro momento, último e mais importante: a possibilidade de realizar a tarefa principal de educar o instinto sexual. A seletividade da função, a capacidade de reunir e concentrar o seu amor em uma pessoa também se elaboram da melhor maneira possível tendo como fundo a extinção geral dos estímulos sexuais. Além do mais, a identidade de interesses pode criar tal diluição do componente puramente sexual do amor juvenil em uma multiplicidade de manifestação de simpatia capaz de colocar diante das formas mais sutis e complexas de sublimação. A adolescência deve passar forçosamente pela fase do cavalheirismo em relação à mulher. Como certa categoria psicológica, o cavalheirismo é uma forma inevitável de educação sexual.

Costuma-se levantar contra a educação conjunta a objeção de que existem diferenças fisiológicas e psicológicas entre os meninos e as meninas e, em ambos os casos, essas diferenças reclamam sistemas de educação e programas de ensino diversos, como acontecia entre nós quando o colégio feminino diferia do masculino pelos programas e pelo sistema de educação. Não é difícil perceber que essas exigências eram, em sua maior parte, de natureza social e decorriam de fontes bem diferentes. Antes de mais nada, elas desempenhavam a função das diferentes missões para as quais a escola burguesa preparava os meninos e as meninas. O ideal da educação era copiado do tipo de vida que os homens e as mulheres teriam de levar no futuro. Noutros termos, isso era suscitado pela correspondência entre a escola e o meio social que, como vimos, é a regra básica da pedagogia. Hoje, em face da reconstrução revolucionária do sistema social, as relações na escola também se modificam naturalmente. E na medida em que a ética igual da vida sexual se torna a regra básica tanto para os homens quanto para as mulheres, desaparece qualquer necessidade de uma educação especial para a mulher.

Resta uma questão: as diferenças puramente psicológicas entre o menino e a menina, enquanto capacidades diferentes para determinados objetos (a decantada incapacidade das meninas para a matemática ou para uma atividade diligente), também são dados não condicionados previamente mas derivados daquele papel histórico destinado às mulheres, quando a diferenciação das funções sociais condenava a mulher ao círculo restrito dos quatro "Ks" (*Kinder*, *Küchne*, *Kleider*, *Kirche*): filhos, cozinha, vestido e igreja.

Entretanto, não cabe a mínima dúvida quanto às diferenças essenciais no comportamento dos meninos e meninas, que são condicionadas pelo sexo e se manifestam na mais tenra idade. Todas essas diferenças se referem predominantemente aos instintos, mas é sumamente difícil definir até que ponto é forte o papel aqui desempenhado pelo exemplo contagiante do meio social e pela imitação que as crianças costumam fazer. Por exemplo, na brincadeira de bonecas ou em outras manifestações do instinto paterno ou materno, deparamos, indiscutivelmente, com um vestígio mais ou menos preciso das relações que a criança vê em casa. Não há dúvida de que permanece uma substancial diferença psicológica entre meninos e meninas, mas de modo algum essa diferença pode ser considerada nos programas pedagógicos e educativos.

A tarefa da escola não é, absolutamente, apagar tudo de uma só vez. Ao contrário, uma das tarefas da organização do meio social escolar consiste em articular os seus elementos da forma mais complexa, diversificada e flexível possível. É necessário apenas que esses elementos não sejam algo inconciliável e se combinem em um sistema. Havendo riqueza e flexibilidade nesse sistema, as diferenças sexuais podem ser facilmente levadas em conta na ação educativa. E uma vez que a principal premissa psicológica dos nossos sistemas educacionais é o estabelecimento, na escola, de relações que posteriormente serão necessárias na vida, devemos envolver antecipadamente a escola com uma rede de relações extra-sexuais que mais tarde nos serão úteis na vida. Isto pressupõe de antemão um vastíssimo convívio de ambos os sexos na escola como base do sistema educacional.

Cabe ainda como compromisso defender parcialmente a educação separada para a idade transitória do amadurecimento sexual, que é sobremaneira doloroso e vivenciado em diferentes momentos por rapazes e moças. Contudo, é fácil perceber que essa proposta sofre de todos os defeitos do compromisso e revela ainda mais a sua face injusta. De fato, se reconhecemos o efeito sexual salutar da educação conjunta, devemos reconhecer também que a necessidade de tal educação nunca se sente com tamanha intensidade e agudeza quanto nos anos críticos da maturação sexual. Ao contrário, se aceitamos que a educação separada ressalta as diferenças sexuais, excita e agrava o instinto sexual, aceitamos igualmente que o lado nocivo dessa instigação nunca pode ser tão forte e sensível quanto nesse anos. Assim, a peculiaridade desses anos, como o período mais crítico da vida sexual, não só não enfraquece como ainda intensifica a necessidade psicológica da educação conjunta.

Aplicação pedagógica dos instintos

A primeira questão a colocar-se ao pedagogo é a orientação que deve seguir o desenvolvimento dos instintos. Aqui a regra mais ampla serão a utilidade social do instinto e a possibilidade de sua aplicação em formas culturais inofensivas e aceitáveis. Nesse caso, desprezando-se a pedagogia da coibição do instinto, são possíveis dois pontos de vista sobre o objeto.

O primeiro, moderado, é a exigência da superação dos instintos, ou seja, de uma educação em que o instinto, ao assumir formas inofensivas e pacíficas, revele em quaisquer procedimentos artificiais excitações a ele vinculadas. Assim, aponta-se o hábito de colecionar como uma forma inofensiva de superação do instinto de coabitação e acumulação. Sugere-se ainda o esporte como forma de superação dos instintos de luta, briga e competição. Neste caso, tem-se em vista criar uma espécie de válvulas preventivas do instinto, modalidades artificiais de atividade em que a energia instintiva excedente encontre vazão.

Sugere-se que a superação dará os melhores resultados psicológicos: a pessoa que tenha colecionado muito na infância não revelará posteriormente nem avidez nem avareza e, conseqüentemente, cabe a preocupação de criar atividades sucedâneas em que o instinto mantenha todas as suas peculiaridades mas seja canalizado para um objeto inofensivo. Resta saber apenas para onde direcionar o instinto. Nisto reside a essência da questão, como dizem os partidários desse ponto de vista. No hábito de colecionar mantém-se toda a força, a agudeza e a paixão da tendência instintiva a acumular, mas essa força é canalizada para selos postais ou cachimbos e, por conseguinte, neutralizada. No esporte preserva-se toda a força do instinto de competição: o desejo de vencer o inimigo, superar o adversário, causar problemas ao outro, avançar, alcançar o sucesso através do afastamento dos outros, mas essas duvidosas qualidades sociais ganham orientação inofensiva uma vez que as perdas são infligidas no tabuleiro de xadrez ou no jogo de croquê, a competição se traduz no melhor golpe de martelo ou na condução da bola de futebol.

Mas esse ponto de vista sofre de dois defeitos: em primeiro lugar, ao criar e cultivar atividades artificiais, arrisca-se a desenvolver uma série de estranhezas e paixões e a acabar educando pessoas excêntricas. Há algo de ofensivamente leviano para a vida, algo de incessante na paixão desmedida pelos prazeres mais inofensivos, e tanto o apaixonado caçador de futilidades quanto o não-me-toques são uma espécie de caricatura do indivíduo.

Desde o início é fácil compreender que, sendo o instinto fortemente desenvolvido, obtêm-se forçosamente formas de excentricidade, cabendo reconhecer que o princípio da superação dos instintos não é uma solução radical do problema. Em segundo lugar, esse princípio educativo nada tem de econômico. Ele supõe a neutralização do instinto, mas se trata de fato da sua aplicação; ele gasta inutilmente com fins insignificantes e ofensivos as potencialidades mais valiosas das aspirações, dos impulsos e da persistência do ser humano. O terceiro e último princípio nem de longe atinge sempre o seu objetivo. Não reeduca o instinto mas tão-somente uma esfera da sua aplicação, e o próprio instinto não só não se erradica mas, como o jogador ou o colecionador apaixonado, torna-se mais estável, mais persistente e constantemente reforçável. Assim, obtém-se permanentemente uma espécie de arraigamento e reforço do instinto em vez de sua superação.

Por tudo isso a pedagogia dos instintos acaba sugerindo outro princípio: não o da superação dos instintos mas o da sua máxima aplicação no processo de educação. É desse ponto de vista que cabe falar da construção de todo o sistema de educação com base nos instintos da criança de hoje. Devem ser elaboradas formas de atividade instintiva que ajudem a orientar essa criança pela via de um desenvolvimento educacional com o máximo de utilidade. Nesse sentido, a base da educação dos instintos passa a ser o mesmo princípio psicológico da formação de novos vínculos que já vigora nos reflexos condicionados. No processo de atividade e reação, uns instintos se transformam facilmente em outros. Como a ambição de poder do cavaleiro avaro* gerou a avareza porque a conquista do poder estava ligada a uma indispensável acumulação de dinheiro, de igual maneira a lei básica da psicologia consiste na transformação de um instinto em outro, na transformação de qualquer atividade de meio em fim em si mesmo.

Com base nos exemplos já arrolados é muito fácil elucidar a diferença psicológica entre ambos os princípios. O colecionamento de selos, em si mesmo estéril, inútil, ainda assim pode vir a ser um valioso meio educativo se fundirmos esse hábito a alguma outra atividade mais complexa, por exemplo, ao estudo inicial de geografia, à prática de correspondência com estrangeiros, a uma avaliação estética do signo. Nesse caso o ato de colecionar, sempre associado a uma atividade mais complexa, criará efetivamente a possibilidade de transferência do instinto de acumulação de selos para o conhecimento de geografia a eles vinculado ou ao sentimento de contato internacional.

Aqui se realiza a plena conquista do instinto, quando a tendência natural para a acumulação e a conquista passa a alimentar e a mover a paixão pela acumulação de conhecimentos ou a paixão de conhecer a terra inteira. Podemos referir também o exemplo do jogo de xadrez: a complexidade das combinações mentais e a necessidade de desenvolver uma operação altamente complexa do pensamento, sempre que procuramos a devida saída, primeiro se tornam meio simples e necessidade para a obtenção do efeito do jogo mas, gradualmente, vão dei-

....
* *O cavaleiro avaro*, título de drama famoso de Alieksandr S. Púchkin. (N. do T.)

xando a condição de meio para tornar-se fim em si mesmo; para um bom enxadrista, o momento puramente emocional de luta, vitória e defesa é colocado em segundo plano em comparação com a pura alegria do pensamento abstrato, da solução das combinações mais complexas; o prazer que a jogada do enxadrista lhe proporciona já não é o simples prazer de ter imposto dificuldade ao adversário mas um prazer bem maior, causado pela correta solução do problema, pela saída corretamente encontrada para uma posição confusa. Se isto fosse psicologicamente incorreto, em condições estáveis e iguais o interesse de jogar com um adversário fraco seria exatamente igual ao de jogar com um adversário forte. O princípio geral pode ter a seguinte formulação: a regra pedagógica básica da educação dos instintos exige não a simples neutralização mas a aplicação desses instintos, não a sua superação mas sua transformação em modalidades mais complexas de atividade.

Os interesses da criança

A forma principal de manifestação do instinto na fase infantil é o interesse, ou seja, a orientação especial do dispositivo psíquico da criança voltada para esse ou aquele objeto. Os interesses têm sentido universal na vida da criança. Como diz Thorndike, tudo o que fazemos, inclusive as coisas mais interessantes, fazemo-lo movidos por um interesse, ainda que seja por um interesse negativo como temer complicações. Assim, como uma espécie de motor natural do comportamento infantil, o interesse é a expressão verdadeira de uma tendência instintiva, é a indicação de que a atividade de uma criança coincide com as suas necessidades orgânicas. Eis por que a regra básica requer a construção de todo o sistema educacional e de todo o ensino a partir dos interesses da criança levados em conta com exatidão.

A lei da psicologia estabelece: antes de querermos atrair a criança para alguma atividade precisamos interessá-la por essa atividade, ter a preocupação de descobrir se ela está preparada para tal coisa, se todas as suas potencialidades estão mobilizadas para desenvolvê-la e se a própria criança vai agir, restando ao professor apenas orientar-lhe a atividade. Até a mímica externa do interesse mostra que este não significa senão uma disposição de preparar o organismo para certa atividade, disposição essa acompanhada de uma elevação geral da atividade vital e do sentimento de satisfação. Quem escuta algo com interesse prende a respiração, aguça o ouvido na direção do falante, não desvia deste a vista, suspende qualquer outro trabalho e movimento e, como se diz, "se torna todo ouvidos". Isso é a expressão mais completa da total concentração do organismo em um ponto, da sua plena transformação em um tipo de atividade.

É necessário ter em vista um perigo sumamente importante com que depara o pedagogo: esse perigo consiste em surgir facilmente no empenho de interessar alguém por algo e substituir os interesses a qualquer custo. Suscita-se o interesse, mas não aquele que é necessário e para que se faz necessário. Em um manual americano de psicologia há uma história eloqüente narrada por uma professora. Desejando lecionar geografia em uma escola popular, ela resolveu levar as crianças a conhecer o que lhes era acessível, familiar e compreensível, como os campos, colinas, rios e planícies ao redor. Mas isso lhes pareceu enfadonho e não lhes suscitou nenhum interesse. Acontece que a professora anterior, no afã de interessar as crianças para lhes explicar o gêiser, levou para a escola uma bola de borracha com um furo e cheia de água, escondeu-a habilmente em um monte de areia e, pressionando-a com o pé no devido lugar, conseguiu que o jato de água irrompesse por entre a areia, provocando o êxtase geral das crianças. Para explicar o vulcão ela molhou um chumaço de algodão com enxofre e lhe pôs fogo em um monte de areia à maneira que imitava uma cratera. Tudo isso suscitou o mais vivo interesse nas crianças, que disseram à nova professora: "Nós mesmos conhecemos isso, é melhor que nos mostre fogos de artifício como miss N". "Ou uma seringa de borracha", propôs outro.

Por esse exemplo é fácil ver a falsa substituição de um interesse por outro. Não há dúvida de que a primeira professora conseguiu suscitar o mais vivo interesse nas crianças, mas foi um interesse por uma prestidigitação, por fogos de artifício e por um seringa e não pelo vulcão e o gêiser. Esse tipo de interesse, além de inútil, é até nocivo em termos pedagógicos. Porque não facilita a atividade que exigimos das crianças mas lhe cria um forte concorrente sob a forma de um poderoso interesse e, conseqüentemente, enfraquece a prontidão do organismo que o professor espera suscitar. É facílimo suscitar o interesse contando piadas em aulas de história, mas é difícil evitar que o interesse seja pelas piadas e não por história. Suscitados por esses meios suplementares, tais interesses, além de não contribuírem, ainda inibem a atividade de que necessitamos.

É por isso que de nada valem a atenção ou o interesse da criança por um trabalho e o estímulo é o medo da punição ou a expectativa da recompensa. Podemos estar certos de que desenvolvemos nas crianças o interesse não pela costura ou a aritmética, embora a criança costure ou calcule com aplicação, mas pelo bombom que ela deve receber como recompensa, ou o medo de ficar sem o doce se cometer falta. É uma tarefa psicológica sumamente complexa encontrar o verdadeiro interesse e ficar o tempo todo cuidando para que esse interesse não se desvie nem seja substituído por nenhum outro.

Aqui, aliás, está o porquê de a recompensa e a punição serem na escola um meio totalmente inadmissível do ponto de vista psicológico. Afora todas as demais influências prejudiciais, de que falaremos adiante, elas já são nocivas pelo simples fato de serem inúteis, isto é, impotentes para suscitar o tipo de atividade de que necessitamos, uma vez que introduzem um interesse incomparavelmente mais poderoso, que faz coincidir, se bem que, externamente, o comportamento da criança com aquele que pretendemos mas internamente o mantém absolutamente imutável. "O castigo educa escravos." Essa regra antiga é absolutamente correta em termos psicológicos, uma vez que a punição não ensina realmente nada a não ser o medo e a capacidade de orientar o comportamento exatamente por medo. E por ser o meio pedagógico mais fácil e mais incapaz é que a punição produz um rápido efeito, sem se preocupar com a educação interior do instinto. Partindo da rejeição natural da criança à dor, é de extrema facilidade atemorizá-la com uma vara de marmelo e assim obrigá-la a abster-se de um mau hábito, porém isto não suprime o hábito mas, ao contrário, em vez de um mau hábito ainda introduz um novo: a subordinação ao medo. O mesmo ocorre com a recompensa: é fácil suscitar uma reação se a sua execução estiver relacionada para a criança com a obtenção de um prazer, mas se queremos educar na criança justamente essa reação, devemos nos preocupar com que a satisfação e o prazer estejam relacionados precisamente à reação e não à recompensa esperada.

Assim, a regra consiste não só em suscitar interesse mas em que o interesse seja devidamente orientado. Deve-se manter sempre o preceito psicológico de passar dos interesses naturais da criança, que nela encontramos bem numerosos, para os interesses a serem infundidos. Do ponto de vista psicológico, aqui é correto distinguir os novos interesses, cuja educação constitui um fim em si mesmo, dos interesses educados apenas como meio. Podem ser fim em si mesmo apenas aqueles interesses cujo reforço demorado leva a que eles lancem raízes e permaneçam para o resto da vida. O desenvolvimento e o reforço do interesse constituem a lei básica da educação e exigem que o pedagogo impregne gradualmente o processo de atividade com esse interesse. Assim são, por exemplo, os interesses por assuntos vitais, pela ciência, o trabalho, etc.

No processo de educação, outros interesses de natureza mais particular podem servir apenas como meios para educar algumas reações necessárias. Assim é o interesse pela gramática de uma língua estrangeira, pelo ato de banhar-se e por outras regras de higiene, etc. É de excepcional importância fazer a criança sentir interesse pelo banho ou por formas gramaticais de declinação até que ela não elabore o hábito de banhar-se ou falar corretamente uma língua estrangeira. Mas tão logo isto é obtido já não temos mais necessidade de nos preocupar com tal interesse, de mantê-lo, desenvolvê-lo e reforçá-lo, e deixamos tranqüilamente que ele se extinga.

Têm função ainda mais provisória os interesses indiretos, que não estão diretamente ligados à necessária reação mas podem servir indiretamente à sua elaboração. Assim é, por exemplo, o caráter da questão pedagógica de Thorndike, na qual ele propõe utilizar no estudo da química o interesse natural das crianças pela cozinha, mas nesse caso é necessário que o interesse que torna a surgir pela química abafe e reprima o interesse inicial pela cozinha.

A regra psicológica básica de elaboração do interesse é a seguinte: para que o objeto nos interesse, ele deve estar vinculado a alguma coisa do nosso interesse, algo já conhecido, e ao mesmo tempo deve conter algumas formas novas de atividade, senão continuará sem dar resultados. Inteiramente novo ou totalmente velho, continuará incapaz de nos interessar, de suscitar interesse por qualquer objeto ou fenômeno. Logo, para colocar esse objeto ou fenômeno em relações pessoais com o aluno, é necessário tornar o seu estudo assunto pessoal do aluno, e então poderemos estar certos do êxito. Do interesse infantil para um novo interesse infantil: eis a regra.

Nesse processo uma ajuda essencialíssima é prestada pelo método da educação pelo trabalho. Ele parte das tendências naturais das crianças para dividir, para agir, permite transformar cada objeto em várias ações interessantes, e nada é tão inerente à criança quanto sentir prazer pela própria atividade. A natureza ativa da criança permite que se coloque cada objeto em relações pessoais com ela e torná-lo questão do sucesso pessoal da criança. Aqui se incluem a fusão dos estudos com a vida e a exigência de que cada conhecimento novamente comunicado se incorpore ao conhecimento já conhecido e esclareça ao aluno alguma coisa nova. É difícil imaginar algo tão antipsicológico quanto o velho sistema educacional em que a criança estudava aritmética, álgebra e alemão sem entender o que servia para quê e que falta isso lhe fazia. Se neste caso surgia interesse, isso acontecia sempre por acaso, independentemente da vontade do professor.

Ainda podemos tirar três conclusões pedagógicas importantes da teoria do interesse: a primeira consiste na ligação entre todos os objetos do curso, a qual é a melhor garantia da estimulação do interesse único, do seu agrupamento em torno de um núcleo. Só podemos falar de um interesse mais ou menos duradouro, estável e profundo quando ele não se fraciona em dezenas de partes isoladas mas permite abranger com uma idéia única e geral objetos de estudo dispersos. A segunda é a regra conforme a qual todos têm de recorrer à repetição como método de memorização e assimilação de conhecimentos. E todos consideram o quanto repetir é interessante para a criança, que elas não gostam desse tipo de aulas, mesmo que estas não representem dificuldades para elas. A causa está em que, aqui, viola-se a regra básica do interesse, graças à qual a repetição é o procedimento mais irracional e antipsicológico.

A regra consiste em evitar totalmente a repetição e tornar concêntrico o ensinamento, ou seja, dispor o objeto de modo a que da forma mais breve e simplificada ele seja estudado de chofre e na sua totalidade. Depois o professor volta ao mesmo objeto, só que não para uma simples repetição do já feito mas para estudá-lo mais uma vez em forma aprofundada e ampliada, com uma infinidade de novos fatos, generalizações e conclusões, de sorte que tudo o que os alunos decoraram torna a repetir-se mas se revela sob um novo aspecto, e o novo se relaciona de tal modo com o já conhecido que o interesse surge facilmente e de forma natural. Nesse sentido, tanto na ciência quanto na vida só o novo sobre o velho pode nos interessar.

A terceira e última conclusão sobre o aproveitamento do interesse prescreve que se construa todo o sistema escolar em contigüidade imediata com a vida, que se ensine às crianças aquilo que as interessa, começando pelo que elas conhecem e naturalmente lhes estimule o interesse. Froebel mostra como a criança recebe os primeiros conhecimentos com base em seu interesse natural pela vida e pelas ocupações dos adultos. Desde a mais tenra idade, o filho de um camponês, de um comerciante ou de um artesão adquire por via natural uma infinidade das mais diferentes informações apenas observando o comportamento do pai. Assim, também numa idade mais avançada deve-se tomar o já existente como ponto de partida para a elaboração de um novo interesse e partir do já conhecido e familiar. Eis por que era enfadonha a educação clássica, que começava imediatamente pela mitologia e pelas línguas antigas e por objetos que nada tinham em comum com a vida da criança. Assim, a regra básica se torna tese segundo a qual, antes de se comunicar um novo conhecimento à criança ou implantar nela uma nova reação, é necessário que se tenha a preocupação de preparar o terreno para elas, ou seja, estimular o respectivo interesse. Isso é semelhante a afofar a terra para a semeadura.

O esquema dos interesses infantis

O desenvolvimento dos interesses infantis está intimamente ligado ao crescimento biológico geral da criança. Os interesses são expressões das necessidades orgânicas da criança. Na primeira fase da vida, em que a criança está apenas começando a aprender a administrar os seus órgãos receptores como movimentar os braços, a cabeça, os olhos, etc., surge nela o interesse por estímulos vários, sejam eles sonoros, luminosos ou de outra espécie. Uma voz estridente, uma cor berrante, o tatear de um objeto, tudo lhe suscita o interesse. Nessa fase a criança é um apropriador natural de qualquer coisa que lhe venha às mãos e, como associa tudo à alimentação, faz todo o empenho para provar o gosto de qualquer objeto e os leva todos à boca.

Pouco a pouco a criança começa a andar, e passa a interessar-se por deslocar-se no espaço, escalar, arrastar-se, trepar com dificuldade, deslocar objetos: o meio já interessa a criança. Os anos subseqüentes são dedicados a uma orientação mais estável no espaço, a travar um conhecimento mais delicado com elementos particulares desse meio, a uma atividade dinâmica de combinação desses ou daqueles elementos. O espírito de iniciativa passa a ser o interesse principal da criança, a vontade de fazer tudo orienta todos os seus atos. Agora a criança é capaz de concentrar-se em algum tipo de trabalho até cansar-se, de encontrar uma satisfação infinita nesse processo que sempre se repete na realização das suas próprias ações.

O período seguinte caracteriza-se pela ampliação dos interesses para a além dos limites do meio imediato, uma vez que a criança já conhece bem tudo o que a rodeia e a soma de combinações que é capaz de realizar. Surge o interesse por viagens, por errâncias, por fugas. É precisamente nessa fase que surge o interesse especial pelas aventuras, pelas grandes viagens, pelos atos heróicos. Por último, caracteriza o período da adolescência um elevado interesse por si mesmo, a criança volta a ser filósofa e lírica como era antes quando fazia um número infinito de perguntas. Agora as vivências próprias, os problemas do seu "eu" prendem toda a atenção do adolescente para, na juventude, tornar a ser substituído por um interesse elevado e ampliado pelo mundo e pelas questões mais radicais da existência, que nessa fase lhe torturam a consciência. Os olhos do jovem sempre estão amplamente abertos para o mundo, e isto significa a suprema maturidade do seu ser para a vida.

O significado psicológico da brincadeira*

A brincadeira infantil quase chega a ser o mais precioso instrumento de educação do instinto.

É popular a concepção de brincadeira como desocupação, como passatempo a que só se deve dedicar uma hora. Por isso não se costuma ver na brincadeira nenhum valor e, no melhor dos casos, considera-se que ela é a única fraqueza da fase infantil, que ajuda a criança a experimentar o ócio durante certo tempo. Entretanto, há muito tempo se descobriu que a brincadeira não é algo fortuito, pois surge invariavelmente em todas as fases da vida cultural dos povos mais diferentes e constitui uma peculiaridade natural e insuperável da natureza humana. Além do mais, a brincadeira não é própria apenas do homem: o filhote de animal também brinca. Logo, esse fato deve ter algum sentido biológico: a brincadeira é necessária para alguma coisa, tem alguma função biológica especial, do contrário não poderia existir e alcançar uma difusão tão ampla. A ciência propôs várias teorias da brincadeira, tentando decifrar essa idéia da brincadeira.

Uma dessas teorias reduz a brincadeira a uma descarga de energia acumulada no ser jovem, a qual não encontra vazão e emprego nas necessidades naturais. De fato, o animal jovem e a criança estão alijados da participação na luta pela sobrevivência, da organização da vida, não têm em que gastar a energia acumulada em seu organismo e então elas realizam uma série de movimentos desnecessários e inúteis, correm, brincam, pulam, e com isso dão vazão à energia acumulada.

Assim, essa teoria já não vê na brincadeira um capricho fortuito, um divertimento, mas uma importante necessidade vital. Nesse sentido ela representa um passo adiante se comparada à

....

* As palavras "brincadeira" e "jogo" são representadas na língua russa pela mesma palavra, *igrá*, o que cria certa dificuldade para a tradução. Por isso a traduzimos ora como brincadeira, ora como jogo, conforme o contexto. (N. do T.)

concepção popular. Mas ela nem de longe esgota o sentido da brincadeira; para ela o jogo é apenas uma válvula, apenas um furo por onde se escoa a energia não empregada. Ela ainda não dá resposta à pergunta: em que, afinal, se gasta essa energia, será ela um gasto racional?

A resposta a essa pergunta é dada por outra teoria, que vê a utilidade biológica da brincadeira no fato de que ela educa a cria como se fosse uma escola biológica. Se examinarmos atentamente a brincadeira, ficará fácil perceber que ela compreende não só movimentos inúteis e dispensáveis mas também movimentos relacionados à futura atividade do animal, que elabora o hábito e a capacidade para essa ação, movimentos que preparam para a vida, estabelecem e exercitam as devidas inclinações. A brincadeira é a escola natural do animal. Assim, o gatinho que brinca com um novelo de linha ou um rato morto trazido pela mãe está aprendendo a caçar os ratos vivos. O estudo da brincadeira humana confirma inteiramente esse sentido biológico da brincadeira enquanto escola e preparação para a futura atividade.

A criança sempre está brincando, ela é um ser lúdico, mas a sua brincadeira tem um grande sentido. Ela corresponde com exatidão à sua idade e aos seus interesses e abrange elementos que conduzem à elaboração das necessárias habilidades e hábitos. O primeiro grupo de brincadeiras é constituído pelas brincadeiras da criança com certos objetos, com chocalhos, com o lançar e apanhar objetos, e enquanto a criança se entretém com eles aprende a olhar e ouvir, a apanhar e afastar. O período seguinte das brincadeiras, no qual ela se esconde, foge, etc., está ligado à elaboração da habilidade de deslocar-se no meio e neste orientar-se. Pode-se dizer sem exagero que quase todas as nossas reações mais importantes e radicais são criadas e elaboradas no processo da brincadeira infantil. O mesmo significado tem o elemento da imitação nas brincadeiras infantis: a criança reproduz ativamente e assimila o que vê nos adultos, aprende as mesmas relações e desenvolve em si mesma os instintos primários de que irá necessitar na futura atividade.

Disse um psicólogo: "Se você quer saber qual de duas meninas será melhor mãe, observe qual das duas brinca mais tempo e melhor com sua boneca". Com isso ele quis apontar o significado educativo que a brincadeira de boneca tem para o instinto materno. Seria incorreto pensar que, brincando de boneca, a menina aprenderá a ser mãe no sentido em que gato aprende a perseguir o rato vivo ao brincar com um rato morto. Aqui a relação entre a brincadeira e a experiência é bem mais distante e complexa. É possível que a futura mãe não conserve nem se lembre de nenhum movimento, mas não há dúvida de que aqui se traçam as linhas básicas, formam-se os traços fundamentais da sua futura experiência interior, que lhe ajudará a realizar posteriormente na vida aquilo que hoje a ocupa na brincadeira. Ao brincar de boneca, a menina não aprende a cuidar de uma criança viva mas a sentir-se mãe.

Assim cabe considerar os elementos da imitação que são inseridos na brincadeira: eles contribuem para que a criança assimile ativamente esses ou aqueles aspectos da vida e organize a sua experiência interior no mesmo sentido. Outras brincadeiras, as chamadas brincadeiras construtivas, aquelas vinculadas ao trabalho com materiais, ensinam precisão e correção aos nossos movimentos, elaboram milhares de habilidades das mais valiosas, diversificam e multiplicam as nossas reações. Essas brincadeiras nos ensinam a nos propormos determinado objetivo e organizar os movimentos de modo a que estes possam ser encaminhados para a concretização desse objetivo. Assim, as primeiras aulas de uma atividade planejada e racional, de coordenação de movimentos, de habilidade para administrar e controlar os nossos órgãos pertencem a esse tipo de brincadeiras. Por outras palavras, elas são organizadoras e guias da experiência externa tanto quanto aquelas organizaram a experiência interior.

O terceiro e último grupo de brincadeiras, as chamadas brincadeiras convencionais, que surgem de regras puramente convencionais e de ações a estas vinculadas, é uma espécie de escola superior de brincadeira. Elas organizam formas superiores de comportamento, estão vinculadas à solução de tarefas bastante complexas do comportamento, exigem de quem brinca tensão, sagacidade e engenho, ação conjunta e combinada das mais diversas faculdades e potencialidades.

Nenhuma brincadeira repete outra com exatidão, mas cada uma delas representa em um instante situações sempre novas, que exigem soluções sempre novas. Neste caso é necessário ter em vista que esse tipo de brincadeira é uma grandiosa escola de experiência social. Na brincadeira o esforço da criança é sempre limitado e regulado por uma infinidade de esforços dos outros participantes da brincadeira. Em toda tarefa-brincadeira se insere como condição obrigatória a habilidade de coordenar o seu comportamento com o comportamento dos outros, de colocar-se em relação dinâmica com os outros participantes, de atacar e defender-se, de prejudicar e ajudar, de prever o resultado do seu desenrolar no conjunto global de todos os participantes da brincadeira. Esse tipo de brincadeira é uma experiência coletiva viva da criança e, neste sentido, é um instrumento absolutamente insubstituível de educação de hábitos e habilidades sociais.

É necessário dizer que nem tudo está bem com a educação do instinto social na pedagogia atual. A família é um todo social simples demais com seu pequeno número de elementos bem conhecidos e formas totalmente estabelecidas de relações entre seus membros. Ela é capaz de criar na alma da criança vínculos sociais profundos e estáveis, mas de dimensão excessivamente limitada: a habilidade de ser cidadão em um pequeno mundinho social, com ligações imediatas muito estreitas que se encravam fundo no indivíduo. A família ensina apenas as relações mais estreitas e íntimas, educa o pai de família ao mesmo tempo em que reclama tarefas grandiosas da educação do cidadão do mundo e do contato com o sistema de relação que a cada dia cresce em escala mundial. Nesse sentido, a turma da escola também não serve, pois é constituída de elementos pouco numerosos e na qual as relações sociais logo assumem formas estabelecidas e estagnadas e rapidamente se ajustam entre si, não estabelecem nem suscitam novas reações, e todas essas relações são construídas à base de um padrão, de modo uniforme e seco. A coletividade escolar é uma arena insuficientemente ampla para o desenvolvimento de grandes paixões sociais, sendo até uma escola estreita e insignificante demais para o instinto social. Por outro lado, a educação tem pela frente duas tarefas grandiosas. A primeira é educar esse instinto dentro das grandiosas dimensões mundiais. Essa tarefa só pode ser psicologicamente resolvida através de uma imensa ampliação do meio social. Devemos derrubar as barreiras domésticas em prol da turma, as barreiras da turra em prol da escola, as barreiras da escola em prol da unificação de todas as escolas da cidade, etc., até dos movimentos infantis que abrangem todo o país, ou até mesmo dos movimentos infantis mundiais como o movimento dos pioneiros ou da juventude comunista. Nesses movimentos, e só neles, a criança pode aprender a reagir aos mais distantes estímulos, a estabelecer vínculos entre a sua reação e um acontecimento que se deu a milhares de léguas de distância, de coordenar e relacionar o seu comportamento ao comportamento de gigantescas massas humanas, digamos, ao movimento operário internacional.

Outra tarefa da educação social é elaborar e polir formas especialmente delicadas de convívio social. Acontece que, em nossa época, as relações sociais vão-se tornando grandiosas não só pela amplitude mas também pelo grau de diferenciação e complexidade. Anteriormente as relações sociais se esgotavam, em um pequeno grupo de relações padronizadas, e as regras cotidianas das gentilezas abrangiam com forma mais ou menos plena o comportamento social do homem. Com a complexidade sempre crescente da vida, o homem entra em relações sociais cada vez mais complexas e diversificadas, torna-se parte de formações sociais mais diversas, e por isso toda a variedade de relações sociais do homem moderno não pode esgotar-se em algumas habilidades ou capacidades antecipadamente preparadas. Perante a educação coloca-se antes o objetivo de elaborar não um determinado volume de habilidades mas certas faculdades criadoras para uma orientação social rápida e habilidosa.

Das relações sociais mais vazias e leves, que se estabelecem entre os passageiros de um bonde, às mais complexas, que surgem em formas profundas de amor e amizade, o homem revela necessariamente sua verdadeira habilidade criadora para encontrar suas relações com outro homem. O amor e a amizade são a mesma criação de relações sociais como a educação política e profissional. E são esse refinamento, esse polimento e essa diversidade de relações sociais que a brincadeira ensinar. Ao lançar a criança em novas situações, ao subordiná-la a novas condições, a brincadeira a leva a diversificar infinitamente a coordenação social dos movimentos e lhe ensina flexibilidade, elasticidade e habilidade criadora como nenhum outro campo da educação.

Por último, aqui se manifesta com especial notoriedade a derradeira peculiaridade da brincadeira: ao subordinar todo o comportamento a certas regras convencionais, ela é a primeira a ensinar um comportamento racional e consciente. Ela é a primeira escola de pensamento da criança. Todo pensamento surge como resposta a uma complicação decorrente de um choque novo ou difícil entre os elementos do meio. Onde não existe essa complicação, onde o meio é conhecido até o fim e o nosso comportamento, enquanto processo de correlação com ele, transcorre levemente e sem quaisquer retardamentos, ali não existe pensamento, ali operam em toda a parte dispositivos automáticos. Mas tão logo o meio nos proporciona quaisquer surpresas e novas combinações, que igualmente exigem do nosso comportamento novas combinações e reações e uma rápida reformulação da atividade, ali surge o pensamento como um estágio preventivo de comportamento, como uma organização interior de formas de experiência mais complexas, cuja essência psicológica se resume a escolher, entre uma multiplicidade de reações que se afiguram possíveis, as únicas necessárias segundo o objetivo fundamental que ao comportamento cabe resolver.

O pensamento é sempre uma espécie de solução de uma nova tarefa do comportamento por meio da seleção das devidas respostas. Nesse caso, é essencial o momento da atitude, ou seja, daquela reação preparatória do organismo através da qual esse momento se estabelece em determinada forma de comportamento, e todo o mecanismo de seleção não se resume senão a uma projeção interna e velada do comportamento a certos resultados finais, que levam ao abandono de umas formas e à adoção de outras. Assim, o pensamento surge do choque de uma multiplicidade de reações e da seleção de umas delas sob a influência de reações prévias. Mas é isso mesmo que nos permite, introduzindo na brincadeira determinadas regras e assim limitando a possibilidade do comportamento, colocando perante a criança a tarefa de atingir determinado fim e intensificando ao ponto máximo todas as capacidades instintivas e o interesse da criança, levá-la a organizar o seu comportamento de modo que o subordine a certos regulamentos para que ele se oriente no sentido de um único fim e resolva conscientemente determinadas tarefas.

Noutros termos, a brincadeira é um sistema racional de comportamento e dispêndio de energia, com fim determinado, socialmente coordenado e subordinado a certas regras. Com isto ele revela a sua plena analogia com o dispêndio de energia que o adulto emprega no trabalho, dispêndio esse cujos indícios coincidem inteiramente com os indícios da brincadeira, à exceção apenas dos resultados. Assim, a despeito de toda a diferença objetiva que existe entre a brincadeira e o trabalho, a qual permitiu inclusive considerá-los diametralmente opostos entre si, sua natureza psicológica coincide completamente. Isso sugere que a brincadeira é uma forma natural de trabalho própria da criança, uma forma de atividade e também uma preparação para a vida futura.

Um psicólogo conta que em uma colônia inglesa os nativos olhavam surpresos para os ingleses que corriam até cansar atrás de uma bola de futebol. Eles se haviam acostumado a ver que os senhores não faziam nada e que por uma pequena moeda cumpriam habitualmente as atribuições que estes lhes davam. Certa vez um nativo aproximou-se dos ingleses que jogavam futebol e lhes propôs jogar por eles em troca de alguns xelins, para que não se cansassem. O nativo não entendeu essa diferença psicológica entre o jogo e o trabalho, que consiste no efeito subjetivo do jogo, e enganou-se com a plena semelhança externa entre o jogo e o trabalho como atividades.

Capítulo VI
A educação no comportamento emocional

O conceito de emoção

A teoria das emoções ou sentimentos é o capítulo menos elaborado da antiga psicologia. Esse aspecto do comportamento do homem revelou-se mais difícil de descrever, classificar e relacionar com quaisquer outras leis do que todos os restantes. Apesar disso a velha psicologia externou pontos de vista absolutamente justos sobre a natureza das reações emocionais.

Os primeiros a estabelecer este fato foram Lange e James, sendo que o primeiro deu atenção às amplas mudanças corporais que acompanham os sentimentos e o segundo às mudanças vasomotoras que os acompanham. Independentemente um do outro, os dois estudiosos chegaram à conclusão de que a concepção rotineira dos sentimentos é produto de um profundo equívoco e que em realidade as emoções transcorrem em ordem inteiramente diversa daquela que se imaginava.

A psicologia comum e o senso comum distinguem três momentos no sentimento. O primeiro – A – é a percepção de algum objeto ou acontecimento ou uma noção dele (o encontro com um bandido, a lembrança da morte de uma pessoa querida, etc.); B – um sentimento provocado por essa percepção (medo, tristeza); C – expressões corporais desse sentimento (tremor, lágrimas). O pleno processo do fluxo da emoção era concebido na seguinte ordem: ABC.

Se examinamos atentamente qualquer sentimento percebemos facilmente que ele sempre tem a sua expressão corporal. Os sentimentos fortes parecem escritos na testa de cada um, e ao olharmos para uma pessoa podemos entender sem maiores esclarecimentos se ela está furiosa ou assustada ou curtindo o ócio.

Todos os movimentos corporais que acompanham o sentimento dividem-se facilmente em três grupos. O primeiro é o grupo dos movimentos mímicos e pantomímicos, das contrações especiais dos músculos, principalmente dos olhos, da boca, das maçãs do rosto, das mãos. É uma classe de reações-emoções motoras. O segundo grupo é formado pelas reações somáticas, ou seja, pelas mudanças de atividade de alguns órgãos relacionados com as mais importantes funções vitais do organismo: a respiração, os batimentos cardíacos e a circulação sangüínea. O terceiro grupo é formado pelas reações secretórias, por essas ou aquelas secreções de ordem externa e interna: lágrimas, suor, salivação, secreção interna das glândulas sexuais, etc. É desses três grupos que se forma a habitual expressão corporal de qualquer sentimento.

James distingue os três referidos momentos na emoção mas apresenta a teoria segundo a qual a ordem e a seqüência desses momentos são diferentes. Se o esquema habitual do sentimento estabelece a seqüência ABC, ou seja, percepção, sentimento e mímica, James supõe que o verdadeiro estado de coisas corresponde mais a outra fórmula ACB: percepção-mímica-sentimento.

Por outras palavras, James supõe que esses ou aqueles objetos são dotados da capacidade de suscitar mudanças corporais imediatamente em nós por via reflexo, sendo que o sentimento em si já é um momento secundário da percepção desses movimentos. Segundo ele supõe, o encontro com um bandido suscita de modo reflexo em nós e sem a mediação de qualquer sentimento o tremor, secura na garganta, palidez, respiração opressa e outros sintomas de medo. O próprio sentimento de medo não é outra coisa senão um conjunto dessas mudanças conscientizadas pelo organismo. Temer significa sentir o seu tremor, a sua palpitação cardíaca, a sua palidez, etc. De igual maneira a lembrança da morte de um parente ou outra pessoa querida suscita de modo reflexo lágrimas, o baixar a cabeça, etc. A tristeza se reduz à sensação desses sintomas, e estar triste significa perceber as suas lágrimas, a sua pose curva, a cabeça baixa, etc.

Costuma-se dizer: choramos porque estamos amargurados, batemos porque estamos irritados, trememos porque estamos com medo. Seria mais correto dizer: estamos amargurados porque choramos; estamos irritados porque batemos; estamos assustados porque trememos (James, 1912, p. 308).

O que antes se considerava causa é de fato efeito e vice-versa: o efeito se revela causa.

Algumas considerações mostram que isso é realmente o que ocorre. A primeira dessas considerações consistem em que se provocamos artificialmente essas ou aquelas expressões externas do sentimento não tardará a manifestar-se o próprio sentimento. James diz o seguinte: para efeito de experiência, depois de levantar-se de manhã tente assumir uma expressão de melancolia, fale com voz deprimida, não levante os olhos, suspire com mais freqüência, curve um pouco a espinha e o pescoço, em suma, dê a si mesmo todos os indícios de tristeza e ao anoitecer você mesmo será tomado de tamanha tristeza que não saberá onde meter-se. Os educadores sabem perfeitamente como nessa área uma brincadeira entre crianças se transforma facilmente em realidade: dois meninos, que começaram a brigar sem qualquer raiva um do outro, de repente começam a sentir raiva e não sabem dizer se a brincadeira terminou ou ainda continua. Assim, a criança facilmente assustada por brincadeira de repente começa a sentir medo de fato. Aliás, qualquer expressão externa facilita a manifestação do respectivo sentimento: quem corre se assusta facilmente, etc. Os atores conhecem bem esse fato quando essa ou aquela pose, entonação ou gesto suscita neles uma emoção forte.

A esse respeito fala de modo ainda mais convincente a seguinte lei inversa. Basta combater as expressões corporais da emoção para que a própria emoção desapareça imediatamente. Se quando estamos com medo reprimimos o tremor, fazemos o coração bater regularmente, damos expressão normal ao rosto o próprio sentimento do medo desaparece. Reprima a expressão de alguma paixão e ela mesma desaparece. Um psicólogo conta que sempre que tinha acesso de raiva esticava a mão e abria os dedos. Isso paralisava invariavelmente a raiva porque é impossível ter raiva com a mão aberta já que raiva significa punhos cerrados e lábios crispados. Se privarmos a emoção, subtrairmos dela as mudanças corporais, fica fácil perceber que nada resta do sentimento. Prive o medo dos seus sintomas e você deixará de senti-lo.

Uma visível objeção a esse ponto de vista são dois fatos que, não obstante, corretamente entendidos não só não rejeitam como ainda confirmam essa teoria. O primeiro deles consiste em que freqüentemente essas ou aquelas emoções se fundem forçosamente à emoção. Por exemplo, se esfregamos o olho com uma cebola é fácil provocar lágrimas mas isto não significa de maneira nenhuma que depois das lágrimas venha a tristeza. Compreende-se facilmente que neste caso suscitamos apenas um sintoma isolado que, em si, é impotente para provocar emoção mas que a provocaria forçosamente se fosse encontrado na devida combinação com todos os outros sintomas. Não basta haver lágrimas nos olhos para que logo venha a tristeza, porque a tristeza não consiste em simples lágrimas mas em toda uma série de sintomas internos e externos que em dado momento estão ausentes.

A segunda objeção consiste em que esse ou aquele sentimento é facilmente provocado pela ingestão de venenos introduzidos no sangue. Sem assumir nenhuma expressão artificial do sentimento, basta uma certa dose de álcool, morfina ou ópio para surgir uma série de sentimentos complexos. Mas é fácil perceber que, ao introduzir essas substâncias, agimos sobre o próprio nervo das reações emocionais. Modificamos a composição química do sangue, mudamos o sistema de circulação sangüínea e os processos internos que estão relacionados ao sangue, particularmente a secreção interna, e em função disso obtemos facilmente um acentuado efeito emocional no organismo.

Tudo nos permite afirmar que a emoção é de fato um sistema de reações relacionado de modo reflexo a esses ou aqueles estímulos. O esquema das emoções gêmeas coincide integralmente com o esquema de comportamento e experiência consciente de que estamos sempre partindo. O sentimento não surge por si só em estado normal. É sempre antecedido desse ou daquele estímulo, dessa ou daquela causa seja ela externa ou interna (A). O que nos faz ter medo ou sentir alegria é o estímulo de onde começa a resposta. Depois seguem-se várias reações reflexas, motoras, somáticas e secretórias (C). Por último, a reação circular, o retorno das próprias reações ao organismo como novos estímulos, a percepção da segunda ordem do campo proprioceptivo que representam o que antes era denominado a própria emoção (B).

Diante de tudo isso é fácil compreender o caráter subjetivo do sentimento, ou seja, que o homem que o experimenta e o outro que observa as expressões externas deste terão noções inteiramente diversas desse sentimento. Isso ocorre porque ambos os observadores fixam neste caso dois diferentes momentos de um mesmo processo. O que observa de fora fixa o momento C, ou seja, as reações emocionais em si. O que observa de dentro fixa a estimulação proprioceptiva que decorre das mesmas reações, o momento B, e aqui, como já explicamos, estamos diante de vias nervosas inteiramente diversas e, por conseguinte, de diferentes processos.

Natureza biológica das emoções

Não é difícil perceber que as emoções surgem à base dos instintos e são ramificações próximas destes. Isso dá motivo para que alguns estudiosos considerem o comportamento instintivo-emocional como um todo.

É especialmente clara a raiz instintiva das emoções nos sentimentos mais primitivos, mais elementares, os chamados sentimentos inferiores. Aqui alguns estudiosos relacionam as mesmas reações ora aos instintos, ora às emoções. Examinemos como exemplo duas emoções elementares: a cólera e o medo em sua provável significação biológica. É fácil perceber que todas as mudanças físicas acompanhadas do medo têm origem biologicamente explicável.

Há todos os fundamentos para se supor que outrora que todas aquelas reações motoras somáticas e secretórias que integram a emoção como forma integral de comportamento formavam uma série de reações adaptativas úteis de caráter biológico. Assim, não há dúvida de que o medo foi a forma superior de fuga momentânea e célere do perigo e que nos animais e, às vezes, no homem, ele ainda apresenta vestígios absolutamente notórios da sua origem. As reações mímicas de medo costumam reduzir-se à ampliação e preparação dos órgãos receptores cujo fim consiste na prontidão, na captação extremamente inquietante das mínimas mudanças do meio. Olhos esbugalhados, narinas infladas e orelhas em pé, tudo isso significa uma atitude precavida diante do mundo, uma prontidão em face do perigo. Segue-se um grupo tenso de músculos como que preparado para a ação, como que mobilizado para dar um salto, fugir, etc. O tremor, tão comum no medo humano, não é outra coisa senão uma rápida contração dos músculos, como que adaptada para uma fuga inusitadamente rápida.

Nos animais o tremor diante do medo se transforma imediatamente em fuga. O mesmo sentido e o mesmo significado da fuga ao perigo representam também as reações somáticas do nosso corpo. Palidez, interrupção da digestão e diarréia significam refluxo do sangue daqueles órgãos cuja atividade não apresenta no momento uma necessidade e uma importância vital de primeiro grau para o organismo e um afluxo do sangue àqueles órgãos aos quais cabe a palavra decisiva nesse momento. Isso realmente parece mobilização, quando o sangue, esse intendente do nosso organismo, fecha e faz cessar a atividade daqueles órgãos que parecem situar-se na retaguarda e estarem ligados ao mundo pela atividade do organismo, e lança toda a força da sua alimentação aos seguimentos combativos, aqueles que salvam imediatamente do perigo. Assim se torna a respiração, profunda, intermitente, adaptada a uma fuga rápida. As reações secretórias, ligadas à secura da garganta, etc. parecem testemunhar o mesmo refluxo do sangue.

Por último, os derradeiros estudos dos animais mostraram que as emoções provocam mudanças também das secreções internas. Sabemos que no gato assustado muda a química do sangue. Noutros termos, sabemos que até os mais íntimos processos internos se adaptam à tarefa básica do organismo que é a fuga ao perigo. Tomado em conjunto, tudo isto nos permite definir o medo como mobilização de todas as forças do organismo para a fuga ao perigo, como *fuga inibida* e compreender que o medo é uma forma solidificada de comportamento que surgiu do instinto de autopreservação em sua forma defensiva.

É fácil mostrar de modo plenamente análogo que a cólera é um instinto de autopreservação em sua forma ofensiva, que é outro grupo de reações, outra forma de comportamento, a forma ofensiva, e que é uma mobilização de todas as forças do organismo para o ataque, que a cólera é uma *briga inibida*. É essa a origem da mímica da cólera, que se traduz em punhos cerrados, como que preparados para o ataque, em maçãs do rosto salientes e dentes cerrados (remanescente do tempo em que os nossos antepassados mordiam), em rosto vermelho e poses ameaçadoras.

Contudo é fácil perceber que o medo e a cólera na forma em que hoje são encontrados no homem são formas sumamente debilitadas desses instintos, e surge involuntariamente a idéia de que no processo de evolução do animal ao homem as emoções não progridem mas diminuem, atrofiam-se.

O medo e a fúria de um cão são mais fortes e mais expressivas que a fúria de um selvagem; os mesmos sentimentos no selvagem são mais impulsos do que na criança; na criança são mais nítidos do que no adulto. Daí ser fácil concluir que no sistema de comportamento as emoções desempenham o papel de órgãos rudimentares que, outrora, tiveram grande importância mas hoje, em função das condições modificadas, estão condenados a extinção e são um elemento às vezes nocivo e desnecessário no sistema do comportamento.

De fato, em termos pedagógicos os sentimentos são uma estranha exceção. O pedagogo gostaria de aumentar e reforçar todas as outras formas de comportamento e reações. Se imaginarmos que por algum meio conseguiríamos aumentar as lembranças ou a compreensão dos alunos em dez vezes, isto evidentemente facilitaria nas mesmas dez vezes o nosso trabalho educativo. Mas se por um instante imaginarmos que a capacidade emocional da criança aumenta em dez vezes, ou seja, que ela se torna dez vezes mais sensível, que com a mínima satisfação entra em êxtase ou pela mínima amargura começa a chorar e bater-se, evidentemente obteremos um tipo extremamente indesejável de comportamento.

Assim, o ideal da educação emocional consistiria não no desenvolvimento e reforço mas, ao contrário, na repressão e no debilitamento das emoções. Uma vez que as emoções são formas biologicamente inúteis de adaptação decorrentes das circunstâncias e condições modificadas do meio e da vida, logo, estão condenadas à extinção no processo da evolução e o homem do futuro irá ignorar tanto as emoções quanto outros órgãos rudimentares. O sentimento é o intestino cego do homem. Entretanto essa concepção, que fala da absoluta inutilidade das emoções, é profundamente falsa.

A natureza psicológica das emoções

Sabe-se por simples observação que as emoções complexificam e diversificam o comportamento e o quanto uma pessoa emocionalmente bem dotada, fina e educada está nesse sentido acima da pessoa mal educada. Noutros termos, até a observação cotidiana aponta para o novo sentido que se introduz no comportamento com a presença de emoções. Um comportamento emocionalmente colorido adquire um caráter inteiramente diverso do comportamento insípido. As mesmas palavras, porém pronunciadas com sentimento, agem sobre nós de modo diferente daquelas pronunciadas sem vida.

O que a emoção introduz de novo no comportamento? Para responder a essa questão é necessário lembrar o caráter geral do comportamento, como o desenhamos anteriormente. Do nosso ponto de vista, o comportamento é um processo de interação entre o organismo e o meio. Conseqüentemente, nesse processo são sempre possíveis três formas de correlação, que de fato se alternam umas com as outras. O primeiro caso é aquele em que o organismo sente a sua superioridade sobre o meio, quando as exigências e tarefas que ele apresenta ao comportamento são resolvidas sem dificuldade nem tensão pelo organismo, quando o comportamento transcorre sem quaisquer retenções internas e realiza-se uma adaptação de nível excelente com o mínimo dispêndio de energia e forças.

Outro caso ocorre quando a supremacia e a superioridade estão com o meio, quando o organismo começa a adaptar-se ao meio com dificuldade, com excessiva tensão, e sempre iremos sentir uma discrepância entre a extrema complexidade do meio e a defensividade relativamente fraca do organismo. Nesse caso, o comportamento irá transcorrer com a máxima perda de forças, com o máximo dispêndio de energias e o mínimo efeito da adaptação.

Por último o terceiro caso, possível e real, é aquele em que surge certo equilíbrio estabelecido entre o organismo e o meio, em que nenhuma das partes tem supremacia e tanto uma quanto a outra está como que equilibrada na sua disputa.

Todos os três casos são a base para o desenvolvimento do comportamento emocional. Na origem das emoções já podemos ver nas formas instintivas do comportamento uma espécie de resultado da avaliação que o próprio organismo faz da sua correlação com o meio. Todas as emoções relacionadas ao sentimento de força, satisfação, etc. os chamados sentimentos positivos, pertencem ao primeiro grupo. As emoções relacionadas ao sentimento de depressão, debilidade, sofrimento – os sentimentos negativos – pertencem ao segundo grupo, e só o terceiro caso será de indiferença emocional relativa no comportamento.

Desse modo, deve-se entender a emoção como reação nos momentos críticos e catastróficos do comportamento, tanto como os de desequilíbrio, como súmula e resultado do comportamento que dita a cada instante e de forma imediata as formas de comportamento subseqüente.

É interessante que o comportamento emocional tem uma difusão extremamente ampla e, no fundo, mesmo nas nossas reações mais primárias é fácil localizar o momento emocional.

A velha psicologia ensinava que toda sensação tem o seu tom emocional, isto é, que mesmo os mais simples vivenciamentos de cada cor, de cada som, de cada cheiro têm forçosamente esse ou aquele colorido sensorial. Quanto aos cheiros e sabores, qualquer pessoa sabe perfeitamente que são raríssimas entre eles as sensações emotivo-indiferentes neutras, mas todo cheiro, como quase todos os sabores, é forçosamente agradável ou desagradável, causa prazer ou desprazer, está ligado a um prazer ou uma rejeição.

É um pouco mais difícil localizar esse problema nas excitações visuais e auditivas, mas também aqui é fácil mostrar que qualquer cor, qualquer forma como qualquer som possuem um colorido de sentimento único e exclusivo. Todos nós sabemos que certas cores e formas nos tranqüilizam, outras nos excitam;

umas provocam ternura, outras repulsa; umas despertam alegria, outras, sofrimento. Basta lembrar o sentido absolutamente notório do vermelho, eterno companheiro de toda insurreição, cor da paixão e da revolta, ou o azul, a cor fria e tranqüila da distância e do sonho para nos convencermos do que acaba de ser dito.

De fato, basta pensar como surgem na língua formas de expressão como cor fria ou cor quente, som alto ou baixo, voz suave ou dura. Em si mesma a cor não é quente nem é fria, assim como o som não é alto nem baixo, não tem formas espaciais. Entretanto quando se fala da cor alaranjada qualquer pessoa compreende que ela é quente, quando se fala do baixo como voz ela compreende que essa voz é baixa ou grossa, como diziam os gregos. É evidente que não existe nada em comum entre cor e temperatura, som e magnitude, mas pelo visto há qualquer coisa que os unifica no tom emocional que dá colorido a ambas as impressões. O tom quente ou o som alto significa que existe certa semelhança entre o tom emocional da cor e a temperatura. Em si mesma a cor alaranjada não parece quente mas no seu efeito sobre nós existe qualquer coisa que nos lembra o calor sobre nós. Cabe lembrar que definimos a reação emocional como reação valorativa secundária do campo proprioceptivo. O tom emocional da sensação não significa outra coisa senão o interesse e a participação de todo o organismo em cada reação particular de um órgão. Ao organismo não é indiferente se o olho vê, solidariza a essa situação ou se opõe a ela. "Assim, o 'agradável' ou 'desagradável' em realidade não antecede a ação mas é uma ação que conduz à continuidade ou cessação de um estímulo." (Münsterberg, 1925, p. 207.)

Desse modo, a reação emocional enquanto reação secundária é um poderoso organizador do comportamento. Nela se realiza a natureza ativa do nosso organismo. As emoções seriam inúteis se não fossem ativas. Vimos que elas surgiram instintivamente dos movimentos mais complexos e notórios. Foram em sua época os organizadores do comportamento nos momentos mais difíceis, fatais e responsáveis da vida. Surgiram nas fases superiores da vida, quando o organismo triunfava sobre o meio ou se aproximava da morte. Elas sempre exerceram uma espécie de ditadura no comportamento.

Hoje, com as condições modificadas, as formas exteriores dos movimentos que acompanhavam a emoção debilitaram-se e gradualmente vão-se atrofiando em função da sua inutilidade. Mas o papel interno de organizadores de todo o comportamento, que era o seu papel primário, continuam com elas até hoje. É esse momento da natureza ativa na emoção que constitui o traço mais importante na teoria da sua natureza psicológica. É incorreto pensar que a emoção represente uma vivência meramente passiva do organismo e não redunde em nenhuma natureza ativa.

Ao contrário, há todos os fundamentos para se supor que é mais verdadeira a teoria da origem do psiquismo que liga o seu surgimento à chamada consciência hedonística, ou seja, à sensação de primordial de prazer e desprazer que, como momento secundário da reação circular influenciou a reação em termos de conteúdo e estímulo. Assim, a administração primordial das reações surge das emoções. Ligada à reação, a emoção a regula e orienta em função do estado geral do organismo. A passagem para o tipo psíquico de comportamento surgiu, sem dúvida, com base nas emoções. De igual maneira, existem fundamentos para supor que as formas primitivas de comportamento puramente psíquico da criança são as reações de prazer e desprazer que surgem antes das demais.

Esse caráter ativo das reações emocionais se explica melhor com base na teoria tridimensional do sentimento proposta por Wundt. Para ele, todo sentimento tem três dimensões, e em cada uma dessas dimensões ele tem três sentidos: prazer-desprazer, excitação-quiescência, tensão-relaxação.

Pode facilmente parecer que tensão coincide com excitação e quiescência com relaxação. Mas não é assim. Se o homem teme alguma coisa, seu comportamento se caracteriza por uma tensão não usual de cada músculo e ao mesmo tempo por uma excepcional quiescência das reações. De igual maneira a expectativa de ganho ou condenação termina por uma alegre excitação relacionada com a mais plena relaxação de qualquer tensão.

As três dimensões de qualquer emoção significam, no fundo, o mesmo caráter ativo do sentimento. Toda emoção é um chamamento à ação ou uma renúncia a ela. Nenhum sentimento pode permanecer indiferente e infrutífero no comportamento. As emoções são esse organizador interno das nossas reações, que retesam, excitam, estimulam ou inibem essas ou aquelas reações. Desse modo, a emoção mantém seu papel de organizador interno do nosso comportamento.

Se fazemos alguma coisa com alegria as reações emocionais de alegria não significam nada senão que vamos continuar tentando fazer a mesma coisa. Se fazemos algo com repulsa isto significa que no futuro procuraremos por todos os meios interromper essas ocupações. Por outras palavras, o novo momento que as emoções inserem no comportamento consiste inteiramente na regulagem das reações pelo organismo.

Para nós fica absolutamente compreensível a variedade combinada de reações emocionais que incorpora ao processo de cada reação particular todos os principais órgãos do nosso corpo. Como auxílio da gravação dos movimentos respiratórios e dos batimentos do coração e do pulso, estudos experimentais mostram que estas curvas que exprimem o desenrolar dos processos orgânicos mais importantes respondem docilmente ao mais ínfimo estímulo e como que se adaptam lentamente às mínimas mudanças do meio.

Não é por acaso que desde tempos remotos o coração é considerado o órgão do sentimento. Nesse sentido as conclusões da ciência exata coincidem inteiramente com antiga concepção do papel do coração. As reações emocionais são, antes de tudo, reações do coração e da circulação sangüínea: e se lembrarmos que a respiração e o sangue determinam o desenrolar de absolutamente todos os processos, em todos os órgãos e tecidos, compreenderemos por que as reações do coração podem exercer o papel de organizadores internos do comportamento.

"Devemos predominantemente ao nosso sistema vasomotor todos os conteúdos emocionais da nossa vida interior, as nossas alegrias e tristezas, os momentos de felicidade e amargura. Se os objetos que agem sobre os nossos órgãos externos não acionassem também esse sistema passaríamos ao largo da vida com indiferença e sem paixão; as impressões do mundo exterior aumentariam o nosso conhecimento mas não iriam além disto; não despertariam em nós nem alegria, nem ira, nem preocupações, nem medo." (Lange, 1896, p. 73.)

A educação dos sentimentos

"Educar sempre significa mudar." Se não houvesse nada para mudar não haveria nada para educar. Que mudanças educativas devem realizar-se nos sentimentos? Já vimos que todo sentimento é o mesmo mecanismo de reação, ou seja, de certa resposta do organismo a algum estímulo do meio. Logo, o mecanismo de educação dos sentimentos é, em linhas gerais, o mesmo para todas as demais reações.

Estabelecendo estímulos diversos sempre podemos fechar novos vínculos entre a reação emocional e algum elemento do meio. A primeira ação educativa será a mudança daqueles estímulos com os quais está vinculada a reação. Qualquer pessoa sabe que o que nos causa medo na infância não nos causa depois. Aquilo que provocava pavor e assustava deixa de ser perigoso. Por outro lado, aprendemos a temer muitos daqueles objetos nos quais confiávamos.

De que maneira se realiza essa transferência do medo de um objeto para outro? O mecanismo mais simples é a educação do reflexo condicionado, ou seja, a transferência da reação para um novo estímulo a qual se realiza sempre que esse novo estímulo coincide com o estímulo incondicionado da reação inata.

Se o fato que assusta uma criança é sempre acompanhado de outras circunstâncias, essas circunstâncias em si mesmas serão capazes de provocar medo na criança posteriormente. A criança teme entrar em um quarto onde ao menos uma vez teve de vivenciar algo terrível, ela evita os objetos que estavam presentes no ato do susto. Daí que a primeira regra da educação do sentimento deve consistir no seguinte: procure organizar a vida e o comportamento da criança de modo a que ela depare mais amiúde com aqueles estímulos entre os quais deve ser criada essa transferência do sentimento.

A princípio a criança reage com medo apenas à aproximação das suas contrariedades pessoais, mas admitindo que sempre que alguma contrariedade ameaça uma pessoa próxima, a mãe ou uma irmã, isso estará ligado a um sofrimento pessoal da criança. Durante um curto espaço de tempo a criança fechará um novo vínculo e irá reagir com medo a contrariedades e sofrimentos iminentes que em nada a afetam mas afeta as pessoas íntimas. Desse estreito sentimento egoísta o medo pode tornar-se uma base poderosa de sentimentos sociais amplos e profundos.

Podemos ainda retirar facilmente desse estreito círculo pessoal todas as sensações egoístas, ou seja, ensinar a criança a reagir com ira não a uma ofensa pessoal mas a uma ofensa ao seu país, a sua classe, ao seu assunto. E essa possibilidade da transferência mais ampla das sensações é a garantia da educação, que se traduz na possibilidade de relações inteiramente novas entre o indivíduo e o meio. É por isso que as emoções não podem ser inaceitáveis nem indesejáveis ao pedagogo. Ao contrário, ele deve sempre partir das chamadas sensações inferiores e egoístas como sensações primárias, basilares e fortes e já com base nelas lançar o fundamento da estrutura emocional do indivíduo.

Por isso deve-se descartar a divisão dos sentimentos em inferiores e superiores, egoístas e altruístas, uma vez que todo sentimento pode ser orientado pelo educador em qualquer sentido e ligar-se a qualquer estímulo. Pode-se ensinar uma criança a temer a espinha que nasce em seu rosto ou a aranha na parede, assim como as calamidades, as derrotas de uma causa querida, a desgraça que atinge os seus familiares. E o que se disse aqui sobre o medo pode se aplicar igualmente a tudo o demais. Outras reações emocionais podem estar vinculadas aos mais diversos estímulos mas só se pode realizar esse vínculo confrontando na experiência pessoal do aluno os mais diferentes estímulos.

Noutros termos, também nesse caso o mecanismo educativo consiste em certa organização do meio. Assim, a educação dos sentimentos sempre é essencialmente uma reeducação desses sentimentos, ou seja, uma mudança no sentido da reação emocional inata.

Existe mais um mecanismo psicológico da educação dos sentidos que é exclusivo das reações emocionais e radica nas peculiaridades da sua constituição. Esse mecanismo consiste em que não só pela via acima indicada é possível fechar um vínculo entre a reação e algum acontecimento. É possível que, digamos, haja vínculo entre o sentimento de medo e um estímulo dissociado do estímulo incondicionado de medo na experiência mas que na experiência da criança esteja vinculado a um sentimento de dor, desprazer, etc.

Isso é o bastante para criar a chamada reação preventiva. Assim a criança leva pela primeira vez e de um modo confiante as suas mãozinhas à luz, mas depois que se queima uma vez ela já começa a ter medo do fogo e reagir a sua aproximação com o medo nitidamente expresso. Neste caso temos o estabelecimento de uma nova reação não através da instalação de um novo reflexo condicionado mas de outra coisa: do vínculo independente entre duas emoções, quando uma emoção de dor fortemente vivenciada suscita uma emoção de medo. Em outros termos, o efeito emocional de um ou outro acontecimento, uma ou outra reação vem a ser a causa do estabelecimento de toda uma série de outros vínculos emocionais. Se você quer que a criança nutra medo por alguma coisa, ligue a manifestação dessa coisa à dor ou ao sofrimento para o organismo que a devida dor surge por si mesma.

Devemos considerar as emoções como um sistema de reações prévias, que comunicam ao organismo o futuro imediato do seu comportamento e organizam as formas desse comportamento. Daí abre-se para o pedagogo nas emoções um meio sumamente rico de educação dessas ou daquelas reações. Nenhuma forma de comportamento é tão forte quanto aquela ligada a uma emoção. Por isso, se quisermos suscitar no aluno as formas de comportamento de que necessitamos teremos sempre de nos preocupar com que essas reações deixem um vestígio emocional nesse aluno. Nenhuma pregação moral educa tanto quanto uma dor viva, um sentimento vivo, e neste sentido o aparelho das emoções é uma espécie de instrumento especialmente adaptado e delicado através do qual é mais fácil influenciar o comportamento.

As reações emocionais exercem a influência mais substancial sobre todas as formas do nosso comportamento e os momentos do processo educativo. Queremos atingir uma melhor memorização por parte dos alunos ou um trabalho melhor sucedido do pensamento, seja como for devemos nos preocupar com que tanto uma quanto outra atividade seja estimulada emocionalmente. A experiência e estudos mostraram que o fato emocionalmente colorido é lembrado com mais intensidade e solidez do que um fato indiferente. Sempre que comunicamos alguma coisa a algum aluno devemos procurar atingir o seu sentimento. Isso se faz necessário não só como meio para melhor memorização e apreensão mas também como objetivo em si.

A velha educação sempre logicizava e intelectualizava o comportamento, resultando daí um terrível "secamento do coração", a completa ausência de sentimento que se tornou traço obrigatório de todos aqueles que passaram por essa educação. No homem atual tudo está tão automatizado, as suas impressões singulares se fundiram de tal modo a conceitos que a vida transcorre pacificamente, sem lhe prender nem afetar o psiquismo e, em termos emocionais, essa vida desprovida de alegria e tristeza, sem nítidos abalos mas sem grandes alegrias, cria a base para aquele pequeno calibre dos sentimentos que na linguagem literária russa há muito tempo recebeu a denominação de sentimento pequeno-burguês.

Todos perdemos, em conseqüência dessa educação, o sentimento imediato da vida e, por outro lado, o método insensível de aprendizagem dos objetos desempenhou importante papel nessa insensibilização do mundo e esterilização do sentimento. Quem entre nós já pensou que fonte inesgotável de excitações emocionais radica em um curso comum de geografia, astronomia ou história, considerando que as aulas desses objetos devem ir além dos secos esquemas lógicos e tornar-se objeto de trabalho não só do pensamento mas também do sentimento.

A emoção não é um agente menor do que o pensamento. O trabalho do pedagogo deve consistir não só em fazer com que os alunos pensem e assimilem geografia mas também a sintam. Por algum motivo essa idéia não costuma vir à cabeça, e o ensino de colorido emocional é entre nós um hóspede raro, o mais das vezes relacionado a um amor impotente do próprio professor por seu objeto, professor esse que desconhece os meios para comunicar essa matéria aos alunos e por isso costuma passar por esquisitão.

Por outro lado, são precisamente as reações emocionais que devem constituir a base do processo educativo. Antes de comunicar esse ou aquele sentido, o mestre deve suscitar a respectiva emoção do aluno e preocupar-se com que essa emoção esteja ligada a um novo conhecimento. Todo o resto é saber morto, que extermina qualquer relação viva com o mundo. Só nas nossas aulas de literatura, e mesmo assim em nível insignificante, reconhecia-se como indispensável na composição do processo educativo a existência do momento emocional.

Os gregos diziam que a filosofia nasce da surpresa. Em termos psicológicos isso é verdadeiro se aplicado a qualquer conhecimento no sentido de que todo conhecimento deve ser antecedido de uma sensação de sede. O momento da emoção e do interesse deve necessariamente servir de ponto de partida a qualquer trabalho educativo.

O melhor exemplo dessa insensibilidade estéril é o pequeno conto cômico de Tchékhov, de profundo sentido. O conto narra a história de um velho funcionário que nunca na vida havia estudado e por experiência lembrava-se de todos os sinais de pontuação; ele sabia que antes de enumerar papéis ou atestados colocam-se dois pontos, que a vírgula separa o sobrenome dos nomes a serem enumerados, noutros termos, em sua vida e em sua experiência houve sempre momentos cujo sentido emocional se traduzia nesses sinais. Durante todos os seus anos de trabalho o único sinal que nunca teve a oportunidade de encontrar foi o ponto de exclamação; através da mulher, que havia decorado as regras de pontuação no colégio interno, ele fica sabendo que o ponto de exclamação se coloca em expressões de êxtase, admiração, fúria, indignação e outros sentimentos afins. Eram esses sentimentos que o funcionário nunca deparara em sua vida, e uma sensação de infinda amargura pela vida tolamente vivida, uma indignação e uma revolta o faziam pela primeira vez experimentar uma forte explosão e, depois de assinar o livro de felicitações da chefia, colocar três grandes pontos de exclamação.

Se não quisermos que os nossos educandos repitam a vida mesquinha do funcionário de Tchékhov devemos nos preocupar com que o êxtase, a indignação e outros sentimentos não passem à margem da sua vida e que nela haja mais sinais de pontuação.

Por algum motivo formou-se em nossa sociedade a concepção unilateral da personalidade humana, por algum motivo todos interpretam o talento apenas em relação ao intelecto. Mas é possível não só pensar com talento mas também sentir com talento. O aspecto emocional do indivíduo não tem menos importância do que outros aspectos e é objeto de preocupação da educação nas mesmas proporções em que o são a inteligência e a vontade. O amor pode vir a ser um talento tanto quanto a genialidade, quanto a descoberta do cálculo diferencial. Em ambos os casos o comportamento humano assume formas exclusivas e grandiosas.

Outro extremo, nada melhor, da educação emocional é a sensibilidade exagerada e falsamente incrementada, que deve ser distinguida do sentimento. É preciso necessário por sensibilidade formas de reações emocionais em que a emoção não está ligada a nenhuma ação e se resolve integralmente naquelas reações interiores que a acompanham. James aponta como exemplo de falso sentimento os grãos-senhores sentimentais russos, que choram no teatro diante de algum drama sensível mas não lhes ocorre que os seus cocheiros estão congelando na rua sob um frio de quarenta graus abaixo de zero. A emoção é tão poderosa e importante para a ação quanto o sentimento é estéril e insignificante.

Quanto à educação das emoções no sentido propriamente dito do termo, a tarefa essencial da educação é dominar as emoções, ou seja, incluí-las na rede global do comportamento quando elas estiverem estreitamente ligadas a todas as outras emoções e não se expressarem em seu processo de modo perturbador e destrutivo.

A capacidade de dominar os seus sentimentos não significa psicologicamente outra coisa senão a capacidade de dominar a sua expressão externa, ou seja, as reações ligadas a tais sentimentos. Por isso o sentimento só é vencido quando dominado por sua expressão motora, e quem aprende a não se contorcer nem fazer careta diante de um sabor repugnante vence a própria repugnância. Daí o poder excepcional que têm sobre a educação dos sentimentos o desenvolvimento e a administração dos movimentos conscientes.

"O covarde que assume pose orgulhosa e com ar guerreiro marcha de uma forma ousada e aberta contra o inimigo já venceu a sua covardia." Sabemos que bravos famosos como Pedro, o Grande e Napoleão chegavam a desmaiar de medo de ratos ou insetos. Logo, conheciam o sentimento do medo e tinham como próprias reações emocionais. Mas nas batalhas eram capazes de permanecer sob balas sem tremer porque dominavam o medo.

Esse domínio das emoções, que constitui tarefa de qualquer educação, à primeira vista pode parecer uma repressão dos sentimentos. De fato, significa apenas subordinação do sentimento e sua vinculação às demais formas de comportamento, sua orientação voltada para um fim. Um exemplo de uso racional do sentimento pode ser visto nos chamados sentimentos intelectuais como a curiosidade, o interesse, a admiração, etc. que surgem em relação direta com a atividade intelectual e a orientam da forma mais evidente, embora tenham expressão física extremamente insignificante que, na maior parte dos casos, se esgota a alguns movimentos sutis dos olhos e do rosto.

A brincadeira, que referimos como o melhor mecanismo educativo do instinto, é ao mesmo tempo a melhor forma de organização do comportamento emocional. A brincadeira da criança é sempre emocional, desperta nela sentimentos fortes e nítidos, mas a ensina a seguir cegamente as emoções, a combiná-las com as regras do jogo e o seu objetivo final.

Assim, a brincadeira constitui as primeiras formas de comportamento consciente que surgem na base do instintivo e do emocional. É o melhor meio de uma educação integral de todas essas diferentes formas e estabelecimento de uma correta coordenação e um vínculo entre elas.

Capítulo VII
A psicologia e a pedagogia da atenção

A natureza psicológica da atenção

A psicologia tradicional define a atenção como um tipo de atividade através da qual conseguimos desmembrar a complexa composição das impressões que nos chegam de fora, discriminar no fluxo a parte mais importante, concentrar nela toda a força da nossa natureza ativa e com isso facilitar-lhe a penetração na consciência. Graças a isso chega-se a uma exatidão e uma nitidez especiais com as quais vivenciamos essa parte discriminada.

Entretanto a velha psicologia também sabia que nos atos da atenção não encontramos manifestações de uma ordem "psíquica" e que a atenção começa mais freqüentemente e parte em sua evolução de um conjunto de manifestações de caráter puramente motor. Basta atentarmos para os mais simples atos de atenção para percebermos que eles sempre começam em determinadas reações-atitudes, que se resumem a movimentos de diversos órgãos receptores. Assim, se nos propomos examinar atentamente alguma coisa, nós assumimos a pose correspondente, pomos a cabeça em certa posição, fixamos e adaptamos devidamente os olhos. Quando ouvimos atentamente, os movimentos de adaptação e orientação do ouvido, do pescoço e da cabeça não desempenham nenhum papel.

O sentido e a função desses movimentos consistem em colocar na posição mais cômoda e vantajosa os órgãos receptores aos quais cabe o trabalho de maior responsabilidade. Entretanto as reações motoras de atenção vão além da reação dos órgãos externos de percepção acima referidos. Essas adaptações motoras à percepção das impressões externas acabam penetrando todo o organismo.

Assim, como mostraram estudos experimentais, até os mais leves atos de atenção são acompanhados de mudanças da curva de pulsação e respiração.

Os mais íntimos processos do organismo se adaptam à atividade a ser desenvolvida. Mas essas reações motoras ativas representam apenas metade do problema.

Outra metade não menos importante consiste na suspensão de todos os demais movimentos e reações desvinculados da atividade a ser desenvolvida. Cada pessoa sabe pela própria experiência o quanto o escuro contribui para uma audição atenta, o silêncio para uma observação atenta, noutros termos, o quanto a inércia e o repouso dos órgãos desocupados contribuem para a concentração da atenção e para o trabalho do órgão principal. Do ponto de vista psicológico, a suspensão da reação e sua inibição representam a mesma reação motora que representa qualquer movimento ativo. Desse modo, do ponto de vista motor a atenção se caracteriza por movimentos adaptativos dos órgãos internos e externos e pela inibição de toda a atividade restante do organismo.

Entretanto o papel de maior importância na nossa vida cabe a atos de atenção em que a primeira parte desse quadro está inteiramente ausente. Isso acontece quando se trata da chamada atenção interior, ou seja, quando o objeto ao qual se destina a força da nossa atenção não está no mundo exterior ao organismo mas constitui parte da reação do próprio organismo a qual, neste caso, desempenha o papel de estímulo interior.

Do ponto de vista reatológico, a atenção não deve ser entendida senão como certo sistema de reações de atitude, ou seja, de reações preparatórias do organismo que colocam o corpo na devida posição e no devido estado e o preparam para a atividade a ser desenvolvida. Desse ponto de vista, as reações de atitude não se distinguem em absolutamente nada de todas as demais reações. Nelas é muito fácil descobrir e mostrar os mesmos três momentos necessários que surgem no pleno processo de qualquer reação.

O primeiro desses momentos é a existência do respectivo estímulo ou impulso – independentemente da expressão que possa ter – em alguma impressão externa ou no estímulo interior, em uma palavra não pronunciada, um desejo, uma emoção, etc. Sem esse ponto de apoio não surge nunca nenhuma reação de atitude.

O segundo momento é o da elaboração central desse impulso, cuja presença podemos julgar pela maneira como essas reações assumem formas diversas – ainda que suscitadas pelo mesmo impulso – em função da diversidade e da complexidade dos estados em que se encontra o sistema nervoso central.

O terceiro e último momento da reação é o seu efeito responsivo, que sempre se realiza com a atenção numa série de movimentos internos ou externos, numa série de reações somáticas dos órgãos internos ou de secreção interna. A reação de atitude é, neste sentido, a mais comum das reações do organismo, mas no comportamento humano cabe-lhe o papel especial de preparadora do nosso futuro comportamento. Por isso a reação prévia de atitude pode ser denominada pré-reação.

Característica da atitude

É necessário caracterizar a reação de atitude a partir de alguns aspectos. O primeiro, que permite distinguir entre si as reações de atitude, é o chamado volume de tais reações, ou seja, o número de estímulos concomitantes que em dada atitude pode ser incluído no mecanismo de ação do comportamento. Segundo estimativas de Wundt, a nossa consciência pode abranger simultaneamente de dezesseis a quarenta impressões simples ao mesmo tempo em que a atenção é capaz de preparar o organismo para reagir simultaneamente a um número menor de impressões da mesma natureza, isto é, de seis a doze. Daí ser perfeitamente claro o caráter seletivo da reação de atitude, que seleciona uma pequena parte de todo o conjunto de nosso comportamento e, ao que tudo indica, coloca essa parte em condições de fluxo diferentes de todas as demais.

É preciso dizer que o volume da atitude não pertence ao número de grandezas biologicamente imutáveis e permanentes. Apresenta variações muito fortes em função do sexo, da idade, da individualidade e, principalmente, do exercício, das habilidades e experiência desse ou daquele indivíduo. Nem mesmo para uma só pessoa o volume de possíveis atitudes é algo constante, mas pode modificar-se em função do estado geral do seu organismo. Entretanto o conceito de limites e fronteiras das possibilidades de atitudes do organismo constitui uma das mais valiosas conquistas da psicologia da atenção e introduz essa teoria nos âmbitos econômicos, permite sempre considerar e estimar de antemão as possibilidades do nosso comportamento.

O segundo momento que caracteriza a atitude é a sua durabilidade. Acontece que a atitude revela um estado sumamente instável, movediço e como que oscilante. Isso pode ser visto a partir das experiências mais simples. Se fixarmos com o olho da forma mais atenta um ponto ou uma letra durante muito tempo, a atenção inicialmente forte começa gradualmente a enfraquecer; o ponto inicialmente percebido com a maior nitidez e clareza começa a turvar-se diante dos nossos olhos, vai ficando impreciso, obscuro e saindo do campo de visão, tornando a surgir, tremendo como se estivesse cintilando diante do olho, embora todas as condições externas que determinam o desenrolar dos estímulos continuem as mesmas. É evidente que a mudança dos resultados deve ser creditada às mudanças de alguns processos internos, particularmente da atitude.

Por mais estranho que pareça, a duração da atitude mede-se por um intervalo de tempo sumamente insignificante e nos casos mais relevantes mal passa de alguns minutos; depois disso começa uma espécie de oscilação rítmica da atitude. Esta desaparece e torna a surgir se as condições do comportamento exigirem a sua manutenção durante um longo período. A atitude se processa como que por impulsos com intervalos, por linha pontilhada e não linha compacta, regulando as nossas reações por impulsos e deixando que elas aconteçam por inércia em intervalos entre um e outro impulso.

Assim o ritmo se torna a lei básica das nossas atitudes e exige que consideremos todas as exigências pedagógicas daí decorrentes. Isto foi plenamente confirmado por experiências muitos simples realizadas por Urbántchitch. Nessas experiências foi proposto a um experimentando que ouvisse de olhos fechados o tique-taque de um relógio e observasse com as palavras "mais longe" e "mais perto" aqueles casos em que o tique-taque lhe parecia tornar-se mais alto ou mais baixo. Em todos os casos foi estabelecido com precisão um único resultado: o experimentando pronunciou com alternância e correção as palavras "mais longe" e "mais perto", pois esteve sempre sob a impressão ora de abafamento, ora de intensificação do tique-taque, e achou que o relógio era regularmente afastado ou aproximado dele pelo experimentador. Entretanto o relógio esteve pendurado em uma moldura e não mudou de posição.

Mais uma vez fica evidente que a causa do enfraquecimento ou fortalecimento do som não deve ser procurada nos processos externos mas nos processos internos de atitude. Neste caso estamos diante de um tipo absolutamente puro de ritmo ou ondulação na atitude que, sendo orientada para uma série regular e constante de estímulos, percebe-os não como uma série dispersa de estímulos inteiramente semelhantes mas como um todo ondulatório que tem os seus pontos de ascensão e queda.

Dependem dessa circunstância o último traço e a função da atitude, no qual ela assume o papel de unificador e organizador das impressões externas. Graças ao ritmo da nossa atenção somos inclinados a introduzir o ritmo e atribuí-lo a todos os estímulos externos independentemente de esses estímulos terem ou não ritmo. Noutros termos, não percebemos o mundo em seu aspecto desmembrado e caótico mas como um todo rítmico e concatenado, unindo os elementos menores em grupos, os grupos em novas formações maiores. Torna-se compreensível a expressão de um psicólogo, segundo quem graças à atenção percebemos o mundo como que em versos, no qual sílabas isoladas se fundem em pés, estes em metros, estes em versos, estes em estrofes, etc.

A atitude interna e externa

Em termos qualitativos, a psicologia empírica caracterizava a atenção como arbitrária e não arbitrária. Costumava-se considerar como primeiro tipo de atenção aqueles atos que se surgem em resposta a quaisquer estímulos externos que nos atraem por sua força excessiva, interesse ou expressividade. Se em um quarto eu me torno todo ouvidos ao som de um disparo, isso pode facilmente servir como melhor exemplo de atenção não arbitrária. A causa das minhas reações de atitude não está no organismo mas fora dele, na força inesperada do novo estímulo que domina todo o campo livre da atenção, desloca e inibe as outras reações.

Os psicólogos denominavam atenção interior ou arbitrária aqueles casos em que a concentração não está voltada para fora mas para dentro do organismo e o objeto da atenção se torna a própria vivência, a atitude ou o pensamento do homem. Um exemplo de atenção arbitrária pode ser visto em qualquer concentração na própria idéia, quando procuramos lembrar ou compreender alguma coisa ou iniciamos algum trabalho (ler um livro, escrever uma carta) e fazemos de forma absolutamente consciente e arbitrária a preparação de todos os órgãos necessários a esse trabalho.

Durante muito tempo pareceu que entre ambos os tipos de atenção existia uma diferença interna e radical e que esta era integralmente coberta pela diferença entre a natureza fisiológica do primeiro tipo e a natureza psíquica do segundo. Esse segundo tipo os psicólogos caracterizavam como vontade interior, como puro ato de esforço volitivo desvinculado imediatamente de manifestações físicas. Por outro lado, estudos experimentais mostraram que, no caso da atenção arbitrária, temos as mesmas reações somáticas da respiração e da circulação sangüínea que verificamos no primeiro tipo de atenção. Depois, esses atos são acompanhados pela mesma cessação dos movimentos externos, pela mesma contenção da atividade que verificamos na atenção externa, devendo-se considerar como a única diferença entre um tipo e outro a ausência de reações adaptativas claramente expressas dos órgãos externos no segundo tipo.

Mas essa diferença é explicada de modo pleno e claro como diferença no objeto para o qual se dirige a atenção em ambos os casos. É perfeitamente compreensível que na atenção despertada por alguma impressão de fora o organismo reaja preparando os respectivos órgãos da percepção através dos quais essa impressão pode ser levada até a consciência. É igualmente compreensível que não haja a mínima necessidade de tais reações quando a atitude se concentra não nos estímulos externos mas nos internos, que nós percebemos com os campos proprioceptivo e interoceptivo, ao mesmo tempo em que percebemos os estímulos externos a partir do campo exteroceptivo.

A linguagem comum gravou essa semelhança nas expressões com que designa esses atos de atenção interior. Quando recordamos alguma coisa de forma intensa e concentrada é como se prestássemos atenção a palavras que ecoam dentro de nós, e as palavras e sons estranhos nos incomodam tanto quanto nos incomodam quando ouvimos atentamente algum discurso ou música. Aqui a linguagem reforça aquela semelhança total que existe entre os movimentos adaptativos tanto do ouvido quanto das vias nervosas proprioceptivas nos primeiro e segundo tipos de atenção. Aqui a diferença psicológica essencial é apenas a presença, no segundo caso, de um estímulo interno que se revela capaz de provocar o mesmo efeito de reação de atitude que provoca o estímulo externo.

Não cometeremos nenhum erro se reconhecermos que a diferença entre um e o outro tipo de atitude consiste apenas na diferença entre o reflexo inato ou incondicionado e o adquirido ou condicionado. A concentração em suas formas mais simples ou elementares, como mostrou uma investigação, é o reflexo incondicionado que se manifesta nos primeiros dias de vida do recém-nascido e tem absolutamente todos os traços típicos da atenção do adulto. Mas o reflexo de concentração é suscetível de educação e reeducação como todo reflexo condicionado. Se o estímulo que provoca esse reflexo é sempre acompanhado de algum outro estímulo externo, da reiterada coincidência temporal de ambos os estímulos resulta um novo vínculo no córtex cerebral entre o segundo estímulo indiferente e a reação que com ele coincide. Agora temos formado o reflexo condicionado, quem irá atuar com uma precisão mecânica e só ser provocado por um novo estímulo com a mesma precisão com que se provocava anteriormente o reflexo incondicionado.

Suponhamos que o reflexo de concentração tenha sido sempre provocado em uma criança por impressões oriundas da mãe que o alimentava. Se o sistema desses estímulos sempre coincidiu com os estímulos do olho oriundos das próprias reações ou com o próprio grito de descontentamento, o resultado de um longo aprendizado mostrará ser suficiente apenas o sentimento do olho ou do grito para que todas as reações da criança estejam direcionadas para o alimento, o recebimento da comida, embora a mãe esteja inteiramente ausente nesse instante.

Assim a atitude externa provocada por um estímulo externo passa agora para a segunda fase, torna-se atitude interna, pois está subordinada a um estímulo interno.

Atenção e distração

Costuma-se interpretar a distração como o oposto direto da atenção. De fato, se entendemos por atos de atenção a prontidão do organismo para a investida desses ou daqueles estímulos, a distração significa, evidentemente, total surpresa diante da estimulação iniciada e completa incapacidade do organismo para reagir a ela.

Se somos atentos às palavras alheias então reagimos a elas imediatamente com a resposta adequada e consciente; se as ouvimos de forma distraída ou não respondemos de maneira nenhuma ou respondemos com retardamento, fora de propósito.

Mas essa concepção necessita de um sério corretivo. Ocorre que, do ponto de vista psicológico, cabe distinguir dois aspectos inteiramente diversos na distração, que não são menos compatíveis entre si do que a atenção e a distração. A distração pode realmente derivar da fraqueza da atenção, da incapacidade de reunir, de concentrar a atitude em algum alvo. Por isso ela pode significar certa suspensão e certo desarranjo de todo o mecanismo do nosso comportamento e, neste sentido, assumir nos mínimos traços perceptíveis um notório caráter patológico e pertencer ao campo do anormal.

Entretanto a distração, com a qual o pedagogo opera com mais freqüência e se manifesta em cada passo da vida de um homem normal, é um elemento concomitante e útil da atenção. Já elucidamos o significado que a atitude assume ao impor certa restrição ao nosso comportamento. O sentido da atitude consiste sempre em estreitar o fluxo das reações e à custa do seu volume ganhar em força, qualidade e nitidez. Isto naturalmente pressupõe limitar o nosso comportamento a tal ponto que toda uma série de estímulos dirigidos a nós se neutraliza e não desperta nenhuma reação da nossa parte.

Ser atento a alguma coisa pressupõe necessariamente ser distraído em relação a tudo o demais. A dependência adquire caráter absolutamente matemático de proporcionalidade direta e podemos dizer francamente que quanto maior é a força da atenção tanto maior é a força da distração. Noutros termos, quanto mais precisa e completa é a atitude em umas reações tanto menos adaptado é o organismo a outras. Nas famosas piadas sobre a distração de cientistas e em geral de pessoas ocupadas com alguma idéia, essa lei psicológica da relação entre atenção e distração encontra a mais brilhante confirmação. A distração do cientista e a distração do pesquisador sempre significam uma concentração incomum do seu pensamento em um ponto. Nesse sentido, do ponto de vista científico será mais correto falar não da educação da atenção e da luta com a distração mas de uma educação correta e simultânea de ambas.

O sentido biológico da atitude

O sentido biológico da atitude se revela melhor quando levamos em conta as necessidades que lhe deram origem. Quanto mais complexo é o organismo tanto mais diversa e sutil é a forma das suas relações recíprocas com o meio, tanto mais elevadas são as formas que assumem o seu comportamento. A principal complexidade que difere o comportamento dos animais superiores é a superposição da chamada experiência individual ou dos reflexos condicionados à experiência inata ou hereditária. O comportamento de uma aranha ou borboleta é 0,99% determinado por formas instintivo-hereditárias e só 0,01%, em termos grosseiros e aproximados, por vínculos individuais estabelecidos pela espécie. Essa correlação se modifica em ordem inversa tão logo passamos dos animais inferiores aos superiores.

Na complexa composição do comportamento do homem é difícil que 0,01% de todas as reações pertença ao número de reações inatas não afetadas por quaisquer influências individuais da experiência pessoal. O sentido biológico dessa superposição consiste na chamada adaptação prévia ou por sinais do organismo à ocorrência de acontecimentos que ainda não existem mais por determinados indícios devem forçosamente ocorrer. A forma por sinais ou prévia de adaptação a futuras mudanças do meio em suas modalidades superiores transforma-se em reações da atenção ou da atitude, ou seja, está relacionada por via reflexa a impulsos de reações que levam o organismo a um estado preparatório mais aperfeiçoado.

Como definiu Groos, do ponto de vista psicológico a atitude pode ser definida como expectativa do futuro, como meio que permite ao organismo reagir com os movimentos adequados não no próprio momento da chegada do perigo mas em sua aproximação distante, na luta do corpo pela sobrevivência.

O comportamento do homem em suas formas complexas parece desdobrar-se: graças ao número imenso de reações elaboradas pelo organismo e à complexidade incomum da sua combinação surge a necessidade de uma administração especial do fluxo dessas reações, de controle do organismo sobre seu próprio comportamento. É no papel de controladores e reguladores das reações que atuam antes de mais nada os estímulos internos, que surgem a partir do campo proprioceptivo e colocam o organismo de prontidão diante de cada reação.

É por isso que se pode comparar, com plena legitimidade, a atenção com uma estratégia interior do organismo. Ela realmente atua no papel de estrategista, ou seja, de orientador e organizador, administrador e controlador do combate sem, entretanto, participar diretamente do próprio combate.

Desse ponto de vista básico tornam-se facilmente explicáveis todos os traços da atitude. Torna-se igualmente compreensível a incomum durabilidade da atitude, uma vez que ela é sumamente arriscada para o organismo. Ao preparar o organismo para o combate em um setor ela o debilita e desmobiliza em todos os demais, e se a atitude não fosse tão assustadora e instantânea exporia o organismo uma infinidade de vezes aos golpes do maior perigo, contra os quais o organismo estaria totalmente debilitado.

A atitude necessita, biologicamente, passar rapidamente de uma reação a outra, abranger com a sua ação organizadora todos os aspectos do comportamento. Assim é a natureza do ritmo da nossa atenção, ritmo esse que não é senão um repouso da atenção inteiramente necessário ao seu longo funcionamento. O ritmo não deve ser entendido como princípio de abreviação mas de alongamento da atenção, porque ao saturar e seccionar o trabalho da atenção com instantes de suspensão e repouso ele lhe conserva e apoia a energia durante um lapso de tempo máximo.

A última coisa que se descobre na natureza da atenção quando se decifra o seu sentido biológico: deve-se entender a reação de atitude como o esforço que se prolonga incessantemente no organismo e não como uma manifestação instantânea da sua natureza ativa. Neste sentido têm razão aqueles que dizem que a atenção (como um motor) funciona por explosões, mantendo a força do impulso de uma explosão para outra. Assim, o ato de atenção deve ser entendido como um ato que se autodestrói constantemente e torna a surgir, que se extingue e entra em autocombustão a todo instante.

O sentido pedagógico da atitude

Sem temer exagero, podemos dizer que a atitude é a primeira condição graças à qual cria-se a possibilidade para influenciar pedagogicamente a criança. Alguns pedagogos preferem até mesmo reduzir todo o processo da educação à elaboração de certas formas de atitude, por considerarem que toda educação é antes de tudo a educação da atenção e distinguirem as diferentes modalidades de educação apenas pela natureza daquelas atitudes que devem ser elaboradas.

Em certo sentido isso é perfeitamente correto, uma vez que no processo de educação não operamos com movimentos e atos mas com a elaboração de habilidades e hábitos para uma futura ação sobre a realidade. Sendo assim, nossa tarefa não é provocar essas ou aquelas reações em si mas apenas educar as devidas atitudes. Cabe à educação introduzir certa coordenação, assimilação e orientação aos movimentos caóticos e descoordenados do recém-nascido. Por isso torna-se princípio fundamental da educação a escolha das reações mais necessárias e importantes que precisam ser conservadas e em torno das quais devem cristalizar-se e organizar-se em grupos as outras reações de menor importância para que, no fim das contas, os movimentos desnecessários ao organismo sejam inteiramente inibidos e reprimidos.

Mas são precisamente essas três funções – discriminação, agrupamento e retardamento – que exercem o mecanismo da atitude. Para elucidar o sentido pedagógico da atenção costuma-se citar os seguintes exemplos: o da mãe que, revelando total indiferença a toda sorte de ruídos e batidas que acontecem na rua, é despertada por um fraco pio de uma criança; a do moleiro, que o mais forte trovão e o ruído da chuva não conseguem despertar, acorda pelo mais leve murmurar da água. Por outras palavras, é de praxe citar esses casos e fatos em que a atitude permite discriminar as interferências do meio biologicamente mais importantes para o organismo, embora por sua força elas tenham sido superadas por outras.

Desenvolvimento da atenção

A infinita capacidade de desenvolver-se faz da atitude um objeto de educação igualmente valioso. Se compararmos as diferentes potencialidades da criança e do adulto, não encontraremos uma diferença tão grandiosa em nenhum campo como na atitude. Na fase inicial da vida, a atenção é de caráter quase exclusivamente instintivo-reflexo, e só gradualmente, através de um treinamento longo e complexo, transforma-se em atitude arbitrária que é orientada pelas necessidades mais importantes do organismo e, por sua vez, orienta todo o desenrolar do comportamento.

Nesse caso assume excepcional importância pedagógica o interesse infantil como forma mais particular de manifestação da atenção involuntária. A atenção infantil é orientada e dirigida quase exclusivamente pelo interesse, e por isso a causa natural da distração da criança é sempre a falta de coincidência de duas linhas na questão pedagógica: do interesse propriamente dito e daquelas ocupações que são propostas como obrigatórias.

É por isso que o velho sistema escolar, que tomava a divergência entre essas duas linhas como base de sabedoria psicológica, era forçado a apelar para medidas externas de organização da atenção, a avaliar a atenção dos alunos com uma nota especial e, em essência, sofria de total impotência para elaborar as devidas formas de atitude.

Se deixarmos uma criança seguir e desenvolver-se segundo seus interesses, isso levará inevitavelmente a guiar-se pelos próprios caprichos e necessidades e redundará no mesmo que redundaria a mesma relação do cavaleiro com o cavalo. Muitos pedagogos achavam isso uma renúncia a administrar e orientar o processo pedagógico e pensavam mais ou menos assim: se a criança vai orientar-se pelo seu próprio interesse para que então servirá o mestre? Ele será inútil se seguir cegamente a reboque da criança e do seu interesse; será prejudicial se passar adiante da criança e procurar repelir esse interesse e paralisar sua força de atenção.

Essa aparente dificuldade se resolve essencialmente do modo mais indolor na psicologia pedagógica se assumimos o único ponto de vista correto segundo o qual educar não significa simplesmente as inclinações naturais do organismo nem desenvolver uma luta estéril contra essas inclinações. A linha da educação científica se estende entre esses dois extremos e exige sua unificação em um todo único. Nenhuma educação é exeqüível de outra forma senão através das inclinações naturais da criança; em todas as suas aspirações ela parte do fato de que toma como ponto de partida precisamente as inclinações.

Mas reconheceria sua própria impotência se visse apenas nisso o objetivo e o sentido da sua missão. De fato, ela interfere ativamente nas inclinações naturais da criança, leva-as a se chocarem entre si, agrupa-as segundo seu próprio critério, protege umas e as estimula à custa de outras e, assim, introduz o processo espontâneo das inclinações infantis no curso organizativo e formalizador do meio educativo-social.

Está na mesma situação a questão referente ao papel do pedagogo no desenvolvimento dos interesses infantis. Por um lado, o psicólogo é forçado a reconhecer a prepotência dessa lei e afirmar com Thorndike que determinado princípio tem sentido universal e acabamos realizando a mais desinteressante questão partindo de um interesse ao menos negativo: da aspiração de evitar contrariedades.

Desse ponto de vista toda aprendizagem só é possível na medida em que se baseia no próprio interesse da criança. Outra aprendizagem não existe. Toda a questão consiste no quanto o interesse está orientado na linha do próprio objeto de estudo e não relacionado a influências externas a ele como prêmios, castigos, medo, desejo de agradar, etc. Mas reconhecer a prepotência do interesse infantil não condena de maneira nenhuma o pedagogo a segui-lo de modo impotente. Ao organizar o meio e a vida da criança nesse meio, o pedagogo interfere ativamente nos processos de desenvolvimento dos interesses infantis e age sobre eles da mesma forma que influencia todo o comportamento das crianças. Entretanto sua regra será sempre uma: antes de explicar, interessar; antes de obrigar a agir, preparar para a ação; antes de apelar para reações, preparar a atitude; antes de comunicar alguma coisa nova, suscitar a expectativa do novo. Assim, em termos subjetivos, para o aluno a atitude se revela antes de tudo como certa expectativa da atividade a ser desenvolvida.

O sentido psicológico da expectativa

A vida cotidiana faz perceber facilmente que a expectativa alivia o comportamento na ocorrência de algum acontecimento. A surpresa significa o mais das vezes despreparo e imperfeição da reação. Entretanto, graças a experimentos psicológicos exatos conseguiu-se descobrir a verdadeira natureza da expectativa e desenhar corretamente os limites do seu sentido pedagógico.

A experiência mostrou que a expectativa, no fundo, sempre consiste em certo preparo prévio dos respectivos órgãos funcionais, que é uma espécie de mobilização do organismo para a ação a ser desenvolvida, que é a ação já iniciada só que ainda não concluída. Essas ações iniciadas receberam de Binet a denominação de poses psicológicas.

Como a pose é resultado de certos movimentos e serve como ponto de partida para movimentos subseqüentes, os estados psicológicos de expectativa surgem como resultado de certas reações e criam a base para o surgimento de reações subseqüentes.

No processo de mensuração da durabilidade da reação simples conseguiu-se estabelecer um fato sumamente interessante, segundo o qual durante a reação simples a algum estímulo simples são possíveis em cada pessoa três reações de ordem inteiramente diversa, que se distinguem entre si em função da atitude prévia.

Costuma-se chamar de reação natural o tipo mais comum de reação. Trata-se de uma reação em que o movimento se realiza em uma atitude mais habitual, comum e própria de determinado tipo de pessoa, ou seja, quando não interferimos ativamente na atitude do experimentando nem a organizamos a nosso modo em função dos objetivos do experimento. A experiência tem demonstrado que em semelhantes casos temos um tempo médio de reações típico de cada indivíduo dado, ou seja, uma magnitude média habitual da sua atitude, a qual se manifesta no tempo natural comum dos movimentos: no andar, na conversa, na escrita dessa pessoa. Em outros termos, nesses casos é como se provocássemos uma atitude natural que se elaborou e se formou em dada pessoa durante uma série de anos e constitui parte inalienável do seu temperamento e do seu caráter.

Todos sabemos que em cada um de nós existe uma maneira habitual de falar, uma velocidade no andar, um ritmo de gesticulação e fala. Entretanto essa atitude natural pode sofrer um desvio brusco do seu tempo médio em ambos os sentidos se com uma instrução prévia que dermos a um experimentando provocarmos nele uma nova atitude.

Se no momento de iniciarmos o próprio experimento pedirmos ao experimentando para reagir a uma impressão externa de forma mais rápida e inusual para ele e ao mesmo tempo orientarmos toda a atenção para o órgão reagente, digamos um dedo, com que deve ser realizado o movimento responsivo, obteremos um efeito sumamente notório. Este irá manifestar-se numa queda muito significativa do tempo da reação e no fato de que a atitude por nós previamente provocada diante do respectivo movimento já produziu todas as excitações nervosas necessárias a que o movimento possa realizar-se, e apenas reteve o próprio movimento até a chegada do sinal. Com a chegada do sinal suspende-se a retenção e a reação se realiza de modo tempestuoso e intensivo.

Essa lei é levada em conta com muita eficácia pela pedagogia militar, que ao procurar elaborar na aprendizagem militar movimentos com o máximo grau de rapidez e precisão, desmembra as ordens (no fundo, os mesmos estímulos) em duas partes: nas chamadas ordens executivas e ordens preventivas. Ademais, no processo de aprendizagem ambas as partes são divididas freqüentemente por um intervalo de alguns minutos para educar no soldado movimentos absolutamente nítidos da atitude e da própria reação. Quando se dá a ordem "ordinário" os soldados continuam no lugar mas sabem que agora terão de mover-se; cumprem por ordem apenas a atitude, preparam os grupos de músculos necessários ao movimento, mobilizam-nos e exteriormente isso se manifesta na tensão especial e na prontidão para movimentar-se em cada instante que se transforma imediatamente em movimento ativo tão logo se faz ouvir a parte executiva da ordem: "marcha". Só com esse desmembramento consciente da atitude e do próprio movimento elabora-se a reação com o máximo de precisão e perfeição.

Impõe-se perguntar de onde surge essa abreviação do tempo que ocorre em semelhante reação muscular ou, noutros termos, na atitude voltada para a parte muscular do movimento. É mais que evidente que tal abreviação ocorre à custa da parte dos processos que se realizam previamente na própria atitude, e se a atitude motora reduz o tempo do processamento da reação muscular, conseqüentemente ela mesma realiza a parte desse trabalho e a reação muscular transcorre agora sob o controle e orientação dessa atitude.

Encontramos a plena confirmação do que acaba de ser dito no caso inverso em que se provoca a atitude de natureza diametralmente oposta. Isso acontece nos casos em que a instrução exige que o experimentando encaminhe toda a sua atenção não para o órgão reagente mas para os órgãos receptores.

Por outras palavras, quando pedimos que o experimentando escute ou observe atentamente e reaja não antes de perceber claramente e tomar consciência do estímulo. Com essa atitude sensorial, que orienta todas as operações preparatórias para o momento primeiro e receptor da reação, obtemos o efeito extremamente nítido de retardamento geral da reação em comparação com o tempo médio da sua forma natural.

O retardamento do movimento foi provocado indubitavelmente pelo efeito retardador que toda atitude externa exerce sobre a reação. Nesse caso, a atitude foi integralmente dirigida para os órgãos receptores e, naturalmente, reteve e retardou a reação da mão.

Desse modo, demonstrou-se através de estudos experimentais a influência absolutamente real da atitude no processo das reações subseqüentes. A psicologia experimental prova que o tempo, a força e a forma de qualquer movimento são inteiramente predeterminados por uma atitude prévia.

Uma experiência com dois pesos iguais mas de tamanhos diferentes fala de modo simples e patente da ação da atitude. Se levantarmos em ordem subseqüente dois objetos do mesmo peso, inicialmente o maior e depois o menor, a impressão sempre nos mostrará com indiscutível precisão que o maior parece mais leve embora diante de nossos olhos esses dois pesos tenham aparecido reiteradamente equilibrados nos pratos da balança. Em outros termos, até mesmo o conhecimento exato será impotente para desfazer a ilusão e, conseqüentemente, as raízes da ilusão não devem ser procuradas no próprio processo de pesagem mas na atitude prévia que se realiza inconscientemente por força do hábito adquirido perante o processo de pesagem.

Essa atitude consiste em que, ao vermos diante de nós um objeto maior, tomamos a atitude de levantar o maior peso, imprimimos como que um impulso motor maior, realizamos uma emissão maior de energia do que quando vemos diante de nós um objeto pequeno. Em função disso, em um caso destinamos o mesmo peso a um esforço muscular insignificante, em outro, a um esforço mais significativo e, sem mudar de tamanho, o mesmo peso nos parece ora maior, ora menor.

No fundo, todos esses experimentos nos falam de uma única coisa: todo comportamento é determinado e regulado por reações de atitude de fato antecedentes mas a influência das reações não se traduz diretamente mas às vezes de forma indireta nas reações subseqüentes.

Conclusões pedagógicas

As mais importantes conclusões pedagógicas que devem ser tiradas da teoria da atitude consistem antes de tudo na fórmula geral que exige do pedagogo uma atenção não só pelas reações que se desenvolvem e são nítidas no aluno mas também pelas atitudes invisíveis e subterrâneas que antecedem tais reações. Desse modo, o mestre deve não só observar o aluno mas adivinhar sempre pela aparência o que nele se realiza de forma invisível.

Para garantir o êxito do ensino e da aprendizagem, o mestre deve assegurar não só todas as condições do desenvolvimento correto das reações mas, o que é mais importante, uma atitude correta. De pleno acordo com a teoria psicológica, pode-se dizer que a ênfase principal na educação é de recair precisamente sobre as atitudes. Em função disso o mestre deve sempre levar em conta se o material que ele oferece corresponde às leis básicas da atividade da atenção.

Antes de mais nada, o material deve ser organizado e aprensentado de tal forma que corresponda ao volume estreito de reações de atitude e, pela natureza do seu efeito, não contrarie a duração dessas reações. As regras mais simples e banais da polidez pedagógica, segundo as quais uma aula não deve ser demasiado longa e o professor não deve falar como metralhadora, traduzem essencialmente na forma mais primitiva a mesma coisa: a correspondência do material às reações adaptativas do aluno.

É de suma importância organizar o material de tal forma que ele corresponda também ao funcionamento rítmico da nossa atitude. A mais simples observação dos erros cometidos pelas crianças nos ditados sobre a influência da distração e não por desconhecimento de ortografia revelam um ritmo ondulatório, e se dividimos o ditado em diferentes intervalos de tempo, cada frase irá caracterizar-se de forma coerente pelo aumento ou a diminuição do número de erros.

É necessário organizar a aula de modo tão pedagógico, desmembrar de tal forma o material que sobre os momentos de ascensão da força da atenção recaiam as passagens mais importantes e de choque e aos momentos de redução da onda da atenção coincidam as partes da exposição que são menos importantes e não antecipam o processo.

O próprio material deve ser flexível e prestar-se a uma capacidade rítmica em formação, ou melhor, ser apresentado numa forma concatenada que permita uma percepção de todas as suas partes como um todo único.

A regra última e mais importante exige do pedagogo idênticas relações e preocupação tanto com a atenção quanto com a distração. Engana-se profundamente o mestre que veja na distração o seu inimigo mais feroz e não entenda a verdade simples de que o mais atento em sua aula pode ser precisamente o mais distraído.

O segredo da transformação da distração em atenção é, em essência, o segredo da transferência da seta da atenção de um sentido para outro, e é obtido por um procedimento educativo comum de transferência do interesse de um objeto para outro pela ligação de ambos. É nisso que consiste o trabalho básico com o desenvolvimento da atenção e a transformação da atenção involuntária externa em atenção voluntária.

O educador deve preocupar-se com a criação e elaboração de um número de estímulos externos no aluno, relacionados a essas ou aquelas reações de atitude, e quando isso é feito ele pode estar seguro de que a atenção está incluída nos mecanismos interiores de comportamento e funciona de acordo com eles.

Em função disso torna-se clara a necessidade de levar em conta a atitude básica da educação, que na literatura pedagógica dos últimos anos vem sendo denominada atitude-fim de cada ato educativo. Uma vez que a nova psicologia transfere o próprio processo educativo das mãos do mestre para as mãos do aluno, ela exige também a transferência da consciência do fim desse ato do mestre para o aluno. Exige que o aluno não só eduque a si mesmo com seus próprios atos e que o mestre oriente e regule os fatores determinantes desses atos, mas também que o mestre e o aluno tenham consciência do fim de tais atos.

Um exemplo mais simples da importância dessa básica atitude-fim no processo educativo pode ser visto na atitude psicologicamente absurda e pedagogicamente nociva voltada para provas e comum à nossa velha escola. As provas, habitualmente aplicadas ao término do ano letivo, pela posição temporal que ocupam no sistema de ensino e as conseqüências que delas decorrem para os alunos transformaram-se em uma natural atitude-fim, contrariando o desejo e o pensamento dos pedagogos. E quando os melhores pedagogos perceberam que na escola secundária se estudava para passar nos exames e se faziam exames para receber diploma, sentiram-se impotentes para combater esse fenômeno porque em troca de uma atitude natural não foram capazes de apresentar alguma outra atitude e eles mesmos se viram desarmados diante da força natural e espontânea da atitude.

É de suma importância observar que mesmo em processos como que mecânicos e "passivos", como a memória e a aprendizagem de memória a atitude desempenha papel decisivo. A experiência mostrou que a aprendizagem de memória ocorre de modo inteiramente diverso e dá resultado plenamente diferentes em função do tipo de verificação pelo qual passa o experimentando. Se os experimentandos sabem que terão de fazer exame do que decoraram reproduzindo absolutamente tudo, eles decoram por um método; se sabem que terão apenas de identificar o que lhe apresentam, a aprendizagem de memória é feita por via inteiramente diversa. Assim, o momento determinante no processo educativo é a consciência de que para reproduzir essa ou aquela ação decora-se o material e através da atitude prévia o objetivo final exerce a mais importante ação orientadora sobre o processo educativo.

O sentido pedagógico da expectativa não consiste tanto em afofar e preparar o solo para receber novas edificações quanto na elaboração de uma orientação correta a ser comunicada à reação que ressurge.

O processo de educação acaba consistindo em levar os alunos à elaboração de certo número de reações e outras formas mais complexas de comportamento. Para o sucesso ou o insucesso desse processo é decisivo o fato da coincidência ou descoincidência da orientação dessas reações com aquela sobre a qual eles são chamados a agir. Se eu conservo na memória milhares de conhecimentos úteis mas não posso usá-los no momento necessário e adequado, tais conhecimentos serão em mim um peso pesado e não só não serão úteis no comportamento como ainda trazem um evidente prejuízo por ocuparem espaço e não permitirem o estabelecimento e a elaboração de outras reações menos ricas porém mais verdadeiras pelo sentido.

O que a popular literatura pedagógica chamava de inércia da escola significa, no fundo, a mesma falsidade na diretriz-fim básica da educação. O maior pecado da velha escola consistia em que nenhum dos seus participantes sabia responder por que se estudam geografia e história, matemática e literatura. Engana-se quem pensa que a velha escola fornecia poucos conhecimentos. Ao contrário, freqüentemente ela comunicava um volume incomum de conhecimentos, especialmente a escola européia. Mas era sempre e apenas um tesouro no deserto, uma riqueza da qual ninguém conseguia fazer o devido uso porque a diretriz básica dos seus conhecimentos estava à margem da vida e sempre em extrema discrepância com ela. Como um brilhante no deserto, esses conhecimentos não estavam em condições de satisfazer às mais simples demandas vitais do aluno mais comum e modesto.

Cada um se lembra por experiência própria que quase a única aplicação que conseguiu fazer dos conhecimentos adquiridos na escola foi ter dado uma resposta mais ou menos exata nas provas finais, e o conhecimento de geografia ainda não ajudou ninguém a orientar-se no mundo e ampliar o círculo de impressões em uma viagem, enquanto o conhecimento de astronomia não ajudou a vivenciar com mais intensidade e clareza a grandeza do céu.

Por tudo isso a principal reivindicação pedagógica vem a ser a exigência de que todo o material didático e educativo seja integralmente penetrado e alimentado de uma diretriz-fim e o educador saiba sempre e com precisão a orientação em que deve agir a reação a ser estabelecida.

Atenção e hábito

O hábito e atenção estão em relações antagônicas, e onde se erradica o hábito desaparece a atenção. Cada pessoa sabe o quanto o inusual e o novo impressionam e como freqüentemente não estamos em condições de dizer qual é a cor do papel de parede no nosso quarto e dos olhos de uma pessoa com quem nos encontramos diariamente.

Pelo próprio sentido, o trabalho da atenção deve ser especialmente tenso e sério quando o comportamento sai dos limites do hábito e diante de nós coloca-se a tarefa de uma reação especialmente complexa e difícil. Em função disto costuma-se chamar o hábito de inimigo e sonho da atenção, e na psicologia pedagógica dominou até recentemente o tratamento contraditório e dual de um e do outro.

De fato, o valor pedagógico de ambos os processos é tão claro e evidente que não se pode desistir nitidamente de um à custa do outro; cabe procurar um meio de conciliá-los. Esse meio consiste na correta solução psicológica da verdadeira interrelação entre atenção e hábito. A atenção efetivamente interrompe o seu trabalho tão logo o comportamento se torna habitual, mas isto não significa debilitamento da atenção mas, ao contrário, está vinculado à intensificação da sua natureza ativa.

Isso se torna perfeitamente compreensível se lembrarmos a estreiteza básica da atenção e que ela sempre sai ganhando em força mal perde em amplitude. Ao automatizar as ações, ao subordiná-las ao trabalho autônomo dos centros nervosos inferiores, o hábito liberta integralmente e descarrega o trabalho da nossa atenção e, desse modo, suscita uma espécie de exceção relativa da lei da inibição conjugada das reações externas em uma atitude básica.

Já dissemos que toda atitude inibe o fluxo das reações externas. Seria mais correto acrescentar: salvo as reações automáticas e habituais. Pode-se conversar com o máximo de atenção e continuar caminhando pela rua, pode-se conversar sobre um trabalho manual complexo. O sentido psicológico sumamente importante desse confisco à lei da inibição fica mais que evidente se levarmos em conta o quanto o nosso comportamento sai ganhando em diversidade e amplitude se paralelamente à nossa atitude central e principal nos surge uma série de atitudes paralelas e particulares em face de ações habituais.

Em termos rigorosos, esse fenômeno também não deve ser interpretado como uma exceção da lei psicológica geral mas antes como ampliação do mesmo princípio. Tanto as ações habituais quanto os atos absolutamente automáticos requerem para seu início e sua suspensão a participação da respectiva atitude, e se queremos fazer trabalhos manuais sem perceber absolutamente tal coisa precisamos de atenção para ir, parar, pegar o trabalho e largá-lo, ou seja, o início e o fim das ações automáticas não podem dispensar de maneira nenhuma a respectiva atitude.

Além do mais, essa atitude – a orientação previamente tomada e o ritmo das reações – irá refletir-se na continuidade de todo o desenrolar das ações habituais. Assim, temos o direito de falar não apenas de uma atitude no nosso organismo mas de uma série de atitudes simultâneas, uma das quais é dominante e as demais são subordinadas a ela. Essa observação psicológica coincide integralmente com a teoria fisiológica da existência de focos de excitação nervosa dominantes e subdominantes no sistema nervoso central.

O correlato fisiológico da atenção

Só bem recentemente os fisiólogos conseguiram descobrir no sistema nervoso fenômenos que sem nenhuma dúvida podem ser colocados em relação com o ato da atenção. Pertence a esse campo a teoria das chamadas excitações dominantes do sistema nervoso.

A essência da teoria consiste em estabelecer o fato de que no sistema nervoso uma das excitações que surgem é tão forte que exerce o papel de dominante, recalcando todas as demais, desviando a sua orientação ou, por último, atraindo-as para si e aumentando à custa delas. Costuma-se chamar essa excitação básica de dominante, chamando de subdominantes todos os demais focos do sistema nervoso.

Descobriu-se um fato de suma importância: na existência do dominante, relacionado ao ato instintivo, o foco básico da excitação sempre se reforça quando penetra no sistema nervoso algum estímulo externo. O ato do reflexo do abraço na rã, o ato da defecação e da deglutição no cavalo, a excitação sexual da gata isolada dos machos durante o cio constituem dominantes naturais estudados com precisão de laboratório. Verificou-se que todos esses atos se reforçam à custa da excitação externa. Assim, se durante o reflexo do abraço damos uma picada, um beliscão na rã, aplicamos nela um estímulo com ácido ou choque elétrico, o estímulo externo além de não enfraquecer o reflexo básico do abraço ainda o reforça. Verificou-se que nas organizações nervosas mais simples o ato da atenção está construído de tal modo que não só suscita a inibição das reações a ele conjugadas como inclusive é capaz de reforçar-se à custa delas.

Para os psicólogos, quase chega a ser mais importante o caso sumamente interessante de criação experimental de um dominante particularmente sensor e particularmente motor na espinhal da rã. Aqui a análise fisiológica penetra tão fundo no sistema nervoso que parece distinguir as raízes de dois tipos de atenção – a sensorial e a motora – ali plantadas.

Desse modo se estabelece que o dominante sensor conserva todos os demais reflexos mas lhes modifica o fluxo e os desvia no sentido do ponto mais excitado; já o dominante motor lança o órgão motor a ele relacionado em todos os casos em que outros órgãos deviam entrar em ação pelo fluxo normal do reflexo.

Transferido para o homem, o estudo de semelhantes fenômenos evidentemente não pode vangloriar-se de semelhante precisão ideal, só possível e exeqüível em um preparado. Pode parecer facilmente que os resultados obtidos pelos fisiólogos contrariam os fatos estabelecidos pela psicologia. Parecia paradoxal admitir a possibilidade de um ato de atenção que não só deixasse de ser enfraquecido por estímulos externos como, ao contrário, saísse reforçado à custa deles. Entretanto, uma série de observações ainda não reunidas em nenhuma lei psicológica confirma a justeza dessa concepção.

O fato mais curioso é a história citada por Rubinstein que trata da construção de um edifício de um estabelecimento de ensino superior em um grande centro europeu. Segundo a idéia dos construtores devia ser um edifício idealmente adaptado aos seus fins, e partindo daí eles procuraram excluir tudo o que pudesse servir de estímulo externo durante as aulas. Os construtores consideravam tradicionalmente que excluindo todo o excedente estavam contribuindo para despertar a atenção.

Segundo esse plano, o edifício foi construído sem quaisquer formas notáveis e angulares, até os cantos em cada sala foram artificialmente disfarçados, a parede virava sem que se percebesse e se transformava em outra parede para excluir qualquer momento de efeito da forma espacial sobre os alunos. De igual maneira foram construídos outros detalhes, pintaram de um cinza suave, monótono e neutro todas as partes do estabelecimento, do primeiro degrau à cúpula, incluindo todos os pertences como objetos, o vestiário dos alunos, etc.

Verificou-se que o edifício, que devia responder à última palavra da teoria psicológica da atenção, deu resultados inteiramente opostos aos esperados. Segundo o reconhecimento geral de alunos e professores, o clima não só deixou de contribuir para despertar a atenção como, ao contrário, surtiu um efeito opressivo. Até mesmo nas aulas e ocupações mais interessantes os alunos, independentemente de quem fosse, começavam a sentir o sono irresistível alguns minutos depois de se colocarem em uma posição imóvel e atenta.

É evidente que a ausência de estímulos externos vem a ser nociva para o ato da atenção e aquela correlação estabelecida pelos fisiólogos vale também para a psicologia, uma vez que o ato de atenção parece exigir certos estímulos subdominantes dos quais ele se alimenta. Em outros termos, só se pode estar atento quando as estimulações distrativas estão em posição subordinada em relação ao assunto principal da ocupação mas de maneira nenhuma estão inteiramente afastadas do campo da consciência e continuam a agir sobre nós.

Os psicólogos conhecem há muito tempo o importante efeito que exerce sobre o sistema geral de trabalho o ambiente que, pelo andamento e o plano das ocupações, pode e até mesmo deve permanecer imperceptível aos alunos no processo de trabalho. Enquanto o homem está ocupado e absorvido com algum assunto, uma conversa, leitura ou escrita, basta mudar a cor das paredes na sala de azul para amarelo para que imediatamente surjam sintomas objetivos de mudanças que ocorrem no caráter do seu trabalho.

Meuman conseguiu mostrar que o processo de aprendizagem por memorização não transcorre melhor em um silêncio absoluto e sepulcral mas em auditórios aonde chega o ruído abafado e quase imperceptível. O efeito excitante de estímulos fracos e rítmicos sobre a nossa atenção foi estabelecido à muito tempo pela prática, e Kant conta sobre isso um caso psicológico notável que se deu com um advogado que tinha o hábito de enrolar um fio longo e segurá-lo à sua frente enquanto pronunciava um complexo discurso jurídico. Percebendo essa pequena fraqueza, o advogado da outra parte surrupiou o fio antes do início do processo e, como testemunha Kant, com essa tirada astuta privou inteiramente o seu adversário da capacidade de desenvolver argumentação lógica ou, em termos mais corretos, da faculdade da atenção psicológica, uma vez que, ao discursar, ele pulou de um objeto a outro.

Titchener estabeleceu que a atenção arbitrária ou secundária surge do conflito de atenções involuntárias ou primárias e das situações motoras incompatíveis que surgem nesse processo. Assim, o mecanismo da luta pelo campo motor geral serve de base à atenção e a todas as formas conscientes superioras de comportamento que surgem da necessidade biológica de resolver os conflitos entre as reações e dar unidade ao comportamento.

A conclusão psicológica daí decorrente complexifica ainda mais a preocupação do mestre exige dele a organização não só de uma ocupacão básica a ser atribuída no momento ao aluno mas também de todas as circunstâncias secundárias: do ambiente, da situação e do vestuário do aluno, da vista que se descortina da sua janela, pois esses elementos, enquanto estímulos subdominantes, nem de longe são indiferentes no trabalho global da atenção. Disse um escritor que no homem russo tudo depende do ambiente, ele não pode deixar de ser canalha em um botequim e é absolutamente incapaz de uma baixeza em uma arquitetura séria e rigorosa. Trata-se, sem dúvida, de uma observação da mesma ordem, apenas expressa em forma aproximada e exagerada.

O trabalho do conjunto da atenção

Para caracterizar o sentido pedagógico da atenção no seu conjunto, é necessário apontar o seu caráter fim integral. Pode-se dizer sem exagero que do trabalho da atenção depende todo o quadro do mundo e de nós mesmos que observamos. A atenção levemente modificada nesse sentido muda de forma imediata e radical o quadro, embora não tenham acontecido quaisquer mudanças físicas no meio que nos rodeia.

Costuma-se ilustrar essa tese com figuras que revelam com evidência a existência de oscilações na atenção. Se imaginarmos um quadrado dentro de outro quadrado disposto de tal forma que os vértices de ambos estejam unidos e olharmos para esse desenho fixando-o o maior tempo possível, notaremos que em função das oscilações da nossa atenção o desenho irá aparecer para nós em três diferentes aspectos. Irá parecer que o plano frontal está representado por um pequeno quadrado e temos diante de nós uma pirâmide truncada, voltada para nós em sua extremidade estreita. Contudo, por mais que procuremos manter o olho nessa posição, dentro de alguns minutos a atenção reacionada nos mostrará o mesmo quadro em perspectiva inversa. Este irá nos parecer um quarto ou caixa que se afasta de nós, com o quadrado grande tornando-se o plano frontal e o menor sendo reinterpretado por nós como uma parede reduzida em perspectiva e em fuga. No terceiro e último aspecto toda a figura se volta para nós com sua verdadeira face, aparece em um plano como um quadrado situado dentro de outro quadrado.

Se nesse caso temos diante de nós a oscilação natural da atenção e em função disto as mudanças naturais do quadro percebido, o mesmo continua verdadeiro também quando motivamos artificialmente o acionamento da atenção e em função disto mudamos o quadro do meio a ser percebido por nós. Olhar para esse mesmo objeto com a atenção orientada de outra maneira significa vê-lo em um aspecto absolutamente novo.

Uma observação sumamente valiosa para a psicologia foi feita observando o quadro singular que representa para nós um quarto ou local familiar visto de cabeça para baixo. Por isso existe certo sentido psicológico na história popular do sábio que afirmava que as almas dos homens se transferem para outros corpos após a morte e ali irão viver em outro mundo. Disse ele a um concidadão: "Uma vez você vê o mundo como comerciante, outra vez como marinheiro e o mesmo mundo, com os mesmos navios, lhe parece inteiramente outro."

Atenção e apercepção

Como resultado do longo trabalho da atenção constantemente orientada em um mesmo sentido forma-se e constitui-se toda a nossa experiência no mesmo sentido. É esse fenômeno que se chama apercepção. Deve-se entender por esse termo todos os elementos prévios da experiência que trazemos para a percepção exterior e determinam o modo pelo qual o novo objeto será percebido por nós.

Em outros termos, a apercepção não é outra coisa senão a participação da nossa experiência anterior na formação da experiência atual. Se ao olhar para o objeto diante de mim eu não só vejo e conscientizo as suas qualidades sensoriais como cor, forma, etc. embora elas atuem sobre mim pela força imediata dos objetos situados à minha frente mas antes de tudo eu percebo nitidamente que se trata de um chapéu, de uma pasta ou um tinteiro, então tudo isso acontece por força da mesma apercepção, ou seja, da experiência já acumulada e da atenção.

Assemelha-se muito corretamente a apercepção a uma agulha ferroviária que transfere o trem de uns trilhos para outros. Se o fluxo dos nossos pensamentos e a percepção são inteiramente determinados, por um lado, pela ordem dos objetos situados diante de nós e, por outro, pelas leis das nossas associações, será correto assemelhar o papel de uns e outros a trilhos que orientam o movimento do nosso psiquismo. A livre natureza ativa da nossa apercepção e da nossa atenção é a agulha que permite que os pensamentos escolham uma via entre uma infinidade das vias existentes. Assim, define-se corretamente a atenção como liberdade relativa do nosso comportamento, como liberdade de escolha e de limitação.

Assim, a apercepção se nos afigura uma espécie de capital de atenção acumulado. Mas, por sua vez, ela acumula e forma um estilo especial do nosso comportamento que há muito tempo costuma-se denominar caráter. Nessa formação triádica da experiência temos três níveis subseqüentes: atenção, apercepção, caráter.

Para o mestre isso não significa outra coisa senão maior papel da atenção na educação, pois aqui a atenção é considerada não um meio para facilitar alguma tarefa educativa ou pedagógica mas um elemento sumamente importante como objetivo em si. Ela nunca passa sem deixar vestígios, sempre deixa atrás de si um resultado. Uma infinidade de resultados se acumula na apercepção, que procura orientar o nosso comportamento. No caráter formam-se muitas apercepções, e as ações educativas mais refinadas são impotentes para combatê-las. Ao orientarmos a atenção, tomamos em nossas mãos a chave para a constituição da formação e do caráter do indivíduo.

Capítulo VIII
Reforço e reprodução das reações

O conceito de plasticidade da matéria

A plasticidade constitui uma das propriedades básicas e primárias de qualquer matéria. Toda matéria é mais ou menos plástica, ou seja, possui a propriedade de modificar-se, de mudar a constituição e a disposição das células e conservar os vestígios das mudanças sobre o efeito de influências. São plásticos o ferro, a cera, o ar, mas em iguais proporções são susceptíveis a influências e conservam os vestígios da influência. Esses fenômenos se estendem profundamente às camadas primárias da matéria e radicam nos processos próprios da natureza inorgânica. Assim, poder-se-ia dizer que uma estrada de terra lembra que passaram rodas sobre ela porque ela manteve a marca das mudanças na distribuição das suas partículas provocada pela pressão das rodas. Nesse sentido pode-se dizer que pedras e vegetais memorizam. Assim, a plasticidade significa três propriedades fundamentais da matéria: 1) a capacidade de mudar a disposição das partículas; 2) a conservação das marcas dessas mudanças; e 3) a predisposição para repetir as mudanças. A trilha facilita uma nova passagem para as rodas, uma folha de papel dobrada em determinado lugar tem a tendência de repetir a dobra no mesmo lugar ao mínimo impulso. Nossa matéria nervosa é, ao que tudo indica, o que há de mais plástico de tudo o que conhecemos na natureza. Logo, como nenhuma outra matéria pode ter desenvolvido a capacidade para mudanças, para acumulação e predisposição dos vestígios dessas mudanças, que constituem a base da memória.

A natureza psicológica da memória

Quando falamos em memória no sentido da palavra amplamente empregado temos em vista dois processos inteiramente diversos. A velha psicologia já distinguia duas espécies de memória: a memória mecânica e a lógica ou associativa. Por memória mecânica entendia a capacidade do organismo para conservar o vestígio de reações muito repetidas, produzir as respectivas mudanças nas vias nervosas. Com toda razão os psicólogos assemelhavam esse processo a uma trilha de caminho e falavam do trilhamento dos caminhos como fundamento para a acumulação da experiência individual. Toda a soma de habilidades individuais, hábitos, movimentos e reações de que dispomos não passa de resultado desse trilhamento. Um movimento muitas vezes repetido como que deixa vestígios no sistema nervoso e atenua a passagem de novas excitações pelos mesmos caminhos.

É mais fácil estabelecer o significado desse trilhamento das vias nervosas através de uma experiência das mais simples em cronoscópio, ou seja, um relógio especial empregado em psicologia para medir a velocidade de uma reação e que apresenta uma precisão de 0,001 fração de segundo. Tentemos medir o tempo que se faz necessário para reagir a algum número com o número imediatamente seguinte. Por exemplo, demonstra-se o número 17 a um experimentando e exige-se que ele mencione 18. Depois coloquemos a experiência de tal forma que o experimentando reaja ao número apresentado mencionando não o número seguinte mas o anterior, ou seja, mencionando 16. Verifica-se que, no primeiro caso, o tempo exigido para a reação foi uma vez e meia menor que no segundo. Isto se deve ao fato de que a reação na ordem direta é mais habitual para o organismo e se realiza por vias trilhadas, enquanto a reação na ordem inversa é menos habitual para o sistema nervoso e se realiza de forma mais difícil, tendo o aumento do tempo do desenrolar da reação como indicador objetivo de dificuldade.

Outra forma de memória é a chamada memória associativa. A teoria das associações foi durante muito tempo o fundamento da psicologia e muitos psicólogos chamavam de associação qualquer ligação ou combinação de reações. Mas neste caso sempre se teve em vista apenas a associação de representações. Por outro lado, com igual direito poderíamos falar de associação de absolutamente todos os movimentos. Portanto, por associação entendemos um vínculo de reações no qual o surgimento de uma delas acarreta necessariamente o surgimento de outra. Na sua forma mais simples, a teoria das associações antecipou a teoria dos reflexos condicionados que, no fundo, são um caso particular e uma modalidade de associação. Seria correto considerar o reflexo condicionado como um caso de associação incompleta em que o vínculo se fecha inteiramente não entre duas reações mas entre o estímulo de uma reação e a parte responsiva da outra. Os psicólogos distinguiam três modalidades de associação: por semelhança, por contigüidade e por contraste. Não há necessidade de semelhantes distinções, uma vez que elas exprimem antes uma diferença lógica no processo do nosso pensamento que uma particularidade psicológica de cada processo. Em todo caso, a velha psicologia sabia que o estabelecimento de uma associação depende da experiência e que a associação não significa outra coisa a não ser um vínculo nervoso de reações que se estabelecem à base de uma ligação dada na experiência. Dessa forma, a velha psicologia também sabia que toda a riqueza do comportamento individual surge da experiência.

São extremamente interessantes os experimentos psicológicos que comparam as duas modalidades de memória para elucidar qual delas é mais necessária e útil. Propôs-se a um experimentando decorar um material idêntico e homogêneo por dois diferentes métodos: primeiro pelo método da repetição mecânica, depois pelo método do estabelecimento de uma relação lógica entre dois elementos a serem decorados. Depois procedeu-se a uma avaliação comparada do acerto de ambos os métodos. Conseguiu-se esclarecer que a memória lógica está para a mecânica em termos quantitativos como 22 está para 1. Noutros termos, o estudo experimental mostrou que em outras condições idênticas o material é assimilado e decorado 22 vezes melhor e com mais êxito do que no caso em que o ato de decorar se produz em ordem lógica, relacionando o material reestudado com o anteriormente assimilado.

O teste pode ser mais facilmente realizado da seguinte maneira: reúnem-se cem palavras de dificuldade aproximadamente idênticas e escolhidas de antemão, e dentro de certos intervalos se apresentam de forma escrita ou oral, após o que se calcula o número de palavras decoradas pelo experimentando após uma leitura. Com um grau médio de dificuldade, os experimentandos costumam reter aproximadamente dez palavras, mas sem a correta reprodução da sua ordem e seqüência. Depois se apresenta uma segunda série também de cem palavras de igual dificuldade, com os mesmos intervalos, mas neste caso propõem-se ao experimentando escolher de antemão algum sistema bem conhecido de cem palavras cuja ordem seqüencial seja do seu conhecimento. Por exemplo, nomes geográficos bem conhecidos pela seqüência, nomes de colegas de turma, de parentes, de personalidades históricas, escritores, etc. Nesse caso propõem-se estabelecer mentalmente uma associação entre qualquer palavra dada e a palavra correspondente pela ordem tirada do sistema escolhido.

Suponhamos que se tenha tomado por base um sistema de escritores russos de Lomonóssov a Maiakóvski; a primeira palavra proposta, digamos, peixe, cabe a Lomonóssov; o experimentando encontra uma ligação entre ambas as palavras e a descobre no fato de que Lomonóssov era filho de pescador. Em seguida, igualmente se estabelece a relação entre o segundo nome e a segunda palavra e assim sucessivamente. Verifica-se habitualmente que o experimentando é capaz de reproduzir em seqüência exata todas as palavras que lhe foram propostas do início ao fim e do fim ao início, pelo número do lugar mencionar a palavra e pela palavra mencionar o número do lugar. Nesse caso, todas as cem palavras são memorizadas sem a menor tensão e retidas na memória integralmente e em seqüência absolutamente exata; se acontecem erros estes não passam de dois a três em toda a série. O teste pode mostrar a qualquer um que memorizar pode significar essencialmente duas coisas diferentes: ou isso é uma simples decoreba da reação ou trilhamento do caminho ou o estabelecimento de uma ligação sempre nova entre o que já foi decorado e o que ainda cabe decorar. No estabelecimento de uma ligação sempre nova entre o que já foi decorado e o que ainda cabe decorar. Esse último caso é de especial importância para o pedagogo. As conclusões pedagógicas devem ser tiradas isoladamente para cada tipo de memória.

Composição do processo da memória

O que se costuma chamar de memória não é, de maneira nenhuma, algo homogêneo mas implica de fato uma série de momentos complexos. A velha psicologia calculava que esses momentos eram quatro, chamava de primeiro o próprio reforço da reação, ou seja, a existência de um vestígio nervoso deixado por um estímulo. Provavelmente esse momento é próprio de todos os estímulos que passam por nosso cérebro.

O estudo da esfera subconsciente dos nossos sonhos, fantasias, etc. mostrou que nenhuma das representações e impressões que percebemos desaparece sem deixar vestígios, tudo parece conservar-se em algum ponto nas esferas subconscientes e tornar a penetrar na consciência numa composição modificada. É famosa a história freqüentemente citada por psicólogos: uma mulher analfabeta começou a pronunciar em delírio em grego e hebraico antigos longas citações das quais não tinha a menor noção. Verificou-se que, antes da doença, a mulher trabalhava como doméstica na casa de um pastor e, ao varrer o quarto, ouvia, sem prestar atenção, o pastor lendo a Bíblia nessas línguas. Em estado normal ela, evidentemente, nunca poderia repetir nenhuma palavra depois do pastor, tão insignificantes e fracos eram os vestígios desse estímulo. Ainda assim, eles se conservaram e se revelaram bastante fortes para manifestar-se e revelar-se no delírio. Esse exemplo mostra que nenhum dos estímulos que nos chegam ao sistema nervoso desaparece, todos eles se conservam e em determinadas circunstâncias podem reproduzir-se.

O segundo momento do processo de memória consiste em que o experimentando produz um movimento decorado ou pronuncia a devida palavra atendendo a um sinal conhecido. Assim, se o experimentando declama várias vezes um poema segurando diante de si um livro, vamos chamar de reprodução das reações o momento em que essas reações conseguirem surgir nele sem a existência dos respectivos estímulos, ou seja, quando ele conseguir declamar o poema sem o livro. Mas sabemos perfeitamente que nenhuma reação é possível sem a presença de estímulos, logo, a reprodução, que no fundo significa uma reação, sempre necessita de certos estímulos para o seu surgimento. Nesse caso, quais são esses estímulos? Ao que tudo indica, tudo consiste em que o processo da reprodução da reação enquanto impulso básico se subordina a um estímulo interno. Todas as partes das reações reprodutivas estão de tal forma interligadas que a resposta a uma reação serve de estímulo para a reação seguinte. É muito fácil ver como isso acontece tomando o seguinte exemplo: quando esquecemos algum verso, começamos a ler o poema desde o início e então o próprio verso anterior suscita o seguinte. Assim, o segundo momento consiste em estabelecer um vínculo entre o estímulo interior e um determinado grupo, uma reação por um lado e, por outro, entre determinados membros desse grupo.

O terceiro momento no processo de memória é o chamado momento da identificação, o qual consiste em que tomamos consciência da reação reproduzida como reação já acontecida. Nesse caso, trata-se de que à reação reproduzida incorpora-se uma nova reação que parece identificar a reação reproduzida como a reação anterior.

Por último, devemos colocar em quarto lugar o derradeiro momento, que representa essencialmente uma reação outra vez inteiramente nova, isto é, um momento de localização do lugar e do tempo assim como do vínculo das circunstâncias nas quais se manifestou determinada reação. Para nós deve ser perfeitamente compreensível por que cada um desses momentos pode existir inteiramente separado dos demais. A causa disso são as diferentes modalidades de atividade da memória que temos diante de nós.

Tipos de memória

Durante muito tempo considerou-se a memória como uma propriedade geral do sistema nervoso de idêntico funcionamento em todas as pessoas. Posteriormente, observações demonstraram que o funcionamento da memória em cada indivíduo isoladamente costuma aproximar-se de um ou outro tipo em função das formas mais particulares daquelas reações que ocorrem na vida. Os psicólogos passaram a distinguir alguns tipos de memória, começaram a falar de memória visual naqueles casos em que o homem cruza mais amiúde reações visuais ao reproduzi-las. Com igual sentido estabeleceram a memória auditiva, a motora, e passaram a falar também de tipos mistos de memória como o visomotor, audiovisual, etc. Essa diversidade de tipos de memória pode ser melhor elucidada com base no último exemplo, exemplo de memorização de algum poema. Pessoas com diferentes tipos de memória podem memorizar o mesmo poema pelos mais diferentes métodos. Uns têm mais facilidade de memorizá-lo lendo no livro, em silêncio. Estes o assimila com o auxílio da vista e posteriormente se lembra da página em que estava escrito. Algumas pessoas conseguem apontar dez anos depois em que canto da página de um manual estava escrita uma palavra e este é um caso de memória visual. Outra pessoa, para decorar, deve necessariamente ouvir o poema, para ela é mais fácil memorizar de ouvido porque na reprodução lhe parecerá estar ouvindo uma espécie de som interior da palavra e irá esforçar-se por lembrar-se da entonação com que a palavra foi pronunciada, do timbre da voz, etc. Um traço curioso: enquanto na reprodução a primeira pessoa irá franzir o cenho como se estivesse examinando o ambiente, a segunda ao esforçar-se por recordar-se do esquecido irá fazer movimentos semelhantes aos de quem está apurando o ouvido. Conta-se que Mozart possuía uma maravilhosa memória de tipo auditivo. Aos 14 anos ouviu certa vez uma complexa sinfonia e isso foi suficiente para que ele a gravasse na memória.

O terceiro e último tipo é a memorização não visual mas auditiva, através dos próprios movimentos e com o auxílio de sensações musculares e cinéticas que surgem nesse processo. O homem desse tipo, ao memorizar o mesmo poema, irá necessariamente precisar de gravá-lo ou reproduzi-lo ao menos de forma silenciosa. Ao procurar memorizar o esquecido ele passa a reproduzir reações motoras da fala e nele o próprio ato de memorização irá ocorrer na ponta da língua ou nos lábios. Dizemos que temos a palavra "na ponta da língua" ou, quando procuramos precisar a ortografia de alguma palavra nós confiamos isto à nossa mão e pelo movimento da mão e dos dedos conseguimos memorizá-la.

É preciso dizer que cada modalidade particular de memória no seu aspecto puro é coisa muito rara, seus tipos são, na maioria das vezes, mistos, nenhuma modalidade de memória interrompe o funcionamento de memória de outros tipos. Ao contrário, outros tipos podem ser utilizados numa eventualidade. Entretanto é igualmente raro o tipo neutro, ou seja, o funcionamento da memória transcorre de igual maneira segundo todos os três tipos. A combinação costuma consistir em que os dois tipos de memória prevalecem e dominam. Pelo visto, a escolha do tipo de memória deve-se a toda uma série de causas, mas principalmente à estrutura geral dos órgãos receptores e ao modo mais habitual de memorização.

As conclusões pedagógicas tiradas da teoria dos tipos de memória consistem na regra que permite ao pedagogo usar na memorização diferentes vias. Quanto mais diversas são as vias pelas quais a reação penetra no sistema nervoso tanto mais solidamente ela permanece nele. É mais aceitável aplicar alternadamente todos os meios de memorização. Assim, quando estudam uma língua estrangeira os alunos vêem diante de si a palavra escrita, ouvem, pronunciam, repetem e gravam essa palavra, e com isso asseguram a precisão e a facilidade da assimilação. Mesmo assim, é útil ao professor identificar o tipo individual de memória do aluno e recorrer mais amiúde precisamente a esse tipo.

Peculiaridades individuais da memória

O reforço e a reprodução das reações, como todas as demais formas de comportamento, não são uma grandeza permanente mas oscilam fortemente em função da idade, do sexo e da individualidade. Em particular, costuma-se distinguir a memória no aspecto da rapidez e da solidez da memorização. Neste sentido, James compara a memória de diferentes pessoas à cera e geléia, uma vez que, em ambos os casos, graças à plasticidade da substância, obtém-se fácil e rapidamente uma marca, mas se a cera a mantém ela desaparece rapidamente com a geléia. Depois, a memória varia em termos de volume, ou seja, de quantidade das reações reforçadas, da duração do prazo durante o qual se conserva a reação reforçada, de exatidão, etc. Todos esses aspectos têm uma importância nem de longe idêntica nos diferentes reforços.

Em uns casos é importante para nós obter uma memorização duradoura mas não especialmente exata, em outros, ao contrário, é necessário obter a memorização mais exata mas não especialmente duradoura. Para o pedagogo é importante sempre se dar conta do tipo de memorização que ele pretende obter neste caso, porque, como veremos mais tarde, disso dependem o caráter e o resultado da memorização.

A memória das crianças não se desenvolve de imediato e, segundo expressão de Stern, na primeira fase da vida a criança é um ser do presente. Um pouco mais tarde a memória começa a desenvolver-se nas crianças mas ainda assim a memória imediata mais fraca nas crianças do que nos adultos. Ebbinghaus, que fez um estudo experimental da memória com o auxílio da memorização de sílabas sem sentido, descobriu que dos 8 aos 10 anos as crianças são capazes de reproduzir uma vez e meia menos sílabas imediatamente após a memorização do que pessoas entre os 18 e os 20 anos. Idênticos resultados foram obtidos por Binet ao estudar a memória de três turmas de uma escola. A turma mais jovem deu 73% de respostas erradas, a turma média 69% e a turma mais velha 50%. Conforme todos os dados, cabe pensar que a memória cresce e se desenvolve na idade infantil e, segundo Meuman, chega ao ponto máximo aos 25 anos após o que começa a diminuir.

Limites da educação da memória

Surge naturalmente uma pergunta: é possível melhorar a natureza e a força da memória humana através da ação educativa? Uma vez que a memória tem por base certa plasticidade da nossa matéria nervosa, é lógico que as potencialidades naturais da memória não podem ser aumentadas ou reduzidas por quaisquer outros meios senão aqueles que conduzem imediatamente ao relaxamento e à restauração do sistema nervoso. Uma anemia forte, a presença de venenos no organismo, um debilitamento geral no sistema nervoso estão relacionados, evidentemente, ao enfraquecimento da memória. Toda a alimentação e todo o reforço do sistema nervoso restabelecem a memória. Por isso James achava indiscutível o fato de que as qualidades naturais da nossa memória não podem ser melhoradas por quaisquer exercícios.

Entretanto a memorização pode ser facilmente melhorada através de exercícios e da educação. Meuman descobriu que um orientando seu, como resultado de várias semanas de exercícios de memorização de sílabas sem sentido, reduziu o tempo de memorização de 12 sílabas com 56 repetições para 25 sílabas e outra de 18 para 6. A memorização é uma atividade e, como tal, pode ser melhorada através de exercício. Podem ser elaborados hábitos e habilidades especiais de memorização. O primeiro efeito da educação da memória consiste justamente na melhoria da memorização. Em relações especiais, a memória pode ser sempre melhorada e reforçada, embora isto não signifique elevação da capacidade natural da memória. Lembramos que, em termos psicológicos, memória significa uma relação estabelecida entre uma reação e outra. Quanto maior é o número de associações de que dispomos, tanto mais fácil se estabelece uma nova associação e, conseqüentemente, eleva-se a qualidade da nossa memória especial.

Cabe observar o seguinte: o que antes se denominava memória representa uma forma complexa e combinada de comportamento, começando pela reação simples e terminando em reflexos mentais complexos. Em função disso podem ser melhorados através de exercícios especiais tanto aspectos particulares do comportamento quanto as principais combinações mútuas das suas diferentes partes. Por essa via elabora-se no homem a memória especial, ou seja, a capacidade de reforçar e reproduzir aquelas modalidades de reação que, em primeiro lugar, são as mais vitalmente necessárias e, em segundo, são as mais freqüentemente exercitáveis. Sempre nos impressiona a memória do bibliotecário, que pela lombada de dezenas de milhares de livros sabe o lugar de cada um nas prateleiras, a memória do farmacêutico para localizar tubos e potinhos, a memória do médico para descobrir os sintomas de uma doença. Mas em todos esses casos estamos diante de um novo fenômeno.

O interesse e o colorido emocional

Os estudos da memória mostraram que ela funciona de modo mais intenso e melhor naqueles casos em que é envolvida e orientada por certo interesse. Entendemos o interesse como um envolvimento interior que orienta todas as nossas forças no sentido do estudo de um objeto. Os psicólogos comparam com muita razão o papel do interesse na memorização e do apetite na assimilação do alimento. Experimentos feitos com um cão mostraram que os casos em que a tomada do alimento é acompanhada nele por uma forte excitação do apetite e nesse processo participam a visão e o olfato, a tomada do alimento se funde com uma rápida secreção do suco gástrico, uma rápida digestão e a plena assimilação do alimento. Nos casos em que se exclui essa excitação prévia do apetite em que o alimento é introduzido imediatamente no estômago do cão por um orifício a sua assimilação transcorre com indolência e lentidão embora o alimento conserva toda a sua força nutritiva. É evidente que o apetite desempenha um imenso papel no plano da preparação da digestão e da excitação da sua atividade. Os psicólogos dizem que o interesse produz o mesmo efeito preparatório sobre o nosso organismo durante a assimilação de uma nova reação. Toda pessoa sabe que efeito inusitadamente aumentativo exerce o interesse sobre o psiquismo. Uma pessoa pouco capaz para ocupações científicas na escolas, incapaz de decorar qualquer regra, revela-se excepcionalmente talentosa e capaz em um campo de atividade que desperta nela o interesse.

É curioso que um aluno, digamos na atividade comercial de colecionar selos, venha a ser perfeitamente capaz para combinações e cálculos como não o fora durante seu período de vida escolar. Motivado pelo interesse, ele memoriza uma infinidade de denominações geográficas, desenhos, ao passo que na escola era incapaz de memorizar os nomes das cidades principais de algum país. Aqui tudo consiste principalmente de assimilar bem como coordenar sempre o interesse com a memorização. Se um mestre que algo seja bem assimilado deve preocupar-se com torná-lo interessante. Somos do ponto de vista de que a velha escola era antipsicológica, uma vez que era igualmente desinteressante.

O papel seguinte do interesse consiste na função unificadora que ele exerce em relação aos diferentes elementos da assimilação do material. O interesse cria um encaminhamento permanente no curso da acumulação da memorização e acaba sendo um órgão de seleção em termos de escolha das impressões e sua união em um todo único. Por isso é de suma importância o papel desempenhado pela atitude racional da memorização em função do interesse. A investigação tem mostrado que qualquer memorização se realiza sob o controle de certa orientação desse processo. Os psicólogos chamam esse processo de influência da atitude diferencial nas experiências de memorização. A experiência comprova que os resultados da memorização dependem, em enormes proporções, da instrução dada no início da experiência.

Na instrução explica-se ao experimentando o que se exige dele, que objetivos ele deve colocar diante da sua memorização, por que verificação ele irá passar, e em função disto surge uma série de reações de atitude que se traduzem na adaptação da memorização aos objetivos da aprendizagem de memória. Isso nos convence ainda mais de que a memória é apenas uma das modalidades de atividade, uma das formas de comportamento.

As experiências de Aall mostraram que a duração da memorização é influenciada pela atitude básica, ou seja, uma espécie intenção de conservar por um determinado período o que foi aprendido de memória. Ele propôs aos seus orientandos decorar um material, avisando que uma parte do decorado seria cobrada no dia seguinte e a outra quatro semanas após. Depois ele adiou a cobrança de ambas as tarefas para quatro semanas depois, e os resultados mostraram que as crianças revelaram bem melhor o que havia sido proposto para reprodução durante a aprendizagem de memória, assimilando pior o que foi proposto para ser cobrado no dia seguinte. Experiências de outros cientistas que, dependendo da diretriz, o mesmo material pode ser assimilado no aspecto do sentido sem a memorização de palavras isoladas ou só através da memorização de palavras sem a abrangência no sentido do conjunto.

Esse exemplo impõe uma conclusão pedagógica de suma importância sobre a necessidade de os alunos conscientizarem os objetivos da aprendizagem de memória e aquelas exigências que lhes serão apresentadas. O pecado principal da nossa velha escola não consistia em que nela houvesse pouca aprendizagem de memória mas em que esta aprendizagem era feita no sentido desnecessário e estéril, ou seja, seu objetivo foi sempre responder ao professor nas provas finais, toda a aprendizagem de memória estava adaptada apenas a isto e não se prestava a outros fins.

O último elemento à orientar a memória é o colorido emocional do que foi memorizado. As experiências mostraram que as palavras que estão vinculadas a algumas vivências melhores são decoradas bem mais facilmente do que aquelas emocionalmente indiferentes. Peters e Nemietchek reuniram 15 mil respostas e descobriram que a nossa memória retém com mais freqüência os elementos coloridos por uma reação emocional positiva. Nisso parece manifestar-se a aspiração biológica do organismo de reter e reproduzir vivências relacionadas ao prazer. Daí tornar-se regra pedagógica a exigência de certa emocionalidade através da qual deve-se pôr em prática todo o material pedagógico. O mestre deve ter sempre a preocupação de preparar as respectivas potencialidades não só da mente como também do sentimento. Não devemos nos esquecer de atingir o sentimento do aluno quando queremos enraizar alguma coisa na sua mente. Dizemos freqüentemente: "Eu me lembro disso porque isso me impressionou na infância."

O esquecimento e a memorização equivocada

Em si mesmo o esquecimento, ou seja, o desaparecimento daqueles vínculos que em nós se estabeleceram como provisórios, é um fator biológica e psicologicamente útil em alto grau, uma vez que é precisamente graças a isso que surgem as formas de comportamento extremamente variadas e flexíveis. A habilidade para esquecer o desnecessário, para descartar o excedente, estabelecer vínculos depois que esses elementos já fizeram o seu trabalho é tão necessária quanto o estabelecimento de novos vínculos; costuma-se citar a máxima de Temístocles que, respondendo à proposta de aprender a memorizar, disse: "É melhor me ensinar a esquecer."

Infelizmente os pedagogos nem sempre avaliam esse útil sentido higiênico do esquecimento. Perdem de vista que a memória não é um simples celeiro ou depósito do sistema nervoso para conservação de reações assimiladas no aspecto em que foram assimiladas. Memória é um processo criador de elaboração de reações percebidas e alimenta todos os campos do nosso psiquismo. Isso exige que se dê um tratamento higiênico à memória infantil sem sobrecarregá-la com material, volume de detalhes, excessiva memorização de insignificâncias, um esforço de memória superior ao necessário, seu prejudicial abarrotamento.

Aqui perdemos o poder sobre a memorização e ela assume poder sobre nós, ao passo que a regra básica da psicologia exige que coloquemos a memória em posição subordinada e a serviço do comportamento no conjunto, sendo condição necessária desse processo extirpar da memória as reações inúteis que perderam o seu vínculo. Tudo o que a nossa memória não utiliza ativamente é peso morto e prejudicial, um traste do qual o pedagogo precisa livrar-se.

Desse modo, o esquecimento nem sempre é um mal mas às vezes um bem, e cabe ao tato psicológico encontrar os limites em que a memorização e o esquecimento, como duas funções que são opostas mas que colaboram entre si, operem em conjunto e coordenadas. Do ponto de vista psicológico é bem mais perigoso o caso de memorização equivocada, ou seja, o estabelecimento de vínculos e reações inúteis e falsas. A história cômica do sobrenome de cavalo, narrada por Tchékhov, é a melhor ilustração de tais casos de memorização equivocada. A associação estabelecida por acaso entre o sobrenome Ovsov e o cavalo redundou no seguinte: quando foi de suma importância lembrar esse sobrenome ele foi esquecido, vieram à cabeça do personagem as palavras mais diversas derivadas de todos os objetos relacionados ao cavalo, mas a ele não ocorreu o devido sobrenome. Este veio por acaso, quando não mais era necessário, e esse mal-entendido cômico resultou de que a memorização havia sido estabelecida em um plano inteiramente diferente do estabelecido na memorização. E se quisermos nos lembrar de semelhantes ocorrências cômicas, nunca devemos contar com o acaso e as respectivas associações fortuitas.

A escolha das associações deve ser feita sob controle pedagógico. Pode-se dizer sem exagero que onde os conhecimentos da escola não são orientados para a vida sempre surgem vínculos falsos e equivocados e o conhecimento, ainda que seja adquirido, continua sem ser utilizado no processo de ação. Se encontrássemos um meio de realizar no nosso comportamento todos os conhecimentos que auferimos da escola, seria fácil paralisar a imperfeição da educação. Mas o trágico da situação consiste em que os nossos conhecimentos são estabelecidos sempre em simultaneidade com o mecanismo que depois os coloca em ação. Noutros termos, sempre que memorizamos alguma coisa devemos nos dar conta do modo como utilizamos isto e promovermos, de forma correspondente, o próprio reforço da reação. De modo diferente deve-se memorizar para as provas finais e para a vida.

Entre os casos de memorização equivocada está todo o campo da mnemônica, ou seja, nos sistemas artificiais de memorização através da associação da devida palavra a números ou outros sinais convencionais. Na literatura psicológica formou-se uma relação extremamente negativa com os procedimentos mnemônicos por força da sua artificialidade, complexidade e sobrecarga. Por outro lado, deve-se considerar o valor das regras mnemônicas em função da sua racionalidade e do grau de economia que elas introduzem. É claro que muito amiúde os esquemas mnemônicos são absolutamente fortuitos, instáveis e não devemos contar com eles no reforço da reação. Mas não se deve esquecer também que todos os sistemas de registro no alfabeto, em números, sinais, etc. representam essencialmente as mesmas regras mnemônicas que permitem associar uma série de sinais externos a reações externas. Os inventores dos alfabetos e caracteres foram grandes criadores no campo da mnemônica. A mnemônica se baseia indiscutivelmente na lei psicológica geral da associação, sobre a qual se alicerça a construção de toda a aprendizagem da leitura, da escrita, do cálculo, da linguagem, etc.

Münsterberg tem toda razão ao dizer: para que a vida intelectual do homem seja rica é mais necessária a capacidade de associar facilmente concepções do que um vasto acervo de concepções. As 22 letras do alfabeto inglês são suficientes para formar com elas todos os dramas de Shakespeare. Assim, o princípio econômico da nossa memória consiste na infinita variedade de sistemas convencionais, que permitem em forma breve e cômoda conservar e transmitir valores culturais tão complexos quanto os dramas de Shakespeare. Tudo consiste no grau econômico e racional com que a mnemônica executa esse trabalho. Está claro para cada pessoa que o alfabeto cria uma grandiosa economia de pensamento. Na mnemônica popular muito amiúde a complexidade das associações exigidas não só não abrevia mas ainda alonga o caminho da memorização. Em vez de uma simples associação, ela cria freqüentemente uma infinidade de vias de desvio e caminhos diretos que apenas dificultam a memorização. Qualquer pessoa percebe com absoluta clareza que esse tipo de mnemônica é prejudicial.

As funções psicológicas da memória

Na economia global do nosso psiquismo, cabe à memória o mesmo papel que na economia mundial cabe ao capital. Como o capital, a memória significa certo volume de bens acumulados, criados não para consumo imediato mas para uma produção posterior. Noutros termos, memória significa emprego e participação da experiência anterior no comportamento presente; neste sentido, no momento, no reforço e na reprodução da reação a memória é atividade no sentido exato do termo. No processo de reforço, a atividade se traduz numa orientação artificial do organismo voltada para essa ou aquela reação, orientação essa que permite realizar-se a reação nas condições de uma diretriz que asseguram o seu reforço. Se de repente perdêssemos a memória, o nosso comportamento assumiria um caráter fragmentário e isolado: os dias e atos não se associariam entre si. O comportamento se afiguraria um caos de reações isoladas no pleno sentido do termo e incapazes de ser unificadas em nenhuma forma geral. Entretanto, a existência em si da memória ainda não cria riqueza de vida intelectual, e às vezes crianças com retardamento mental ou absolutamente anormais se distinguem por uma memória fenomenal que por não ser aproveitada continua sem uso. Casos como esses são uma espécie de experimento especialmente equipado pela natureza para mostrar como é pouco ter apenas uma memória. Existem idiotas que são capazes de memorizar milhares de diferentes datas, textos, etc. mas não conseguem ler nenhuma palavra. Por isso, o princípio pedagógico mais importante continua sendo o de relacionar o trabalho da memória às demais formas da nossa atividade. Vimos que na base de todos os mais importantes processos do comportamento está o processo de associação que, no fundamental, condiciona também a memória.

Através da associação a memória deve estar relacionada aos outros aspectos do nosso comportamento.

A técnica da memória

A memória é um campo de atividade no qual é mais fácil avaliar a eficiência. Por isso, a pedagogia dispõe de toda uma série de regras sobre a higiene e a técnica da memória. Antes de mais nada, a exigência principal de qualquer reforço das formas complexas das reações é a aprendizagem integral de memória para que o aluno capte o sentido que unifique o todo e não apenas estude por partes. Meuman propõe o significado de um método intermediário em que todo o material é dividido em partes e depois de cada parte faz-se certo intervalo. Nesse caso ocorre uma unificação dos sentidos por unidades menores, sendo de suma importância o significado da distribuição das repetições, pois ela é o método principal de reforço da reação.

É interessante observar que a repetição tem um limite após o qual deixa de agir, torna-se inútil e até mesmo nociva, uma vez que esgota a potencialidade da reação semântica e deixa o texto sem sentido. Ademais, é muito importante a distribuição das repetições. Não é de modo algum indiferente se o aluno repetir consecutivamente ou através de certos intervalos.

A vantagem psicológica consiste em uma distribuição de repetições na qual certa parte delas pertence a um lapso de tempo mais distante com determinado intervalo a partir do primeiro. Cabe indicar também que em cada pessoa existe um ritmo habitual de reação e a mudança desse ritmo no sentido da aceleração ou do retardamento enfraquece a força da memorização. Por último, o papel decisivo na aprendizagem de memória é desempenhado pelo ritmo que consiste na unificação das partes do material, na atribuição de coerência seqüencial a essas partes e, por último, na organização dos elementos em um todo único. Se lembrarmos que todo o papel da memória consiste em uma atividade associativa, fica fácil compreender quais são as vantagens que estão com o ritmo, o qual dá antecipadamente as formas dessa associação.

Dois tipos de reprodução

A reprodução das reações é uma atividade como é o reforço, sendo apenas o momento mais tardio nesse processo. Na psicologia tradicional costuma-se distinguir dos tipos de reprodução: um é chamado imaginação reprodutiva e abrange todos os casos em que as reações reproduzem o que efetivamente ocorre com o organismo; o outro é a imaginação construtiva, assim chamada porque reproduz certa forma de experiência não vivenciada em realidade. Nesse caso é precisamente o critério de realidade que permite distinguir memória de fantasia, reações da lembrança de reações da imaginação. Entretanto, esse critério deve ser considerado absolutamente equivocado pelas seguintes considerações: não existe nenhuma reprodução exata da experiência passada, não há lembranças absolutamente precisas, a reprodução sempre significa certa elaboração do percebido e, conseqüentemente, certa deformação da realidade. Inversamente, as imagens da fantasia, por mais complexas que sejam, sempre encerram elementos e até mesmo um vínculo tomados de empréstimo à realidade e, dessa maneira, não se verifica uma diferença essencial entre fantasia e memorização. As imagens da fantasia podem estar voltadas igualmente para a realidade, como quando imagino o que vai acontecer hoje à noite ou quando em minha imaginação suscito um quadro do Saara que nunca vi. Em todos esses casos, o comportamento imagístico não está menos voltada para objetos reais do que quando memorizo um quadro da minha cidade natal ou me lembro do que aconteceu ontem.

Assim, pois, o que se deve considerar como única diferença entre umas reações e outras não é a realidade dessas reações mas exclusivamente a sua relação com a nossa experiência. Algumas delas constituem um campo que ocorreu na nossa experiência, outras, outro campo que não ocorreu. Todo erro de memória é sempre motivado por algum impulso interior de suma importância e não é um fenômeno sem causa ou fortuito. Assim, distinguimos lembranças notoriamente deformadas, uma fantasia que serve de cobertura a certas lembranças desagradáveis confinadas além do limiar da consciência. Em linhas gerais, cabe dizer que a memória está vinculada da forma mais estreita possível ao subconsciente e, no fundo, constitui aspectos do comportamento que não determinados apenas na esfera da consciência. Assim são as lembranças da infância que, como mostrou a psicanálise, são formas de semifantasia, semimemória.

A realidade da fantasia

A fantasia, que costuma ser definida como experiência oposta à realidade, no fundo radica inteiramente na real experiência do homem. O estudo dos produtos mais complexos da criação mitológica, das lendas religiosas, das crendices e legendas, das imagens e invenções fantásticas mostra que por mais forte que seja a tensão da fantasia o homem não pode inventar nada que não tenha vivenciado. Quando imaginamos um ser fantástico, o centauro ou uma sereia, evidentemente estamos tratando com imagens metade cavalo-metade homem ou metade peixe-metade mulher. Mas aqui o momento de irrealidade recai sobre a combinação dos elementos em imagens, na sua combinação propriamente dita, pois em si os elementos de que se constituem o cavalo e o homem, o peixe e a mulher são dados na experiência real. Ninguém jamais conseguiu criar uma representação que não tenha nenhuma relação com a realidade. Até imagens distantes e irreais como imagens de anjos, demônios, feiticeiras, etc. são essencialmente constituídas de combinações mais complexas de elementos tomados à realidade. Assim, todo o material da fantasia radica na realidade. A segunda fonte de realidade na fantasia é o sistema das nossas vivências interiores, principalmente das emoções e inclinações cujo fluxo determina a própria combinação dos elementos reais em grupos fantásticos.

Embora a fantasia costume ser concebida como a forma mais caprichosa, inexplicável e imotivada do comportamento, ainda assim ela é tão rigorosamente determinada e condicionada em cada um dos seus pontos como todas as demais funções do psiquismo. A questão consiste apenas em que as causas que lhe condicionam o funcionamento estão situadas no âmago profundo do homem e freqüentemente permanecem ocultas para a consciência. Daí surge a ilusão de espontaneidade e ausência de causalidade no funcionamento da imaginação. Mas isso é apenas o resultado do desconhecimento dos motivos que condicionam esse funcionamento; aqui cabe mencionar antes de mais nada as nossas atrações que não são satisfeitas em vida. São elas que constituem as verdadeiras fontes de fantasia e condicionam a segunda lei da realidade da fantasia. Independentemente de ser real ou irreal a causa a ela relacionada, a emoção é sempre real. Se eu choro por um herói inventado de um romance, me assusto com um monstro terrível que me aparece em sonho ou me enterneço conversando em alucinações com um irmão que morreu faz muito tempo, em todos esses casos as causas das minhas emoções não são evidentemente materiais, mas o meu medo, a minha dor e a minha piedade continuam vivências absolutamente reais independentemente de tudo isso.

Assim, a fantasia é duplamente real: de um lado por força do material que a constitui, de outro, por força das emoções a ela vinculadas.

Funções da imaginação

Do que já foi dito fica fácil compreender que a função básica da imaginação é organizar formas de comportamento jamais encontradas na experiências do homem, enquanto a função da memória consiste em organizar a experiência para formas que mais ou menos repetem o que já houve antes. Em função observam-se na imaginação algumas funções de natureza absolutamente diversa mas estreitamente vinculadas à função básica de descobrir um comportamento que corresponda às novas condições do meio.

A primeira função do comportamento imaginativo pode ser denominada subseqüente, e ela que apresenta maior importância para o pedagogo. Tudo o que conhecemos do que não houve na nossa experiência nós o conhecemos através da imaginação; em termos mais concretos, se estudamos geografia, história, física ou química, astronomia ou qualquer outra ciência, sempre operamos com o conhecimento de objetos que não são dados imediatamente na nossa experiência mas constituem a mais importante aquisição da experiência social coletiva da humanidade. Se o estudo dos objetos não se limita a um relato verbal sobre eles mas procura penetrar na sua essência através do invólucro verbal da descrição, tal estudo deve operar necessariamente com a função cognitiva da imaginação e utilizar todas as leis da atividade da imaginação.

Isso significa, em primeiro lugar, que nenhuma construção da fantasia deve ser suscitada antes que o mestre esteja seguro de que na experiência pessoal do aluno estão presentes todos os elementos de que deve ser construída a necessária concepção do novo objeto. Se queremos suscitar no aluno uma representação viva do Saara, devemos encontrar na sua experiência real todos os elementos de que essa representação pode ser construída. Um exemplo: esterilidade, arenosidade, imensidão, aridez e calor, todos esses elementos devem estar associados uns aos outros mas, no fim das constas, tudo deve basear-se na experiência imediata do aluno. É claro que isso não significa que cada um desses elementos deva ser assimilados da perfeição imediata. Ao contrário, muita coisas pode ser assimilada da experiência do aluno elaborada e reelaborada no pensamento, mas ainda assim, ao iniciar a construção de um novo tipo de representação, devemos preparar previamente todo o material necessário a essa construção, independentemente de onde ele tenha surgido.

É por isso que o conhecimento da experiência presente do aluno é condição indispensável do trabalho pedagógico. É sempre necessário conhecer o terreno e o material que se pretende tomar por base da construção, senão corre-se o risco de sobre-edificar um edifício instável na areia. Por isso, a maior preocupação do mestre venha a ser a tarefa de traduzir o material novo e ainda não acontecido na experiência do aluno para a linguagem da sua própria experiência. James apresenta um exemplo interessante que pode elucidar bem o que estamos afirmando.

Suponhamos que estamos mostrando numa turma a distância entre a Terra e o Sol. É claro que temos alguns métodos à disposição. Podemos simplesmente comunicar ao aluno o número de quilômetros que separa a Terra do Sol, mas neste caso devemos ter em vista que esse método dificilmente atingirá o seu fim. Em primeiro lugar, obteremos como resultado uma reação verbal nua, ou seja, uma designação verbal; obteremos não um conhecimento vivo sobre o fato de que necessitamos mas apenas o conhecimento da fórmula pela qual se designa esse fato. Dessa maneira, não penetraremos na própria essência do fato. Isso se confirma brilhantemente no seguinte: durante a queda da moeda soviética as crianças se acostumaram a manusear diariamente números astronômicos e muitos professores observaram que, quando tinham de comunicar às crianças os verdadeiros números astronômicos, isso surtia um efeito absolutamente inesperado. Assim, quando um menino ouviu que a extensão do equador terrestre era de 40 mil quilômetros, disse: "Tão pouco, um copo de sementes custa a mesma coisa em rublos". O valor dos grandes números estava de tal forma comprometido na experiência pessoal do aluno que as crianças não conseguiam entender por que, quando tinham de representar enormes distâncias, operavam números sobre os quais haviam formado a impressão de que eram grandezas insignificantes. Em todo caso, mesmo que se evitasse esse efeito negativo, ainda assim o número em si nada passaria à imaginação do aluno, a não ser um certo número que lhe deixava na memória.

Agiria de forma mais correta o professor que, ao desejar suscitar uma verdadeira noção da grandeza dessa distância, tivesse a preocupação de traduzi-la para a própria linguagem da criança. James apresenta uma explicação psicológica e pedagogicamente mais racional; nós dizemos a um aluno: "Imaginando que atiraram da Lua em você, o que você faria?". O aluno naturalmente responde que saltaria de lado. O mestre objeta dizendo que não há a menor necessidade disso e que ele poderia "deitar-se tranqüilamente em seu quarto para dormir e tornar a levantar-se no dia seguinte, viver tranqüilamente até a maioridade, aprender a comerciar, atingir a minha idade, pois só então a bala irá aproximar-se de você e aí você terá de saltar de lado. Veja como é grande a distância da Lua à Terra". Semelhante concepção surgiu no aluno a partir de concepções absolutamente reais já presentes na sua concepção pessoal e o fez medir a grandeza em unidades e conceitos que lhe são inteiramente acessíveis. Tanto a rapidez do vôo da bala quanto a imensa distância no tempo, preenchida por toda uma vida em comparação com o segundo no qual era necessário desviar-se da trajetória da bala, tudo isso é o conhecimento preciso do aluno e a concepção baseada nesse material é para ele um conhecimento absolutamente exato, uma penetração no fato. Esse exemplo mostra de que formas gerais deve realizar-se a imaginação para conduzir ao conhecimento da realidade. Ela deve partir sempre do familiar e conhecido para compreender o estranho e desconhecido.

A segunda lei da fantasia exige que nos preocupemos não só com o material mas também com a sua correta combinação. A lei da realidade da fantasia reza que é sempre real a emoção vinculada à nossa construção. Por isso é preciso conhecer a emoção e, quando se transmitem ao aluno algumas concepções, é necessário preocupar-se não só com o material mas também com o fato de suscitar no aluno a emoção correspondente.

Outra função da imaginação deve ser denominada emocional; ela consiste em que toda emoção tem a sua expressão definida não só externa mas também interna e, conseqüentemente, a fantasia é o dispositivo que realiza imediatamente o trabalho das nossas emoções. Através da teoria da luta pelo campo motor geral sabemos que todos os nossos impulsos e atrações nem de longe são realizados. Pergunta-se qual é o destino daquelas excitações nervosas que surgem de um modo inteiramente real no sistema nervoso mas não se realizam. É natural que assume o caráter de conflito entre o comportamento de uma criança e um meio que a rodeia. Desse conflito surge sobre forte tensão uma doença, neurose ou psicose se ele não recebe outra vazão, ou seja, se ele não se sublima ou se converte em outras formas de comportamento.

E eis que a função da sublimação, ou seja, da realização socialmente superior das possibilidades não realizadas, recai sobre uma fração da imaginação. No jogo, na mentira, na fábula a criança encontra uma fonte infinita de vivências, e a fantasia em si abre uma espécie de novas portas para as nossas necessidades e aspirações de uma saída para a vida. Nesse sentido, na mentira infantil está implícito um profundo sentido psicológico que também o pedagogo deve examinar atentamente.

Na brincadeira infantil essa função emocional da fantasia se transforma de modo imperceptível em uma nova função: na organização de formas do meio que permitem à criança desenvolver e exercitar as suas inclinações naturais. Pode-se dizer que o mecanismo psicológico da brincadeira consiste integralmente no trabalho da imaginação e que entre a brincadeira e o comportamento imaginativo pode-se colocar um sinal de igualdade. Brincadeira não é outra coisa senão a fantasia em ação, a fantasia não é outra coisa senão uma brincadeira inibida, reprimida e não descoberta. Por isso, sobre a fração da imaginação na idade infantil recai ainda a terceira função, que vamos denominar de educativa, cuja finalidade e sentido consistem em organizar o comportamento cotidiano da criança em formas que permitam a esse comportamento exercitar-se e desenvolver-se para o futuro. Assim, as três funções da fantasia se combinam inteiramente com uma sua propriedade psicológica: o comportamento voltado para formas ainda não existentes na nossa memória.

A educação do comportamento imaginativo

Costuma-se achar que a fantasia na criança teria um aspecto bem mais rico e vivo do que no adulto. Deve-se reconhecer que essa concepção é equivocada por muitas causas. Como já vimos, uma delas consiste em que a fonte principal do comportamento imaginativo é a experiência real. Uma vez que a reserva de representações reais na criança é sumamente pobre, a sua imaginação tem um funcionamento indiscutivelmente mais fraco e pior do que a imaginação do adulto. Daí compreender-se que o comportamento imaginativo também necessita de desenvolvimento e educação como qualquer outro.

A primeira tarefa de semelhante educação consiste em recair sobre a parte da imaginação as mesmas funções que recaem sobre a parte da memória. Por isso, uma peculiaridade da imaginação infantil é o fato de que a fantasia da criança ainda não é diferenciada da sua memória. Ambas surgem da reprodução das reações e dos momentos que condicionam a sua fusão. Primeiro: toda experiência da criança é de caráter instável, não formalizado nem elaborado e, conseqüentemente, toda reprodução será até certo ponto deturpada e imprecisa. Apesar de todas as boas intenções e da vontade, a criança não está em condições de produzir com exatidão todos os detalhes da sua experiência real. Há sempre uma deturpação involuntária dos detalhes em função de que a criança não fez observação nem inventou sobre influência do sentimento.

Essa incorporação e essa mentira sincera sempre estarão presentes até na reprodução até do adulto. Nesse sentido são muito interessantes e ilustrativas as experiências com testemunhos de adultos e crianças: verificou-se que não é possível obter uma descrição exata e minuciosa de nenhuma testemunha ocular por mais precisa que ela tenha sido na observação do fato e honesta no testemunho do que viu. Participam do testemunho muitos elementos que a testemunha acrescenta por conta própria e nos quais acredita piamente. Ao realizar-se o experimento costuma-se apresentar às crianças um quadro ou ler uma história com omissão de detalhes, após o que lhes são feitas perguntas sobre essa história e as crianças costumam inventar detalhes. O mesmo ocorre com os adultos quando eles presenciam algum escândalo deliberadamente encenado ou um incidente e depois interrogam sobre os detalhes do acontecido. Verifica-se que não ocorrem lapsos de memória em cada um como, conseqüentemente, os acontecimentos adquirem nos testemunhos um aspecto um tanto deturpado e cada testemunha inventa por contra própria alguns detalhes e assim deturpa os fatos.

As deformações involuntárias da memória se manifestam com especial nitidez nas crianças e, embora a natureza psicológica de ambas as formas de comportamento seja idêntica, no comportamento real cabe igualmente a cada uma delas a sua função especial e por isso a tarefa do pedagogo é delimitar da maneira mais precisa possível fantasia e realidade. Aqui se insere em primeiro lugar a luta contra a mentira infantil que, no conjunto, de modo algum se deve interpretar como a mentira dos adultos, ou seja, como um delito moral.

A mentira infantil tem como fonte a verdade interior da vivência emocional. As crianças mentem, e isto é a lei geral do comportamento infantil até mesmo quando a mentira não traz nenhuma vantagem nem se apresenta como necessidade para as crianças. A vida emocional das crianças é de natureza excitada em alto grau, uma vez que, como observou Siétchenov, a natureza apaixonada é um traço distintivo da idade infantil, pois nessa idade ainda não está elaborada a força de contenção que regula o comportamento. A fantasia da criança não tem contenção, autocontrole e é extremamente impulsiva no sentido de que realiza docilmente cada uma das vontades da criança. Por isso a criança conta freqüentemente não o que aconteceu em realidade mas o que ela gostaria de ver em realidade. Assim, nada nos revela os desejos, aspirações e vontades da criança quanto a sua mentira. James tem toda razão ao chamar a mentira infantil de "engano honesto" e Hall aponta que a mentira infantil é principalmente fantástica e heróica e mais raramente egoísta. De fato, cada mentira infantil decorre de um estado elevadamente emocional da criança, que procura naturalmente aumentar a força patética do acontecimento como que para "heroicizar" tudo o que ocorre em conformidade com a sua natureza apaixonada. Outras mentiras infantis são repercussão direta dos desejos, como acontece nos adultos; a criança mente tão à vontade e com a mesma naturalidade com que sonha. Devemos necessariamente decifrar cada mentira infantil e encontrar o seu fundamento, e só então podemos avaliá-la e dar a resposta correta a ela. Em idêntica situação está a fantasia da criança, a sua crença nos diferentes seres fantásticos com que as babás a assustam, em toda sorte de absurdo que o adulto lhe incute.

O aspecto nocivo desse fantasiar é minuciosamente examinado no capítulo que trata de educação estética. Por isso se faz necessário o combate maior e mais implacável com o subdesenvolvimento do sentimento de realidade, e a educação da fantasia deve seguir antes de tudo a linha da construção do respeito pela realidade. A criança deve ser educada no mais alto respeito à realidade, mas não se deve entender por realidade o mundinho que rodeia a criança. Temos de vê-lo como a grande realidade que nos cerca se não quisermos criar um ser pequeno-burguês e mesquinho. Devemos reconhecer que o fechamento no círculo estreito dos interesses imediatos cria nas crianças e nos adultos um vôo curto, uma concepção miúda de vida, limitações e presunção. O respeito pela grande realidade não pode passar de maneira nenhuma sem uma saída para além dos limites da experiência pessoal, saída essa determinada com auxílio do comportamento imaginativo. Logo, a luta pela realidade não deve significar a destruição da fantasia mas apenas a exigência de que a fantasia seja inserida nos seus limites, no curso das suas próprias funções, e o comportamento imaginativo seja rigorosamente isolado e determinado. Noutros termos, é indispensável que a fantasia funcione mas não se deve esquecer de que se está apenas fantasiando. Os perigos que ocorrem no comportamento imaginativo consiste em que este é capaz de conciliar todos os conflitos entre realidade e sonho. Por isso existe o perigo de abrir mão da luta real e deixar-se levar pela sedução de resolver no sonho qualquer situação difícil. Entregar-se demasiado ao sonho desvia do mundo real, debilita e paralisa a possibilidade de ação ativa, destrói a seleção correta das reações no organismo, contribui para a elaboração e a sobrevivência de reações socialmente prejudiciais e vitalmente instáveis. Segundo expressão de um psicólogo, a imaginação é extremamente útil como criado mas prejudicial como senhor, e por isso se assemelha ao fogo.

Outra tarefa da educação da imaginação consiste em desenvolver as funções positivas que cabem à fantasia. A brincadeira infantil é o campo no qual a fantasia se revela com a maior plenitude e transcorre integralmente dentro dos seus próprios limites. Além de não minar o mínimo sequer o sentimento de realidade, ela, ao contrário, desenvolve e exercita todas as habilidades e reações que servem à elaboração desse sentimento. Todos nós sabemos como são infinitamente diversos os papéis que na brincadeira infantil podem ser desempenhados por diferentes objetos. Um quarto pode servir de bosque, de convés de navio, de sala de visitas, uma cadeira pode representar com igual sucesso um cavalo, um trem, uma mesa de jantar. Mas nesse caso a brincadeira é absolutamente segura porque, ao despertar emoções reais e reproduzir elementos perfeitamente reais da experiência, mesmo assim ela continua sendo francamente brincadeira e não desvia a criança da vida o mínimo sequer mas, ao contrário, desenvolve e exercita aquelas capacidades que serão indispensáveis para a vida. É interessante observar que a brincadeira está tão fortemente relacionada com a fantasia que as crianças preferem os brinquedos simples e grosseiros aos caros e luxuosos, que não dão nenhum trabalho à fantasia e exigem extremo cuidado no trato com eles. Um brinquedo caro exige da criança uma relação passiva e não é aquele objeto que pode servir de bom material para desenvolver a fantasia. "Em nenhum período da sua vida a criança aprende tanto quanto nos anos dos seus brinquedos infantis." (Haupp, 1910, p. 146.)

Não foi por acaso que K. N. Kornílov tomou como epígrafe de seu estudo sobre a psicologia da brincadeira infantil com bonecas as palavras de Rabindranat Tagore: "De onde eu vim, onde tu me encontraste?", perguntou uma criancinha à mãe. Ela respondeu meio chorando, meio sorrindo, apertando a criancinha ao peito: "Tu estavas escondida no meu coração como desejo, meu querido. Tu estavas nas bonecas das minhas brincadeiras infantis."

Capítulo IX
O pensamento como forma especialmente complexa de comportamento

A natureza motora dos processos de pensamento

O pensamento está entre os problemas psicológicos mais difíceis e menos elaborados. Até os últimos decênios dominava a convicção de que o pensamento é, no fundo, apenas uma combinação de processos associativos comuns de ordem mais complexa e elevada, ou seja, uma simples combinação de reações verbais.

Entretanto uma minuciosa auto-observação, colocada sob controle de um experimento e de uma mensuração exata, mostrou que a composição do ato de pensar é infinitamente mais complexa e incorpora muitos momentos que são exclusivamente seus e não permitem reduzi-la a um fluxo de imagens simples e livre. Paralelamente a essas observações refinadas, colocadas e elaboradas principalmente pela escola psicológica de Petersburgo, desenvolveu-se o estudo da natureza motora dos processos de pensamento, ou seja, a sondagem daqueles sintomas objetivos de pensamento suscetíveis à verificação e ao registro externos. Ambos os estudos chegaram aos mesmos fatos (só que a partir de aspectos diferentes) e permitiram estabelecer uma nova concepção de pensamento que a psicologia atual toma como ponto de partida.

Antes de mais nada, para o psicólogo de hoje está absolutamente claro o aspecto com que o pensamento entra no sistema de comportamento como conjunto de reações motoras do organismo. Todo pensamento, vinculado ao movimento, suscita por si mesmo certo esforço prévio da respectiva musculatura, exprimindo a tendência a realizar-se no movimento, e se ele permanece apenas como pensamento isso se deve ao fato de que o movimento não chegou ao fim, não foi plenamente revelado e permanece em forma latente, embora inteiramente perceptível e eficaz.

As observações mais simples mostram que um pensamento forte sobre alguma ação a ser realizada ou uma atitude absolutamente involuntária manifesta-se na pose ou no gesto como que em esforços preparatórios e prévios que pretendemos fazer. A experiência mais simples consiste em colocar um experimentando de olhos fechados entre dois objetos situados à direita e à esquerda dele. Propõe-se ao experimentando o seguinte: pensar intensamente em um desses objetos e, uma vez cumprida conscienciosamente a condição, dizer se os movimentos do globo ocular sob as pálpebras e a pressão da musculatura do pescoço tornam especialmente difícil adivinhar qual foi precisamente o objeto pensado. O movimento dos olhos e a tensão da musculatura sempre coincidem com o sentido para o qual está voltado o pensamento. É como se revelassem um pensamento secreto e permitissem adivinhá-lo com uma precisão absoluta como a que temos na leitura.

A mesma experiência, habitualmente levada a efeito na escola, exige que o experimentando segure, de olhos fechados, o peso pendurado em um barbante e procure pensar e imaginar que o peso balança da direita para a esquerda. Passados alguns minutos o efeito costuma manifestar-se em que o peso de fato entra em movimento e precisamente no sentido em que fora pensado, embora o próprio experimentando habitualmente não consiga se dar conta dos movimentos que ele produz. Ele continua afirmando que mantém a mão absolutamente imóvel e, de fato, os movimentos não são realizados pelo esforço "volitivo" da mão mas, principalmente, pelas pontas dos dedos entre os quais ele segura o barbante, e o próprio experimentando pode continuar a não notar esses ínfimos movimentos.

Com base na grande complexidade desses fatos foi construída a leitura de pensamentos alheios, a qual os psicólogos tomaram de empréstimo a mágicos e artistas de tablado mas, como muita coisa oriunda desses espaços, ganhou reconhecimento e sentido absolutamente indiscutíveis para a ciência. A essência dessa leitura consiste em atribuir a alguém um movimento mais ou menos complexo ou uma série de movimentos (tirar uma nota ao piano, pegar algum objeto com alguém entre centenas de objetos presentes, entregá-lo a outra pessoa, escrever a devida palavra, transferir o objeto, abrir uma janela, etc.). Para efeito de controle, anota-se em um papel o que foi pensado. O leitor das idéias propõe que o seu inventor pense da forma mais forte e intensa possível, parece-lhe estimular o pensamento e depois de complexas operações executa sem erro nem dificuldade o que foi inventado. Ocorre uma espécie de processo de conferimento a partir dos músculos do inventor, que lembra bastante a verdadeira leitura, ou seja, a percepção do sistema de certos sinais externos que são em seguida interpretados de acordo com seu verdadeiro sentido. O leitor costuma manter as mãos nos ombros do inventor, movimenta-o diante de si e sem dificuldade define o sentido em que deve realizar-se a ação pensada. Movimentando-se para o lado inadequado, ele esbarra na resistência da musculatura e, ao contrário, quando o devido movimento é encontrado a musculatura se manifesta por uma nítida flexibilidade, como uma espécie de acordo com a ação a ser desenvolvida. É assim que ela se revela no momento de parada ou mudança, porque a sua flexibilidade termina e através de uma série de novos movimentos de orientação o leitor escolhe a mudança ou a parada.

Testando e apalpando o grupo de músculos retesados o leitor fica sabendo quais são precisamente os movimentos que estão prontos nos pensamentos do experimentando e com um detalhamento habitual desses procedimentos chega a formas sumamente positivas e complexas. Basta dizer que por essa via pode-se tocar com os músculos uma peça inteira em um piano, registrar uma complexa operação aritmética, concluir a transmissão de objetos em uma sala de teatro lotada. Em todos esses casos temos de fato uma leitura muscular que justifica perfeitamente a afirmação do psicólogo americano, segundo a qual todo pensamento se realiza de uma forma ou de outra nas tensões musculares e sem elas não existe pensamento.

É digno de nota o fato de que quanto mais forte e intenso é o pensamento mais clara e complexa é a sua natureza motora. O homem que pensa não se satisfaz com as palavras mudas que ele pronuncia consigo mesmo. Começa a mexer os lábios, às vezes passa a sussurrar, às vezes começa a falar alto consigo mesmo. Os atores sabem bem que justificar psicologicamente um monólogo significa representar previamente uma cena de reflexão profunda e intensa. Nesse caso a própria reflexão se resolve de forma imperceptível na fala alta. Costuma-se observar isto nas crianças: quando absorvidas pela solução de alguma tarefa difícil elas começam a ajudar com os lábios o seu pensamento e em operações de adição e multiplicação de repente a testa, as bochechas e a língua assumem uma participação ativa.

A esse mesmo grupo pertencem todas as manifestações da escrita automática, que impressionaram muitos observadores nas chamadas seções de espiritismo. Depois das minuciosas verificações levadas a cabo por muitos cientistas, seria difícil duvidar de que na invocação dos mortos estamos diante da escrita automática, que não é conscientizada pelos próprios participantes da seção. Através de experimentos simples pode-se verificar que aqui se manifesta a mesma natureza motora do pensamento. No transcurso normal de uma seção espírita, basta que faça ao "espírito", ou seja, aos presentes uma pergunta sobre a qual haja divergências de opiniões ou os presentes tenham uma noção notoriamente falsa para que se obtenha uma resposta confusa e contraditória no primeiro caso e nitidamente incorreta no segundo.

Se você comunica previamente aos presentes que a sua mulher morreu há dois anos no Canadá, embora ela esteja esbanjando saúde na Europa, você pode estar certo de que o pires ou a mesa espírita irá bater "Canadá" e "morte". Inúmeros experimentos mostraram que as respostas estão na dependência direta da expectativa que as prepara e realiza. O próprio processo do transe espiritualista não consiste noutra coisa senão na excessiva tensão da musculatura dos dedos e no seu permanente entorpecimento, de sorte que eles deixam de estar subordinados à nossa consciência e ficam excessivamente dóceis à excitação automática do pensamento. As mãos dos presentes costumam estar de tal forma entrelaçadas que um tremor ou um movimento que começa em uma extremidade dissemina-se facilmente e como que se transforma em movimento geral.

Há muito tempo foi estabelecido na psicologia o fato ilustrativo de que toda concepção sobre o movimento suscita esse movimento. De fato, se propusermos a qualquer pessoa normal caminhar por cima de uma tábua situada no chão de um quarto é provável que ninguém recuse essa proposta e faça a experiência sem o menor risco de fracasso. Mas basta imaginar que a mesma tábua foi lançada do sexto andar de um edifício para o sexto andar de outro ou sobre algum precipício nas montanhas para que o número de passagens bem-sucedidas caia ao mínimo. A diferença em ambos os casos deve-se ao fato de que, no segundo, o passante terá noção absolutamente viva e nítida da profundidade, da possibilidade de queda que realmente ocorre em nove de cada dez casos.

É esse o mesmo fundamento do sentido psicológico dos corrimões nas pontes sobre os rios, já esclarecido mais de uma vez pelos psicólogos. De fato, é muito difícil que alguém já tenha visto um corrimão salvar pessoas de quedas nas pontes por assim dizer com a força física da sua presença, ou seja, que alguém que caminhava sobre uma ponte haja de fato tropeçado e o corrimão lhe tenha devolvido a estabilidade. As pessoas costumam andar ao lado dos corrimões, quase roçando o ombro neles e sem se inclinar o mínimo na sua direção. Mas basta tirar o corrimão ou inaugurar o movimento em uma ponte cuja construção ainda não foi concluída para que imediatamente comecem os desastres. E o mais importante é que ninguém ousa caminhar perto das beiradas da ponte. Nesse caso, o efeito dos corrimões é puramente psicológico. Eles eliminam da consciência a idéia ou noção da queda e assim imprimem uma direção correta ao nosso movimento.

Esse fenômeno é da mesma ordem da vertigem, é a vontade de atirar-se para baixo quando se olha de uma grande altura, ou seja, a tendência a realizar a idéia, a noção que nesse momento se apossa da nossa consciência com nitidez e força especiais.

É por isso que o pior procedimento psicológico é a inserção intensa e persistente na consciência do educando daqueles atos que ele não deve realizar. O mandamento "não faça isso" já é um impulso para a realização desse ato porque ele introduz na consciência a idéia de semelhante ato e, conseqüentemente, a tendência para a sua realização.

Thorndike aponta com extremo acerto para o mal causado por preceitos morais de que se valem os manuais de moral na escola secundária francesa. A descrição minuciosa de atitudes amorais, das quais o mestre procura proteger os seus alunos, no fundo só gera na consciência dos alunos uma certa ânsia e a aspiração a realizá-las. É por isso que seria extremamente prejudicial repetir os autores de tais manuais explicando minuciosamente por que não se deve praticar o suicídio. A literatura conhece uma infinidade de exemplos de semelhantes situações e casos em que um medo forte ou pavor diante de alguma coisa suscita precisamente a ação a que estava ligado o temor. O temor do príncipe Míchkin, personagem do romance *O idiota*, de Dostoiévski, de quebrar o vaso preferido em um baile o leva com uma certeza sonâmbula exatamente a fazê-lo, ou seja, a idéia que esteve sempre na consciência se realiza na ação. Não há melhor meio de fazer uma criança quebrar um copo do que lhe dizer várias vezes: "Olhe, você vai quebrá-lo" ou "Você vai mesmo quebrá-lo".

Passando a formas mais amplas e complexas de comportamento teremos de dizer que esse grupo de fato não esgota a natureza motora do pensamento. Deparamos com o que em psicologia costuma-se denominar atos ideomotores, ou seja, noções de movimento que se realizam imediatamente no próprio movimento. Outro grupo de fenômenos da mesma espécie é constituído pelas chamadas *sensações cinéticas*, descobertas e elaboradas com minúcia especial nos últimos decênios principalmente pelo pensamento psicológico americano. Os psicólogos denominam *cinéticos* aqueles estímulos e vivências que estão relacionados aos próprios movimentos desses ou daqueles órgãos humanos e como que prestam contas ao homem dos seus últimos atos. A nossa musculatura, a nossas articulações, os nossos tendões e quase todos os tecidos são perpassados nas camadas interiores mais profundas por finíssimas ramificações nervosas que comunicam o movimento e a posição dos órgãos com a mesma nitidez precisa com que os órgãos externos nos comunicam a posição e o movimento dos objetos do mundo exterior. Nesse sentido, as sensações *cinéticas* quase sempre estão vinculadas ao campo proprioceptivo de que já falamos.

Essas sensações *cinéticas*, como mostra a análise psicológica, são o momento mais importante no nosso pensamento e até no nosso ato volitivo. Para realizar algum movimento é necessário que exista previamente na nossa consciência uma imagem ou lembrança dos estímulos que estiveram vinculados a esses movimentos. A opinião geral dos psicólogos coincide em que todo movimento voluntário deve acontecer inicialmente de forma involuntária para que possa provocar a respectiva reação *cinética*, ou seja, o respectivo estímulo interno. Só pela renovação dessa reação é possível repetir o movimento sob a forma de ato voluntário. Na composição inexprimível e complexa que determina o nosso pensamento ou concepção de quaisquer objetos, cabe papel decisivo precisamente às vivências *cinéticas*, que não estão localizadas com a devida precisão: parecem estados interiores que a nada se assemelham porque, em realidade, sua natureza nervosa e o seu material de percepção são inteiramente outros.

A existência de momentos *cinéticos* em todo movimento consciente é confirmada pelos experimentos de Ber*, que ensinou os seus experimentandos a movimentarem as orelhas e realizarem outros movimentos (habitualmente involuntários) pondo mecanicamente em movimento o órgão após o qual se suscitava a reação *cinética* que permitia realizar posteriormente essa ação já por iniciativa e vontade próprias.

O terceiro e último grupo desses mesmos fenômenos pertence ao campo do pensamento e da representação de objetos, coisas e relações que, à primeira vista, é difícil imaginar realizados no movimento. Noutros termos, a dificuldade consiste em estabelecer a natureza motora de pensamentos orientados não para o movimento mas, por exemplo, para uma alta torre de quatro ângulos, para a cor azul, para um peso enorme. Entretanto, podemos facilmente nos convencer de que, em tais casos, estamos diante de uma série de movimentos embrionários e de difícil localização mas indiscutivelmente existentes. Nesse caso operamos o mais das vezes com movimentos dos órgãos receptores que, outrora, acompanhavam a percepção desse ou daquele objeto. Ao pensarmos em um círculo grande ou pequeno realizamos nos movimentos da musculatura do olho os mesmos movimentos adaptativos, a fixação dos objetos que outrora nós efetivamente percebemos.

Até as relações mais abstratas e dificilmente traduzíveis para a linguagem do movimento do pensamento, como algumas fórmulas matemáticas, filosofias ou leis lógicas abstratas,

....
* Karl Maksímovitc Ber (1792-1876): naturalista russo, criador da embriologia. (N. do T.)

acabam vinculadas a esses ou aqueles remanescentes de antigos movimentos hoje reproduzidos. Se imaginássemos a paralisia absoluta de toda a musculatura, a conclusão natural seria a total interrupção de todo o pensamento.

Cabe destacar em especial um grupo de movimentos interiores nos quais se realizam os pensamentos e que têm a maior importância no comportamento humano. Trata-se do grupo das chamadas reações motoras da fala, ou seja, movimentos do aparelho motor da fala recalcados e não localizados, constituídos de complexos elementos das reações respiratórias, musculares e sonoras que formam no seu conjunto a base de todo o pensamento de um homem culto, base essa corretamente denominada sistema do discurso interior ou do discurso mudo.

É curioso que o homem civilizado e o homem dos primeiros estágios da civilização identificam o pensamento e a fala em absoluta concordância com os dados científicos, definindo o pensamento como "conversa no estômago" ou à maneira bíblica "conversa no coração". É curioso que o pensamento é uma conversa, mas uma conversa escondida em algum órgão interno, não levada até o fim e não voltada para outra pessoa mas apenas para si mesmo; embaixo dessa definição assinam igualmente o selvagem e o cientista moderno. Era isso mesmo que Siétchenov tinha em vista ao definir o pensamento como os dois primeiros terços do reflexo psíquico ou como reflexo sustento em dois terços. Nesse caso, ele tinha em vista o reflexo não levado até o fim, inibido em sua parte externa.

A observação mais simples e cotidiana mostra que isso é realmente assim. Procure lembrar-se intensamente de algum motivo e perceberá que o está cantando de si para si. Procure lembrar-se intensamente das palavras de algum poema e perceberá que as está pronunciando para si mesmo. Essa contenção do discurso em um órgão interior, essa inconclusão ganhou um sentido especialmente amplo no convívio humano graças à extraordinária complexidade das relações mútuas que surge até mesmo nos estágios iniciais da cultura.

No início, todo reflexo se realiza em toda a sua plenitude, em todas as suas partes. Dispomos do esquema completo do movimento: a criança começa a falar mais cedo e depois a pensar. É de suma importância para o pedagogo saber que na realidade não acontece como costumavam imaginar, ou seja, que a criança primeiro começa a pensar e depois aprende as palavras para expressar os seus pensamentos. O primeiro pensamento da criança está vinculado aos primeiros sons ainda inarticulados. O seu pensamento é de origem secundária. Só começa quando a criança ao reprimir os sons começa a suspender o reflexo perante o último terço e a retardá-lo dentro de si.

É importantíssimo ter em vista as conseqüências psicológicas essenciais daí decorrentes. É fácil imaginar a questão como se o reflexo suspenso em dois terços se distinguisse do reflexo complexo apenas quantitativamente, pelo fato de não ter sido concluído. Verifica-se, entretanto, que ao mesmo tempo modifica-se radicalmente também a natureza psicológica e, com ela, a função biológica e social do reflexo.

Se é verdade que todo pensamento é um discurso não é menos verdade que o discurso interior difere do exterior por sua própria natureza psicológica. Essa diferença pode ser reduzida a dois pontos básicos: o primeiro consiste em que em todo reflexo temos uma espécie de três pontos de apoio nos quais se baseia o arco reflexo e ocorrem uma descarga intensa e uma perda de energia nervosa. Essa descarga começa habitualmente em algum órgão periférico graças ao impulso externo ou estímulo (estímulo do raio luminoso, da onda de ar, etc.). Em seguida, ele é reelaborado no sistema nervoso central e no efetor responsivo periférico.

Os psicólogos conseguiram estabelecer que a perda de energia no ponto central do sistema nervoso e no órgão operativo está em relação inversa. Quanto mais intensa e maior é a perda de energia central mais fraca e menor é a sua manifestação externa e, ao contrário, quanto mais intenso é o efeito externo da reação mais fraco é o seu momento central. É como se o organismo dispusesse de determinado fundo de energia nervosa. Cada reação parece realizar-se nos limites de certo orçamento energético. Todo reforço e toda complexificação do momento central custam o respectivo debilitamento do movimento responsivo do órgão operativo. Kornílov batizou esse princípio como princípio da perda unipolar de energia e o formulou com base em experimentos exatos realizados com diferentes espécies de reação.

A essência do estudo realizado por Kornílov consiste em medir uma quantidade de energia despendida durante a reação, no processo de complexificação gradual do ato pensante central. Propõe-se a um experimentando reagir ao toque da campainha apertando o botão da chave; depois propõe-se não reagir antes de identificar no som o mesmo que foi mostrado antes do início do experimento. Posteriormente propõe-se reagir a um som com a mão direita e a outra com a mão esquerda. Noutros termos, a reação entre os momentos da percepção do estímulo e o movimento responsivo do órgão operativo introduz-se um determinado processo pensante de identificação, diferenciação ou escolha que, como já mostraram as investigações de Wundt, manifesta-se no aumento da duração da reação e, segundo estudos mais modernos, na queda da sua intensidade.

Por outras palavras, se tivermos de realizar um movimento apenas depois que conseguimos entender bem o sinal ou fazer a opção entre um sinal e outro, nesses casos o nosso movimento será mais fraco e menos enérgico do que quando vamos reagir imediatamente após a chegada do sinal.

Aqui a experiência mostrou que a redução da perda de energia periférica está em rigorosa proporção matemática com a quantidade global de energia despendida com a reação e, desse modo, pode servir como medida de energia despendida nesse ou naquele processo pensante. Se admitimos que durante a reação a um sinal simples o experimentando distendeu A de unidades de energia e na reação da escolha entre dois sinais distendeu B, então teremos A - B e a medida da energia psíquica que nesse caso compensou o ato de escolha entre os dois sinais.

Observações mais simples mostram que é difícil unificar algum trabalho físico intenso com operações mentais complexas; é impossível resolver tarefas complexas correndo rápido por um quarto; é impossível alguma pessoa concentrar-se em algum pensamento e ao mesmo tempo rachar lenha com energia. Todo pensamento suscita uma espécie de pasmo, de torpor, e por sua natureza paralisa e suspende o movimento. É por isso que o homem meditabundo sempre tem uma aparência de parado, e se alguma coisa nos impressiona fortemente nós suspendemos sem falta o movimento. Assim se estabelece que, embora o pensamento seja um movimento, por mais estranho que pareça ainda assim é um retardamento do movimento, ou seja, uma sua forma em que a complexificação dos momentos centrais da reação enfraquece e, em pendência, reduz a nada qualquer manifestação externa dessa reação.

Daí os psicólogos tiram a conclusão de extrema importância para a pedagogia, segundo a qual a unificação dos trabalhos mental e físico, considerada fundamento da pedagogia do trabalho, não deve ser interpretada de maneira nenhuma como síntese simultânea dessas duas modalidades de trabalho. Fazer canteiros em horta e ao mesmo tempo ouvir aula de botânica, aplainar uma tábua em uma marcenaria e ao mesmo tempo estudar a lei da adição e da decomposição das forças significa igualmente, como mostrou Kornílov, fazer canteiros e assimilar a botânica, igualmente deformar a lei do paralelogramo das forças e estragar a tábua. Do ponto de vista psicológico, a fusão da teoria e da prática na educação não deve significar outra coisa a não ser uma alternância racional e planejada dessas e de outras modalidades de trabalho, alternância essa que realiza de forma harmoniosa a perda rítmica de energia, ora em um ora em outro pólo do nosso organismo.

No fundo, o ritmo significa a forma superior de atividade orgânica e de vida porque constitui uma espécie de alternância do movimento e do repouso e por isso garante a perfeição e a continuidade do movimento. Em termos psicológicos, o ritmo não é senão a forma mais perfeita de síntese do movimento e do repouso. É por isso que o trabalho ímpar e admirável dos incansáveis músculos do nosso coração só é possível graças ao caráter rítmico dos seus batimentos. E é só porque ele bate movido com impulsos e depois de cada batimento repousa é que ele bate sem parar a vida inteira. Por isso o princípio do famoso ritmo na educação se torna psicologicamente inevitável para a teoria e a prática da escola para o trabalho.

Aplicado à explicação psicológica do pensamento, esse princípio da perda unipolar de energia explica que a suspensão do reflexo em dois terços é compensada pelo esforço e a complexificação da sua parte central, ou seja, pela elaboração que recebe no sistema central todo estímulo que vem de fora. Isso significa que graças à suspensão e à repressão do reflexo, ou seja, graças à transformação da energia completa em pensamento a reação ganha em flexibilidade, sutileza e complexidade nas suas relações recíprocas com os elementos do mundo, e a ação pode ser concluída em formas infinitamente elevadas e sutis.

Outra diferença entre o pensamento e a reação completa consiste em que, ao desempenhar o papel de movimento apenas interno, essa reação perde o sentido de qualquer reação como certo movimento orientado para fora e ganha um significado absolutamente novo de organizador interno do nosso comportamento. De fato, uma palavra pronunciada em voz alta, como qualquer movimento do organismo, está sempre voltada para algo situado fora de nós e sempre procura criar ou produzir certa mudança nos elementos do meio. A reação não localizada plenamente, resolvida no interior do próprio organismo naturalmente não pode ter semelhante função, pois ou deve tornar-se inteiramente desnecessária em termos biológicos, e ao lado dos detritos psíquicos atrofiar-se e destruir-se no processo de desenvolvimento, ou ganhar sentido e significado inteiramente novos. Precisamente graças ao fato de que essa reação se resolve inteiramente dentro do organismo ela ganha significado e papel de estímulo interior de novas reações. O sistema dos nossos pensamentos parece organizar previamente um comportamento, e se eu primeiro penso e depois faço isso não significa outra coisa a não ser uma duplicação e complexificação do comportamento em que as reações internas do pensamento primeiro prepararam e adaptaram o organismo e depois as reações externas realizaram o que foi antecipadamente estabelecido e preparado no pensamento. Ele exerce o papel de organizador prévio do nosso comportamento.

Comportamento consciente e vontade

Pode parecer facilmente que com o estabelecimento da natureza motora e reflexa do nosso pensamento elimina-se toda e qualquer diferença entre os tipos racional ou consciente e reflexo ou instintivo de comportamento. Surge naturalmente a idéia de que, nessa concepção, o psiquismo humano e o comportamento são interpretados mecanicamente, estabelecendo-se uma concepção do comportamento humano como autômato que reage com essas e aquelas ações a essas ou aquelas estimulações do meio. E como Descartes definiu os animais como mecanismos móveis e lhes negou natureza animada e psiquismo, de igual maneira os psicólogos atuais estão inclinados a interpretar e tratar o homem. Entretanto, toda a imensa diferença entre a experiência humana e a experiência animal oferece uma evidente refutação dessa concepção.

Ao estabelecer as peculiaridades do trabalho humano, Marx apontou a diferença psicológica extremamente importante que difere o trabalho do homem do trabalho do animal. É bem mais cômodo partir dessa concepção na análise do comportamento consciente ou racional. A construção de teia de aranha ou células ainda pertence integralmente a formas de comportamento instintivo, ou seja, de adaptação passiva do organismo ao meio, a qual em nada difere do mesmo mecanismo de digestão no estômago e nos intestinos do homem. O comportamento humano efetivamente incorpora um momento basicamente novo: a existência prévia dos resultados do trabalho da cabeça do homem como estímulo orientador de todas as reações. É fácil perceber que aqui não se trata de outra coisa senão de certa duplicação da nossa experiência.

A construção humana difere da construção da abelha apenas pelo fato de que o homem constrói como que duas vezes: primeiro em pensamentos, depois na prática. Daí a ilusão da vontade racional e livre. Cria-se a impressão de que as atitudes do homem são de duplo caráter: primeiro ele quis, depois fez. Essa ilusão é reforçada ainda pelo fato de que o primeiro momento pode ser separado do segundo e realizado independentemente dele. Cria-se a impressão de que a vontade ou desejo e o esforço volitivo livre são absolutamente autônomos e não subordinados ao movimento real. Eu posso querer levantar o braço e ao mesmo tempo tomar consciência de que ele está preso, logo, o movimento não pode ser realizado. Em todos esses casos estamos diante de uma indiscutível ilusão cuja natureza psicológica é esclarecida de forma integral pelo papel interior desempenhado pelos nossos pensamentos.

Mais de uma vez (por exemplo, no mecanismo em cadeia do instinto) verificamos que toda reação nossa pode vir a ser em sua parte responsiva o estímulo de uma nova reação. Ao estímulo da carne o cão responde com salivação, mas sob a influência de uma estimulação que torna a surgir ele ou segrega ou engole a saliva, e assim a parte responsiva de um reflexo (secreção de saliva) se torna estimulação do reflexo seguinte.

A transmissão de reflexos de uns sistemas a outros é o mecanismo através do qual se realiza a chamada nossa vontade racional. O ato volitivo pressupõe necessariamente, em nossa consciência, a existência anterior de certos desejos, vontades e aspirações relacionadas, em primeiro lugar, com a concepção do objetivo final a que aspiramos e, em segundo, com a concepção das atitudes e ações que são necessárias da nossa parte para a realização do nosso objetivo. Assim, a dualidade o radica no próprio fundamento do ato volitivo e se torna especialmente visível e notória quando se chocam, em nossa consciência, alguns motivos e algumas aspirações opostas. Dentre essas aspirações e motivos a consciência tem de fazer a sua opção.

São precisamente os momentos de luta dos motivos que se abrem à nossa auto-observação como os mais convincentes, como provas imediatas da existência da liberdade de escolha. Nunca o homem se sentiu tão livre para agir por seu próprio arbítrio do que quando se lhe apresentam várias possibilidades e atitudes e com uma espécie de livre ato da vontade ele faz entre elas a sua opção. Mas nenhum dos atos do nosso psiquismo se apresenta na análise objetiva tão cômodo para descobrir a verdadeira determinação e ausência de liberdade como o ato da luta entre os motivos. É fácil demais compreender que, do ponto de vista objetivo, a existência do motivo volitivo não é outra coisa senão certo estímulo interior que nos motiva a essa ou aquela ação. O choque simultâneo entre vários motivos significa o surgimento de alguns estímulos internos que lutam pelo campo motor geral com a força espontânea dos processos nervosos. O desfecho da luta é sempre predeterminado: por um lado, pela força relativa das partes em luta e, por outro, pelo clima de luta que se forma como decorrência do equilíbrio geral de forças dentro do organismo.

A antiga piada filosófica sobre o asno de Buridan, que morreu de fome entre dois feixes de feno só porque não conseguiu resolver qual dos dois era mais interessante para ele, é cheia de profundo sentido psicológico. Em termos reais, evidentemente, esse caso é inteiramente impossível, uma vez que na realidade o completo equilíbrio entre os dois estímulos dificilmente seria exeqüível. Ademais, a influência decisiva nesse caso caberia à experiência anterior do asno, já habituado a encontrar a sua comida pelo lado direito ou esquerdo. Mas teoricamente esse caso exprime a correta idéia psicológica segundo a qual, havendo equilíbrio completo e ideal de todos os motivos voltados para os lados opostos, conseguimos a total apatia da vontade; assim, o mecanismo psíquico irá funcionar segundo todas as leis da mecânica exata que deixam em repouso um corpo que está a influência de duas forças idênticas orientadas para lados diferentes.

Dessa forma, o pleno ato volitivo deve ser interpretado como um sistema de comportamento que surge com base nas atrações instintivas e emocionais do organismo e é inteiramente predeterminado por elas. O próprio surgimento dessa ou daquela vontade ou desejo na consciência sempre tem como causa essa ou aquela mudança no organismo. O que costumamos chamar de desejos imotivados assim o são na medida em que a sua causa está oculta no campo do inconsciente. Ademais, a atração costuma retratar-se em complexos processos de pensamento; tenta apoderar-se das nossas idéias porque o pensamento são os acessos ao comportamento e quem domina esses acessos toma uma fortaleza. O pensamento é uma espécie de mecanismo transmissor entre as atrações e o comportamento e realiza a organização deste em função dos incitamentos e motivos interiores que partem dos fundamentos profundos do nosso psiquismo. É por isso que a total determinação da vontade, inteiramente fundada para a psicologia, é a premissa radical para a análise científica dos seus processos; fenômenos imotivados e não determinados não podem ser objeto de um estudo e da hipótese científicas.

Psicologia da linguagem

É mais fácil e mais simples descobrir os mecanismos do comportamento e da vontade, anteriormente descritos, em um exemplo particular de linguagem, base do elemento que realiza o nosso pensamento como sistema de organização interior da experiência. Do ponto de vista da psicologia, a linguagem individual e popular passa por três diferentes estágios no seu desenvolvimento.

A princípio, a linguagem surge do grito reflexo que é absolutamente inseparável de outros sintomas emocionais e instintivos do comportamento. É fácil mostrar que em elevados estados emocionais, como o medo, a ira, etc., a linguagem é como que uma parte do complexo biológico geral dos movimentos adaptativos, parte essa que desempenha em particular a função de expressar o comportamento, por um lado, e por outro coordená-lo. O grito expressivo está imediatamente relacionado à respiração expressiva, ou seja, gritamos como respiramos.

Entretanto nos estágios mais primitivos do desenvolvimento o grito não se limita a isso. No comportamento de manada do animal ele é um meio de pedir socorro, um sinal do guia para o rebanho, etc.

Nesse estágio do grito reflexo surge a voz inicial do homem. A criança recém-nascida grita porque a corrente do ar faz vibrarem as suas cordas vocais. Nos primeiros dias de vida determina-se e ganha forma o caráter reflexo do grito infantil. É provavelmente nesse estágio que fica estagnada a linguagem nos animais inferiores. Mas nos primeiros meses de vida surge outro estágio de linguagem, que se constrói segundo todas as leis da educação do reflexo condicionado. A criança percebe o próprio grito e uma série de estimulações a ele subseqüentes como a chegada da mãe, a alimentação, a colocação de fraldas, etc. Graças à freqüente coincidência dessas coisas forma-se na criança um novo vínculo condicionado e ela já começa a reclamar a chegada da mãe com um grito especialmente produzido para isto. Aqui surge pela primeira vez a linguagem como tal, na sua significação psicológica, como relação entre certa ação do organismo e o sentido dela dependente. O grito da criança já tem sentido porque traduz algo compreensível à própria criança e a sua mãe.

Mas também nessa fase a linguagem é extremamente limitada. Só é compreensível a quem a fala, ou seja, é inteiramente condicionada e limitada pela relação condicionada que foi dada na experiência pessoal do homem. Assim é a linguagem dos animais. É fato amplamente conhecido que os animais aprendem a entender o sentido das palavras e a relacionar a determinados sons ações suas ou estranhas como, digamos, deitar-se, levantar-se, servir por ordem do dono. Essa linguagem, porém, difere da linguagem humana porque para elaborar a compreensão do seu sentido é indispensável que sempre passe pela experiência pessoal de dado animal aquela relação condicionada que deve ser estabelecida entre o som e a ação. Em outros termos, a compreensão dessa linguagem é restrita exclusivamente a quem participa da sua criação.

A lingüística de orientação psicológica mostrou que todas as línguas existentes passaram por esse estágio e, no princípio, toda palavra que surgia numa língua era criada precisamente por esse meio. É extremamente fácil observar que em uma língua moderna existem palavras de dupla espécie: umas relacionam de forma patente certos sons a determinado sentido, outras, ao contrário, realizam essa fusão de modo incompreensível para nós. Se tomarmos, por um lado, palavras como *gólub* (pombo), *vóron* (corvo) e, por outro, *golubói* (azul) e *voronói* (murzelo), será fácil perceber que o primeiro grupo é totalmente incompreensível para nós por que os sons de *gólub* significam precisamente "pombo", e podemos facilmente imaginar que, sob certa condição, com a palavra *gólub* poderíamos designar corvo e vice-versa. Ao contrário, quando dizemos *golubói* (azul) e *voronói* (murzelo) não só ouvimos os sons, não entendemos só o seu significado como também a causa pela qual os sons designam precisamente essas cores. Para nós seria absurdo chamar um cavalo preto de azul ou o céu azul de murzelo porque *golubói* (azul) *gólub* (pombo), "cor da asa do pombo", e *voronói* significa "cor da asa do corvo".

Assim os lingüistas-psicólogos distinguem na palavra três elementos: o som, o significado e a imagem ou a relação entre um e outro, como se esclarecessem por que determinada palavra está ligada a um dado som. As palavras se distinguem na língua pela existência ou inexistência desse terceiro elemento. Estudos etimológicos mostram o seguinte: mesmo se uma palavra tiver perdido a sua imagem, no significado anterior ela sempre a teve. Conseqüentemente, nenhuma palavra surge por acaso, em parte alguma a relação entre sentido e som é arbitrária, e sempre reside na aproximação entre dois fenômenos semelhantes que se podem perceber facilmente na origem de palavras como *golubói* e *voronói*. Nesse caso, a palavra nova significa uma relação estabelecida entre um objeto e outro, e essa relação, dada na experiência, está sempre presente na origem de cada palavra.

Em outros termos, no momento do seu surgimento toda palavra tem imagem, ou seja, motivação concreta e compreensível para qualquer pessoa. Gradualmente, no processo de crescimento e desenvolvimento da linguagem, a imagem morre e a palavra conserva apenas o sentido e o som. Isso significa que a diferença entre palavras do mesmo gênero se reduz inteiramente a uma diferença etária: as palavras mais jovens têm imagem, as mais velhas andam meio esquecidas dela mas se tentarem ainda poderão aparecer nelas. As palavras profundamente antigas só descobrem a sua imagem depois de minuciosas escavações histórica.

Mostrar como acontece esse processo de agonia significa mostrar de que modo a palavra evolui, apenas para os seus criadores, da fase primitiva da língua para a língua de todo um povo. A morte da imagem deve-se ao fato de que a palavra é empregada em relações bem mais amplas do que aquelas que foram a causa do seu surgimento. Se tomarmos palavras como *tcherníla* (tinta preta de escrever) e *konka* (trâmuei, bonde), fica fácil perceber a imagem que lhes serve de base. Por outro lado, com absoluta liberdade e sem forçar em nada o pensamento, hoje nós falamos de tintas vermelhas, azuis, verdes e de bonde a vapor, embora do ponto de vista etimológico tais combinações fossem impossíveis. Quem chamou o líquido para escrever de *tcherníla* ficou em apenas um indício desse objeto, na sua cor preta, e designou todo o objeto depois de aproximar o novo fenômeno com indício anteriormente conhecido. Mas esse indício mostrou que não era absolutamente o mais importante e principalmente não era o único no objeto. Revelou-se casual e se dissolveu em uma infinidade de outros indícios que, na sua totalidade, serviram à elaboração de um conceito geral sobre *tcherníla*-tintas. Quando *tcherníla* significava forçosamente alguma coisa preta, tratava-se de uma relação estabelecida a partir de uma experiência pessoal; quando, porém, essa designação passou a ser aplicada numa infinidade de outros experimentos, as pessoas esqueceram que *tcherníla* era necessariamente algo preto e a palavra deixou de ser uma associação convencional pessoal para tornar-se termo social geral. Por outras palavras, o pensamento recalcou a imagem, dissolveu-a em si mesmo, e só pela semelhança sonora uma pessoa pode facilmente averiguar a origem da palavra.

Daí ver-se facilmente que todos os processos de interpretação, inclusive a interpretação da linguagem, significam psicologicamente uma associação. Interpretar a língua francesa significa ser capaz de estabelecer associação entre os sons percebidos e os significados das palavras. Uma associação tanto pode ser de natureza estritamente individual (a linguagem dos animais) quanto amplamente social (a linguagem humana).

Entretanto o fato mais notável para a psicologia da linguagem é o de que a linguagem desempenha duas funções inteiramente diversas: de um lado serve como meio de coordenação social da experiência de pessoas isoladas; de outro, é um instrumento mais importante do nosso pensamento.

Sempre pensamos em alguma linguagem, ou seja, falamos sozinhos e organizamos o nosso comportamento dentro de nós mesmos pela mesma maneira como organizamos o nosso comportamento em função do comportamento de outras pessoas. Em outros termos, o pensamento revela facilmente a sua natureza social e mostra que a nossa personalidade é organizada pelo mesmo modelo que organiza o convívio social. Além disso, a concepção primitiva do psiquismo como um duplo que habita o homem é a mais próxima dos nossos conceitos.

As doutrinas tradicionais em psicologia consideravam enigma indecifrável a compreensão do psiquismo alheio, uma vez que toda vivência psíquica é inacessível à percepção de pessoa estranha e só se revela na introspecção. Só tenho consciência da minha própria alegria, de que jeito posso conhecer a alegria de outra pessoa? Nesse ponto, todas as teorias psicológicas, por mais diferente que fosse a sua organização, sempre tomaram por base da solução desse problema a convicção de que nós conhecemos os outros uma vez que conhecemos a nós mesmos. Se interpretamos movimentos alheios por analogia com os nossos, se realizamos o processo de empatia, ou seja, suscitando em nós mesmos as nossas próprias emoções por motivo da mímica do outro, nós, como afirmavam os psicólogos, sempre traduzimos o psiquismo alheio para a linguagem do nosso próprio e conhecemos os outros através de nos mesmos.

De fato, do ponto de vista genético do desenvolvimento da consciência infantil e do ponto de vista da teoria psicológica do ato volitivo seria mais correto afirmar justamente o contrário. Vimos que a nossa própria concepção ou conscientização dos nossos atos surge como associação entre estimulações internas e, como qualquer associação de ordem condicionada, surge da experiência no processo de coincidência de diferentes estímulos. Dessa forma, a criança aprende antes a entender os outros e só depois, por esse mesmo modelo, aprende a entender a si mesma. Seria mais correto dizer que conhecemos a nós mesmos na medida em que conhecemos os outros ou, em termos ainda mais precisos, que tomamos consciência de nós mesmos apenas na medida em que somos para nós mesmos um outro, ou seja, algo estranho. Eis por que a linguagem, esse instrumento de comunicação social, é ao mesmo tempo um instrumento de comunicação íntima do homem consigo mesmo. Nesse caso, a própria configuração consciente dos nossos pensamentos e atos deve ser entendida como o mecanismo de transmissão dos reflexos para outros sistemas ou, em termos da psicologia tradicional, para outra reação circular.

O Eu e o Id

Há muito ficou para trás o tempo em que os psicólogos podiam considerar a personalidade humana algo indiviso e simples. Hoje a análise psicológica revela na estrutura da nossa personalidade camadas absolutamente heterogêneas que não permitem que se continue a associá-la a alguma substância indivisa mas oferecem uma noção mais aproximada dela quando se tenta representá-la sob a forma de conflito dialético entre as mais variadas tendências e forças.

Até mesmo a linguagem popular faz com muita facilidade uma distinção entre o que eu quero ou faço e o que gostaria de fazer, como se estabelecesse uma diferença entre os dois núcleos fundamentais da nossa personalidade, aqueles que a nova psicologia designa de Eu e Id. Nesse caso manifesta-se com absoluta precisão o caráter duplo do nosso pensamento como conflito permanente entre o Id e o Eu. Freud diz que o Eu se assemelha a um cavaleiro, e o Id a um cavalo. Se o cavaleiro não quer ser jogado no chão pelo cavalo terá de se deixa levar constantemente para onde o cavalo deseja. De igual maneira o nosso Eu tem de seguir com muita freqüência as suas atrações situadas nas camadas mais profundas da personalidade, senão surge um conflito sério e essencial que termina ou em um mal provisório ou em uma doença mais prolongada. Como mostram as investigações, as psicoses e neuroses são formas de doenças que surgem na base do conflito interior entre determinadas camadas da personalidade. É nesse ponto que o Eu é aquele núcleo consciente e organizador do comportamento que designamos sempre por pensamento. Eu sou o lado pensante da nossa personalidade; daí tornar-se absolutamente clara a dependência na qual o pensamento cai em relação a aspirações mais radicais e básicas do organismo.

Começamos a entender que o próprio pensamento só surge em base instintiva e emocional e é orientado precisamente pelas forças da última. O estabelecimento da natureza emocional e ativa do pensamento quase chega a ser a conquista mais importante da psicologia dos últimos decênios. Lança-se e salienta-se com persistência especial a circunstância de que o pensamento sempre significa um desinteresse inusual do organismo nesse ou naquele fenômeno, que é próprio do pensamento o caráter ativo e volitivo, que no seu fluxo as idéias não se subordinam às leis mecânicas da associação e nem às leis lógicas da veracidade mas às leis psicológicas da emoção.

Nesse sentido, cabe entender o pensamento como uma tarefa especial do comportamento a ser mais uma vez resolvida ou da orientação em novas circunstâncias. O pensamento sempre surge de dificuldades. Onde tudo flui levemente, sem nenhum obstáculo, ainda não existe motivo para o surgimento do pensamento, que surge onde o comportamento esbarra em um obstáculo. É essa dificuldade como fonte básica do pensamento que deu motivo a todas as análises psicológicas que estabelecem a subordinação do nosso pensamento a uma tendência determinante, ou seja, a uma tarefa predeterminante que deve ser resolvida dessa vez. Daí os elementos do esforço, das buscas, da orientação e de todos os demais remanescentes não enformados e caóticos da atividade adaptativa, que surgem no processo de pensamento.

Conclusões pedagógicas

A primeira e mais importante conclusão pedagógica, que se impõe naturalmente dessa concepção de pensamento, consiste na nova visão do caráter fundamental da educação, que se caracteriza por uma hostilidade aberta e linear ao ensino direto. A pedagogia de um passado recente estava inteiramente penetrada pela tendência a atenuar toda e qualquer educação, procurando extirpar desta qualquer dificuldade e torná-la absolutamente fácil, despreocupada e natural. Tratava-se de uma reação absolutamente sadia contra as dificuldades monstruosas e desumanas que recaíam sobre a criança na época antecedente.

Mas com a tendência social sadia penetrou nessa teoria também uma boa dose de equívoco psicológico. A exigência de tornar direto todo o ensino como expressão máxima dessa pedagogia da atenuação reflete melhor todos os seus pontos fracos. Ensino direto significa antes de mais nada extirpar toda dificuldade do pensamento da criança. Exige que tudo o que se oferece a criança lhe seja lecionado, em primeiro lugar, na experiência pessoal e, em segundo, numa forma acessível, direta e atenuada.

De fato, esse tipo de exigência restringe, antes de mais nada, a experiência através do estabelecimento de vínculos pessoais que são insuficientes até nas escolas mais ricamente equipadas e que dispõem das melhores possibilidades externas. A experiência do homem é sempre mais ampla do que a sua experiência pessoal: nós sabemos muito mais do que vimos, e se alguém quisesse nos obrigar a saber tanto quanto vemos estaria limitando o campo da nossa experiência.

Entretanto é bem mais importante constatar que a tendência a facilitar contraria, na raiz, os princípios educativos da psicologia. Isso seria o mesmo que, na saúde infantil, se exigisse que não se criassem dificuldades para as crianças com a mastigação e só lhes fornecesse alimento líquido. Para nós, é bem mais importante ensinar a criança a comer do que que alimentá-la hoje. De igual maneira, no processo de aprendizagem é bem mais importante ensinar a criança a pensar do que lhe transmitir esse ou aquele conhecimento. A evidência, ao criar o caminho mais fácil e cômodo para assimilar conhecimentos, ao mesmo tempo paralisa na raiz o hábito do pensamento independente, tira da criança essa preocupação e afasta conscientemente da educação todos os momentos de elaboração complexa da experiência, exigindo que todo o necessário seja levado ao aluno em forma desmembrada, mastigada e digerida. Entretanto, é necessário que nos preocupemos precisamente com a criação do maior número possível de dificuldades na educação da criança como pontos de partida para os seus pensamentos.

O meio social e todo o comportamento da criança devem ser organizados de tal forma que cada dia traga novas e mais novas combinações, casos imprevisíveis de comportamento para os quais a criança não encontre no acervo da sua experiência hábitos e respostas prontas e sempre depare com a exigência de novas combinações de idéias. Ora, o pensamento não é outra coisa senão a participação de toda a nossa experiência anterior na solução de uma tarefa corrente, e a peculiaridade dessa forma de comportamento consiste inteiramente no fato de que ela introduz o elemento criador no comportamento ao criar todas as combinações possíveis de elementos em uma experiência prévia como é, em essência, o pensamento. Essa forma de comportamento multiplica a possibilidade infinita de tais combinações, que podem ser produzidas a partir de reações humanas, e torna o comportamento humano inesgotável de tão multifacetado e exclusivo de tão complexo.

O trabalho criador distingue-se do trabalho escravo porque neste o momento de organização prévia da experiência e o momento da sua execução estavam separados um do outro. O trabalho físico e o trabalho mental se separaram do processo geral comum de trabalho porque, graças a uma necessidade social, foram divididos entre diferentes grupos sociais. Sobre um deles recaiu metade da fração – a organização interna prévia da experiência – e sobre o outro a segunda metade da fração – a execução física. O processo psicologicamente pleno de trabalho pressupõe forçosamente o contrário, ou seja, a unificação de ambos os elementos – o prévio e o executivo – em cada ato particular.

Assim, o que se torna pedagogicamente correto não é a tendência a aplicar o método direto mas a deixar que a própria criança se oriente em circunstâncias complexas e confusas. Se alguém deseja educar alguma coisa de sólido na criança deve preocupar-se com os obstáculos.

Nesse caso, é natural que não se trata de criar situações deliberadamente sem saída capazes de suscitar um dispêndio estéril e não planejado de forças da criança. Pode-se falar apenas de uma organização da vida e da aprendizagem em que a criança encontre dois elementos necessários para desenvolver o pensamento como forma superior de comportamento. Esses elementos consistem, em primeiro lugar, na complexificação ou, em outros termos, na tarefa que deve ser resolvida e, em segundo, nos métodos e meios através dos quais essa tarefa pode ser resolvida.

A própria solução da tarefa, 90% da qual cabia antes às obrigações do pedagogo, hoje é inteiramente atribuída ao aluno. Nesse sentido, o plano daltônico de ensino, que transfere do professor para o aluno a obrigação de encontrar e formular as leis científicas, substitui a aula por laboratórios, reduz o papel do mestre a zero (em que ele pode ser substituído por livros, manuais, quadros e materiais pedagógicos afins) e mantém para o mestre apenas a função de organizar e controlar a experiência do aluno; pois bem, do ponto de vista psicológico esse plano é o que melhor corresponde à natureza da educação do pensamento.

É como se o aluno recebesse uma empreitada, ou seja, uma tarefa desmembrada e dosada no tempo. No laboratório ele recebe todos os materiais e meios necessários para resolver a tarefa; sua atribuição é organizar a experiência, desmembrar e calcular o seu tempo de modo a que a empreitada seja cumprida com êxito e dentro do prazo. O plano ensina cada um dos alunos a pensar com independência, ao passo que o velho sistema de ensino atribuía essa obrigação apenas ao professor em nome de toda a turma. Esse sistema de educação sempre coloca o aluno na condição de investigador, de quem solicita o estabelecimento dessa ou daquela verdade e é apenas orientado pelo professor. Em termos psicológicos mantém-se o pleno processo de trabalho, que pressupõe forçosamente um estágio prévio de planejamento e a reação prevista para uma etapa posterior ganha expressão justamente nesse plano.

O último momento, que difere com vantagem esse sistema de ensino do anterior, é o caráter puramente concreto que o pensamento adquire. O pensamento inteiramente abstrato se desenvolve de forma incompreensível para o aluno, o que gerou na nossa velha escola um verbalismo nu e seco, ou seja, uma infinita propensão a formulações verbais, a definições verbais sem nenhuma penetração na essência da questão.

Niekrássov fala de uma de suas heroínas, apontando que de todas as habilidades que ela recebeu da educação sentiu de repente a falta de apenas uma: a habilidade de pensar. Ela sabia fazer muita coisa e inclusive montava cavalos maravilhosamente, mas nunca havia precisado pensar justamente porque ao longo de toda a sua vida não conseguia se lembrar de nenhum instante em que tivesse esbarrado em dificuldades.

É preciso dizer que, se na vida da nossa velha escola os alunos aprendiam a pensar, isto acontecia sempre a despeito da intenção da escola, porque as dificuldades que ela apresentava não despertavam o pensamento no sentido exigido pelo andamento do processo pedagógico.

É sumamente importante estabelecer na consciência do aluno o vínculo global e o objetivo final que determinam todo o processo final de pensamento. Desde o início esta questão merece uma resposta exata e satisfatória. Entretanto, todo o sistema dos velhos manuais era construído com base na ausência desse vínculo orientador, e o aluno, ao passar de um estágio a outro, entendia o vínculo entre determinados estágios do curso como um cavalo entende o vínculo entre puxadas isoladas dos arreios e cada guinada isolada, mas o sentido do conjunto do caminho do ponto inicial ao ponto final – sentido a que estão subordinadas todas as guinadas isoladas – continuava tão desconhecido para ele quanto para o cavalo.

Análise e síntese

Costuma-se considerar como formas lógicas básicas em que se realiza o pensamento as atividades sintética e analítica da mente, ou seja, aquelas que inicialmente decompõem o mundo percebido em elementos isolados e depois constroem a partir desses elementos novas formações que ajudam a melhor entender o que está ao redor. Nesse sentido é de suma importância esclarecer o mecanismo psicológico da formação dos conceitos, ou seja, de reações gerais e familiares que não dizem respeito a um objeto isolado mas a toda uma classe ou grupo de objetos simultaneamente. Cada reação é um acumulador sumamente valioso de experiência e, no fundo, já é uma teoria. Quando eu digo "lâmpada", tendo em vista toda uma classe de objetos homogêneos, estou aplicando os resultados de um imenso trabalho analítico antes realizado para decompor em suas partes componentes e assimilações todos os objetos antes existentes na minha experiência, ou seja, um trabalho de equiparação dos elementos similares, rejeição dos elementos casuais e sintetização dos restantes em um conceito integral.

Essa atividade analítica parecia extremamente enigmática e complexa até que foi estabelecido que trabalho análogo ocorre na linguagem sempre que operamos com objetos singulares. Quando eu falo não de lâmpada no sentido geral mas de uma dada lâmpada, estou essencialmente operando não com uma experiência sensorial nua mas com uma experiência que passou por uma relação substancial. De fato, em minha experiência real até essa lâmpada era sempre dada de forma um tanto diferente, noutros termos, a experiência sempre variava. A lâmpada ora ardia, ora estava apagada, ora iluminava, ora não, ora aparecia em um ambiente de objetos, ora em outro, ora aparecia em um ângulo, ora em outro, e agora, quando falo de lâmpada, ignoro todas as variantes particulares da experiência e estabeleço um certo sentido central e geral do objeto.

Daí a natural conclusão pedagógica: deve passar pela experiência dos alunos o maior número possível de objetos e fenômenos, e aí a seleção deve ser feita com vistas a que a escolha dos objetos facilite e como que sugira ao aluno o trabalho analítico e sintético. Um exemplo elementar disso pode ser o procedimento pedagógico de elaboração do conceito de forma e cor na criança. Escolhemos objetos de forma geométrica diferente mas de uma cor, depois fazemos o contrário e, como resultado, o indício geral de cor e da forma em um ambiente variado se manifesta de modo especialmente nítido e preciso, como que se separa dos objetos que os contêm e graças à sua freqüente repetição começa a dominar na consciência e a levar nela uma espécie de existência autônoma.

O trabalho analítico é facilitado por esse agrupamento de material, no qual o indício a ser destacado é encontrado nas mais diversas combinações.

Por sua vez, o trabalho sintético de reunião de indícios é facilitado por um agrupamento de materiais no qual os elementos a serem relacionados estão vinculados da forma mais clara, precisa e, principalmente, de elementos estranhos. Nesse caso, é necessário ter em vista a lei da dependência inversamente proporcional entre o volume e o conteúdo de um conceito, lei essa que é a mais importante para o pedagogo. Chama-se *volume de um conceito* o número de objetos ou fenômenos que se enquadra nesse conceito. Chama-se *conteúdo* o número de indícios pensados nesse conceito. Quanto mais amplo é o volume de algum conceito tanto mais estreito é o seu conteúdo, e vice-versa.

Assim, o pedagogo deve sempre levar antecipadamente em conta que quanto mais ele amplia o volume de algum conceito tanto mais restringe o seu conteúdo e vice-versa: ao preencher o conteúdo com um número infinito de detalhes concretos, ele restringe e limita o seu volume.

Um psicólogo tem razão ao chamar isso de lei trágica da educação. De fato, o pedagogo está diante de dois extremos inconciliáveis: toda ampliação de um significado acarreta na mesma medida o empobrecimento do seu conteúdo e do seu sentido; todo enriquecimento de um conteúdo restringe o seu volume. Encontrar a correta correlação entre ambos é uma tarefa difícil para o pacto pedagógico e ela não poderá ser resolvida na forma geral enquanto a pedagogia não se tornar ciência exata.

O significado do pensamento para a educação interior

O estudo de todas as formas possíveis de psicopatia e deficiência mental mostrou que o baixo desenvolvimento geral quase sempre se funde ao baixo desenvolvimento do campo intelectual. Por outras palavras, a patologia revela a mesma ligação entre o pensamento e a interioridade do indivíduo revelada pela psicologia.

É por isso que o pedagogo necessita levar em conta que o pensamento não só complexifica e precisa a nossa interação com o mundo exterior mas também organiza o aspecto interior do comportamento. Qualquer pessoa sabe o quanto o pensamento é impotente na luta contra as inclinações emocionais e as inclinações instintivas. Nenhuma prescrição moral pode nos obrigar a agir contrariando uma inclinação. Compreender como se deve agir corretamente ainda não significa agir corretamente.

É evidente e indiscutível para a psicologia de hoje que nenhum saneamento moral do comportamento deve começar precisamente pelas suas formas preliminares, ou seja, o saneamento dos atos deve começar pelo saneamento das idéias.

É por esse motivo que na psicologia pedagógica dos últimos tempos vem-se colocando em primeiro plano a orientação externa do pensamento quanto a sua orientação interna para um fim, aquela função íntima que lhe cabe. Aprender a pensar corretamente sobre o mundo significa preocupar-se com que na experiência do aluno se estabeleçam vínculos corretos entre os elementos do mundo e as reações desse aluno. Aprender a pensar corretamente sobre si mesmo significa estabelecer em sua experiência vínculos corretos entre seus pensamentos e atos, ou seja, entre as reações preliminares e as reações executivas.

A tendência dos psicólogos atuais é ver nesse caráter interior dos processos de pensamento o seu específico traço distintivo, que permite destacar o pensamento em uma classe especial de reações que representa uma forma inteiramente nova de comportamento. Desse ponto de vista, cabe distinguir no comportamento humano três classes de reações: 1) o instinto (reflexos incondicionados, modos de comportamento estereotipados, hereditários e prontos, que constituem a base para todas as reações das duas classes superiores); 2) adestramento (reflexos condicionados ou novos mecanismos, estabelecidos através de associações e aprendizagem, que constituem a aquisição da experiência individual e são sobreedificados no instinto); 3) o intelecto (pensamento).

O traço essencial que distingue a terceira forma de comportamento consiste no caráter inesperado da manifestação dessas reações. Köhler estabeleceu a existência de suposições e soluções inesperadas semelhantes, ou seja, de embriões de intelecto no chipamzé. Thorndike também achava que a subtaneidade do surgimento de semelhantes reações e o reforço "definitivo" as distingue tanto da educação comum do reflexo condicionado, que requer uma longa aprendizagem e gradação, que essas novas qualidades sugerem "algo mais" que o adestramento habitual.

Segundo Bühler, a invenção do verdadeiro sentido da palavra é um trabalho biológico do intelecto. Nesse caso, o pensamento é definido como um comportamento orientado para um fim em novas condições e sem verificação próprio objeto.

A ausência de verificações externas e sua substituição por uma verificação interna é o traço distintivo essencial do pensamento. Uma galinha que se mexe desordenadamente diante da grade de um jardim tentando passar em cada brecha para finalmente encontrar a certa não é um exemplo de pensamento. As verificações no pensamento são transferidas para o seu interior. O pensamento se caracteriza pelo retardamento, pela suspensão dos movimentos externos (reflexão), pelo aumento da tensão interna das correntes nervosas e pelo surgimento inesperado da solução que costuma ser acompanhado da exclamação: "Ah!", e por essa razão Bühler a denominou "Ah-vivência" ou "Ah-reação".

Verifica-se também do ponto de vista físico-químico que "são possíveis processos no sistema nervoso cujo ponto de partida é a reação que surge inicialmente nos centros do cérebro e graças a isto dá uma idéia de voluntariedade" (Lázariev). Lázariev admite a existência de "centros autovoluntários de excitação no cérebro, condicionados por processos radiativos produzidos por camadas de potássio". Aqui não estamos diante de um reflexo condicionado, mas de uma reação de novo tipo "que surge no cérebro como processo voluntário".

Capítulo X
Enfoque psicológico da educação pelo trabalho

Tipos de escola para o trabalho

No desenvolvimento histórico e dentro das possibilidades psicológicas existem três tipos básicos de educação pelo trabalho.

O primeiro deles é a chamada escola profissionalizante ou escola de ofício, onde o trabalho é objeto de aprendizagem porque a tarefa da escola é preparar o educando para um determinado trabalho.

Dentro dessa concepção a educação pelo trabalho não difere nada de qualquer outra, porque toda pedagogia sempre procura estabelecer um novo sistema de comportamento, independentemente da expressão que esse sistema possa ter. Não importa se a escola de base escolástica preparava o futuro disputante, o jurista, o pregador ou se a escola artesanal preparava o serralheiro e o sapateiro, onde quer que fosse as reações da futura atividade eram objeto de ensino.

Outra é a situação ocupada pelo trabalho no sistema educacional de uma escola onde ele figura não como objeto de ensino mas como novo método, ou seja, como meio para o estudo de outros objetos. Se o trabalho é introduzido neste tipo de escola, de maneira alguma tem-se em vista o valor autônomo desses procedimentos de trabalho. Quando uma criança está aprendendo a serrar ou a pregar pregos, ao que menos visa a preocupação do mestre é a de ensinar a criança a fazê-lo da forma mais limpa e melhor possível.

Se as habilidades para o trabalho na escola artesanal são o objeto em si, na escola ilustrativa servem apenas como meio para uma melhor assimilação de alguns outros objetos. Tanto em termos históricos quanto psicológicos o trabalho aparece aqui como supremo triunfo do método direto, como a última palavra de uma pedagogia atenuada porque tornar direto não é apenas demonstrar através da visão mas incorporar ao processo de percepção o maior número possível de órgãos; aproximar o objeto da criança não através da visão mas do tato, do movimento.

O próprio sistema e os objetivos do ensino podem continuar em forma absolutamente imutável, uma vez que esse ensino pressupõe uma aprendizagem apenas através das mãos. Nesse sistema o trabalho atua só como ilustração, como o melhor meio de assimilar, compreender e preencher alguma coisa. Em outros termos, cabe-lhe um papel acessório, auxiliar e subordinado.

Digamos que em uma escola se estude história; nesse caso, a tarefa do professor, como de costume, é elaborar nos alunos o conhecimento mais nítido e preciso possível dos fatos, teses e leis da história. Mas é precisamente para atingir o conhecimento abstrato que se torna útil levar os alunos a desenharem mapas, esculpirem modelos de edificações antigas, reproduzirem o vestiário e o armamento. Daí surge uma atividade de trabalho muito complexa para os alunos, mas a orientação da educação e a sua aspiração básica permanece o tempo todo fora do trabalho.

Por último, a terceira possibilidade da escola para o trabalho e para a educação consiste na visão inteiramente nova do trabalho como fundamento do processo educativo. Nessa escola genuinamente voltada para o trabalho este não é introduzido como objeto de ensino, como método ou meio de aprendizagem mas como matéria de educação. Segundo expressão feliz de um pedagogo, não só o trabalho se introduz na escola, mas também a escola no trabalho.

É precisamente essa última concepção da escola para o trabalho que serve de base ao nosso sistema de educação... e é ela que se faz necessária à fundamentação psicológica mais que todas as outras concepções.

A ínfima importância educativa da escola voltada para o trabalho de tipo artesanal é mais que evidente para cada um de nós.

Antes de mais nada, é preciso atentar para o fato de que o caráter artesanal do trabalho tem origem na organização dos ofícios da sociedade medieval, quando os processos de produção tinham o caráter sumamente primitivo e o grosso das habilidades não se concentrava na ferramenta mas no braço do mestre. A produção se especializava infinitamente, requeria uma aprendizagem imensa e complexa e mestria técnica, fechava-se no círculo estreito da oficina, passava freqüentemente de pai para filho, de sogro para genro, como um tesouro familiar e hereditário, e em função disso assumia um caráter estreito e fechado.

Enquanto forma específica de trabalho, é evidente que o artesanato também acumulou certa experiência criadora e habilidade de gerações, mas se tratava de uma experiência estreita e de uma habilidade estreita, embora a sutileza e a beleza do trabalho tivesse chegado a uma perfeição até hoje não superada.

Precisamente pelo fato de que o mestre fazia manualmente cada objeto é que seu trabalho adquiria um caráter individual e não havia nenhum limite entre o artesanato e a arte. O artista era um artesão. O artesão era um artista do seu assunto. Não criava mercadorias mas obras particulares, cujo grau de perfeição individual deixa muito para trás qualquer produção mecânica em massa.

Por tais motivos compreende-se que o sentido educativo do trabalho artesanal fosse absolutamente insignificante. É sumamente pequeno o volume de conhecimentos teóricos com que opera o artesão; o círculo dos materiais acessível à elaboração é ínfimo. Seu, por assim dizer, vocabulário técnico, ou seja, a soma dos procedimentos e movimentos por ele utilizados, esgota-se freqüentemente em algumas dezenas de moldes. Neste sentido o trabalho artesanal é um material pedagógico ingrato, que exige um enorme dispêndio de esforços para a elaboração do detalhe e a precisão dos movimentos do trabalho, para a suprema automatização do braço humano que o aproxima da perfeição da ferramenta mas não oferece nada em troca nem encerra quaisquer elementos em desenvolvimento e amplamente formadores.

Essa natureza psicológica da educação artesanal coaduna-se perfeitamente com o caráter social da escola artesanal, que surge no estado burguês sob a influência da necessidade de uma classe intermediária de bons artesãos produtores e atribui-se a essa escola o espaço limitado que lhe cabe como escola complementar no sistema de educação geral. É compreensível que as demais exigências pedagógicas de tal escola estejam de pleno acordo com o seu caráter estreito.

Kerschensteiner, o mais notório ideólogo dessa escola, diz com absoluta franqueza que o ideal da educação pelo trabalho é formar cidadãos e artesãos decentes imbuídos do devido respeito pelo regime social, político e cultural vigente. Assim, essa educação encerra bem mais preocupações com o sistema que com a personalidade do aluno.

Nesse sentido é bem mais amplo o segundo tipo de escola para o trabalho, a chamada escola ilustrativa, mas também ela é psicologicamente equivocada em uma série de pontos. Deve-se considerar como o primeiro o motivo segundo o qual a própria aspiração para o aspecto direto e a atenuação da educação deve ser considerada um degrau já percorrido na pedagogia. Os princípios da educação pelo trabalho correspondem bem mais à necessidade da pedagogia que o ensino direto. E compreende-se que o método de trabalho como a mais plena expressão do ensino direto encerra na forma mais extremada todos os vícios e defeitos desses princípios.

Torna a surgir uma extrema discrepância entre as habilidades exigidas especialmente para o trabalho e para o objeto a que esse trabalho deve servir de ilustração. Fazer um bom molde ou uma arma é uma tarefa que exige em si mesma tanta atenção, habilidade e trabalho do pensamento e dos braços que o sentido puramente histórico dos objetos elaborados passa como que a segundo plano. Segundo expressão de um pedagogo americano, os momentos de trabalho nessa escola se transformam em minutos de parada e suspensão do processo educativo. É como se o estudo da história fosse suspenso enquanto os alunos estão ocupados com o trabalho ilustrativo, e o próprio trabalho adquire o trabalho não de movimento para a frente mas de uma repetição estagnada, de um reforço e assimilação de resultados já obtidos, de uma corrida no mesmo lugar.

O trabalho com o modelo histórico não faz a criança avançar no conhecimento da história mas a retém inteiramente sob o domínio do já percorrido. Entretanto, o trabalho já ganha o sentido psicológico ampliado em comparação com a escola artesanal. Ele não se reduz ao grau de produção profissional e, conseqüentemente, não recai como um peso tão imenso sobre o aluno nem se fecha no círculo estreito de alguma atividade única. Já agora ele é o grande mestre motor, o treinador do movimento e a destreza do aluno, aquele que o ensina a dominar os braços, as pernas e o corpo. Já agora ele desempenha o papel de um poderoso educador do comportamento geral, habilitando o aluno para o exercício do autocontrole, a auto-regulação e o planejamento dos movimentos, a possibilidade de auto-avaliação com o auxílio de resultados diretos obtidos.

Mas a despeito de tudo isso aqui o trabalho ainda continua no papel de caligrafia do comportamento, ou seja, de um dispêndio estéril e desnecessário de forças graças ao qual o trabalho se destina apenas a repetir e imitar o que já foi passado em aulas. O aluno trabalha com o que já conhece muito bem e a utilidade desse trabalho é vista pelo mestre mas não pelo aluno.

A escola profissionalizante livre está isenta desses defeitos. Sua deficiência não está de maneira nenhuma naquilo que torna falha a escola ilustrativa, na qual se destina ao trabalho o sério lugar que ele efetivamente ocupa na vida. Ao adquirir habilidades para o trabalho as crianças que estudam em tal escola entram imediatamente na vida do trabalho. Mas o mal está em que essa escola cultua formas de trabalho que pertencem mais ao passado que ao futuro: toda ela olha para trás e não para a frente. E o que ela comunica aos seus alunos não é de grande valor para a vida atual.

O valor educativo do trabalho artesanal é próximo de zero porque ele contém uma experiência estreita acumulada que não permite sair dos limites estreitos do ofício artesanal. Hoje o trabalho artesanal perdeu há muito tempo o significado de mestria artística que lhe era próprio na Idade Média, quando o nome de artífice aplicava-se igualmente ao mestre da pintura e ao mestre do mobiliário e quando o calçado, o móvel e outros artigos traziam realmente a marca da perfeição individual e por sua natureza interior pertenciam ao campo da indústria das artes.

Todo objeto de uma idéia especial, e o processo da sua execução era determinado e orientado pelas exigências individuais de realizar precisamente essa idéia.

Esses tempos há muito ficaram para trás. Na indústria de hoje cabe ao trabalho artesanal o papel mísero e desinteressante de produção secundária, que remenda os buracos da grande indústria. O ofício se manteve apenas porque o modo de vida medieval ainda não desapareceu inteiramente da cultura moderna. Mas a cada nova máquina que vai surgindo nas fábricas, a cada novo aperfeiçoamento da técnica o significado do trabalho artesanal vai sendo reduzido cada vez mais a zero e o trabalho artesanal sendo marginalizado da vida em todos os sentidos.

A própria divisão do trabalho em profissões concentra a atenção do trabalhador no último momento executivo do trabalho e não nas suas premissas gerais. Em outros termos, o trabalho artesanal salienta em cada produto não aqueles elementos comuns inerentes a todas as modalidades do trabalho humano mas apenas aqueles que distinguem um trabalho do outro.

Ao contrário desse trabalho profissional estreito, o moderno trabalho industrial se distingue pelo politecnicismo, cujo valor psicológico e pedagógico leva a reconhecer nele o método fundamental da educação pelo trabalho. A indústria moderna é politécnica também pelas peculiaridades econômicas, técnicas e principalmente psicológicas do trabalho.

As causas econômicas não estão contidas senão nos imensos refluxos e deslocamentos de massas operárias, que são uma constante inevitável da produção capitalista. Marx já indicou o mecanismo econômico que, através das crises industriais e das reduções e ampliações da produção a elas relacionadas acarreta a necessidade da existência de um exército reserva de mão-de-obra e lança imensas massas operárias de uma produção a outra. O operário, que hoje trabalhava numa fábrica de garrafas, amanhã passa a trabalhar numa fábrica de galochas, depois de amanhã numa fábrica de automóveis, e a cada mudança de local de trabalho dele se exige apenas um mínimo desenvolvimento técnico geral, ou seja, a habilidade para lidar com máquinas; não se exige nenhum conhecimento especial e profissional.

As próprias condições econômicas colocam diante do operário uma espécie de exigência de ser politécnico, ou seja, não ir além de conhecimentos gerais em cada produção, ou morrer na próxima crise. E de fato é o que acontece. Do exército de mão-de-obra europeu ou americano, 90% não tem qualquer ligação com nenhum profissionalismo que o prenda a alguma modalidade determinada de produção.

As causas técnicas, que também levam ao politecnicismo, consistem no progresso mecânico que nivela todas as diferenças de mecanismos particulares e redunda em tipos mais ou menos uniformes de máquinas econômicas ao extremo, vantajosas e baratas. As condições da concorrência são tais que as máquinas mais vantajosas devem ser forçosa e brevemente introduzidas em todos os processos de produção de uma determinada modalidade. Do contrário, os empresários correm o risco de serem deixados para trás e varridos no embate comercial pelo mercado.

Por isso a marcha triunfal de toda sorte de aperfeiçoamento nunca transcorreu com uma velocidade tão fulminante quanto vem acontecendo nos últimos decênios.

À luz dessas considerações, o esqueleto de toda produção mecânica foi definido em termos dos componentes básicos, que se revelaram extremamente complexos nos tipos de empresas mais diversos. Toda produção tem a parte mais importante do seu equipamento mecânico formada por motores de tipo absolutamente idêntico para as fábricas mais diferentes. Em seguida vêm os mecanismos auxiliares, novamente do mesmo tipo, e a diferenciação só aparece na parte executiva ou operacional da máquina em função das últimas operações que ela teve de executar.

Assim, dois terços de toda a produção moderna fazem parte inteiramente de um mesmo tipo e só em um terço admite-se certa variação, que também sofre crescente atenuação na medida em que a técnica se desenvolve. Isso acontece porque todas as possíveis modalidades de movimentos do trabalho, na medida em que se decompõem em formas elementares mais simples, acabam sendo reduzidas a doze tipos básicos de movimentos elementares que em diferentes combinações e em ordem seqüencial realizam todas as formas de trabalho complexo presentes apenas na indústria mundial.

Compreende-se que a terceira parte executiva da máquina acabe reduzida a um certo alfabeto técnico, idêntico em qualquer tipo de produção. E como acontece com o alfabeto propriamente dito, basta assimilá-lo para ler qualquer livro escrito dentro desse sistema. Provavelmente estamos vivendo a época mais grandiosa de integração do trabalho na história, com o profissionalismo agonizando diante dos nossos olhos.

Por último, a questão mais importante: as premissas psicológicas do politecnicismo, que se resumem no seguinte. Todo processo de trabalho humano é dual, uma vez que o homem é, por um lado, fonte imediata de energia física e, por outro, o organizador do processo de trabalho. Nas formas mais primitivas de trabalho o homem atua em um duplo papel: por um lado, como parte da sua própria máquina, como fonte imediata de energia física, papel em que pode ser substituído pelo animal de tração, a máquina a vapor, o motor elétrico, etc. e, por outro, como administrador e organizador das suas ferramentas e movimentos, e neste papel nada pode substituí-lo.

A divisão do trabalho em trabalho físico e trabalho mental aconteceu em uma época em que ambas as funções psicológicas, indissoluvelmente fundidas em único ato de trabalho, por força da diferenciação social foram divididas entre diferentes membros da comunidade. A uns couberam apenas as funções de organização e comando; a outros, apenas as funções executivas.

A situação modificou-se um pouco quando a máquina foi introduzida e o papel do operário empacou em algum lugar entre uma e outra funções. Com o advento da máquina o operário passou a desempenhar o insignificante papel de seu apêndice: realizava alguma operação extremamente insignificante que não podia ser confiada à máquina. O dispêndio de energia física foi reduzido mas o lado intelectual do trabalho deixou de exigir maiores tensões do operário.

Podemos avaliar o efeito embotador desse tipo de trabalho se lembrarmos que nas modalidades mais comuns de produção o produto passa por várias dezenas de operações e durante decênios tem cabido ao operário a repetição do mesmo movimento com uma exatidão absolutamente mecânica. Por isso tem razão quem afirma que, apesar de tudo, o trabalho pré-mecânico foi mais humano em termos psicológicos que o trabalho com máquina.

Mas com o desenvolvimento da técnica a questão se modifica radicalmente. Na composição dual do trabalho começa a predominar cada vez mais o momento de administração e organização da produção, reduzindo-se a zero o momento executivo. A força humana é substituída pelas máquinas, e o operário moderno passa a atuar no papel de organizador e administrador da produção, de comandante de máquinas e controlador e regulador da sua ação.

Na produção apefeiçoada esse processo chega a tal auge que passa a recair sobre o operário até a administração direta não de máquinas mas de reguladores mecânicos que, por sua vez, regulam as máquinas. Assim, nessas empresas o operário é um regulador de reguladores, ou seja, um regulador de funções organizacionais superiores das mais complexas. Quem conhece o trabalho do foguista nas condições russas provavelmente ficará surpreso ao tomar conhecimento do trabalho dos mestres foguistas nas maiores fábricas americanas e ficar sabendo que ali esses profissionais realizam esse trabalho com as mãos na mais perfeita limpeza. A questão se explica pelo fato de que o trabalho imediatamente sujo de lançar carvão ao fogo, descarregar restos, deitar fora as partes queimadas, avivar as chamas, abrir os condutos de fumaça, limpar fuligem, etc. é desempenhado por máquinas mecânicas e braços de ferro que prestam contas do seu trabalho e do seu estado através de algumas dezenas de dispositivos mecânicos que estão situados em uma mesa e são regulados por alavancas a partir dessa mesma mesa.

O mesmo foguista, que aquece imensas usinas e nesse sentido exerce as mesmas funções que exerce o nosso foguista, desempenha o papel de comandante-em-chefe de todo um exército e sua mesa de trabalho lembra um estado-maior de campo ao qual chegam informações de todas as unidades; recebem-se exigências, enviam-se ordens, combinam-se ações e tudo isso é realizado através dos dispositivos técnicos mais complexos e delicados para cuja administração são necessários um vasto horizonte intelectual, um olho penetrante e conhecimentos técnicos.

A evolução do trabalho se aproxima cada vez mais precisamente daquelas formas, e os remanescentes do trabalho físico empregados nesses tipos de produção vão se reduzindo gradualmente a insignificantes deslocamentos de pequenas alavancas que lembram ponteiros de relógio, ao aperto de chaves e botões elétricos e a movimentos giratórios de manivelas de cilindros.

Em tais condições é natural que o trabalho, enquanto dispêndio de energia física e trabalho forçado, seja executado pela máquina e caiba ao homem o trabalho responsável e intelectual de dirigir as máquinas. Daí ser absolutamente compreensível a necessidade de uma formação politécnica para o operário moderno. Cabe lembrar que, a despeito do sentido exato da palavra, politecnicismo não significa pluriartesanato, fusão de muitas especialidades em uma só pessoa mas antes conhecimento das bases gerais do trabalho urbano a partir daquele alfabeto de que se constituem todas as suas formas, significando ainda pôr até certo ponto fora de parênteses o denominador comum de todas as formas. Não é o caso de dizer que o significado educativo desse tipo de trabalho é de uma grandeza infinita porque ele marca o supremo progresso da técnica que acompanha passo a passo o supremo progresso da ciência. A técnica é a ciência em ação ou a ciência aplicada à produção, e a passagem de uma a outra se realiza a cada instante em formas invisíveis e imperceptíveis.

Por mais estranho que pareça, o operário comum de uma grande empresa deve caminhar passo a passo com a ciência, e nesse sentido são ilustrativas as palavras de um empresário americano: "O operário que estiver dez anos atrás do atual desenvolvimento da ciência não pode contar com uma vaga na minha fábrica."

Em semelhantes formas o trabalho se transforma em conhecimento científico cristalizado e para adquirir habilidades é efetivamente necessário dominar um imenso capital de conhecimentos acumulados sobre a natureza, que são utilizados em cada aperfeiçoamento técnico. Pela primeira vez na história da humanidade, o trabalho politécnico forma o cruzamento de todas as linhas fundamentais da cultura humana que era impensável nas épocas anteriores. O significado educativo desse tipo de trabalho é infinito porque, para dominá-lo plenamente, é necessário o mais pleno domínio do material da ciência acumulado por todos os séculos.

Por último, a questão mais importante: a influência puramente educativa exercida pelo trabalho. Esse trabalho se transforma predominantemente em um trabalho consciente e exige dos seus participantes uma suprema intensificação da inteligência e da atenção, promovendo um labor do operário comum aos níveis superiores do trabalho criador humano. Eis por que o industrialismo na escola significa a familiarização com a indústria mundial; ascender aos pináculos da técnica moderna é exigência fundamental da escola para o trabalho.

É fácil perceber como estão longe disso as formas de escola para o trabalho para as quais toda a pedagogia do trabalho consistia em atribuir às crianças o trabalho humilhante e sujo na cozinha, em limpeza de sanitários e pisos. O trabalho se revelava às crianças sob o aspecto de uma inusitada tensão física e justificava com isso o seu significado etimológico, que em russo torna o termo equivalente às palavras "doença" e "tristeza".

São sumamente interessantes as formas de trabalho que podem ser introduzidas na escola se tomamos como orientação a construção de um plano de estudo baseado não nas formas primitivas e superadas de trabalho físico doméstico mas nas formas de trabalho industrial e tecnicamente aperfeiçoado. Nesse caso, sem quaisquer esforços da nossa parte, a criança se incorpora imediatamente àqueles campos entre os quais deve-se dividir a influência educativa sobre ela: o primeiro são as ciências naturais modernas, o segundo, a vida social moderna que com os seus fios abrange o mundo inteiro.

Na fábrica moderna bate o pulso da vida e da ciência universais, e a criança, colocada nesse espaço, aprende por si só a tomar o pulso da atualidade. É de extrema importância organizar de tal modo as formas da vida no trabalho e da atividade no trabalho da criança para colocá-la em relações ativas e criadoras com os processos que lhe cabem. Isso se consegue não ministrando à criança um ensino profissionalizante gradual através de várias habilidades para tratar com as máquinas mas com o fato de que a criança penetra imediatamente no sentido de toda a produção e, com isto, começa a descobrir um lugar e o significado de determinados procedimentos técnicos como partes indispensáveis de uma totalidade.

O conhecimento da natureza através do trabalho

No trabalho industrial, a criança esbarra desde o início com formas superiores de processamento dos materiais da natureza e aprende a observar o longo caminho que a matéria-prima percorre do momento em que entra na fábrica ao momento em que dela sai em forma de produto elaborado e pronto. Durante o seu longo caminho o material descobre quase todas as suas propriedades mais importantes e essenciais: cabe-lhe mostrar na prática que ele se subordina a todas as leis da física e da química; logo, o processo de elaboração de qualquer matéria-prima é como que uma demonstração dessas leis especialmente organizada para o aluno.

As próprias características do material, que o distinguem de outros materiais, não desempenham papel da menor importância. Ele se manifesta antes de tudo como material em geral, como portador de determinadas propriedades gerais que se modificam quantitativa e não qualitativamente em função da espécie de produção. Quer se trate ou não da elaboração da madeira ou do metal, da lã ou do algodão, da pedra ou do osso, em todos esses casos operamos com uma certa magnitude, com densidade, elasticidade e deformação do material e com outras suas propriedades gerais. Assim, a natureza da produção moderna permite destacar dos mais diferentes materiais as suas partes comuns e generalizar as propriedades do material diretamente diante dos olhos do aluno.

Na produção moderna, o material – e este é o seu traço mais importante – não funciona como tal, com todas as suas propriedades individuais e específicas, mas como um corpo físico com um conglomerado físico. Nesse sentido, abrem-se perante os alunos, nas páginas não só do manual mas também da vida, aqueles traços gerais que, embora em quantidade diferente, são igualmente próprios tanto dos fios de algodão mais finos quanto da têmpera mais forte do aço. As leis gerais da física e da química da matéria universal passam perante os alunos no processo do trabalho industrial com uma força absolutamente direta e impressionante.

Não é menos importante constatar que no processo de produção os alunos estão diante também das leis mais importantes de elaboração desse material, que foram construídas com base no mais delicado cálculo da mecânica científica e não revelam uma ciência natural estática mas prática e dinâmica. O conhecimento de todas as três partes da fábrica moderna pressupõe necessariamente que o aluno tenha o conhecimento mais exato de mecânica, uma vez que a habilidade para administrar máquinas se baseia no fim das contas nesses conhecimentos.

Na fábrica, cada dia de trabalho é um exame vivo e não surge a mínima necessidade de verificações especialmente organizadas para avaliar e descobrir a solidez com que os conhecimentos se enraizaram.

A isso está ligado o terceiro aspecto que apontamos como uma nova vantagem do trabalho industrial. Consiste em que os próprios movimentos do aluno retornem a ele em forma de produto acabado do trabalho, que lhe permita controlar a si próprio e avaliar o seu próprio desempenho segundo resultados objetivos indiscutíveis desse trabalho; o mais importante é que esse aspecto cria a possibilidade para a realização do momento conclusivo de satisfação, triunfo e vitória em prol do qual se estimulam todas as nossas aspirações e tipos de atividade.

Há muito tempo os psicólogos vêm apontando a utilidade psicológica das notas, que James, por exemplo, considerava tão grande a ponto de achar que bloqueava todo um mal evidente trazido por um sistema de notas.

Ele exigia não só a manutenção do sistema de notas na escola como ainda que os alunos tomassem conhecimento dos seus pontos, uma vez que a nota promove aquele momento útil que dá sentido a todo o trabalho do aluno e lhe permite julgar se os seus esforços foram frutíferos ou infrutíferos. É verdade que James concordava também com o fato de que as conclusões psicológicas devem recuar diante dos argumentos da experiência, e admitia casos em que, apesar dessa regra psicológica, o pedagogo é levado a abster-se da publicação dos pontos. Mas isso não resolvia o problema psicológico, e o pensamento de James continha aquela grande verdade que, no fundo, não significa senão que só a exigência que todo trabalho seja levado a um determinado ponto que o conclua e o momento de acerto ou fracasso seja comunicado ao aluno e o ajude a dar certo sentido a todo o trabalho realizado. O maior valor da educação pelo trabalho consiste em que o último momento não é estranho e dissociado de todo o processo de trabalho, como acontecia, por exemplo, com o sistema de nota escolar; conseqüentemente, nessa educação não existe qualquer perigo de que as aspirações do aluno ganhem um sentido falso, como acontecia sempre que o aluno começava a trabalhar apenas para receber uma boa nota. Quanto mais aspirações e interesses o aluno associa ao ponto final dos seus esforços de trabalho tanto mais forte e real é a influência que os organiza e concatena no sistema das reações desse aluno.

Assim, o traço distintivo do trabalho humano, que requer conhecimento prévio dos resultados finais bem como da coincidência desses resultados com aqueles previstos desde o início, encontra sua expressão mais completa e pura precisamente nas formas do trabalho industrial. No fundo, os psicólogos dizem a mesma coisa quando falam do efeito coletivo salutar exercido pelo trabalho industrial sobre o indivíduo particular. Nesse caso, na massa de trabalhadores cada indivíduo encontra como que imensos espelhos nos quais aprende a ver os seus mínimos movimentos e, desse modo, o grau de domínio do seu corpo e de seu comportamento atinge o nível máximo. Isso ocorre por força do retorno da impressão refletida para o próprio aluno, e a coletividade de trabalhadores desempenha o papel de um imenso ressonador que reforça e transmite em dimensões imensas as mesmas emoções que também são possíveis em um pequeno grupo de pessoas. Neste sentido é verdadeiro que a emoção cresce em função do tipo de público diante do qual ela é experimentada. A vergonha, experimentada diante de uma multidão de milhares, é mil vezes mais forte que a vergonha experimentada diante de uma pessoa. O mesmo ocorre com emoção de prazer que orienta todas as nossas reações para um objetivo final, aumenta e amplia-se em seu significado concomitantemente com a ampliação do grupo em cujo seio ela transcorre.

Coordenação dos esforços de trabalho

Até mesmo nas formas mais primitivas, o trabalho atua como um processo não só entre o homem e a natureza mas entre os homens, uma vez que inclusive as formas mais primitivas de trabalho exigem certa coordenação de esforços, determinada habilidade para combinar o seu comportamento com o comportamento de outras pessoas, organizar e regular as suas ações de modo a que elas possam integrar como parte componente o tecido geral do comportamento coletivo. É por isso que o trabalho, especialmente nas suas formas superiores e técnicas, sempre significa a mais grandiosa escola de experiência social. Um psicólogo diz que em parte alguma o homem aprende a verdadeira cortesia e atenção como na fábrica moderna, porque ela ensina a cada um a mais delicada combinação dos seus movimentos com os movimentos dos outros.

A mais importante característica dessa aprendizagem consiste em que ela ensina ao mesmo tempo a subordinação e o domínio, excluindo decididamente todos os menos de um e de outro. Nesse sentido, o efeito educativo do trabalho industrial lembra inteiramente o efeito educativo da brincadeira infantil, na qual as crianças se sentem ligadas por toda uma rede de regras complexas e ao mesmo tempo aprendem não só a subordinar-se a essas regras como a subordinar a elas o comportamento das outras e a agir nos limites rigorosos traçados pelas condições da brincadeira.

Em suma, tanto a brincadeira quanto o trabalho industrial são apenas o modelo mais puro de quaisquer formas de comportamento na vida, porque, sejam quais forem as formas desse comportamento a que recorramos, sempre estaremos diante desses dois elementos, ou seja, da necessidade de primeiro nos subordinarmos a determinadas regras para subordinar a nós mesmos algo diferente. Desse modo, as formas básicas do comportamento consciente e da vontade, já que são determinadas por esses dois momentos, também se formam e se desenvolvem no processo do trabalho técnico.

É de suma importância ainda o fato de que toda a complexidade das relações humanas, tomadas ou não nos planos geográfico, político ou cultural, encontra a sua expressão mais pura na fábrica moderna. Ao trabalhar nela, o aluno se coloca no tabuleiro do xadrez da luta social moderna e, queira ou não, começa de forma absolutamente real a participar dela a cada um de seus passos. Em outros termos, todos os problemas da educação social, que exigiam enfoques especiais e formas de organização do grupo escolar, são resolvidos sem dor na educação para o trabalho. O último perigo que se insinua nesse processo, ou seja, certa estreiteza das relações e dos vínculos sociais que no terreno do trabalho surgem entre as pessoas, também existe apenas para as formas inferiores de trabalho e está excluído para as formas técnicas superiores. Muitos diziam que o trabalho elabora apenas habilidades sociais estreitas e unilaterais; que ele habitua a ver em outra pessoa apenas um trabalhador, auxiliar ou chefe, treinando e burilando ao ponto da perfeição artística esses aspectos das relações humanas. Na grande indústria moderna criam-se grupos inteiros de pessoas relacionadas pelo trabalho, que se articularam como diferentes partes de um mecanismo inteiramente ajustadas umas às outras. Mas esse ajustamento das relações humanas no grande processo de trabalho não deve ser entendido como um excepcional ajustamento do seu ritmo e da sua habilidade no trabalho. Sob formas sérias de trabalho exige-se do colaborador não só a habilidade para responder a tempo com trabalho mas também uma séria compreensão e certa afinidade. Nas formas elevadas de técnica torna-se condição psicológica do trabalho conjunto a confiança mútua adquirida no trabalho, que requer de ambas as partes uma espécie de unidade. Nunca, na atividade do trabalho, dois seres estiveram tão intimamente ligados quanto na fábrica moderna, quando uns trocam por telefone palavras breves e descontínuas.

Para compreender o sentido pedagógico disso é necessário lembrar que a educação pelo trabalho lança procedimentos didáticos de educação inteiramente novos. O antigo assim chamado método acramático de simples transmissão do conhecimento do mestre para o aluno, assim como o método erotemático, ou seja, a descoberta conjunta do conhecimento pelo mestre e o aluno através de perguntas, bem como o método heurístico, ou seja, a procura dos conhecimentos pelos próprios alunos, em linhas gerais não abrangem a essência didática da educação pelo trabalho. Todos eles pressupõem a existência de um sentido final dos conhecimentos não no aluno mas no educador que o orienta e por isso diferem em princípio da educação pelo trabalho, no qual o sentido do conhecimento e o seu objetivo final a que essa educação deve chegar são passados ao próprio aluno sob a forma da produção em que ele se inicia.

Nesse sentido, é muito correto assemelhar o caminho psicológico da educação pelo trabalho a um círculo, porque essa educação efetivamente descreve um círculo e como resultado do trabalho retorna ao ponto de partida do seu movimento. Entretanto, esse retorno se dá em novo estado do aluno: ele vê as mesmas coisas com novos olhos, enriquecido por uma nova experiência; com outras palavras, ele enfoca o mesmo ponto de um outro aspecto, e isto ajuda especialmente o próprio aluno a examinar de uma vez o caminho percorrido e, principalmente, esclarecer a si mesmo para que esse caminho foi percorrido.

Todas as partes do processo psicológico, como certa tarefa lançada diante dos alunos, a tomada de consciência dos meios de solução dessa tarefa pelos próprios alunos, a preocupação com a assimilação e o reforço dos conhecimentos, o controle, a verificação e a avaliação final do caminho percorrido, tudo isso era unificado mecanicamente no velho sistema pedagógico a partir de mecanismos pedagógicos diversos e sem nenhuma ligação entre si. Basta lembrar os exames, as notas, as explicações das aulas, o aprendizado de memória e coisas similares para se perceber que todas as partes do processo pedagógico careciam de qualquer relação orgânica entre si e só mecanicamente se unificava em um processo global graças ao fato de que uma sucedia a outra.

Ao contrário, na educação pelo trabalho chega-se à fusão e à integridade de todo um processo pedagógico, à unificação orgânica de todas as suas partes em um todo; esse caráter cíclico da educação pelo trabalho só indica com mais clareza que todos os estágios sucessivos se constituem e se fecham em um círculo integral.

O valor do esforço de trabalho

O valor psicológico do esforço de trabalho consiste em que esse esforço representa o processo pleno e acabado da reação.

A excitação, que começou com a estimulação dos órgãos externos, passa pelas vias nervosas centrais e sai à superfície em um ato responsivo do órgão executivo ou de trabalho. Nada encalha no interior do organismo, nele não restam quaisquer vestígios de trabalho psicológico e todas as suas excitações são respostas integrais.

Isso é como condutos de água corrente que canalizam algum líquido, desviam tudo o que neles chega e não retêm um mínimo de sedimentos, resíduos ou misturas da massa que neles penetra. A própria existência do esforço é uma prova do funcionamento absolutamente correto e infalível no organismo, porque o esforço é aquele agulheiro que orienta qualquer excitação e qualquer reação para os devidos trilhos.

O resultado mais importante que se obtém nesse processo consiste em que o trabalho é assimilado e o aluno que trabalha não se pergunta em nenhum momento qual o sentido que deve ter o seu trabalho. O sentido é dado de antemão antes de ser suscitado o esforço, e a existência do esforço já é uma prova da existência do sentido.

Entretanto, toda pedagogia que opera com o conhecimento separado da prática quase sempre tem suscitado um esforço absolutamente injustificável e assumido um caráter psicologicamente estéril de trabalho de Sísifo. A perplexidade que costuma apoderar-se dos colegiais ressalta com extrema eloqüência o absurdo desse trabalho que recai sobre os alunos. Para que resolver problemas de aritmética se eles há muito tempo foram resolvidos e suas respostas já estão impressas no final do livro? Meus alunos não conseguiam entender para que se traduziam autores latinos se eles há muito tempo haviam sido traduzidos literalmente.

Era realmente o que acontecia. Todo exercício era preparado na escola de uma forma na qual se propunha ao aluno que ele trabalhasse mas se lhe comunicava antecipadamente que esse trabalho seria absolutamente inútil, desnecessário e, no fundo, estéril. Por isso, formas insuportáveis de desvio se tornaram um meio internacional através do qual os alunos lutavam contra seus mestres na defesa da racionalidade e do sentido do seu trabalho. Em função disto criava-se um sistema educacional sem qualquer diretriz, que nunca podia responder para que se estuda esse ou aquele objeto.

Diante de tais fatos os psicólogos sempre ressaltavam o significado da chamada disciplina formal: afirmavam que, independentemente dos conhecimentos imediatos que o aluno obtinha ao estudar esse ou aquele objeto, o sentido educativo de qualquer objeto consiste ainda no burilamento das nossas faculdades, no efeito em desenvolvimento que os objetos exercem sobre a nossa mente. Assim, supunha-se que o estudo de vocábulos latinos cria para o aluno não só a possibilidade de ler no livro latino mas desenvolve e de certo modo aperfeiçoa a sua memória. O estudo da aritmética e da geometria não só habitua o aluno a multiplicar, dividir e demonstrar teoremas mas ainda contribui para o desenvolvimento do pensamento lógico e a exatidão no tratamento das grandezas. Por outras palavras, supunha-se que a ação educativa de cada objeto superava os limites do seu efeito imediato e ganhava de certo modo interpretação ampliada e significado.

É preciso dizer francamente que esse ponto de vista era a base de todo o sistema da educação clássica na Rússia porque encontrava sua expressão nos colégios. Todos compreendiam perfeitamente que aqueles objetos que constituíam 90% das preocupações das preocupações dos colégios não tinham nenhum significado pedagógico independente e seu valor se limitava à disciplina formal, àquele "efeito em desenvolvimento" que eles exerciam sobre a nossa mente. Relembremos que as ciências naturais só eram introduzidas no colegial nos últimos anos e os respectivos objetos deviam travar uma luta muito significativa antes de entrarem nos planos de ensino.

Em termos históricos, essa teoria pedagógica se nos afigura continuadora da escola medieval escolástica, na qual os infindos exercícios orais, construções e operações eram o único material e objeto de conhecimento e se supunha que por essa via o espírito se desenvolvia tanto quanto o corpo se desenvolvia com exercícios físicos. Com base nessa ginástica dos objetos educacionais construiu-se uma pedagogia segundo a qual (como cabe à ginástica) toda a atenção devia estar voltada não para esse ou aquele movimento em si mas para a força que o desenvolve para um determinado grupo de músculos ou órgãos.

Se for levado a efeito na forma como o faziam antes, o ensino do eslavo antigo será tão inútil quanto levantar halteres na ginástica sueca, e na vida futura do aluno a gramática do eslavo antigo decorada terá tão pouca utilidade quanto os procedimentos da ginástica sueca na vida da maioria de nós. Em termos psicológicos, essa teoria se baseia inteiramente na antiga e assim chamada psicologia das capacidades, que desmembrava todo o organismo psíquico em um grupo de capacidades intelectuais particulares, encontrava para cada uma delas o seu lugar especial no cérebro e supunha que a psicologia do homem fosse constituída da ação conjunta dessas capacidades assim como o corpo é constituído de órgãos particulares.

É preciso dizer francamente que as bases psicológica e pedagógica dessa teoria não resistem a nenhuma crítica, e à luz dos conhecimentos modernos cheiram a obscurantismo medieval.

Antes de mais nada, a experiência pedagógica descobriu que a disciplina formal desse ou daquele objeto é sumamente insignificante. Seria mais correto dizer que essa disciplina pode assumir dimensões consideráveis mas em um círculo muito estreito. Decorar verbos latinos ou conjugações irregulares pode desenvolver fortemente as amenidades para a memorização, mas isso serve apenas para os verbos latinos. Os processos gerais de memorização ou não revelam nenhuma melhoria ou revelam algo extremamente insignificante. Assim, a disciplina formal de cada objeto está vinculada a melhorias insignificantes no campo da acumulação de habilidades especiais e, conseqüentemente, o seu significado educativo se esgota inteiramente no ensino profissionalizante.

O longo contato com os bastidores da cozinha latina aperfeiçoa a memória do farmacêutico para emitir receitas, o bibliotecário aprende a reconhecer a lombada de dezenas de milhares de livros e a memorizar o lugar de cada um deles na instante, mas nem a memória do farmacêutico e o seu conhecimento de línguas estrangeiras ou a memória do bibliotecário para outra coisa se aperfeiçoam à custa dos seus exercícios profissionais. Ao contrário, há todos os fundamentos para se supor que a especialização das nossas capacidades é sempre compensada por certa restrição dessas capacidades em outros campos e compensada a um preço alto demais.

Como o estudo da memória, o estudo de outras capacidades levou aos mesmos resultados, ou seja, mostrou que a disciplina formal de cada objeto se reflete em certas dimensões na elaboração de habilidades especiais. Noutros termos, nossa capacidade como que se especializa, adquire um certo caráter unilateral e sumamente estreito. É verdade que nessa unilateralidade a perda em amplitude é recompensada por um considerável ganho tanto de produtividade geral quanto de flexibilidade dessa capacidade, mas no conjunto a disciplina formal de determinados objetos, por mais paradoxal que pareça, age antes de forma embotadora e restritiva que incrementadora e ampliadora. Segundo um provérbio francês, toda definição já é uma restrição, e em nenhum campo isto é tão justo quanto no campo do desenvolvimento das nossas capacidades. Por isso, na psicologia atual a tendência da maioria dos estudiosos é receber com a maior das desconfianças um objeto que é introduzido no plano de estudo apenas em função do seu significado formal.

A utilidade de cada objeto e a sua conveniência no sistema pedagógico são determinadas antes de tudo e principalmente pela utilidade imediata e pelo significado que podem ser atribuídos aos conhecimentos por ele comunicados.

Por último, a própria concepção do trabalho do homem como integrado por muitas capacidades particulares não resiste a uma crítica rigorosa. Cada "capacidade" nossa funciona de fato em uma totalidade tão complexa que tomada em si ela não dá nem sequer uma noção aproximada das reais possibilidades da sua ação. O homem que tem a memória fraca no momento em que está sendo estudado isoladamente pode lembrar melhor do que um homem com boa memória, simplesmente em função de que a memória nunca atua por si só mas sempre em estreita colaboração com a atenção, com uma diretriz geral, com o pensamento, e a ação conjunta dessas diferentes faculdades pode vir a ser absolutamente autônoma em relação à magnitude absoluta de cada um dos seus componentes.

Por isso é natural que em pedagogia se coloque em primeiro plano o princípio do ensino real. Se os conhecimentos desenvolvem muito pouco as nossas faculdades psíquicas, cabe avaliar esses conhecimentos na medida em que sejam necessários por si mesmos e apenas em dimensões muito restritas na medida em que sejam necessárias a elaboração de habilidades gerais. Nesse caso, o aspecto formal da elaboração de habilidade se esgota em movimentos elementares e primitivos que tornam quase infinito o objeto em cujo estudo tais habilidades podem ser adquiridas.

Conseqüentemente, o único critério do conhecimento vem a ser o seu valor vital, a utilidade para a vida ou o princípio de realidade. A lei básica da educação e a lei da formação dos reflexos condicionados falam da mesma coisa. Se posteriormente queremos obter alguma relação entre esses ou aqueles acontecimentos ou fatos, por um lado, e determinada reação do homem, por outro, devemos também no processo de educação unir todos esses elementos não uma mas muitas vezes; neste caso, poderemos estar seguros de que uma relação nova e necessária para nós será efetivamente estabelecida. Assim, a escola, maior dispositivo para o estabelecimento de novos vínculos, deve estar toda voltada para a vida, porque só com semelhante aspiração os procedimentos escolares podem ter justificativa e sentido.

O conhecimento sintético

Até hoje a nossa escola vem sofrendo de um profundo dualismo que recebeu como herança da velha escola. Seja qual for o ângulo de onde enfocamos o nosso sistema escolar, não se pode perder de vista que até hoje o seu plano de estudo se divide em dois grupos grandes e inconciliáveis. Por um lado, as ciências naturais, as ciências sobre a natureza, e, por outro, as ciências humanas, as ciências do espírito, e entre essas modalidades científicas não se lança nenhuma ponte no edifício escolar. Os alunos são educados e instruídos na convicção talvez inconsciente de que se trata efetivamente de dois mundos: do mundo da natureza e do mundo do homem, e que ambos estão separados entre si por um abismo intransponível.

Nenhuma palavra relaciona um grupo de objetos a outro, e se o aluno adquire outras concepções e outra compreensão do mundo isto ocorre independentemente da escola. Aqui a escola é dispensável, seu trabalho foi orientado no sentido de enraizar e salientar esse desdobramento do nosso conhecimento e da nossa experiência. Quando o aluno passa do mundo da física para o mundo da economia política e da literatura é como ele se transferisse para um mundo inteiramente novo, subordinado a leis absolutamente especiais e sem nenhum item que lembre o que acabou de ser deixado para trás, ou seja, o mundo das ciências naturais.

Isso não é um defeito casual da escola russa mas uma conclusão historicamente inevitável de todo o desenvolvimento da ciência européia e da escola européia. Nesse caso, a escola reflete o que lançou as bases do desenvolvimento da filosofia e da ciência. E só o trabalho como objeto de estudo permite unificar psicologicamente esses dois elementos porque, por um lado, enquanto processo que se desenvolve entre o homem e a natureza, o trabalho se baseia inteiramente nas ciências naturais, e por outro, como processo de coordenação de esforços sociais, é a base para as ciências humanitárias e sociais.

O trabalho, construído com base no sistema de reações conscientes, é aquela ponte que se lança do mundo das ciências naturais para o mundo das ciências humanas. É o único "objeto" a servir de objeto de estudo de ambas as ciências.

De fato, se nas ciências naturais lecionadas na escola estudava-se o homem, isto se restringia àquela parte através da qual ele entra na anatomia e na fisiologia, apenas na medida em que é um animal mamífero; o mundo da natureza, do qual o homem estava excluído, parecia infinitamente ofendido e empobrecido em comparação com a riqueza da vida real. Inversamente, o mundo das ações e dos atos humanos parecia pairar no espaço, uma espécie de arco-íris sem raízes plantadas na terra.

Só o trabalho no seu sentido histórico na sua essência psicológica é o ponto de encontro dos princípios biológico e suprabiológico no homem; nesse ponto o animal e o humano se teceram como um laço e se cruzaram os conhecimentos humano e natural. Assim, a síntese na educação, sonhada pelos psicólogos desde tempos remotos, torna-se realizável na escola para o trabalho.

A prática

"A educação para o trabalho", diz Blonski, "é a educação do soberano da natureza" (1919, p. 7), porque a técnica não significa outra coisa se não o domínio real e material do homem sobre a natureza, a subordinação das suas leis ao proveito humano.

Nesse sentido, o trabalho se revela quase no seu aspecto psicológico mais valioso: no aspecto em que está voltado para a prática. É sumamente ilustrativo que nos últimos decênios as mais diversas correntes da filosofia européia tenham apresentado o princípio da prática em um ou outro aspecto como a única possibilidade de construção do conhecimento científico. Em realidade, a prática e aquela verificação superior pela qual passa toda disciplina científica, e a expressão de Marx segundo quem os filósofos se limitaram a explicar o mundo e agora cabe pensar em transformá-lo, cobre inteiramente a verdadeira história da ciência.

Todo conhecimento sempre surgiu e surge no fim das contas de alguma demanda ou necessidade prática, e se no processo de seu desenvolvimento ele se separa das tarefas práticas que o geraram, nos pontos finais desse desenvolvimento ele torna a voltar-se para a prática e nela encontra a sua suprema justificativa, confirmação e verificação.

Entre outras coisas, o maior defeito psicológico de todo o sistema escolástico e clássico de educação era o caráter absolutamente abstrato e estéril dos conhecimentos. O conhecimento era assimilado como o prato já pronto e ninguém sabia absolutamente o que fazer com ele. Esquecia-se a própria natureza do conhecimento como natureza da ciência: o conhecimento não é capital acabado ou um prato pronto, é sempre uma atividade, uma guerra da humanidade pelo domínio da natureza.

A verdade científica é mortal, vive dezenas, centenas de anos mas depois morre porque no processo do domínio da natureza a humanidade sempre avança. Em total desacordo com essa tese estava a ciência lecionada na escola quando procurava dogmaticamente as verdades que os alunos deviam decorar. Não há concepção psicológica mais falsa de verdade que aquela que os nossos alunos encontravam nos manuais escolares.

A verdade era apresentada a eles como algo acabado e pronto, como resultado de algum processo, resultado esse definitivamente encontrado e indiscutivelmente fidedigno. É curioso que imenso desrespeito pela verdade científica elaboraram os alunos ao tomarem conhecimento dela através de Kruiévitch e Savódnik, quando a verdade parecia dividida em parágrafos e o aluno não tinha como distinguir onde estava a verdade científica propriamente dita e os procedimentos didáticos do autor do manual.

Ocultava-se o próprio processo de descoberta da verdade e esta era apresentada não na dinâmica do surgimento mas no imobilismo da regra já descoberta. E uma vez que isso era decorado como fé, é absolutamente natural que a relação dos nossos alunos com a ciência e a verdade científica pouco se distinguia da relação dos selvagens com o seu dogma religioso; o culto supersticioso e obtuso da letra da verdade escolar, que entre nós era a última palavra em matéria de pedagogia, era capaz apenas de educar selvagens civilizados.

A verdade era apresentada sempre em forma de regra teórica abstrata, obtida não no processo de pesquisa e trabalho mas como uma espécie de trabalho puramente mental. Nunca a relacionavam às necessidades que a geravam nem às conclusões vitais dela decorrentes. Entretanto, a natureza da verdade científica, esteja ela relacionada a alguma regra higiênica insignificante ou à teoria da relatividade, ainda assim é de caráter prático ou, noutros termos, a verdade é sempre concreta.

Por último, nem um filósofo metodólogo experiente conseguiria entender a infinita confusão de verdades científicas apresentadas ao aluno sem chegar às conclusões mais inconsoláveis. As verdades científicas nos cursos escolares eram literalmente amontoadas e por mais inteligente e arguto que fosse, o pedagogo não conseguiria explicar qual a relação que poderia existir entre as declinações do latim, as guerras de Napoleão e as leis da eletrólise.

A fragmentação e a dispersão dos conhecimentos escolares sobrecarregavam a percepção do aluno com um número infinito de fatos isolados e excluíam o ponto de vista do objeto que unifica e relaciona. Por isso, no campo da filosofia e da interpretação do mundo dominavam em nossos círculos instruídos a mais vergonhosa superficialidade, a mais leviana fraseologia e uma monstruosa ignorância em questões elementares. Todos esses defeitos da velha escola são facilmente superados pelo ensino voltado para o trabalho que, em primeiro lugar, sintetiza e unifica todos os objetos e, em segundo, dá-lhes inclinação prática e emprego e, em terceiro, revela o próprio processo de descoberta da verdade e o seu movimento depois que ela já foi descoberta.

O profissionalismo e o politecnicismo

Embora as tendências da indústria moderna estejam voltadas para o pleno politecnicismo do trabalho, ainda assim não se pode considerar esse processo nem um mínimo acabado, nem mesmo em um país tão definidamente capitalista como a América do Norte e menos ainda na Rússia.

Assim, o politecnicismo é a verdade do dia de amanhã e para ela deve estar orientada a escola em seu trabalho, mas essa verdade ainda não se materializou definitivamente e, paralelamente à formação politécnica, colocam-se diante da escola as tarefas de satisfazer também as necessidades vitais imediatas que se cobram da escola. O profissionalismo, necessariamente observado em nossa escola, deve ser entendido como uma concessão da vida, como uma ponte que se lança da formação escolar para a prática da vida.

Isso significa que a escola profissionalizante não perde de maneira nenhuma o caráter politécnico, o politecnicismo continua a ser o seu núcleo básico mas a formação politécnica é ressaltada em um final para que através desse final ela possa diretamente na vida. Neste sentido a relação entre a formação e a formação especial no novo enfoque é plenamente coberta pela velha fórmula há muito lançada pela psicologia que estabelece que *cada um deve saber alguma coisa sobre tudo, e todos sobre alguma coisa*. Cada um deve saber *alguma coisa sobre tudo*, logo, as concepções mais elementares e gerais sobre os elementos fundamentais da totalidade do mundo devem servir de base à formação de cada indivíduo. O *todos sobre alguma coisa* exige da nossa formação reunir todos os conhecimentos de alguma área diretamente ligada ao nosso trabalho.

É fácil compreender que essa velha fórmula é integralmente aplicável à educação pelo trabalho se consideramos *todos sobre alguma coisa* como equivalente à exigência do profissionalismo e *alguma coisa sobre tudo* à exigência do politecnicismo.

Nenhum princípio pedagógico lançado atualmente ameaça com conseqüências tão nefastas em caso de sua interpretação incorreta quanto o princípio da escola para o trabalho, cabendo dizer francamente que a prática russa da escola para o trabalho revelou um claro exemplo de tais deformações. Em seu livro sobre a escola para o trabalho Blonski diz que nela não existe uma única página e nenhum princípio que não possa ser deturpado na mais malévola caricatura do princípio do trabalho:

"Eu vi escolas-comunas que ressuscitaram inteiramente os costumes dos orfanatos fechados. Vi instrutores organizando um 'dia da criança' para todo um bairro com uma precisão de quinze minutos. Vi professoras de jardins-de-infância ensinando crianças de cinco anos a fazer comida em uma cozinha mal cheirosa. Para minhas aulas 'fugiam' crianças dos trabalhos de hortas que as levavam à completa exaustão por calor e cansaço. Vi professorinhas que pensavam que arrastar madeira pesada e suja, limpar banheiros e tirar o pó são atividades da escola para o trabalho, quando eu acho que isso é um trabalho prejudicial e de galé até para adultos. Vi marcenarias onde eu, adulto, ficava sufocado e as crianças trabalhavam em condições sem precedentes. Vi trabalhos em metal depois dos quais acho que as crianças tinham de pegar pneumonia. Vi tagarelas desenvolvendo uma longa conversa sobre toda sorte de bobagem do cotidiano achando que estavam pondo em prática a escola para o trabalho. Na cozinha da escola vi cátedras para mestres narradores. Estou certo de que vários pedagogos irão levar as crianças ao inferno da fábrica, lançar adolescentes no estrépito e no calor das usinas, colocá-los em máquinas perigosas, encher-lhes os pulmões de poeira e carvão e depois assegurar a torto e a direito que estão educando 'segundo o método de Blonski'." (1961, p. 619.)

Capítulo XI
O comportamento social em face do desenvolvimento etário das crianças

O conceito de adaptação

Como se sabe, a biologia moderna vê no conceito de adaptação o princípio fundamental do desenvolvimento da vida orgânica na Terra. Em pedagogia nós dizemos que o objetivo final de qualquer educação é adaptar a criança ao meio ela terá de viver e agir.

Mas é necessário levar em conta duas circunstâncias. Primeira: a adaptação ao meio pode ser da qualidade mais variada. Adaptado ao meio vem a ser o carreirista astucioso, o comerciante e o vigarista, que levam magistralmente em conta a mínima excitação do meio, sabem reagir a ela com a resposta adequada e conseguem satisfazer todas as suas necessidades vitais experimentando ao mesmo tempo o sentimento máximo de auto-satisfação que se expressa no afeto emocional positivo e lhes dá a possibilidade de saírem sempre senhores da situação.

Impõe-se a pergunta: será que esse tipo de homem é o ideal de um indivíduo educado do ponto de vista da pedagogia? Pode-se fazer também a pergunta inversa: se algum revolucionário, que não consegue de maneira nenhuma viver em nenhum círculo social, rebela-se contra a sociedade e sempre entra em choque com o meio, revelando com isso a sua inadaptação, poderemos dizer que esse tipo de pessoa foi mal ou equivocadamente educada? Segundo: por força do seu desenvolvimento etário, a criança se revela adaptada ao meio em diferentes graus.

Assim, o problema da adaptação ao meio deve ser visto em função do comportamento etário da criança. Examinemos ambas as questões.

No tocante à primeira questão, cabe dizer que a adaptação não deve ser considerada senão do ponto de vista social. Nesse caso nunca se deve partir de um meio social dado como de algo constante e imutável. O meio social contém uma infinidade dos mais diversos aspectos e elementos. Esses elementos estão sempre na mais violenta contradição e luta entre si, e todo o meio deve ser entendido não como um sistema estatístico, primordial e estável de elementos mas como um processo dinâmico em desenvolvimento dialético. Em termos sociais o revolucionário pode revelar-se mais adaptado às tendências superiores do meio que o carreirista, porque aquele está adaptado à dinâmica social e não à estática social.

A relação do homem com o meio deve ter sempre um caráter de atividade e não de simples dependência. Por isso a adaptabilidade ao meio pode significar uma luta violentíssima contra determinados elementos do meio e sempre representa relações ativas e recíprocas com o meio. Logo, no mesmo meio social são possíveis atitudes sociais inteiramente diversas do indivíduo e tudo se resume no tipo de orientação a ser dada à educação desse caráter ativo.

A segunda questão se resolve da seguinte maneira. A criança passa efetivamente por muitos estágios de adaptação ao meio social, e as funções do seu comportamento social modificam-se intensamente em face dessa ou daquela fase etária. Por isso o comportamento social da criança deve ser visto como comportamento reiteradamente refratado em função do desenvolvimento social do organismo.

A criança e o meio

Zalkind revela o sentido objetivo e materialista da teoria de Freud mais ou menos da seguinte forma.

Freud estabelece dois princípios aos quais está subordinada a atividade do homem: o princípio de prazer e o princípio de realidade. A fonte do psiquismo humano são as inclinações e desejos profundamente radicados no homem, que estão em interação com o meio. Toda a vida psíquica é orientada pela vontade de satisfação e pela repulsa ao sofrimento. Essas inclinações para o prazer organizam a atitude do indivíduo, preenchendo a atenção, a memória e o pensamento com um determinado conteúdo. Todo o mundo psíquico do homem é uma soma dos seus desejos e uma experiência de luta por satisfazê-los. Mas o desejo de satisfação se choca com as exigências do meio real ao qual é necessário adaptar-se e, assim, o princípio de prazer se choca com o princípio de realidade. O organismo é levado a renunciar a muitos desejos. Esse desejo não realizado é recalcado na esfera do inconsciente, onde continua a existir em forma velada, irrompendo na vida psíquica, dirigindo-a por suas vias, subordinando-a às influências desses desejos inconscientes reprimidos. Por não chegar a um compromisso com o princípio de realidade, o princípio de prazer se vinga dele criando em troca ou como complemento ao mundo real mais um mundo de tipo especial: o mundo das inclinações não conscientizadas, reprimidas e inconscientes. Cria-se no homem uma espécie de duas realidades inconciliáveis: a realidade exterior conscientizável, que contém elementos de adaptação ao meio exterior, e a realidade psíquica, que é estranha, hostil ao mundo exterior, foi por este deslocada para o subsolo do inconsciente mas é faminta, insatisfeita e irrompe na superfície. Toda a vida psíquica é perpassada por uma luta furiosa entre essas duas realidades. Essa luta se reflete na chamada censura, que deforma as inclinações reprimidas que irrompem durante o debilitamento do estado consciente no sonho, na dispersão.

A forma superior desse conflito, dessa discrepância com o meio, manifesta-se na chamada fuga para a doença, que deve ser entendida como posição mórbida em face da realidade, como forma específica de comportamento na qual triunfam os desejos não satisfeitos e reprimidos que se fecharam em algum complexo, ou seja, em um grupo de representações relacionadas com alguma vivência afetiva.

Verifica-se que até ao nosso pensamento acontece estar orientado pela linha desses desejos ou complexos reprimidos, já sem falar de que todas as demais potencialidades psíquicas se subordinam a essa lei. Ocorre que o homem endereça ao mundo exterior apenas uma parte da sua riqueza criadora conserva o conteúdo restante para uso interno, uso esse estranho às obrigações levantadas por esse meio. A soma de atenção e de memória, o material dos processos de pensamento, as qualidades das faculdades gerais e especiais, o volume de resistividade e flexibilidade que ele revela diante de nós nos atos de adaptação real são amiúde um fragmento insignificante das suas possibilidades criadoras. Assim acontece não só com as chamadas personalidades patológicas mas também com pessoas absolutamente normais tendo em vista a extrema relatividade do próprio conceito de norma nas condições do louco meio social moderno. A estrutura inata da personalidade e as habilidades por ela acumuladas em sua tenra e livre infância, no processo de crescimento entram inevitavelmente em choque com as obrigações da realidade circundante. Crescem a desorganização interna, a cisão grosseira, o acentuado desdobramento da personalidade que só devolve ao meio aquilo que este lhe toma à força e conserva a maior parte do seu fundo em estado de faminta tensão potencial.

Freud supõe que a maioria desses desejos reprimidos são de origem sexual. Ele situa o desenvolvimento do instinto sexual na mais tenra infância. É claro que ele não fala de algum sentimento sexual grosseiro e formalizado na criança. Trata-se, antes, de elementos embrionários particulares, de sensações isoladas que se originam nas mucosas, no funcionamento de órgãos isolados e constituem os embriões do futuro sentimento sexual ou da chamada libido. Verifica-se que a experiência instintiva primordial da criança, assim como as primeiras habilidades da infância, o chamado comportamento infantil transcorre sobre a influência do princípio do prazer. A preocupação com a adaptação ao meio cabe aos adultos. São precisamente os adultos que facilitam para a criança o estabelecimento das primeiras relações de reciprocidade com o meio. É isto que imprime uma marca especial ao comportamento infantil no tenro período da infância. Isto é formado, em primeiro lugar, por reações incondicionadas inatas e, em segundo, pelos reflexos condicionados das primeiras fases mais próximos de tais reações.

Isso explica a contradição trágica entre a reserva inata, a tenra experiência infantil e as aquisições tardias dessa experiência. Uma vez que existe uma imensa discordância entre a tenra experiência infantil fundada em bases biológicas e o meio com as suas exigências objetivas, surge a desorganização biológica do homem e a passagem do comportamento infantil para o comportamento adulto sempre representa uma tragédia que Freud denomina luta entre o princípio do prazer e o princípio de realidade.

Segundo Zalkind, essas conclusões coincidem inteiramente com as experiências do laboratório de Pávlov. Aqui se reproduz em forma experimental a determinação da experiência da criança quando esta entra na vida. O cão recebe um pó com cheiro de carne. Ele responde a esse oferecimento com os reflexos apanhar o alimento e salivar. Entretanto, só se dá o pó ao cão quando isto é precedido algum sinal luminoso ou sonoro. Sem isso não se dá o alimento ao cão. Este inicialmente se precipita para o pó em todos os casos, saliva, etc. Mas como resultado de insistentes repetições da experiência o cão começa a inibir o seu reflexo básico. Sem receber a permissão, sem o sinal condicionado, o cão simplesmente não está em condições bioquímicas (não tem saliva e outros líquidos) para comer, não tem apetite nem quer comer.

O meio moderno e a educação

O meio social moderno, ou seja, o meio da sociedade capitalista, graças ao seu sistema caótico de interferências, cria uma contradição radical entre a tenra experiência da criança e as suas formas tardias de adaptação. Por isso o organismo deve assimilar certas formas de inibição, de obstrução dos seus desejos, esses desejos se revelam e ganham vazão em forma mascarada e não integral no sonho, uma vez que são obstaculizados pela censura. Como resultado cria-se uma decidida contraposição entre o meio e o indivíduo. Zalkind assim descreve o quadro que surge nesse processo: todas as tendências não realizadas ganham um sentido incorreto e são canalizadas para o instinto sexual que se alimenta às custas alheias como uma parasita.

A combinação caótica dos estímulos sociais modernos cria uma grosseira discrepância entre a reserva herdada, a experiência da tenra infância e as acumulações psicológicas posteriores e mais maduras. Daí a obstrução de uma parte enorme das potencialidades biopsíquicas do homem, a sua aplicação deformada de apenas uma parte ínfima dessa energia empregada pelo meio social. No subsolo da psicofisiologia humana existem imensas reservas que aguardam as respectivas estimulações sociais. Elas são dotadas de uma plasticidade excepcional. Libertar essas reservas do subsolo, produzir uma liberação social de energia significa realizar o seguinte processo: jazem no homem massas de energia sob a forma de tendências, desejos, aspirações; uma parte dessa energia não consegue ter vasão devido ao princípio de realidade e acaba deslocada para o inconsciente. Agora são possíveis três saídas para a parte restante. Uma entra em luta com as formas conscientes de comportamento, vence essas formas, vinga-se do princípio de realidade e isto é a fuga para a doença ou a psiconeurose. A luta termina sem vencedores, ou melhor, nunca termina, e o homem, ao conservar as formas normais de comportamento, vive em um conflito permanente e longo entre si e o meio, e dentro de si. Por último, a energia deslocada para o inconsciente e ali recalcada torna a libertar-se, porém em nome da realidade mas em um sentido criador socialmente útil. Aqui o meio triunfa inteiramente, uma vez que não só reprimiu as forças que a ele se opunham como as dominou mais uma vez em forma transfigurada.

Assim, esse processo ou sublimação é a realização máxima de todos os nossos desejos, só que em um sentido socialmente útil. Conseqüentemente, esse é o caminho a ser seguido pela educação. A sublimação tem muito de semelhante com as formas comuns de inibição dos reflexos, inclusive daqueles não deslocados para a esfera do inconsciente. Para elucidar o mecanismo da ação da sublimação, usaremos uma ilustração de Zalkind.

Um pequeno funcionário foi grosseiramente ofendido por seu chefe. Estimulações dessa ordem sempre suscitaram nele uma inibição costumeira em troca do reflexo agressivo que, neste caso, não costumava receber a devida alimentação uma vez que no meio burocrático da Rússia czarista evidentemente não se criava terreno propício para a formação de reflexos agressivos e explícitos. A soma dessa excitação inibida pode manifestar-se externamente. 1) O funcionário chega em casa, senta-se para almoçar, alguma coisa insignificante, uma pequena desordem na mesa, o irrita, a irritação cai no campo da excitação inibida e segue-se um impulso repentino e grosseiro, um reflexo agressivo de enorme força: os pratos voam contra a mulher, os filhos, os punhos batem na mesa, a berraria toma conta de todo o apartamento (a catarse freudiana: explosão, extravasamento tempestuoso da excitação inibida). 2) É possível também outro caminho: a inibição continua em vigor e é mantida, alimentada e reforçada por novas ofensas do chefe. Mas paralelamente surgem novos estímulos: uma manifestação revolucionária pela cidade, uma proclamação clandestina conclama à luta contra os "chefes" em geral, apontam os métodos dessa luta, luta longa, persistente e organizada. O reflexo agressivo se liberta só que agora em forma organizada e não mais tempestuosa desdobrando-se em amplitude, transformando-se em um trabalho revolucionário persistente e clandestino. O reflexo clandestino se organiza, sublima-se: ao passar pela acumulação da excitação ao seu redor, por sua longa inibição e por sua lenta liberação no sentido de um reflexo de ordem superior, o reflexo de ordem inferior se transforma em processo criador.

Isto deixa claro que uma educação realizável em termos ideais só é possível com base em um meio social devidamente orientado e, conseqüentemente, as questões radicais da educação não podem ser resolvidas senão depois de resolvida a questão social em toda a sua plenitude. Mas daí decorre também outra conclusão: o material humano possui uma infinita plasticidade em um meio social corretamente organizado. Tudo no homem pode ser educado e reeducado sob uma correspondente interferência social. Neste caso, o próprio indivíduo não deve ser entendido como forma acabada mas como uma permanente e fluente forma dinâmica de interação entre o organismo e o meio.

Cabe lembrar que se tudo no organismo humano é susceptível de educação, nas condições reais do nosso século essa educação esbarra em toda uma série de obstáculos. Examinemos as formas reais de comportamento social da criança.

As formas reais de comportamento social

Na vida real as pessoas asseguram a sua subsistência adaptando a natureza às suas necessidades no processo de trabalho. A produção humana se distingue pelo caráter coletivo e sempre necessita de organização das forças sociais como de um momento prévio para o seu surgimento.

Em linhas gerais, na vida existe uma estreita dependência entre os organismos de uma e outra espécie. Entretanto, as formas de sociabilidade humana se distinguem das formas de sociabilidade animal. A sociabilidade animal surgiu com base nos instintos de alimentação, defesa, ataque e multiplicação, que exigiam uma colaboração conjunta dos diferentes organismos. Na sociedade humana, esses instintos redundaram na formação e no surgimento da atividade econômica, que serve de base a todo o desenvolvimento histórico. Marx fala a esse respeito o seguinte: "Na produção social da sua vida as pessoas entram em relações necessárias e independentes da sua vontade, relações de produção que correspondem a um determinado nível de desenvolvimento das suas forças produtivas materiais. O conjunto dessas relações de produção constitui a estrutura econômica da sociedade, base real em que se erige a superestrutura jurídica e política e a qual correspondem determinadas formas de consciência social... Com a mudança da base econômica ocorre uma transformação mais ou menos rápida em toda a imensa superestrutura. Na análise dessas transformações é necessário sempre distinguir a transformação material constatada com precisão naturalista nas condições econômicas de produção das formas jurídicas, políticas, religiosas, artísticas ou filosóficas, em suma, das formas ideológicas nas quais as pessoas tomam consciência desse conflito e lutam por sua solução" (K. Marx e F. Engels, *Obras*, V. XIII, pp. 6-7).

Assim, do ponto de vista do materialismo histórico, "as causas finais de todas as mudanças sociais e transformações políticas não devem ser procuradas nas cabeças das pessoas", diz Engels, "nem na crescente compreensão que elas têm da verdade eterna e da justiça mas nas mudanças no modo de produção e de troca; elas devem ser procuradas não na filosofia, mas na economia da respectiva época" (K. Marx e F. Engels, *Obras*, V. XIX, p. 210).

O processo de produção assume na sociedade humana um caráter social extremamente amplo, que atualmente abrange o mundo inteiro. Em função disso surgem formas sumamente complexas de organização no comportamento social das pessoas, com as quais a criança depara antes de chocar-se imediatamente com a natureza.

Por isso o caráter da educação do homem é totalmente determinado pelo meio social em que ele cresce e se desenvolve. O meio nem sempre influencia o homem direta e imediatamente mas de forma indireta, através da sua ideologia. Chamamos de ideologia todos os estímulos sociais que se estabeleceram no processo de desenvolvimento histórico que se consolidaram sob a forma de normas jurídicas, regras morais, gostos estéticos, etc. As normas são perpassadas inteiramente pela estrutura de classe da sociedade que as gerou e servem à organização de classe da produção. Elas condicionam todo o comportamento do homem e, neste sentido, é legítimo falar do comportamento de classe do homem.

Sabemos que todos os reflexos condicionados do homem são determinados por aquelas interferências do meio que a ele são enviadas de fora. Uma vez que o meio social é por sua estrutura de classe, naturalmente todos os novos vínculos trazem a marca desse colorido de classe do meio. É por isso que alguns estudiosos ousam falar não só em psicologia de classe mas também em fisiologia de classe. As inteligências mais ousadas se atrevem a falar de "total impregnação social" do organismo e de que as nossas funções mais íntimas são, no fim das contas, veículos de expressão da natureza social. Nós respiramos e realizamos os mais importantes deslocamentos do nosso organismo sempre em conformidade com os estímulos que agem sobre nós. Ao analisarmos a psicologia do homem moderno, encontramos nela tamanha multiplicidade de opiniões alheias, palavras alheias e idéias alheias que decididamente não podemos dizer onde termina a sua própria personalidade e começa a sua personalidade social. Por isso cada indivíduo na sociedade moderna, queira ele ou não, é forçosamente a expressão dessa ou daquela classe.

Na medida em que se sabe que a experiência individual de cada pessoa é condicionada pelo seu papel em relação ao meio e a pertença a uma classe é exatamente o que determina esse papel, fica claro que a pertinência de classe determina a psicologia e o comportamento do homem. "Assim", diz Blonski, "não existe na sociedade nenhuma lei do comportamento humano que seja imutável e universalmente obrigatória. Na sociedade de classe o conceito de "homem" é, em linhas gerais, um conceito abstrato e vazio. O comportamento social do homem é determinado pelo comportamento da sua classe e cada homem é necessariamente um homem dessa ou daquela classe" (1921, p. 73). Neste sentido devemos ser profundamente históricos e colocar o comportamento do homem em relação com a sua situação de classe em um dado momento. Isso deve ser um procedimento psicológico fundamental para qualquer psicólogo social. Lembremos que a estrutura de classe da sociedade determina a posição que o homem ocupa no trabalho social organizado. Logo, a pertinência a uma classe determina de uma vez a atitude cultural e natural do indivíduo no meio. "Daí todo homem ser uma certa variação (média, mas freqüente, mínima, máxima, etc.) dessa ou daquela classe social. Conclui-se daí que o comportamento do indivíduo é um comportamento derivado da respectiva classe." (Blonski, 1921, p. 73.)

Acontece que o trabalho humano, ou seja, a luta pela subsistência, assume necessariamente as formas de luta social e em função disso coloca em idênticas condições os objetivos de uma massa de pessoas, exigindo delas a elaboração de formas idênticas de comportamento. São essas formas idênticas de comportamento que constituem aquelas crenças religiosas, rituais e normas amplamente difundidos, nos quais vive uma determinada sociedade. Assim, queiramos nós ou não, consciente ou inconscientemente, a educação sempre se orienta por uma linha de classe.

Para o psicólogo, isso significa que o sistema de estímulos, que forma os sistemas de comportamento da criança, é constituído de estímulos de classe.

Isso deve ser levado em conta quando se coloca diante da pedagogia moderna a velha questão de saber o que é o ideal da educação: o tipo internacional, o universalmente humano ou o nacional. É necessário ter em vista a natureza de classe de todos os ideais; cabe lembrar que os ideais do nacionalismo, do patriotismo, etc. são apenas formas mascaradas da orientação de classe da educação. É por isso que para a nossa pedagogia nenhum desses elementos pode constituir-se na solução correta do problema. Ao contrário, na medida em que a educação atual se ajusta à classe operária internacional que se projeta na arena histórica, os ideais do desenvolvimento internacional e da solidariedade de classe devem superar os ideais da educação nacional e universalmente humana.

Isso não significa de maneira nenhuma que a pedagogia moderna esteja desatenta às formas nacionais de desenvolvimento. Acontece que estas são um fato histórico indiscutível e grandioso. Por isso é natural que elas façam parte da nossa atividade escolar como condição psicológica obrigatória. Tudo o que a criança aprende ajusta-se àquelas formas específicas de comportamento, de linguagem, hábitos, costumes e habilidades que a criança recebe.

É importante evitar os principais erros que a pedagogia costuma cometer. Evitar o culto excessivo do caráter nacional, que reforça o elemento nacional no comportamento e em vez do espírito nacional cultiva nos alunos o nacionalismo. Isto costuma estar relacionado a uma atitude negativa em relação a outros povos, ao espírito patrioteiro, ou seja, a paixão pelos traços externos e aparentes da sua nacionalidade. O colorido nacional do comportamento humano é, como todas as aquisições culturais, o maior valor humano mas isso só quando ele não se torna uma carapaça que envolve o homem como na concha de um caracol e o protege das influências externas.

O choque entre diferentes culturas trouxe constantemente consigo formas mistas e falsas de linguagem, de arte, mas ao mesmo tempo deu resultados maravilhosos em termos de desenvolvimento de novas formas de criação cultural. A fidelidade ao seu povo é a fidelidade à sua individualidade e o único caminho normal e verdadeiro do comportamento.

Outro perigo do nacionalismo é a excessiva consciência que se possa ter dessa questão. Acontece que as formas nacionais de cultura são adquiridas de forma como que espontânea e integram a parte inconsciente na estrutura do nosso comportamento. Nesse sentido, em termos psicológicos e pedagógicos o caráter nacional não contraria a classe e esses dois elementos têm uma função psicológica muito importante.

As oscilações no desenvolvimento das crianças

O desenvolvimento da criança é o princípio fundamental da psicologia. A criança não é um ser acabado mas um organismo em desenvolvimento, e conseqüentemente o seu comportamento se forma não só sobre a influência excepcional da interferência sistemática no meio mas ainda em função de certos ciclos ou períodos do desenvolvimento do próprio organismo infantil, que determinam, por sua vez, a relação do homem com o meio. A criança se desenvolve de maneira irregular, constante, através da acumulação de pequenas mudanças por impulsos, aos saltos, de forma ondulatória, de sorte que os períodos de ascenção do crescimento infantil são seguidos de períodos de estagnação e inibição.

Essa intermitência de oscilações rítmicas constitui a lei básica do comportamento da criança e se reflete inclusive nas oscilações diárias e anuais. Meuman, por exemplo, supõe que o psiquismo infantil se distingue por maior intensidade no outono e no inverno; de outubro a fevereiro começa a maior tensão das forças psíquicas, em março começa a sua redução, que chega no verão a zero. Paralelamente às oscilações anuais observam-se as oscilações diárias, em função das quais a pedagogia apresenta a exigência de redistribuição das ocupações das crianças de modo a que aos momentos de maior intensificação da energia corresponda às tarefas mais difíceis. Observa-se em especial o dano causado pelas aulas à noite, à tarde, no momento de maior queda de energia, bem como depois do almoço, quando a intensificação da digestão provoca um refluxo considerável de sangue da cabeça e seu afluxo ao estômago.

Aplicado ao desenvolvimento da criança, esse princípio da periodicidade pode ser denominado princípio dialético do desenvolvimento da criança, uma vez que ele não se realiza através de mudanças lentas e graduais mas por saltos em certos entroncamentos, nos quais a quantidade de repente se transforma em qualidade; é legítimo distinguir as fases qualitativas do desenvolvimento da criança. Como a água no processo regular de esfriamento de repente começa a transformar-se em gelo no ponto de congelamento, no processo regular de aquecimento, ao passar ao ponto de ebulição, começa imediatamente a transformar-se em vapor. Em outros termos, o processo de desenvolvimento da criança, como tudo o demais na natureza, também se realiza pela via dialética de desenvolvimento a partir das contradições e da transformação da quantidade em qualidade.

Aristóteles já estabeleceu em linhas gerais a passagem de uma fase a outra, coincidente com as divisões com as quais todos mais ou menos concordam. Agora distinguimos quatro fases etárias básicas no desenvolvimento das crianças, e cada uma dessas fases tem o seu sentido biológico específico, logo, a sua relação especial com o meio.

O primeiro período pode ser denominado período da tenra infância, quando o caráter ativo da criança é quase equivalente a zero. Suas funções biológicas são determinadas principalmente pela alimentação: a criança come e dorme, cresce e respira, e seu comportamento é integralmente determinado por essas importantíssimas funções. Por isso, a partir das formas do seu comportamento desenvolvem-se aquelas que ajudam a realizar as referidas funções. Quase todas as reações da criança nesse período estão voltadas para uma familiarização mais fácil com o meio. Já nessa fase a criança descobre uma série de reações relacionadas à brincadeira. Essa criança brinca, orienta-se no meio e exercita os seus principais órgãos de percepção e movimento. É precisamente nessa fase que se realiza o maior acontecimento na vida da criança: ela aprende a orientar os seus movimentos, pela primeira vez coordena a atividade do olho e da mão, estende-se em direção aos objetos situados à sua frente. Nessa fase ela é protegida do meio pelos adultos que realizam por ela as funções mais importantes de adaptação ao meio. Entretanto, a criança cai sobre a influência do meio nos seus familiares, do ambiente e, principalmente, do papel que o ambiente desempenha em relação a ela.

Por isso a mãe aparece para a criança em primeiro lugar e, segundo a expressão correta de um psicólogo, é precisamente ela que representa o primeiro meio social para a criança. Um salto brusco nesse período é o rompimento dos dentes de leite, momento em que a criança, ao passar a outra alimentação, muda a sua relação com o meio. Em linhas gerais, todo o período da tenra infância, rico em acontecimentos, no qual a criança aprende a andar, a falar e a mover-se, é marcado pela orientação primária no meio e se estende até os sete ou seis anos, constituindo a fase tenra da infância.

Nessa fase de crescimento contínuo a criança vai dominando definitivamente todos os seus movimentos, e as suas relações com o meio são determinadas pelo fato de que o meio penetra nela através dos adultos. Alguns psicólogos denominam todo esse período de fase da brincadeira.

Aqui começa uma certa crise, um retardamento do crescimento, e representa uma espécie de ponto de ebulição ou congelamento, após o qual começa a nova fase da infância tardia qualitativamente diversa, que se estende dos sete aos treze-quatorze anos. Essa fase coloca criança em relação direta com o meio. A criança adquire todas as habilidades necessárias ao adulto. As formas do seu comportamento se complexificam e ela entra em novas relações com os que a rodeiam. Como uma espécie de onda nova, e segunda onda, essa fase a lança fundo no mundo, numa relação mais estreita com ele. Esse período termina com a época do amadurecimento sexual, que todos os psicólogos concordam em reconhecer como época trágica da vida da criança. A transformação é notória em absolutamente tudo: na mudança da voz, do rosto, da compleição do corpo, quando todos os membros, segundo expressão de Rubinstein, estão em sua correlação, numa espécie de encruzilhada: eles abandonaram o estágio da integridade infantil e ainda não conseguiram estabelecer a harmonia firmemente coesa do corpo já constituído.

Essa fase se caracteriza pelo mais importante conflito com o meio. É acompanhada por comoções internas e externas e freqüentemente se constitui em fonte de futuras doenças e perturbações do organismo, que permanecem pelo resto da vida. Isto acontece porque um instinto tempestuoso e forte, que de repente se manifesta no corpo, é condenado à inação, acarretando um sério conflito entre a criança e dentro da própria criança.

Essa fase se caracteriza por uma elevação excepcional da excitabilidade e a falta de jeito, ou seja, por uma espécie de consciência permanente de sua inadaptabilidade ao meio. Por isso essa fase é no pleno sentido da palavra a idade crítica.

Ela é ainda decisiva para a educação no sentido de que nela se estabelecem as formas básicas de sublimação, ou seja, daquele escoamento da energia sexual que ela recebe sob influência da educação.

Esse retardamento é seguido da fase da adolescência, que se estende dos treze aos dezoito anos, e se caracteriza pelo estabelecimento das relações com o meio. Isso se percebe ao menos pelo fato de que, no período da maturação sexual, desenvolve-se o último terço de todo o peso do cérebro. O primeiro nós localizamos na criança recém-nascida, o segundo cresce ao longo de toda a infância até os quatorze anos. Após essa fase, até os dezoito anos se arrasta o período da juventude, perigo da familiarização definitiva com o meio.

Devemos ver todas essas divisões como determinados sinais convencionais, que não têm limites precisos e são acompanhados de toda uma série de peculiaridades psíquicas transitórias inerentes em grande medida a cada uma das idades.

Observemos como exemplo a fase do negativismo infantil na vida das crianças na idade pré-escolar. A manifestação mais nítida do negativismo é a paixão pelas discussões, pela negação e o hábito de contradizer. Alguns psicólogos relacionam essa fase à idade que vai dos três aos cinco anos, mas há fundamentos para pensar que ela se refere a uma idade mais tardia, verificando-se freqüentemente em formas mais sutis em criança dos sete aos oito anos.

O sentido psicológico desse comportamento consiste na transformação que se opera na criança com o crescimento do seu grau de atividade em relação ao meio. A criança responde a tudo: "deixe, eu mesma faço", e sofre sempre da "mania de contrariar". Basta que se chegue a essa criança e se diga de forma persistente "sim" para se ouvir dela a resposta brusca e decisiva "não". Ao cabo de um instante a criança responde a esse "não" com um categórico "sim". Basta que se chegue a uma criança vestida de branco e se diga: "Você hoje está de branco" para ouvir a resposta: "Não, de preto". Como diz Rubinstein, "nesse período as crianças freqüentemente respondem também a pedidos, a ordens, e até a simples apelos ao nome com a negação: 'não-volódia', 'não-mamãe', etc. Certa vez uma mãe me pediu esclarecimento, sumamente embaraçada com o seguinte caso que representa apenas uma forma aguçada desse período 'heurístico': seu filho de quatro anos, respondendo a tudo com uma negação em casos propícios e não propícios, ao mesmo tempo não se negava a fazer freqüentemente o que lhe pediam; certa vez, ao deitar-se para dormir, à sugestão da mãe para ler com ela a oração habitual, cumpriu o pedido de forma absolutamente inesperada: 'Não pai, não nosso, não está, não no céu, etc.'" (1913, p. 18).

Fatos como esse podem ser encontrados freqüentemente, ainda que em forma não tanto aguçada. O autor deste livro teve oportunidade de observar uma menina em fase de negativismo copiando tudo do quadro em ordem inversa: da direita para a esquerda. Seu exemplo contagiou a turma toda, e a professora, que em linhas gerais tinha uma relação pacífica com a turma, não conseguiu aceitar esse acesso de negativismo. Entretanto, o mais curioso de tudo foi que a professora conseguiu liquidar de forma indolor esse caso quando, por sugestão deste autor, ela mesma passou a escrever no quadro da direita para a esquerda. Nesse dia as crianças voltaram à escrita normal.

O negativismo é apenas um caso particular de manifestação daquela inadaptabilidade, que é o traço fundamental da infância. No momento do seu nascimento e durante toda a infância a criança é um organismo inadaptado ao máximo e fora do equilíbrio com o meio. Eis por que ela precisa constantemente de equilíbrio artificial com a ajuda dos adultos. É por isso que ela – o ser mais emotivo – deve ou rir, ou chorar, raramente manter-se neutra. Porque as emoções são pontos de desequilíbrio no nosso comportamento, momentos em que sentimos a nós mesmos esmagados pelo meio ou triunfantes sobre ele.

Por isso não conseguimos apagar a marca do trágico dos processos do crescimento infantil e da educação, e a entrada da criança na vida foi e continua sempre um processo de ruptura dolorosa e criação de rompimentos e surgimento de tecidos. Bühler teve toda razão ao dizer: "Quem já se interessou seriamente para compreender com mais profundidade o maior de todos os dramas do desenvolvimento, da transformação das nossas crianças em homens, deve estar pronto para saber que nada se pode fazer sem uma preparação fundamentada" (1924, p. 73).

Capítulo XII
O comportamento moral

A natureza da moral do ponto de vista psicológico

A questão da educação moral se situa entre aquelas que estão sendo revistas na psicologia e na cultura do modo mais decidido e radical. Está desmoronando a relação milenar da moralidade com a psicologia e sobre o impacto da análise a moral começa a ganhar um caráter cada vez mais terreno. Consegue-se estabelecer de modo evidente a sua origem experimental e terrena, sua dependência em face de suas condições históricas e sociais bem como o seu caráter de classe.

Cada povo, em cada época e cada classe tem a sua própria moral, que sempre é produto da psicologia social. É famosa a moral do hotentote que se refletiu na sua resposta quando lhe perguntaram o que ele achava bom e ruim. "É bom", respondeu o hotentote, "se eu roubo minha mulher; é ruim se me roubam."

Em cada meio social modificaram-se os conceitos e definições, e o que em uma época e em um lugar se considerava mal em outro lugar podia considerar-se o maior dos méritos. Se em todas essas diversas manifestações da consciência moral extinguia-se algum traço comum, isto ocorria somente porque no sistema social houvera outrora elementos comuns a toda a sua sociedade humana.

Assim, do ponto de vista da psicologia social cabe considerar a moral como certa forma de comportamento social elaborada e estabelecida segundo os interesses da classe dominante, como forma diferente para as diversas classes. É por isso que sempre existiram a moral do senhor e a moral dos escravos, e é por isso também que as épocas de crises eram épocas das maiores crises da moral.

Conta-se que na escola espartana obrigavam as crianças a servirem à mesa durante o almoço dos adultos. Nesse ínterim a criança deveria roubar alguma coisa, e era castigada tanto quando não podia fazê-lo quanto quando era apanhada com a mão na massa. A tarefa moral dessa experiência consistia em roubar sem ser apanhado. Esse ideal era inteiramente condicionado pelo sistema comunista da Esparta aristocrática e fechada, em que a preocupação com a propriedade não constituía norma de moralidade e por isso o roubo não era considerado vício mas a força, a destreza, a astúcia e o autocontrole eram o ideal do espartano, pois ali se considerava o maior defeito a incapacidade de enganar o próximo e autodominar-se.

Como aqui, a educação moral em cada escola coincide inteiramente com a moral da classe que orienta a escola. Na França, onde foram produzidas aulas especiais de moral, utilizam-se manuais de moral, o ideal de educação são aquelas virtudes burguesas que impregnam o espírito e a mentalidade da classe média abastada francesa. Como narra Rubinstein, em um manual francês de moral o hábito de poupar quase foi introduzido como "medida de moralidade" e, sob esse critério, a caderneta de poupança é o índice dessa moralidade.

Esses ideais de classe são próprios de todos os demais sistemas de educação. Assim acontecia na nossa escola secundária, que se baseava em princípios autoritários, considerava a obediência um ideal para o aluno e os objetivos comuns da educação moral consistiam em educar o pequeno-burguês fiel ou o burocrata cumpridor.

Hoje, quando vivemos a ameaça purificadora da revolução social, quando estão sendo abalados os próprios alicerces da moral burguesa, talvez em nenhum campo encontremos concepções tão vagas e precárias quanto no campo das normas morais. Toda uma série de regulamentos da moral burguesa entra em decadência. A moral burguesa era forçada a praticar a hipocrisia porque ensinava uma coisa e fazia outra, baseava-se na obnubilação dos interesses de classe e, ao pregar o reino de deus no outro mundo, implantava na terra o reino dos exploradores. A falsidade e a hipocrisia eram a fonte natural dessa moral. O farisaísmo era um inevitável elemento concomitante. Se as crianças viam uma coisa na vida e ouviam outra sobre ela, todo o empenho da escola visava a conciliar da forma mais fácil possível na criança a divergência entre a vida e moral.

A criança ou não conseguia conciliar essas duas coisas ou, se aprendia a conciliá-las, sempre o fazia com grande dificuldade e, em função disto, aprendia que a moral é uma determinada forma do bom tom social cuja observância é exigida de cada indivíduo. A consciência moral da criança reduzia-se à convicção da governanta de Griboiêdov, segundo a qual "pecado não é desgraça, boato não é chalaça".

Além da opinião pública, tornou-se sanção obrigatória da moral o temor à punição ética, e em seu comportamento moral o homem passou a orientar-se levianamente em termos psicológicos pelos mesmos preceitos policiais do isso pode, isso não pode. Um filósofo russo tem razão ao chamar essas concepções morais de polícia ética porque a força das leis éticas radicava na força co-autora e humilhante do medo perante o castigo ético e as torturas da consciência. Surgiu uma moral especial dos fortes e dos fracos, e tanto em relação à lei externa quanto às leis da consciência os fracos se subordinavam a elas enquanto os fortes se rebelavam e as violavam. Na rebelião contra a moral burguesa a filosofia européia proclamou o imoralismo como sua lei básica e pelos lábios de Nietzsche proclamou a si mesma além do bem e do mal.

Liév Chestov afirma que a relação do homem com um imperativo categórico é absolutamente idêntica à relação do camponês russo com a madeira para mastro que Piotr proibiu cortar. Em ambos os exemplos o homem foi arrastado para realizar algum ato mas foi detido pelo temor à punição e ao castigo, e um caso externo, em outro externo. O mandamento ético "não matarás" era interpretado sempre e precisamente neste sentido: não matarás não porque o outro lhe seja caro mas porque tu mesmo serás destruído pela tortura da consciência. Essa contradição interna da moral burguesa foi revelada por Dostoiévski em *Crime e castigo*. Na rebeldia de Nietzsche todo o trabalho crítico do pensamento, direcionado contra a moral burguesa, encerra tamanha potencialidade de dinamite que explodiu os alicerces da moral cristã no seu interior.

A nova moral será criada simultaneamente com a nova sociedade humana, mas provavelmente neste caso o comportamento moral irá dissolver-se inteiramente nas formas comuns de comportamento. Todo o comportamento em seu conjunto se tornará moral porque não haverá quaisquer fundamentos para conflitos entre o comportamento de um indivíduo e o de toda a sociedade.

Nesse momento podemos apontar apenas alguns pontos que a pedagogia moral tem de enfrentar.

O primeiro deles é a negação da raiz absoluta e superempírica da moral ou de algum sentimento moral inato. Do ponto de vista psicológico, o comportamento moral como qualquer outro, surge à base de reações inatas e instintivas e é elaborado sobre a influência das interferências sistemáticas do meio. Não há dúvida de que na base do sentimento moral encontramos tanto a simpatia instintiva de um indivíduo por outro quanto o instinto social e muitas coisas mais. Ao deparar no processo do conhecimento com uma infinidade de todos os fatos, conceitos e fenômenos possíveis, as reações inatas se transformam em formas condicionadas de comportamento, que denominamos formas morais.

Daí cabe a conclusão de que o comportamento moral é um comportamento educado através do meio social da mesma forma que qualquer outro comportamento.

O segundo ponto consiste na instabilidade que hoje a moral experimenta. Por um lado, é necessária uma ousadia revolucinária, uma concepção não pequeno-burguesa das coisas para perceber o que ocorre, o seu verdadeiro sentido e saber abrir mão de preconceitos que até há pouco tempo eram considerados dogmas éticos inabaláveis. Tudo o que restou como herança podre da velha ordem, da moral burguesa, deve ser totalmente banido da escola. Por outro lado, nessa instabilidade da moral radica em nossa época outro perigo: a renúncia a qualquer moderação ética e a completa arbitrariedade no comportamento infantil.

É necessário levar em conta que o total amoralismo, a completa ausência de quaisquer princípios moderadores nos devolvem aos ideais ingênuos de observância dos instintos naturais, ideais esses que há muito foram abandonados e de maneira nenhuma podem ser aceitos pelo homem moderno. Não podemos concordar com a observância cega das exigências de nosso instinto, porque sabemos de antemão que essas exigências, geradas pelas épocas anteriores, são um resíduo da experiência há muito passada de adaptação às condições já desaparecidas do meio e, conseqüentemente, não nos fazem avançar mas recuar. É por isso que a inevitabilidade da limitação e adaptação dos instintos às novas condições de vida constitui exigência indispensável da educação.

Por conseguinte, no caos instável representado pelo atual estado da moral devemos distinguir um certo número de normas que serviram de base ao comportamento social do homem. Não cabe à psicologia pedagógica tratar de definição precisa do conteúdo e da qualidade das normas morais. Essa é uma preocupação da ética social, ao passo que cabe à psicologia apenas avaliar as possibilidades formais para pôr isso em prática.

É necessário ter em vista que as épocas revolucionárias de desmoronamento e ruptura da velha ordem representam freqüentemente uma fusão tão extraordinária das mais diversas culturas morais que freqüentemente a criança tem dificuldade de nortear-se nessa mistura. Por isso as crises morais a atingem a cada passo e, conseqüentemente, o educador e o mestre de maneira nenhuma podem ignorar as questões da educação moral. Nenhuma outra época cria possibilidades tão brilhantes para o heroísmo moral assim como nenhuma outra cria tão grandes perigos de deformação moral.

A única medida se torna a familiarização com o espírito da época, com aquelas grandes correntes que perpassam o mundo. Diante dessa percepção estética e passiva da música, a revolução a que Blok conclamou tão apaixonadamente a intelectualidade russa, ao escrever "ouvi a revolução com todo o corpo, todo o coração, toda a consciência", não pode ser a base da educação moral, porque só ouvir a revolução não leva a um convívio vivo com ela e o chamamento do poeta, aplicado às nossas ações, deve ecoar de tal forma que o sentido expresse a exigência não de ouvir mas de a própria pessoa fazer a música da revolução.

O ponto terceiro e fundamental da educação moral em nossa época está no traço de verdade com que se distingue a moralidade que está sendo criada diante dos nossos olhos. A verdade e a capacidade indômita de olhar a realidade diretamente nos olhos nas situações mais difíceis e confusas da vida são a primeira exigência de uma moral revolucionária. Nunca a educação moral pôde atingir uma verdade tão decidida e implacável quanto hoje, momento em que todos os "valores" morais foram colocados em jogo e desmascarados na sua verdadeira forma.

Nesse campo, como em todos os outros, é improvável que a época revolucionária seja capaz de apresentar sistemas acabados de moral como aqueles de que podiam jaquetar-se as épocas anteriores. Mas, em contraposição, nós podemos fazer à nossa educação moral exigências que superam em muito às exigências das épocas anteriores. Podemos exigir que a nossa educação prepare no campo da moral combatentes e revolucionários como em todas as demais esferas. Ela não deve ocupar-se de ideais abstratos de criação de um indivíduo perfeito, porque tal indivíduo não existe e semelhante educação esquece os objetivos atuais e brinca com fatuidades. Temos diante de nós os objetivos concretos de preparar os seres humanos para a próxima época, as pessoas da próxima geração em plena concordância com o papel histórico que lhes caberá. Por esse motivo a excepcional concretitude e a verdacidade se tornam o fundamento da educação moral em nossa época.

Os princípios da educação moral

A primeira questão a colocar-se é a relação em que se encontra a educação moral com a educação geral do indivíduo. Nessa questão Tolstói assumia o ponto de vista da negação da cultura e achava que onde prosperam as formas superiores de cultura prosperam também as formas superiores de amoralidade. Daí as conclusões dentro do espírito de Rousseau: o ideal ético não está no futuro mas no passado, consiste na negação da civilização e no apelo para a natureza.

É evidente para qualquer um que essa concepção está em contradição radical com a ideologia da classe que vê todo o futuro da humanidade na força e no domínio a ser exercido sobre a natureza pelo homem armado com a cultura. Entretanto, na crítica da cultura de Tolstói existe um germe inteiramente sadio, e essa crítica poderá ser aceita com ressalva se levarmos em conta a circunstância de que não se deve falar da cultura em geral mas da cultura da sociedade capitalista em particular. É justo considerar que nas fases superiores da cultura humana as contradições morais atingem o seu ponto máximo e que uma hoste de selvagens representa uma situação ética mais normal do que a cidade européia. Mas daqui só se pode concluir que a cultura européia superou a si mesma e não que a cultura em geral esteja em antagonismo com a moral. Ao contrário, desde os tempos de Sócrates vem sendo apresentada a opinião oposta, que identifica o comportamento ético com a consciência ética.

"A moral", dizia Sócrates, "é conhecimento, enquanto a moralidade é produto da ignorância." Aqui está implícito um sério problema psicológico que precisa ser elucidado. James diz: "O célebre exemplo de vacilação moral é um bêbado diante da tentação. Ele resolveu corrigir-se, mas torna a sentir-se atraído pela garrafa. Sua vitória moral ou a sua derrota dependem literalmente de encontrar ele uma correta denominação para a sua situação. Se ele diz que lamenta ter perdido o bom líquido já servido, ou que não deve ser insociável e grosseiro entre amigos, ou se lhe apresenta o caso de conhecer uma nova marca de bebida alcoólica que antes ele nunca havia visto, se tem de participar de uma solenidade social ou que precisa beber para reforçar uma decisão tomada, em todos esses casos ele está morto. Ao escolher uma denominação incorreta ele está assinando a sua sentença. Se, porém, apesar de todas as denominações decentes que a imaginação excitada pela sede lhe dita em tamanha abundância, sem vacilar ele irá escolher uma denominação ruim porém mais correta e passará a dizer para si mesmo: eu sou um bêbado, eu sou um bêbado, eu sou um bêbado, e neste caso ele estará a caminho da salvação. Será salvo por pensar corretamente" (1912, pp. 178-9). Assim, também aqui parece estabelecer-se o pleno triunfo do comportamento ético e da consciência ética. "O esforço ético na verdadeira acepção dessa palavra consiste apenas em preservar a respectiva noção. Por isso se lhe perguntarem em que consiste o ato ético reduzido às suas formas mais simples e mais elementar, você poderá dar a essa pergunta uma única resposta: poderá dizer que ele consiste no esforço da atenção, através da qual podemos manter na mente certa noção, uma vez que sem esse esforço da atenção essa noção seria deslocada por outros elementos psíquicos que nesse instante desempenham um papel. Em suma, tanto o segredo da vontade quanto o segredo da memória consistem em pensar." (*Id.*, p. 177.)

Visando a uma saída para essa difícil situação, é necessário acrescentar que existem fatos que se referem justamente a relações inversas entre a consciência e o comportamento moral. Qualquer um sabe que uma coisa é saber como deve agir e outra agir corretamente. Pode-se compreender perfeitamente que o alcoolismo é prejudicial e ainda assim não ter forças para fugir à embriaguez. Pelo visto, aqui cabe dizer que a consciência, evidentemente, desempenha algum papel, ainda que não decisivo, é apenas um momento e muito amiúde cede lugar a outras motivações instintivas mais fortes. Logo, ainda não basta suscitar na consciência a idéia de que é necessário um ato correto; bem mais importante é assegurar a essa idéia o domínio na consciência, e assegurar significa organizar a consciência da criança de modo a ajudá-la a superar todas as motivações e inclinações.

Mais uma vez a questão não se limita à consciência. Ao analisar o estado psicológico da criança, James teve toda razão para afirmar que a vitória e a derrota morais da criança dependem inteiramente de sua capacidade para nomear corretamente o seu estado. Mas ainda cabe perguntar de que depende esse estado, e a essa pergunta pode-se naturalmente responder apenas que o próprio surgimento dessas ou daquelas representações na consciência depende, por sua vez, de diferentes estímulos que a antecedem, cujos papéis costumam ser desempenhados por propensões emocionais intensas. Logo, só podemos falar de influência consciente quando a entendemos como algo relacionado ao sistema nervoso, como sistema das mesmas reações de que também se constitui todo o comportamento, mas reações que são inibidas e regulam o comportamento restante. Em outros termos, só a compreensão da consciência como formas prévias de organização do comportamento pode nos explicar o papel da consciência no comportamento correto.

É daí que vêm as conclusões. Não há dúvida de que a consciência exerce influência decisiva no nosso comportamento moral, embora neste caso não se possa estabelecer nenhuma dependência direta entre as duas. Por isso o estudo de Meuman mostrou que o desenvolvimento moral e o nível de conhecimentos gerais caminham de mãos dadas, enquanto Withaft estabelece a regra segundo a qual os êxitos obtidos na escola são de importância ética fundamental para toda a vida moral do aluno. É necessário que se coloque a questão de forma a que se possa descobrir a dependência entre os êxitos na escola e comportamento, mas isso ainda não significa explicar a dependência.

Podemos nos convencer disso se examinarmos as crianças moralmente atrasadas. Sabemos que o desenvolvimento intelectual pode combinar-se com a maior das amoralidades e, conseqüentemente, não é em si uma garantia de comportamento moral. Sabemos ainda que uma pessoa pode ter um comportamento moral brilhante tendo uma inteligência fortemente retardada, que as crianças retardadas podem revelar uma inteligência de coração verdadeira e apurada e que, por conseguinte, o desenvolvimento mental não pode ser reconhecido nem sequer como condição indispensável de dom moral. Ainda assim temos o direito de afirmar que existe uma profunda dependência entre ambas as coisas e que o desenvolvimento mental é condição favorável para a educação moral.

Esse desenvolvimento significa uma vida mais refinada, formas de comportamento mais complexas e diversificadas, logo, admite um número bem maior de casos e possibilidades para a interferência educativa. Em uma pessoa mentalmente atrasada o processo de educação é mais simples, portanto, nela inexiste a possibilidade de combinações infinitamente complexas que precisam ser deflagradas na criança para influenciar o seu comportamento.

Entretanto só é decisiva para a moralidade aquela consciência que está diretamente vinculada ao comportamento e se realiza diretamente no movimento. Em outros termos, um comportamento correto pode levar a atitudes incorretas.

Por isso devemos reconhecer como absolutamente estéreis as tentativas de ensino moral, de sermão moral. A moral deve constituir parte inalienável de toda educação na sua raiz, e age moralmente quem não percebe que está agindo moralmente.

Como a saúde que só notamos quando ela é perturbada, como o ar que respiramos, assim o comportamento moral desperta em nós uma série de preocupações só quando nele existe alguma lacuna séria. A regra de Herbart, "não educar demais", não se aplica tanto quanto ao comportamento moral.

É por isso que achamos sem sentido ensinar moral. Em si, as regras da moral representam na alma da criança um sistema de reações puramente verbais, inteiramente dissociadas do comportamento. No melhor dos casos, isto é um motor não incluído na ação do mecanismo e condenado a funcionar no vazio. Por isso no melhor dos casos ele pode provocar certo conflito entre o comportamento da criança e a regra moral. Não deixa a menor dúvida o fato de que a luta da velha pedagogia com certos vícios infantis de natureza sexual não só deixou de levar a resultados úteis como, ao contrário, acabou exercendo uma influência indiscutivelmente prejudicial porque criou na alma da criança sentimentos complexos e angustiantes. A criança que se sentia incapaz de resolver as suas próprias inclinações, que não sabia o que opor a elas, angustiava-se com a consciência da sua culpa, do medo da vergonha, e daí resultava que coisas que em si não eram lá esses horrores sob a influência de uma educação irracional se transformavam em uma grave comoção psíquico-nervosa.

Não só o ensino da moral nos parece estéril e prejudicial; qualquer promoção do comportamento moral nos parece uma prova de certa anormalidade nessa área. O comportamento moral deve dissolver-se de forma absolutamente imperceptível nos procedimentos gerais de comportamento, estabelecidos e regulados pelo meio social. Nem o aluno nem o professor devem perceber que se trata de um ensino especial de moral. A compreensão do comportamento moral se amplia excepcionalmente porque ganhamos o direito de falar não só de comportamento no sentido restrito dessa palavra mas também de relação moral com as coisas, com nós mesmos, com nosso corpo, etc.

Comportamento moral será sempre aquele que estiver relacionado à livre escolha de formas especiais de comportamento. Espinoza dizia que se o homem evita alguma coisa baseado em que ela é nociva, ele age como um escravo. Segundo Espinoza, só é livre o homem que evita essa mesma coisa porque outra coisa é melhor. Com base nessa concepção, James oferece um procedimento inteiramente exato de comportamento moral. Sempre se deve partir não do mal mas do bem: "Procure fazer dos seus alunos pessoas livres, ensine-os a agir sempre quando for possível vendo as coisas do ponto de vista do bem. Acostume-os a dizer sempre a verdade mas para isso não lhes mostre tanto os aspectos nocivos da mentira quanto desperte neles um amor fervoroso pela honradez e a verdade. Quando lhe ocorrer falar com eles da influência nociva do álcool, não destaque, como se faz nos livros, as doenças do estômago, do fígado e dos nervos que afetam o bêbado, não saliente a situação de inferioridade que ele ocupa na sociedade, mas procure indicar que felicidade significa ter o organismo sadio que durante toda a vida, graças ao sangue fresco e sadio, mantém a flexibilidade juvenil que desconhece os efeitos excitantes das substâncias narcóticas e no qual o sol da manhã, o ar e o orvalho provocam diariamente uma elevação bastante forte do espírito" (1912, pp. 185-6).

Em outras palavras, não devemos fazer com a educação moral como fazemos com as leis policiais, quando evitamos alguma atitude porque tememos a punição dela decorrente. Não devemos transformar a moralidade em polícia interior do espírito. Evitar alguma coisa por temor ainda não significa cometer um ato ético. Neste sentido Rousseau se equivoca profundamente quando, tentando proteger o seu Emílio do amor perigoso e sórdido, leva-o em criança a um hospital destinado a pacientes com doenças venéreas com a finalidade de atemorizá-lo com as feridas, com o mau cheiro, a vergonha e a humilhação do corpo humano. A castidade, comprada ao preço do temor, do ponto de vista psicológico emporcalha ainda mais a alma do que a depravação franca, porque não destrói no psiquismo da criança todas as inclinações e motivações mas apenas cria nesse psiquismo uma luta constante e desprezível entre essas inclinações e sentimentos de medo não menos humilhantes e servis. Só tem valor aquela virtude paga com a relação positiva com a atitude e a compreensão da sua verdadeira essência. Deixar de fazer alguma coisa por medo de conseqüências nocivas é tão amoral quanto fazê-la. Toda relação não livre com um objeto, todo medo e toda dependência já significam a ausência de sentimento moral. O ético é sempre livre em termos psicológicos.

Nesse sentido, a atual pedagogia está em radical contradição com a religião, particularmente com a moral cristã, que tem usado como meio principal a intimidação, as ameaças, etc. "Aquele cuja vida foi baseada na palavra 'não', que diz a verdade porque a mentira é má, aquele que tem de combater constantemente em si inclinações como a inveja, a covardia, a vilania, em todos os sentidos essa pessoa está abaixo do que estaria se o amor pela verdade e a magnanimidade fossem as suas qualidades radicais e ela nunca experimentasse tentações abjetas. Nesse mundo o homem com inclinações nobres tem indiscutivelmente mais valor do que um deformado que resiste eternamente com impropérios aos seus 'vícios inatos', embora aos olhos de Deus essa pessoa, segundo os teólogos católicos, possa reunir um maior número de méritos." (*Ibid.*, pp. 184-5.)

Esse tipo de pedagogia tem três defeitos indiscutíveis. O primeiro é o de nunca poder estar certa do êxito. Ela assusta o fraco mas provoca a resistência do forte e dá à violência da regra uma especial auréola de força, ousadia e desafio. Para a psicologia moral é profundamente sintomática a circunstância de que os rebeldes e violadores das suas regras sempre se desenharam à imaginação humana numa luz atraente porque neles impressionavam a força, um orgulho inquebrantável e uma não sujeição à regra. Dos heróis rebeldes de Byron aos mais comuns dos peraltas colegiais toda a audácia e a não sujeição à intimidação atrai naturalmente a simpatia da criança. Nesses casos a criança parece responde com as palavras do apóstolo: "Vejo o melhor e o aprovo, mas sigo o pior."

O segundo defeito da educação moral baseada sempre na ausência de liberdade está em que ela cria uma concepção inteiramente incorreta dos valores morais, quando atribui ao mérito moral o valor de alguma riqueza e provoca narcisismo e atitude de desprezo a todas as outras coisas más. O angustiante conflito moral que Andrêiev descreveu em *A treva*, mais dia menos dia qualquer um terá de enfrentar e para cada um chega a sua hora de saber que às vezes é vergonhoso ser bom e rico quando ao lado existe a obscuridade hedionda da alma humana não iluminada. E então o homem honesto e puro, todo envolvido no ardor da façanha humanitária, conhece a humilhação e a nulidade da sua pureza moral diante de uma prostituta estúpida e resolve que se formos impotentes para iluminar com as nossas deploráveis lanterninhas a escuridão então é melhor apagá-las e atirar-se inteiro nessa escuridão.

O terceiro e último perigo consiste em que toda descrição de erros, ao criar na mente do aluno uma série de concepções, cria ao mesmo tempo o impulso e a tendência para a sua realização. Lembremos que toda consciência é um movimento iniciado e, conseqüentemente, prevenindo os nossos discípulos daquilo que não devem fazer, fixamos ao mesmo tempo a sua atenção nessa atitude e assim as empurramos para realizá-la. A expressão comum de que o fruto proibido é doce encerra em si muita verdade psicológica e em parte significa o que estamos falando aqui. Não existe meio mais seguro de empurrar uma criança para algum ato amoral do que descrevê-lo em detalhes.

Eis por que Thorndike tem toda razão ao indicar o mal que existe em discutirmos minuciosamente com as crianças os motivos, meios e possibilidades do suicídio, como é feito em alguns manuais de moral franceses. Fazer tal coisa significa criar nas mentes dos alunos as condições propícias que em dado momento podem dominar a criança e orientá-la para o comportamento no sentido não de evitar mas de praticar o suicídio. Como explica Thorndike, não se deve dizer às crianças: "vocês devem cortar o gato para olhar o que ele tem dentro". Toda consciência de algum fenômeno compreende o impulso motor, e esse impulso é especialmente forte na criança. Todos sabemos que poder exercem sobre o comportamento infantil os livros que acabam de ser lidos, como as crianças que se fartaram de ler Cooper e Mayne Reid fogem para a América a fim de se tornarem índias. Logo, na idade infantil não há nada mais perigoso do que um ensino que, em função de uma natural dependência psicológica, se transforma de ensino da moralidade em ensino da amoralidade. Aqui podemos dizer, sem medo de errar, que se a consciência de uma atitude correta ainda não garante nem de longe a efetivação dessa atitude, já a consciência de uma atitude incorreta pelo menos contribui para que ela ocorra.

As infrações morais das crianças

Todo educador depara com faltas das crianças, e essas faltas se situam em uma escala bastante ampla que envolve de falhas leves e imperceptíveis a crimes de verdade e terríveis como assassinatos, incêndios premeditados, etc. O mesmo acontece com as medidas de interferência, que os pedagogos adotam contra essas crianças, começando com censuras verbais leves e simples e terminando com colônias para menores delinquentes, onde as crianças são mantidas atrás das grades e contra elas se adota o regime carcerário.

Do ponto de vista psicológico, como se devem encarar as falhas morais das crianças? Enquanto não se descobria a verdadeira natureza da moral, o comportamento moral parecia tão objetivamente necessário ao comportamento quanto a regra da lógica ao pensamento. Tanto o adulto quanto a criança que haviam infringido as regras da moral pareciam anormais, doentes. Nesses casos, a pedagogia se referia à anormalidade moral da criança como a uma doença no mesmo sentido com que se costuma falar de anormalidade mental ou física. Supunha-se que a anormalidade moral é a mesma falha congênita, condicionada por causas biológicas, pela hereditariedade ou por causas físicas de alguma falha na estrutura do organismo como o são a cegueira e a surdez congênitas. Assim, afirmava-se que existem pessoas morais e amorais de nascença, logo, existem crianças que pela própria natureza estão destinadas a ir para trás das grades porque nasceram criminosas.

É dispensável dizer que do ponto de vista fisiológico e psicológico essa concepção é absurda. Além do mais, os fisiólogos nunca depararam com órgãos especiais da moral no corpo humano, cuja afecção tenha acarretado um amor obrigatório pelo crime e por desatinos amorais. Ao analisaram as formas do comportamento humano e elucidarem as leis da sua formação, os psicólogos também não conseguiram descobrir a existência de reações congênitas que condicionassem o comportamento moral ou imoral. O conceito de perfeição moral é um conceito social e não biológico. Não é congênito, mas adquirido. Não surgem dos fatores biológicos que formam o organismo e o seu comportamento mas de fatores sociais que orientam e adaptam esse comportamento às condições de existência do meio em que a criança terá de viver.

Assim, a imperfeição moral é sempre de origem experimental e não significa uma falha das reações e instintos congênitos, ou seja, uma falha do organismo e do comportamento, mas dos vínculos condicionados e de adaptação às condições do meio, uma falha da educação. Por isso é bem mais correto falar não de anormalidade moral mas de insuficiência de educação social ou abandono da criança. Daí ser absolutamente clara a conclusão geral que deve servir como ponto de apoio quando se examina o problema da educação de tais crianças. Essas crianças não exigem nenhuma pedagogia especial, quaisquer medidas de proteção, correção e punição mas tão-somente uma redobrada atenção social e uma interferência educativa quadriplicada do meio. Em todos os casos de falhas morais das crianças, da mais insignificante à mais grave, estamos diante de um conflito entre a criança e o meio e devemos reconhecer que toda criança é um criminoso moral de nascença já pelo fato de nascer com reações notoriamente não adaptadas a tal meio. Nem nas famílias ultrafavorecidas crianças nascem com a habilidade pronta para se comportar bem; ao contrário, em todas as suas atitudes e orientações naturais elas se subordinam às regras da decência e da moral e, neste sentido, a tarefa da educação consiste apenas em estabelecer a adaptação da criança e das suas reações às condições do meio.

O único recurso de adaptação de tais reações é a interferência educativa do meio circundante. Uma vez que nas condições do sistema atual o meio social está organizado sempre da forma mais desarmoniosa, em função das contradições nele contidas devem surgir inevitavelmente pessoas que caem sob a influência dessas condições desfavoráveis e elaboram formas anti-sociais de comportamento. Logo, nesses casos deve tratar-se da reeducação social como o único meio pedagógico de combate a esse mal.

A criança deve ser colocada em um meio que, em vez das formas anti-sociais de comportamento que nelas se formaram, infunda-lhe novas formas de comunicação humana e a adapte às condições de sua existência. Um ato moralmente imperfeito é antes de tudo um ato não social, e a educação moral é antes de tudo uma educação social. Neste sentido a regra da pedagogia científica é justamente o contrário daquela que se aplica freqüentemente aos infratores das leis na sociedade e no Estado. Ali, a medida natural é a exclusão do meio social. Aqui, ao contrário, a regra é uma inserção mais estreita, o contato social. Ali, é ínfima a preocupação com a personalidade do próprio infrator, e tudo se volta para neutralizá-lo e proteger o meio contra a sua influência. Aqui, a preocupação deve estar voltada para conservar e transformar a personalidade da criança e, conseqüentemente, torná-la objeto da mais intensa reeducação. Em nossa época até o Estado, com sua política punitiva em relação aos criminosos, assume o ponto de vista de que os castigos devem servir antes para reeducar que para intimidar e punir. E exatamente como acontece com um crime sério, a mais leve falha da criança acaba sempre significando uma brecha em seu comportamento social.

Por isso tanto a criminalidade em geral quanto a criminalidade infantil não significa, de maneira nenhuma, um baixo nível de desenvolvimento geral do homem; ao contrário, o crime é freqüentemente a prova de certa força, de capacidade para o protesto, de uma grande vontade e capacidade para sentir em pensamento, querer muito e obter muito. Nas condições da moralidade burguesa do Direito, desviam-se para o crime aqueles que não se enquadram nos limites do padrão médio que sentem em si força e não podem aceitar a ordem estabelecida da vida. Ao desenvolver a narração em *Recordação da casa dos mortos*, Dostoiévski observa que entre os galés haviam se reunido as pessoas melhor dotadas, as forças mais poderosas do povo, só que essas forças haviam sido desnaturadas, deformadas e empregadas em prol do mal.

De igual maneira também a criminalidade infantil não só não pode significar alguma anormalidade no psiquismo da criança quanto, ao contrário, coaduna-se e convive muito facilmente com um grande talento geral. As falhas morais não significam incapacidade da criança para formar habilidades sociais ou sua incapacidade para o convívio social; ao contrário, muito amiúde essa criança revela uma astúcia fora do comum, agilidade, inteligência, autêntico heroísmo e, o que é mais importante, a maior fidelidade a alguma moral como a dos pequenos ladrões de rua ou "batedores de carteira", que têm a sua moral, a sua ética profissional, o seu conceito de bem e de mal.

O mais das vezes o desequilíbrio moral da criança ocorre em função de duas causas básicas. A primeira é o abandono que é um fato de imensa dependência social e se equipara pelo sentido à ausência de educação social, ou seja, de qualquer preocupação com a elaboração de reações de adaptação ao meio. A segunda é o elevado talento geral das crianças, que não encontram vazão para sua energia nas formas comuns de comportamento. Ao contrário, as crianças boazinhas costumam ser, em termos morais, um modelo claro de falta de talento, porque crianças desse tipo são mais freqüentemente raquíticas e anêmicas, indolentes e limitadas, seguem a linha da adaptação mais fácil ao meio; são aquelas que não precisam de muita coisa ou na mais tenra infância descobriram o segredo da sobrevivência bem sucedida e a apreciam acima de todos os outros bens. Pessoas de grandes paixões, de grandes façanhas, de desejos fortes e inclusive simplesmente pessoas de grandes idéias e caracteres fortes raramente têm origem nos meninos e meninas bonzinhos.

Nenhum dos traços da tradicional educação moral testemunha com tanta eloqüência contra esse sistema quanto os casos aqui referidos. Noutros termos, a educação moral revelou a sua total impotência não só naqueles casos em que fracassou porém mais freqüentemente quando deu certo. Em parte alguma ela decaiu tanto quanto onde conseguiu tudo o que queria. Foi aqui que ela revelou a sua autêntica natureza. Vimos que onde ela fracassou ela assinou a sua total impotência ao criar na teoria o conceito de anormalidade moral congênita e, na prática, ao substituir as carteiras escolares pelas grades, o regime escolar pelo regime de detento e ao atribuir aos carcereiros a função de pedagogos.

Até onde ela essa educação se revelou na criação da sua força e do seu poder, onde obteve êxitos plenos, mesmo ali revelou que é capaz apenas de criar uma criança bem intencionada e cautelosa, pusilânime e propensa à subordinação, obediente e covarde. E isso devia-se ao fato de que todo o sistema de educação moral se baseava em um princípio autoritário, ou seja, no reconhecimento de certo sentido coercitivo na autoridade dos pais ou dos mestres, sentido esse mantido pela sanção da recompensa e do castigo, da intimidação e do bem-estar. "Obedece aos mais velhos e te darás bem, do contrário te darás mal." Eis a fórmula grosseira porém precisa dessa pedagogia.

Reconhecia-se o supremo valor moral da obediência motivada pelo medo, ao passo que, do ponto de vista psicológico, é precisamente a obediência que carece de qualquer força ético-educativa, porque pressupõe de antemão uma relação sem liberdade e servil com os objetos e atitudes. Assim, o principal mecanismo psicológico que servia de base à educação moral era o mais profundo equívoco pedagógico.

É sumamente importante observar que esse mecanismo está de tal forma arraigado que um pedagogo avançado e um pai instruído não conseguem livrar-se desse procedimento clássico. Quando a mãe diz ao filho: "Não faça isso senão mamãe não vai gostar mais de você", está cometendo o mesmo erro, só que em forma mais suave, que a polícia ao meter um ladrão menor de idade atrás das grades. A criança pode realmente abster-se da falha, mas a ação ética e educativa de abster-se será equivalente a zero ou inclusive marcada por uma grandeza negativa, porque ela foi compensada pelo medo e pela humilhação e não pelo real renascimento da criança. Eis por que o valor moral da obediência nos parece insignificante e o bom comportamento, pago a esse preço, não é um ideal pedagógico aos nossos olhos.

O princípio de autoridade em moral, independentemente de quem parta essa autoridade, deve ser destruído e substituído por algo inteiramente novo. Esse novo, que deve ser tomado como base da educação moral, pode ser definido da forma mais próxima em consonância com a concepção geral da educação como coordenação social do comportamento do indivíduo com o comportamento do grupo e aqui a obediência deve ser substituída em todo o seu conjunto pela coordenação social livre. A regra que parte do grupo e é endereçada a todo o grupo, mantida pelo mecanismo efetivo de organização e regulamentação da vida escola, deve substituir o dueto pedagógico que predominava entre o mestre e o aluno no sistema autoritário.

Não se trata de obediência a quem quer que seja mas de assumir livremente formas de comportamento que garantam a justeza do comportamento geral. Esse mecanismo não é algo estranho, imposto à criança, mas, ao contrário, está na própria natureza dela, e a brincadeira é o mecanismo natural que desenvolve e unifica essas habilidades. Em parte alguma o comportamento da criança encontra tantas regras como na brincadeira, e em lugar nenhum assume essa forma livre e ético-educativa. Não se trata de formas quaisquer, ditadas pelos adultos à criança.

Ao contrário, trata-se de germes naturais do futuro comportamento ético. A criança se subordina às regras do jogo não porque esteja ameaçada de punição ou tema algum insucesso ou perda mas apenas porque a observância da regra lhe promete (e mantém sua promessa a cada instante) satisfação interior com a brincadeira, uma vez que a criança age como parte de um mecanismo comum constituído pelo grupo que brinca. A não-observância da regra não ameaça com nenhuma outra coisa a não ser com o fato de que a brincadeira venha a fracassar, perca o seu interesse e isto representa um regulador bastante forte do comportamento da criança.

Em função disso resolve-se também o problema das medidas de interferência que o pedagogo deve adotar contra essas ou aquelas infrações morais da criança. No sistema autoritário de moral toda regra moral era acompanhada de certa sanção que acarretava o castigo da criança em caso de insubordinação e recompensa em caso de subordinação. A recompensa e o castigo assumiam as formas mais diversas, variando de castigos físicos, provações da comida, cárcere, prêmios e até formas bastante sutis e ternas de admoestação, censura, elogio. A utilidade pedagógica ou, melhor dizendo, o dano causado por essas medidas variam bastante mas todos servem como meios de grosseira interferência mecânica e ensinam, no melhor dos casos, apenas a virtude da subordinação, apenas uma regra moral: fugir de dificuldades.

Se admitirmos que essa sanção foi suspensa e a criança tenha pensado que o seu mau procedimento não provocaria nenhuma reação por parte dos que o rodeiam, ela não teria nenhum motivo para recusar tal procedimento. O comportamento moral deve basear-se não em uma proibição externa mas em um comedimento interno, ou melhor, naquilo que deva levar o homem a um ato bom e bonito. O comportamento moral deve vir a ser a natureza desse homem e ser leve e espontâneo.

Até hoje continua viva na pedagogia a idéia de que o melhor mestre da criança é o seu próprio sofrimento. É popular também a concepção dos pedagogos segundo quem não se deve proteger as crianças contra o perigo mas permitir que elas vivam na experiência as conseqüências daninhas dos seus atos e aprendam a evitá-los.

Assim, segundo esses pedagogos, se a criança é atraída pelo instinto para a chama da vela ou para o samovar quente, não se deve contê-la. Ao contrário, é necessário que se lhe dê a possibilidade de queimar-se porque isso será a melhor escola: ensinará a criança a proteger-se contra o fogo melhor do que quaisquer outra medidas. Os educadores encontraram um meio poderosíssimo no próprio mecanismo do sofrimento e da tentativa de evitá-lo e o exemplo aqui referido representa um caso típico dessa educação.

Ao proceder-se a uma análise crítica dessa concepção é necessário ter em vista que essa medida educativa dificilmente poderia ter ampla difusão e ser promovida a princípio geral quando aplicada àqueles casos em que o efeito doloroso está imediatamente ligado ao ato. Como deve agir o pedagogo quando quer agir segundo essa regra e permitir às próprias crianças experimentar as conseqüências daninhas dos seus atos, como deve ele agir quando o efeito nocivo do ato não se manifesta imediatamente mas durante um demorado lapso de tempo e inclusive uma série de anos? Ora, durante esse período a criança tem a oportunidade de mergulhar fundo no mau hábito e todo o mal posteriormente descoberto por ela não vai ajudar-lhe a livrar-se dele. As conseqüências nocivas de um cigarro fumado podem ser insignificantes e imperceptíveis, mas se permitirmos que a criança experimente na prática o fumo corremos o risco de educar nela um fumante experiente antes que ela chegue à conclusão de que é necessário abandonar a idéia de tornar-se fumante.

Igualmente é possível o caso em que as conseqüências nocivas estão ligadas apenas por um nexo ao ato que para o entendimento da criança torna inacessível e incompreensível a dependência entre o ato e o efeito nocivo. Por último, uma série de atos provoca efeitos tão devastadores que seria extremamente arriscado confiá-los à ação educativa. Se a criança se sente atraída por soltar de uma janela dificilmente o pedagogo achará racional permitir-lhe isto para saber na prática quais serão as conseqüências nocivas desse salto. Casos como esse podem ser extremamente numerosos tanto no sentido do efeito nocivo apenas físico quanto do efeito moral.

Podemos concluir que a aplicação desse princípio pode estar restrita a casos insignificantes como o acima citado mas não pode ter amplo sentido pedagógico e, entre outras coisas, é absolutamente imprestável para a educação moral. Nele inexiste aquela opção livre, a única capaz de criar o comportamento moral. Segundo Natorp, nunca pensamos que as pessoas possam tornar-se facilmente anjos se lhes dermos liberdade para isso. Sabemos apenas que elas se tornam diabos quando se sentem escravizadas. Também neste sentido parece-nos absolutamente claro e evidente que o princípio do sofrimento não serve para justificar o castigo. A criança logo aprende a entender que o castigo não está necessariamente ligado ao seu ato mas a ele se incorpora um momento suplementar e intermediário sob a forma de interferência dos adultos e ela aprende a evitar essa interferência, a esconder o seu ato, a mentir, etc.

Além do mais, o castigo coloca tanto o educador quanto o educando na situação mais difícil e angustiante. Entre o pedagogo que pune e a criança punida não pode haver nem amor, nem respeito, nem confiança. Todo castigo, seja ele qual for, coloca o educando em situação humilhante, mina nele o amor e a confiança. Herbart diz a esse respeito: "As ameaças são um mau recurso educativo: provocam as naturezas fortes e pouco impedem que as naturezas fracas errem porque estas não estão em condições de combater os seus desejos negativos. Nelas o temor ao castigo está minado pelos desejos."

Em outros termos, todo castigo é nocivo do ponto de vista psicológico e na escola atual não deve haver nenhum lugar para o castigo. O próprio conceito de erro da criança deve significar sempre uma falha da educação. O crime do aluno escolar é antes de tudo um crime da escola e a ele só se pode responder com a eliminação dessa falha na organização social da própria escola. Neste sentido, a autogestão da escola, a organização das próprias crianças são os melhores recursos para uma educação moral na escola.

É necessário empenho para que as formas de autogestão não se transformem em simples cópia das formas de comportamento dos adultos e o interesse pelo formalismo externo não mate nas crianças o sentimento vivo de organização social. Em função disso, organizar o meio social na escola significa não só criar uma constituição de administração escolar e convocar regularmente as crianças para assembléias gerais, realizar eleições e observar as formas de organização social e as crianças tomam tão facilmente de empréstimo aos adultos. Significa antes uma preocupação por aqueles vínculos efetivamente sociais que devem penetrar esse meio. Começando por relações íntimas e amigáveis que abrangem pequenos grupos sociais, passando em seguida a uniões de caráter associativo mais amplas e terminando por formas maiores e mais abrangentes de movimento infantil, a escola deve penetrar e envolver a vida da criança com milhares de vínculos sociais que ajudem a elaborar o caráter ético. Em nenhum outro campo e tão forte e justa a tese geral sobre a educação, segundo a qual educar significa organizar a vida; sendo justa a vida as crianças crescem justas.

Daí tornar-se clara a relação da educação com a vida e da escola com o sistema social, relação essa que deve servir de ponto de partida para a pedagogia. Os problemas da educação só serão resolvidos quando forem resolvidas as questões do sistema social. Toda tentativa de construir ideais de educação em uma sociedade socialmente contraditória é uma utopia porque, como vimos, o único fator educativo que estabelece novas reações da criança é o meio social, e enquanto este esconder contradições não resolvidas estas irão provocar brechas na educação melhor planejada e inspirada.

Em função de tudo isso, na etapa transitória sempre iremos deparar na escola com formas indesejadas de comportamento das crianças e devemos de antemão estar prontos para o difícil e complexo trabalho de reeducação que teremos pela frente. Resta saber o que em nossa pedagogia pode substituir os aspectos positivos do sistema de recompensas e punições como medidas educativas. Se esses aspectos forem banidos da nossa escola por causa de sua influência nociva, não há dúvida de que alguma parte da sua ação deva ser mantida. Noutros termos, para a educação ética deve ser aproveitada a natureza das tendências infantis, que é um poderoso motor dos atos das crianças. Esse aspecto positivo deve ser conservado numa forma em que toda atitude deva voltar à criança sob o aspecto da impressão causada por sua ação sobre os circundantes. Nada nos motiva mais para a ação do que a satisfação dela decorrente.

É por esses motivos que James via um aspecto positivo no sistema de notas e chegava a exigir que as crianças conhecessem os seus pontos. Ele via nisso a realização da lei psicológica através da qual a nossa atitude retorna a nós mesmos no movimento do trabalho sob a forma de impressão refletida. "Assim, com o auxílio dos nossos órgãos dos sentidos recebemos notícias sobre os nossos atos e os seus resultados. Ouvimos palavras pronunciadas por nós mesmos, sentimos um golpe que nos deram; lemos nos olhos dos circundantes se os nossos atos foram bem sucedidos ou fracassaram. Essa impressão inversamente refletida é necessária para que toda experiência se conclua. Todas as conclusões psicológicas a que por ora podemos chegar nos sugerem que a vontade do aluno de ter notícias dos seus êxitos é um elo normal e final na cadeia das suas funções intelectuais. E essa vontade nunca deveria deixar de ser realizada se contra ela não houvesse alguns motivos bastante ponderáveis. Por isso vocês, mestres, levem ao conhecimento dos seus alunos os resultados dos seus trabalhos e as esperanças que esses podem alimentar, e abram mão dessa regra apenas naqueles casos particulares em que tiverem de parar diante de razões especialmente práticas." (1905, pp. 34-6.)

Não citamos esse pensamento de James com a finalidade de defender o sistema de pontos na escola. Ao contrário, o equívoco psicológico desse raciocínio fica mais que evidente à luz das considerações antes apresentadas na discussão sobre a punição. A nota é uma forma de avaliação tão estranha a todo o processo de trabalho que logo começa a dominar sobre os próprios interesses do ensino, e o aluno começa a aprender para evitar uma nota ruim ou tirar uma boa nota. De igual maneira a nota reúne em si todos os aspectos negativos do elogio e da censura.

Esse pensamento de James contém a grande verdade psicológica de que a criança sempre deve conhecer os resultados finais de seus atos, e esse conhecimento é um poderoso meio educativo nas mãos do pedagogo.

Por isso, a escola da educação social não deve ser entendida simplesmente como uma multidão de crianças não ligadas por nada entre si. Cada um sabe muito bem que a reunião de tão grande número de crianças sem ligações nem interesses comuns permite a cada uma delas sentir com intensidade ainda maior o seu isolamento e a sua solidão. Em parte alguma o homem se sente tão só quanto na multidão à qual não está ligado por nada ou na moderna sociedade capitalista. Esse sistema é capaz apenas de reprimir a criança e agir sobre ela de forma opressiva. É evidente que em nossa escola deve tratar-se de formas de educação social que suscitem a comunicação viva entre as crianças para que a criança dê valor à satisfação e insatisfação de seus colegas. Com essa organização o meio se revelará aquele poderoso aparelho que enviará sempre para a criança a impressão refletida do seu ato.

Em um meio social corretamente organizado a criança irá sentir-se como que inteiramente transparente, refletida em um imenso ressonador, e essas impressões refletidas dos seus próprios atos, as quais se voltam constantemente para ele, são medidas educativas fortíssimas nas mãos do pedagogo.

É fácil compreender que as relações da criança com o meio nunca terão sempre aquele caráter feliz e idílico desenhado pela chamada educação livre.

Os ideais da educação livre, ou seja, de deixar que os atos das crianças transcorram sem qualquer constrangimento, suscitam a nossa objeção de dois pontos de vista. Em primeiro lugar, a educação livre quase nunca pode ser efetivamente levada a efeito na sua plenitude e, conseqüentemente, continua sendo apenas um princípio pedagógico de certa força relativa em limites bastante estreitos. O desejo da criança sempre irá compreender muito de funesto e prejudicial e, caso se entregasse a esses aspectos, a criança causaria a si mesmo tanto mal que, em nome dos princípios da livre educação, nenhum pedagogo sensato deixaria de evitar que a criança cometesse tais atos. Em segundo lugar, a plena liberdade na educação significa a renúncia à premeditação, a qualquer adaptação social, noutros termos, a qualquer ação educativa. Educar desde o início significa limitar e constranger a liberdade. Por isso a educação é um processo insuperável na vida humana na medida em que a livre educação significa não a renúncia aos constrangimentos mas a sua transferência para aquela força espontânea da situação em que a criança vive. Se renunciarmos à educação do homem começaremos a educar móveis, ruas, objetos.

Assim, a livre educação deve ser entendida exclusivamente como educação dotada do máximo de liberdade nos limites de um plano educativo geral e do meio social. E sempre pode acontecer, e de fato acontece com muita freqüência, que o comportamento da criança nem de longe coincida com os interesses do grupo. Nesse caso pode surgir um conflito que, sem forçar a nada, venha a tornar proveitosa para a criança a mudança do seu comportamento no sentido do seu interesse social. É necessário organizar a vida na escola de forma a que seja proveitoso à criança caminhar passo a passo com o grupo como é proveitoso fazê-lo na brincadeira; para que a discrepância com o grupo lhe tire o sentido da vida como acontece com a exclusão da brincadeira. Como a brincadeira, a vida deve exigir permanentes intensificações das forças e da alegria do movimento conjunto.

No fim das contas, a teoria da educação livre é o aspecto inverso da teoria dos sentimentos morais inatos. Ambas reconhecem a impotência e a inutilidade da interferência pedagógica dos processo de desenvolvimento e crescimento da criança, e ambas supõem que o principal no organismo moral da criança já foi lançado no ato do nascimento. Daí ser natural reconhecer que há crianças boas e más, morais e amorais desde o início e por sua própria natureza.

Haupp, para quem "a loucura moral é uma forma específica de degenerescência psíquica", cita em confirmação dessa idéia uma referência dos pais sobre o filho: "A criança não pode ser normal, ela é bem diferente das outras, desde o início foi diferente: tem uma atração profundamente enraizada pelo mal" (1910, pp. 305-6).

De igual maneira Tolstói supõe que a criança tem uma atração profundamente arraigada pelo bem. Aqui há um erro: a fé na origem congênita do comportamento moral e a incompreensão de que este é inteiramente um produto da educação.

A educação desconhece "as atrações profundamente arraigadas pelo mal"; essas próprias atrações podem ser direcionadas para o bem.

Capítulo XIII
A educação estética

A estética a serviço da pedagogia

Na ciência psicológica e na pedagogia teórica até hoje não se resolveu de forma definitiva a questão da natureza, do sentido, do objetivo e dos métodos da educação estética. Dos tempos mais remotos aos nossos dias têm aparecido pontos de vista extremados e contraditórios sobre essa questão, que a cada decênio vão se confirmando cada vez mais em toda uma série de investigações psicológicas. Assim, a discussão não se resolve nem se aproxima do fim, e o problema parece complexificar-se ainda mais na medida em que avança o conhecimento científico.

Muitos autores eram propensos a negar quase todo sentido educativo às vivências estéticas, e a corrente da pedagogia vinculada a esses autores parte de uma raiz comum a deles, continua a defender a mesma idéia ao reconhecer como estreito e limitado o sentido da educação estética. Ao contrário, a tendência dos psicólogos da outra corrente era a de exagerar demais o sentido das emoções estéticas e ver nelas quase um recurso pedagógico radical que resolve todos os problemas difíceis e complexos da educação.

Entre esses pontos extremos situa-se uma série de concepções moderadas no papel da estética na vida da criança, segundo as quais o sentido da estética está na distração e na satisfação. Onde alguns enxergam o sentido sério e profundo da emoção estética, trata-se quase sempre não da educação estética como um objetivo em si mas apenas como meio para atingir resultados pedagógicos estranhos à estética. Essa estética a serviço da pedagogia sempre cumpre funções alheias e, segundo os pedagogos, deve servir de via e recurso para educar o conhecimento, o sentimento ou a vontade moral.

O que hoje pode ser considerado indiscutivelmente estabelecido são a falsidade e a falta de qualidade científica dessa concepção. Todos os três objetivos construídos e impostos à estética – conhecimento, sentimento e moral – desempenharam na história dessa questão um papel que retardou extremamente a sua solução.

Moral e arte

Costuma-se supor que uma obra de arte tem um efeito bom ou mau, mas indiretamente moral. Ao avaliar-se as impressões estéticas, sobretudo na mocidade e na idade infantil, costuma-se levar em conta antes de tudo o impulso moral decorrente de cada objeto. Organizam-se as bibliotecas infantis com a finalidade de que as crianças tirem dos livros exemplos morais ilustrativos e lições edificantes, a enfadonha moral da rotina e os sermões falsamente edificantes se tornaram uma espécie de estilo obrigatório de uma falsa literatura infantil.

Nesse caso, imagina-se que a única coisa de séria que a criança pode aurir do convívio com a arte é uma ilustração mais ou menos viva dessa ou daquela regra moral. Tudo o mais é proclamado como inacessível à compreensão da criança, e além dos limites da moral a literatura infantil costuma limitar-se a uma poesia de asneiras e futilidades como se fosse a única acessível à compreensão infantil. Surge daí também um sentimentalismo idiota próprio de uma literatura infantil como traço distintivo. O adulto procura enquadrar-se na psicologia infantil e, supondo que o sentimento sério é inacessível à criança, adocica sem habilidade nem arte as situações e os heróis: substitui o sentimento pela sensibilidade e a emoção pelo sentimento. O sentimentalismo não é outra coisa senão uma tolice do sentimento.

Como resultado, a literatura infantil costuma representar um protótipo nítido de falta de gosto, de um estilo artístico grosseiro e da mais desoladora compreensão do psiquismo infantil.

Antes de mais nada, é indispensável abrir mão da concepção segundo a qual as emoções estéticas têm alguma relação direta com as morais e toda obra de arte encerra uma espécie de impulso para o comportamento moral. Um fato sumamente curioso foi comunicado na imprensa pedagógica americana em relação ao efeito moral de um livro que pareceria tão indiscutivelmente humano como *A cabana do Pai Tomás*. Respondendo a perguntas sobre as vontades e sentimentos despertados pela leitura desse livro, vários alunos de escolas americanas responderam que o que mais lamentavam era que o tempo da escravidão houvesse passado e naquele momento não existissem mais escravos na América. E esse fato é ainda mais significativo porque, nesse caso, não estamos diante de alguma excepcional imbecilidade moral ou incompreensão mas de que a possibilidade de tal conclusão radica na própria natureza das vivências estéticas das crianças e, de antemão, nunca podemos estar certos do tipo de efeito moral que esse ou aquele livro irá exercer.

Nesse sentido é ilustrativo o conto de Tchékhov sobre o monge medieval, que com o talento de um artista magnífico narra para a irmandade sobre o poder do diabo, a depravação, o horror e as tentações que ele teve a oportunidade de presenciar na cidade. O narrador estava imbuído da mais sincera indignação e como era um artista de verdade e falava com inspiração, beleza e sonoridade, representou a força do diabo e a sedução mortal do pecado com tanta clareza que no dia seguinte não restava um único monge no mosteiro: todos haviam fugido para a cidade.

O efeito moral da arte lembra com muita freqüência o destino desse sermão, e nunca podemos estar certos de que a nossa estimativa lógica venha a justificar-se com exatidão quando aplicada a crianças. Neste sentido são extremamente ilustrativos não os exemplos e analogias mas os fatos retirados da vida das crianças e da psicologia e comunicados na literatura sobre a maneira como as crianças interpretam as fábulas de Krilov. Nos casos em que as crianças não se empenham em descobrir que tipo de resposta o professor espera delas mas falam com sinceridade e por si mesmas, seus juízos contrariam de tal modo a moral do professor que em alguns pedagogos surgiu uma idéia: mesmo obras tão indiscutivelmente "éticas" podem exercer um efeito moralmente prejudicial quando passa pelo psiquismo das crianças. É necessário levar em conta as leis desse meio refratado, do contrário corremos o risco de obter resultados como os acima descritos.

Na fábula *A Gralha e a Raposa*, toda a simpatia das crianças ficou com a Raposa. Ela provocou a admiração nas crianças e lhes pareceu um ser que zombava com inteligência e sutileza da tola Gralha. Aquele efeito – o nojo pela bajulação e pelo bajulador esperado pelo professor – não foi obtido. As crianças riram da Gralha e a atitude da Raposa assumiu para elas a forma mais agradável. "A bajulação é torpe e prejudicial": essa idéia as crianças não conseguiram retirar de maneira nenhuma da fábula e elas chegaram antes a uma sensação moral inteiramente oposta àquela que inicialmente se esperava.

De igual maneira na fábula *A Cigarra e a Formiga* a simpatia das crianças foi provocada pela Cigarra despreocupada e poética, que passou o verão inteiro cantando enquanto a Formiga sombria e enfadonha lhes pareceu repugnante, assim como a fábula lhes pareceu direcionada contra a avareza estúpida e presunçosa da formiga. Mais uma vez o bardo da zombaria foi orientado para o lado errado, e em vez de infundir nas crianças o respeito à diligência e ao trabalho a fábula suscitou nelas a sensação de alegria e beleza da vida leve e despreocupada.

O mesmo se verifica na fábula *O Lobo no canil*, em que as crianças heroicizaram o Lobo, que lhes pareceu imbuído da verdadeira grandeza, de zombaria e de um magnífico desprezo pelos canis e os cães no instante em que não só não implorou pela própria salvação como ainda usou de arrogância e presunção, oferecendo proteção. E toda a fábula se revelou para as crianças sob o aspecto não do seu sentido moral com a punição do Lobo, mas, se é que se pode dizer assim, no aspecto da grandeza trágica de uma morte heróica.

Poderíamos citar um número infinito de exemplos dessas e de outras fábulas para confirmar o mesmo fato. Entretanto, a nossa escola, ignorando inteiramente o fato psicológico da diversidade de possíveis interpretações e conclusões morais, sempre procurou enquadrar qualquer vivência estética em um conhecido dogma moral e se contentou com assimilar esse dogma, sem suspeitar de que o texto artístico freqüentemente não só não ajuda a assimilá-lo como, ao contrário, infunde uma concepção moral de ordem justamente oposta. Blonski caracteriza com absoluta justeza a nossa educação estética quando diz que nas aulas de literatura a poesia como tal não estava presente e desaparecia qualquer diferença entre o texto de uma fábula de Krilov e a exposição em prosa do seu conteúdo.

Chegava-se à forma superior e caricatural ao procurar-se a idéia principal de alguma obra como se explicava "o que o autor quis dizer" e qual o significado moral de cada herói em particular. Sologub cita uma interpretação desse tipo desenvolvida pelo professor Pieriedónov a partir de versos de Púchkin: "O lobo aparece na estrada com sua loba faminta". Aqui se apresenta um quadro exagerado mas não deturpado da sistemática prosaização da poesia que servia de base a toda a educação estética e consistia em destacar de uma obra de arte os seus elementos não artísticos, em tomar essa obra como pretexto para fazer suposições acerca de algumas regras morais.

Já sem falar de que isso está em contradição radical com a natureza da emoção estética, é necessário observar que isso exerce uma influência devastadora sobre a própria possibilidade da percepção artística e da relação estética com o objeto. É natural que sob essa concepção a obra de arte perde qualquer valor autônomo, torna-se uma espécie de ilustração para uma tese moral de cunho geral; toda a atenção se concentra precisamente nessa última, ficando a obra fora do campo de visão do aluno. De fato, sob essa interpretação não só não se constroem nem se educam hábitos e habilidades estéticas, não só não se comunicam flexibilidade, sutileza e diversidade de formas às vivências estéticas como, ao contrário, transforma-se em regra pedagógica a transferência da atenção do aluno da própria obra para o seu sentido moral. O resultado é um amortecimento sistemático do sentimento estético, sua substituição por um momento moral estranho à estética e daí a natural repugnância estética que noventa e nove por cento dos alunos que passaram pela escola secundária experimentaram pela literatura clássica. Muitos dos que se pronunciaram a favor da exclusão da literatura como objeto de ensino escolar assume precisamente esse ponto de vista e afirmam que o melhor meio de infundir ódio a algum escritor e levar a que ele não seja lido é introduzi-lo no currículo escolar.

A arte e o estudo da realidade

Outro equívoco psicológico não menos nocivo na educação estética foi o de impor à estética problemas e objetivos que lhe eram estranhos, só que não mais de ordem moral mas social e cognitiva. Aceitava-se e admitia-se a educação estética como meio de ampliação de conhecimento dos alunos. Assim, todos os nossos cursos de história da literatura eram construídos segundo esse princípio e substituíam conscientemente o estudo dos fatos e leis estéticas pelo estudo dos elementos sociais contidos nas obras. Não carece de sentido profundo o fato de que os mais populares manuais escolares de história da literatura russa, em cujo espírito eram lecionados os nossos escritores mais avançados, são denominados *História da inteligência russa* (Ovsiániko-Kulikóvski) e *História do pensamento social russo* (Ivanov-Razúmnik). Nesse caso estudam-se notória e conscientemente não os fenômenos e fatos literários mas a história da inteligência e do pensamento social, ou seja, objetos que, no fundo, são estranhos e externos à educação estética.

Tudo isso tinha um grande sentido e significado históricos no passado, quando a escola era separada por uma muralha chinesa das disciplinas sociais, quando nós recebíamos os embriões das educação cívica e social nas aulas de literatura. Hoje, porém, quando as disciplinas sociais já gozam do espaço merecido, essa substituição dos valores estéticos pelos valores sociais é igualmente prejudicial tanto a uma quanto à outra ciência. Essa mistura de diferentes ciências está entre aquelas uniões nas quais ambas as partes estão igualmente interessadas no divórcio.

Antes de mais nada, a organização social estudada segundo os modelos literários é sempre assimilada em formas falsas e deturpadas: a obra de arte nunca reflete a realidade em toda a sua plenitude e verdade real mas é um produto sumamente complexo da elaboração dos elementos da realidade, de incorporação a essa realidade de uma série de elementos inteiramente estranhos a ela. Em suma, quem vem a conhecer a história da intelectualidade russa apenas através de Oniéguin e Tchatski corre o risco de ficar com uma concepção inteiramente equivocada dessa história. Age de forma bem mais sensata quem passa a estudá-la com base em documentos históricos, cartas, diários, de todos os materiais em que se baseia o estudo histórico e entre os quais cabe aos monumentos da literatura o papel mais modesto, quase o último. Estudar a história da intelectualidade russa com base na literatura é tão impossível quanto estudar geografia pelos romances de Júlio Verne, embora não haja dúvida de que tanto um quanto o outro se refletiram na literatura.

Esse ponto de vista se baseia na falsa concepção de que a literatura é uma espécie de cópia da realidade, uma espécie de fotografia típica que lembra uma foto coletiva. Essa foto coletiva, que permite fixar na mesma placa toda uma série de rostos pertencentes a um mesmo grupo, sobrepõe os traços de um rosto sobre a foto de outro, resultando daí que os traços típicos que se encontram freqüentemente em um grupo se destacam com uma nitidez especialmente relevada. Os traços individuais e casuais são obnubilados, e com esse mecanismo extremamente simples obtém-se um retrato típico de uma dada família de um dado grupo de doentes ou criminosos. Supunha-se que a imagem literária também era algo como uma fotografia coletiva e que, digamos, a imagem de Ievguiêni Oniéguin reunia e comportava em si os traços típicos da intelectualidade russa dos anos 20 e podia servir como material fidedigno para o estudo daquela época. Entretanto, é fácil mostrar que a verdade da arte e a verdade da realidade nessa imagem e em todas as demais estão em relações sumamente complexas; a realidade sempre aparece na arte tão transfigurada e modificada que não há como transferir diretamente o sentido dos fenômenos da arte para os fenômenos da vida.

Nesse caso nós nos arriscamos não só a ficar com uma concepção falsa da realidade como também a excluir inteiramente os momentos puramente estéticos no ensino. O interesse e a atenção, voltados para o estudo do homem dos anos 20, não têm psicologicamente nada em comum com o interesse e a atenção voltados para a poesia de Púchkin: eles se realizam em outras reações, emoções e atos psicológicos inteiramente diversos e se valem apenas de um material comum para atender a diferentes necessidades. Assim, o teto de algum edifício arquitetônico pode ser usado como proteção contra a chuva, como ponto de observação, como sede para um restaurante e outros objetivos afins mas em todos esses casos se esquece inteiramente do sentido estético do teto como parte de um todo artístico, como parte de um projeto arquitetônico.

A arte como objetivo em si

Por último, resta discutir o terceiro equívoco cometido pela pedagogia tradicional quando reduz a estética ao sentimento do agradável, ao prazer pela obra de arte e vê nela um objetivo em si, noutros termos, reduz todo o sentido das emoções estéticas ao sentimento imediato de prazer e alegria que elas suscitam na criança. Aqui a obra de arte é vista mais uma vez como um meio para despertar reações hedonísticas e, no fundo, é colocada ao lado de outras reações semelhantes e estimulações de ordem inteiramente real. Quem pensa em implantar a estética na educação como fonte de prazer se arrisca a encontrar na primeira guloseima e no primeiro passeio os mais fortes concorrentes. Uma peculiaridade da fase infantil consiste em que a força imediata da vivência concreta e real é para a criança bem mais significativa do que a força de uma emoção imaginária.

Assim, vemos que a pedagogia tradicional caiu num impasse nas questões da educação estética ao tentar impor objetivos inteiramente estranhos e não inerentes a essa educação. Daí resultou, em primeiro lugar, que essa pedagogia deixou escapar o próprio significado dessa educação e, em segundo, freqüentemente obteve resultados contrários aos esperados.

O passivo e o ativo na vivência estética

A possibilidade de equívocos psicológicos não esteve condicionada simplesmente ao desconhecimento dos pedagogos mas a um erro bem mais amplo e profundo da própria ciência psicológica nas questões de estética. Durante muito tempo manteve-se o ponto de vista de que a percepção estética é uma vivência absolutamente passiva, uma entrega à impressão, é a cessação de qualquer atividade do organismo. Os psicólogos apontavam que o desinteresse, a contemplação desinteressada, a plena repressão da vontade e a ausência de qualquer posição pessoal em face do objeto estético constituem a condição indispensável para a possibilidade de realização da reação estética. Tudo isso é profundamente verdadeiro mas compreende apenas meia verdade e por isso fornece uma noção absolutamente falsa da natureza da reação estética no seu conjunto.

Não há dúvida de que certa passividade e certo desinteresse são premissa psicológica obrigatória do ato estético. Tão logo o espectador ou o leitor entram no papel de participante ativo da obra por eles percebida eles saem de forma definitiva e irreversível do campo da estética. Se quando eu examino maçãs desenhadas em um quadro o que mais se desenvolve em mim é a atividade ligada à intenção de provar maçãs de verdade, fica claro que o quadro irá permanecer fora do campo da minha percepção. Mas essa atividade é apenas o lado oposto de outra atividade incomensuravelmente mais séria, com a ajuda da qual realiza-se o ato estético. Pode-se julgar isto realmente assim ao menos pelos fatos de que a obra de arte é acessível nem de longe a qualquer um e a percepção de tal obra é um trabalho difícil e cansativo do psiquismo. É evidente que uma obra de arte não é percebida estando o organismo em completa passividade e não só pelos ouvidos e os olhos mas através de uma atividade interior sumamente complexa, na qual o contemplar e o ouvir são apenas o primeiro momento, o primeiro impulso, o impulso básico.

Se o destino de um quadro consistisse apenas em afagar o nosso olho e o da música em provocar emoções agradáveis ao nosso ouvido, a percepção dessas artes não apresentaria nenhuma dificuldade e todos, com exceção dos cegos e surdos, estariam igualmente chamados a perceber essas artes. Entretanto, os momentos de percepção sensorial das estimulações são apenas os impulsos primários necessários para despertar uma atividade mais complexa e em si carecem de qualquer sentido estético. "Distrair os nossos sentimentos", diz Christiansen, "não é o objetivo final da intenção artística. O principal na música é o que não se ouve, nas artes plásticas o que não se vê nem se apalpa."

Esse não ver e não apalpar devem ser entendidos simplesmente como o deslocamento da ênfase principal no processo estético para os momentos responsivos da reação às impressões sensoriais oriundas de fora. Nesse sentido podemos dizer perfeitamente que a emoção estética se baseia em um modelo absolutamente preciso de reação comum, que pressupõe necessariamente a existência de três momentos: uma estimulação, uma elaboração e uma resposta. O momento da percepção sensorial da forma, aquele trabalho desempenhado pelo olho e o ouvido constitui apenas o momento primeiro e inicial da vivência estética. Resta examinar os outros dois. Sabemos que uma obra de arte é um sistema especialmente organizado de impressões externas ou interferências sensoriais sobre o organismo. Entretanto, essas interferências sensoriais estão organizadas e construídas de tal modo que estimulam no organismo um tipo de reação diferente do que habitualmente ocorre, e essa atividade específica, vinculada aos estímulos estéticos, é o que constitui a natureza da vivência estética.

Ainda não sabemos em que consiste essa atividade, uma vez que a análise psicológica não disse ainda a última palavra sobre a sua composição, mas já agora estamos convencidos de que aqui se desenvolve uma atividade construtiva sumamente complexa, que é realizada pelo ouvinte ou o espectador e consiste em que viva com as impressões externas apresentadas o próprio receptor constrói e cria o objeto estético para o qual já se voltam todas as suas posteriores reações. Realmente, talvez o quadro não represente simplesmente um pedaço de pano quadrangular com certa quantidade de tinta aplicada sobre ele. Mas quando o espectador interpreta esse pano e essas tintas como a representação de um homem, um objeto ou uma ação, o complexo trabalho de transformação do pano pintado em quadro pertence inteiramente ao psiquismo do receptor. É necessário correlacionar de tal modo as linhas, fechá-las em tais contornos, relacioná-las entre si, interpretá-las de tal modo em perspectiva e transferi-las para o espaço a fim de que elas lembrem uma figura humana ou uma paisagem.

Em seguida faz-se necessário um complexo trabalho de memorização e associação de pensamento para se entender que homem ou que paisagem estão representados no quadro, em que relação estão as suas diferentes partes. Todo esse trabalho necessário pode ser chamado de "síntese criadora secundária", porque requer de quem percebe reunir em um todo e sintetizar os elementos dispersos da totalidade artística. Se uma melodia diz alguma coisa a nossa alma é porque nós mesmos sabemos arranjar os sons que nos chegam de fora. Há muito tempo os psicólogos vêm dizendo que todo o conteúdo e os sentimentos que relacionamos com o objeto da arte não estão contidos nela mas são por nós incorporados, como que projetados nas imagens da arte, e os psicólogos denominaram empatia o próprio processo de percepção. Essa complexa atividade da empatia consiste num reatamento de uma série de reações internas, da sua coordenação vinculada e em certa elaboração criadora do objeto. Essa atividade é o que constitui o dinamismo estético básico que, por sua natureza, é um dinamismo do organismo que reage a um estímulo externo.

O sentido biológico da atividade estética

O sentido biológico da atividade estética também está entre as questões discutíveis e confusas. Só nos estágios mais baixos do surgimento da atividade estética é possível captar o seu sentido biológico. A princípio a arte surge por uma necessidade da vida, o ritmo é uma forma primária de organização do trabalho e da luta, os adornos são componentes da corte sexual e a arte tem um caráter nitidamente utilitário e de trabalho. Entretanto, o verdadeiro sentido biológico da arte da época moderna – da nova arte – parece estar em algum lugar distante. Se no selvagem a canção guerreira substitui o comando e a organização do combate, o pranto fúnebre me parece uma relação direta com o espírito do morto, não há como reconhecer funções vitais tão diretas na arte moderna, cabendo procurar em algum outro lugar o seu sentido biológico.

Coube a maior popularidade nesse sentido à lei da economia de forças criadoras criada por Spencer, segundo a qual o sentido das obras de arte e o prazer que elas proporcionam devem-se inteiramente àquela economia de forças espirituais, àquela economia de atenção que acompanha qualquer percepção da arte. A vivência artística é a vivência mais econômica e mais útil para o organismo, produz o máximo efeito com a mínima perda de energia, e esse ganho de energia é o que constitui uma espécie de base do prazer estético. "O mérito do estilo", diz Alieksandr Viessiebrski, "consiste em propiciar o maior volume possível de idéias no menor número possível de palavras" (1898, p. 190). Nesse caso, costuma-se apontar como exemplos nítidos dessa lei o sentido atenuante da simetria e a alternância de ritmos que traz repouso.

Essa lei, se era verdadeira, no fundo tem muito pouco a ver com as questões da arte, uma vez que a mesma economia de esforços nós encontramos em toda parte onde se manifesta a criatividade humana: em uma fórmula matemática e uma lei física, na classificação dos vegetais e na doutrina da circulação sangüínea não existe menos economia de forças do que em uma obra de arte. E nesta está contida a força do efeito estético, não dá para entender o que distingue a economia estética da economia geral de toda a criação. Além do mais, essa lei não expressa a verdade psicológica e contraria os estudos exatos no campo da arte. O estudo da forma artística mostrou que na vivência estética não operamos com uma reprodução facilitada da realidade mas com uma reprodução complexificada, e alguns pesquisadores mais extremados ousam falar de "estranhamento" dos objetos como lei fundamental da arte. Em todo caso, é claro que o discurso do verso é um discurso complexificado em comparação com o discurso da prosa, e a sua disposição de palavras, a sua decomposição em versos e o ritmo, além de não liberarem a nossa atenção de algum trabalho, ao contrário, ainda exigem dela uma tensão permanente diante de elementos que aqui se manifestam pela primeira vez e estão inteiramente fora do discurso comum.

Para as atuais teorias da arte tornou-se um truísmo absoluto a tese segundo a qual numa obra de arte a percepção de todos os seus elementos é retirada do automatismo e tornada consciente e perceptível. Assim, no discurso comum não damos atenção ao aspecto fonético da palavra. Os sons são percebidos automaticamente e automaticamente relacionados a um determinado sentido. James observou o aspecto estranho e incomum que teria para nós a nossa língua materna se nós a ouvíssemos como uma língua estrangeira sem entendê-la. Cabe lembrar que a lei do discurso inverso é precisamente aquela situação em que a emergência de sons no campo claro da consciência e a concentração da nossa atenção nesses sons suscitam uma relação emocional com eles. Assim, a percepção do discurso em verso não só não é uma percepção atenuada como é uma percepção até complexificada, ou seja, que exige um trabalho complementar em comparação com o discurso comum. É evidente que o sentido biológico da atividade estética não consiste absolutamente no parasitismo que surge inevitavelmente se o prazer estético é compensado pela economia de forças intelectuais que se obtêm graças a um trabalho alheio.

A solução do problema referente ao sentido biológico do ato estético deve ser procurada, como o faz a psicologia atual, na elucidação da psicologia da criação do artista e na aproximação entre a percepção e o processo de criação. Antes de perguntar para que lemos é necessário perguntar para que as pessoas escrevem. O problema da criação e das suas fontes psicológicas torna a revelar dificuldades incomuns, uma vez que aqui passamos de um obstáculo a outro. Contudo, não suscita mais dúvida a tese geral segundo a qual a criação é a necessidade mais profunda do nosso psiquismo em termos de sublimação de algumas espécies inferiores de energia. A mais verossímil na psicologia moderna é a concepção da criação como sublimação, ou seja, como transformação de modalidades inferiores de energia psíquica, que não foram utilizadas nem encontraram vasão na atividade normal do organismo, em modalidades superiores. Já elucidamos o conceito de sublimação em relação à teoria dos instintos e, entre outras coisas, apresentamos a opinião sobre a relação mais estreita do processo criador com a sublimação da energia sexual. Segundo um psicólogo, nas questões da criação temos diante de nós como que pessoas ricas e pobres, umas gastando toda a reserva de sua energia para manter a sua sobrevivência diária, outras como que guardando e economizando, ampliando o círculo de necessidades a serem atendidas. Também aqui a criação surge do instante como certa energia não acionada, não utilizada e uma destinação imediata, ela permanece irrealizada e se desloca para além do limiar da consciência, de onde retorna transformada em novas modalidades de atividade.

Já esclarecemos detalhadamente que as nossas possibilidades superam a nossa atividade, que se realiza na vida do homem apenas uma ínfima parte de todas as excitações que surgem no sistema nervoso, e a criação cobre inteiramente o resíduo que fica entre as possibilidades e a realização, o potencial e o real na nossa vida. Assim, a identidade entre os atos da criação e a percepção em arte torna-se premissa psicológica fundamental. Como explica corretamente Iúri Aikhenvald, ser Shakespeare e ler Shakespeare são fenômenos infinitamente diversos pelo grau mas absolutamente idênticos pela natureza. O leitor deve ser congenial ao poeta e, ao percebermos uma obra de arte, nós sempre a recriamos de forma nova. É legítimo definir os processos de percepção como processos de repetição e recriação do ato criador. Sendo assim, impõe-se inevitavelmente a conclusão de que eles são o mesmo tipo biológico de sublimação de algumas espécies de energia psíquica como o são os processos de criação. É precisamente na arte que se realiza para nós aquela parte da nossa vida que surge realmente em forma de excitações do sistema nervoso mas permanece irrealizada na atividade, graças ao que o nosso sistema nervoso recebe um volume de excitações superior àquele a que pode reagir.

Acontece que a superioridade das possibilidades sobre a vida, o excedente de comportamento não realizado sempre existe no homem como foi revelado na teoria da luta pelo campo motor geral, e sempre devem encontrar alguma vazão. Se esse excedente não encontra a devida vazão ele costuma entrar em conflito com o psiquismo do homem, e com base nesse comportamento não realizado surgem formas anormais de comportamento sob o aspecto de psicoses e neuroses que não significam outra coisa senão o conflito da aspiração subconsciente não realizada com a parte consciente do nosso comportamento. O que fica sem realização em nossa vida deve ser sublimado. Para o que não se realiza na vida existem apenas duas saídas: a sublimação ou a neurose. Assim, do ponto de vista psicológico a arte constitui um mecanismo biológico permanente e necessário de superação de excitações não realizadas na vida e é um acompanhante absolutamente inevitável da existência humana nessa ou naquela forma.

Na criação artística a sublimação se realiza em formas sumamente tempestuosas e grandiosas, realizando-se na percepção artística nas formas dos estilos que a nós se dirigem, formas essas atenuadas, simplificadas e antecipadamente preparadas pelo sistema. Daí tornar-se compreensível o importantíssimo sentido independente da educação artística como criação de habilidades permanentes para a sublimação do subconsciente. Educar esteticamente alguém significa criar nessa pessoa um conduto permanente e de funcionamento constante, que canaliza e desvia para necessidades úteis a pressão interior do subconsciente. A sublimação faz em formas socialmente úteis o que o sonho e a doença fazem em formas individuais e patológicas.

Característica psicológica da reação estética

Uma observação bastante breve da reação estética já nos permite observar que o seu objetivo final não é repetir alguma reação real mas superá-la e vencê-la. Se um poema sobre a tristeza tivesse por objetivo final nos comunicar apenas tristeza, isto seria triste demais para a arte. Logo, a tarefa da lírica não é simplesmente nos contagiar, segundo a expressão de Tolstói, com os sentimentos de outra pessoa, neste caso com a tristeza alheia, mas nos colocar acima dela, nos forçar a vencê-la, a superá-la. Neste sentido, a definição de arte como socialização dos sentimentos, feita por Bukhárin, e a teoria tolstoiana do contágio de muitos com os sentimentos de uma pessoa não são inteiramente corretas em termos psicológicos.

Nesse caso, o "milagre" da arte lembraria o desolador milagre do Evangelho, quando cinco pães e dois peixes alimentaram cinco mil pessoas, além de mulheres e crianças, e todos ficaram saciados; as sobras ainda encheram doze cestos. Aqui o "milagre" consistiu apenas na multiplicação inusitada da experiência, mas cada um comeu apenas pão e peixe, peixe e pão. De igual maneira, com a socialização dos sentimentos em arte obtém-se a multiplicação dos sentimentos de um por milhares, mas o sentimento continua sendo a mais comum das emoções de ordem psicológica e a obra de arte não pode compreender nada que leve além dessa emoção quantitativamente imensa. Compreende-se perfeitamente que neste caso a função da arte seria extremamente mesquinha uma vez que todo objeto real e toda emoção real seriam muito mais fortes, mais intensas e agudas e, conseqüentemente, todo o prazer propiciado pela arte teria origem na pobreza e na fome do homem, ao passo que em realidade ele decorre da riqueza do homem, do fato de que o homem é mais rico do que a sua vida.

Assim, a arte não é uma complementação da vida mas decorre daquilo que no homem é superior à vida. O "milagre" da arte lembra antes a transformação da água em vinho, e por isso toda obra de arte sempre implica algum tema real concreto ou uma emoção absolutamente comum ligada ao mundo. Mas a tarefa do estilo e da forma consiste justamente em superar esse tema referencial real ou o colorido emocional do objeto e transformá-lo em algo absolutamente novo. Por isso desde tempos remotos compreende-se o sentido da atividade estética como catarse, ou seja, libertação do espírito diante das paixões que o atormentam. A psicologia antiga atribuía a esse conceito o sentido puramente medicinal e higiênico de cura do espírito, e não há dúvida de que ele se aproxima muito mais da verdadeira natureza da arte do que toda uma série de teorias modernas. "O cântico cura o espírito doente" essas palavras do poeta traduzem com mais exatidão o divisor de águas que separa a arte da doença.

Não é por acaso que muitos psicólogos acharam sumamente sedutor encontrar os traços comuns de um e de outro, proclamar o gênio como parente da loucura e pôr fora dos limites da norma tanto a criação humana quanto a loucura humana. E só por esse caminho podemos compreender os valores cognitivo, moral e emocional da arte. É indubitável que estes podem existir mas apenas como momento secundário, como certo efeito da obra de arte que não surge senão imediatamente após a plena realização da ação estética.

O efeito moral da arte existe, sem dúvida, e se manifesta em certa elucidação interior do mundo psíquico, em certa superação dos conflitos íntimos e, conseqüentemente, na libertação de certas forças constrangidas e reprimidas, particularmente das forças do comportamento moral. Encontramos um belo exemplo disto no conto "Em casa", de Tchékhov. Nesse conto o pai, um promotor que passara a vida inteira administrando toda sorte de coibições, advertências e punições, vê-se numa situação extremamente complexa ao deparar com o pequeno fato do delito do seu filho de sete anos que, como conta a governanta, roubou tabaco da mesa do pai e fumou. Por mais que o pai procure explicar ao filho por que ele não deve fumar, por que não deve apossar-se do tabaco alheio, os seus sermões não atingem um fim porque esbarram em obstáculos intransponíveis no psiquismo da criança, que percebe e interpreta o mundo de modo muito original e absolutamente à sua maneira. Quando o pai explica que ele não deve apanhar coisas alheias, o menino responde que na mesa do pai está o seu cãozinho amarelado e ele nada tem contra. E se o pai ainda precisar de alguma das coisas dele pode apanhá-la sem acanhamento. Quando o pai tenta lhe explicar que fumar faz mal, que o tio Grigori fumava e por isso morreu, esse exemplo exerce justamente o efeito contrário na criança, porque para ela a imagem do tio Grigori está ligada a algum sentimento poético; ele recorda que o tio Grigori tocava maravilhosamente violino, e o destino desse tio não só não é capaz de desviar o menino do que o tio fazia como, ao contrário, ainda comunica ao ato de fumar um sentido novo e atraente.

Assim, sem nada conseguir, o pai interrompe a conversa com o filho e só bem antes de ele dormir, quando por hábito ele começa a contar ao filho uma história em que funde as primeiras idéias que lhe vêem à cabeça com os tradicionais lugares comuns das fábulas, a sua história de repente transborda numa narrativa ingênua e engraçada sobre um rei que tinha um filho, o filho fumava, adoeceu de tuberculose e morreu jovem; vieram os inimigos, destruíram o palácio, mataram o velho. E "no jardim agora não existem mais cerejeiras, nem pássaros, nem campânulas"... O próprio pai achou essa história ingênua e ridícula; entretanto ela provocou um efeito inesperado no filho que, pensativo e com voz abatida, disse, para absoluta surpresa do pai, que não ia mais fumar.

O próprio efeito da história despertou e revelou no psiquismo da criança novas forças, deu-lhe a possibilidade de sentir o medo e o interesse do pai pela saúde dela com uma força nova tal que o efeito moral da história, impelido pela insistência prévia do pai, manifestou-se inesperadamente no efeito que o pai inutilmente tentara atingir antes.

Entretanto é necessário lembrar dois traços psicológicos essenciais que distinguem o pós-efeito. O primeiro é que o efeito se realiza sob a forma de processo íntimo e interior da atenção da própria criança e de modo algum se obtém tirando-lhe a fábula ou outra história qualquer a moral ou uma lição edificante. Ao contrário, quanto mais forte são a emoção e o caráter apaixonado em cuja atmosfera realiza seu efeito da impressão estética, quanto maior é o tom emocional que a acompanha tanto mais numerosa são as forças atraídas para o lado do efeito moral e tanto maior a segurança com que ele ocorre. O segundo traço consiste em que sob esse ponto de vista o efeito moral da estética pode ser casual e secundário, sendo no mínimo insensato e inseguro basear nele a educação no comportamento moral. No conto o pai medita muito corretamente sobre o quanto é legítimo dizer que "o remédio deve ser doce e a verdade bonita". A sociedade que extrai as suas convicções de romances e poemas, os seus conhecimentos históricos das óperas e canções heróicas e a moral das fábulas evidentemente nunca chegará a um grau ou um mínimo de solidez em cada um desses campos. Tchékhov tem toda razão ao chamar isso de extravagância que o homem cometeu desde os tempos de Adão, e neste sentido coincide inteiramente com a pedagogia que exige uma rigorosa educação moral da criança baseada na verdade.

De igual maneira é possível e exeqüível o pós-efeito cognitivo da arte. Uma obra de arte vivenciada pode efetivamente ampliar a nossa concepção de algum campo de fenômenos, levar-nos a ver esse campo com novos olhos, a generalizar e unificar fatos amiúde inteiramente dispersos. É que, como qualquer vivência intensa, a vivência estética cria uma atitude muito sensível para os atos posteriores e, evidentemente, nunca passa sem deixar vestígios para o nosso comportamento. Muitos comparam corretamente a obra de arte a uma bateria ou acumulador de energia, que a dispende posteriormente. De forma idêntica, toda vivência poética parece acumular energia para futuras ações, dá a essas ações um novo sentido e leva a ver o mundo com novos olhos. Os psicólogos mais radicais ousam inclusive falar de atitudes puramente motoras, suscitadas pelas mesmas obras. E, de fato, basta que lembremos a existência de modalidades de arte como a música destinada à dança para observarmos que em toda estimulação estética radica certo impulso motor. Às vezes isso se realiza de forma rápida e grosseira, no visível movimento da dança ou na marcação do compasso, e isso pertence às modalidades inferiores de arte. Às vezes onde a complexidade da estimulação atinge níveis superiores, a complexidade motora dos impulsos não permite que eles se realizem inteiramente e de uma vez mas se expressa antes em um trabalho sumamente delicado de preparação do comportamento subseqüente. A vivência estética organiza o nosso comportamento. "Pela maneira como uma pessoa sai de um concerto sempre se pode dizer se ela ouviu Beethoven ou Chopin", diz um estudioso.

Os psicólogos que têm estudado as estimulações visuais causadas pela pintura chegam à conclusão de que no sistema de vivenciamento de um quadro cabe o papel principal às reações cinestésicas, ou seja, a reações também motoras, e que nós lemos um quadro mais com os músculos do que com os olhos; o efeito estético do quadro situa-se nas pontas dos dedos tanto quanto no olho, uma vez que fala à nossa imaginação tátil e motora não menos do que à imaginação visual.

Por último, também o momento hedonístico do prazer suscitado por obras de arte pode estar presente como é esse pós-efeito e exercer influência educativa no processo das nossas sensações. Mas ele será sempre secundário em relação ao efeito básico da poesia e da arte. Isso se aproxima daquilo que os psicólogos denominam "força exorcizadora das emoções superiores". E uma vez que na antigüidade o exorcismo pela força da palavra rítmica e no estilo poético expulsava os espíritos e curava, a poesia moderna expulsa e liberta as forças interiores hostis ao organismo e por isso tanto lá quanto aqui trata-se de certa solução de conflitos internos.

É sumamente curioso que o prazer provocado por obras poéticas sempre surge por via indireta e contraditória e decorre forçosamente da superação de impressões imediatas causadas pelo objeto e pela arte. Lembremos o trágico e o cômico em arte como os modelos mais notórios dessa lei psicológica. A tragédia sempre fala da morte e, segundo definição de Aristóteles, suscita em nós o terror e a piedade. Se contemplamos uma tragédia não da altura desses sentimentos mas com um sorriso nos lábios, evidentemente não apreenderemos o seu efeito trágico. Já era uma preocupação dos antigos saber de que modo a crueldade em si podia tornar-se objeto de vivenciamento do belo e por que a contemplação da morte alheia podia provocar um prazer tão elevado no espectador da tragédia. Alguns autores atribuíam isso a um contraste biológico e tentavam reduzir o prazer que experimentamos de uma tragédia àqueles sentimentos de segurança e satisfação que o homem experimenta quando a desgraça atinge o outro. Essa teoria psicológica levava a concluir que a tragédia de Édipo propicia o supremo aos espectadores porque estes haviam aprendido a apreciar nela o seu bem-estar e a ausência de cegueira. Entretanto, os exemplos mais simples apresentados pelos mesmos autores negam inteiramente essa teoria quando sugerem que os espectadores que à beira-mar observam um navio afundando deveriam experimentar neste caso o máximo de prazer decorrente da consciência da própria segurança.

Até a reflexão psicológica mais simples nos revela que ao vivenciarmos uma tragédia estamos forçosamente colocados pelo autor numa relação de simpatia pelo herói, a qual cresce juntamente com a aproximação da morte e alimenta os nossos sentimentos de pavor e êxtase. Logo, a fonte do prazer deve ser procurada em outro lugar e, evidentemente, nós só a encontramos na catarse, ou seja, naquela liberação das paixões despertadas pela tragédia que constitui um objetivo final da arte. "O horror", diz Christiansen, "não é representado em prol de si mesmo mas como impulso para a sua superação."

De igual maneira o cômico, em si mesmo abominável e vil, de modo absolutamente incompreensível acarreta prazeres elevados. Em *O inspetor geral* de Gógol não há uma única palavra bonita pela sonoridade, ao contrário, o autor procurou encontrar tudo o que range, é áspero e grosseiro na língua russa. Nessa peça não há nenhuma personagem não abominável, nenhuma situação não banal, nenhum pensamento com o mínimo de luminosidade. E, apesar de tudo, no amontoamento do vulgar e do abominável transparece e revela-se o sentido especial que Gógol vê com absoluta justeza no riso, ou seja, naquela reação psicológica que o espectador traz consigo e não está contida na comédia. Na comédia ninguém ri: ao contrário, nela todos estão preocupados com a seriedade, mas todo o material está organizado de modo a suscitar forçosamente no espectador a reação do grande riso, que é capaz de colocar-se ao lado do movimento lírico, e Gógol o qualifica com razão de único personagem honesto da sua comédia.

Há muito tempo a estética alemã denominou essa peculiaridade psicológica da arte de estética do feio e com base nesses exemplos mostrou de modo excepcionalmente convincente a natureza dialética da emoção estética. A contradição, a repulsão interior, a superação e a vitória são contituintes obrigatórios do ato estético. É necessário ver o feio em toda a sua força para depois colocar-se acima dele no riso. É necessário vivenciar com o herói da tragédia todo o desespero da morte para com o coro elevar-se sobre ela. A arte implica essa emoção dialética que reconstrói o comportamento e por isso ela sempre significa uma atividade sumamente complexa de luta interna que se conclui na catarse.

A educação da arte, do juízo estético e das habilidades técnicas

Transferida para a educação, essa tese se dilui naturalmente em três questões particulares. A educação pode ter pela frente as tarefas de educar a criação infantil, de ensinar profissionalmente as crianças essas ou aquelas habilidades técnicas da arte e educar nelas o juízo estético, ou seja, habilidades para perceber e vivenciar obras de arte.

O problema da criação infantil se resolve, indiscutivelmente, no sentido de um valor pedagógico incomum, ainda que o seu valor estético autônomo esteja próximo de zero. O desenho infantil sempre é um fato alentador em termos educativos, embora vez por outra seja esteticamente feio. Ele ensina a criança a dominar o sistema das suas vivências, a vencê-las e superá-las e, segundo uma bela expressão, ensina ascensão ao psiquismo. A criança que desenha um cão vence, supera e coloca-se acima da vivência imediata.

Também nesse sentido a principal exigência pedagógica vem a ser a aposta no aspecto psicológico do desenho infantil, ou seja, na verificação e no controle daquelas vivências que levam ao surgimento do desenho e não na avaliação objetiva dos pontos e linhas. Por isso o nivelamento e a correção do desenho infantil significam apenas uma grosseira interferência na estrutura psicológica da sua vivência e ameaça servir como obstáculo a tal vivência. Quando modificamos e corrigimos as linhas infantis talvez estejamos pondo uma ordem rigorosa na folha de papel à nossa frente, mas estamos desordenando e turvando o psiquismo infantil. Por isso a plena liberdade da criação infantil, a renúncia à tendência a equipará-lo à consciência do adulto e o reconhecimento da sua originalidade das suas peculiaridades constituem as exigências básicas da psicologia.

No referido conto de Tchékhov, quando o pai pergunta ao filho por que ele desenha um soldado mais alto do que a casa quando ele sabe muito bem que o homem não pode ser mais alto do que a casa, ele responde que se desenhasse um soldado pequeno não daria para ver os seus olhos. É a aspiração de salientar o principal que nesse momento ocupa a criança, e subordinar a esse principal todas as outras proporções é em que consiste a peculiaridade básica no desenho infantil; a tendência da criança à liberdade e à independência em relação ao desenho real dos objetos no fundo não decorre de que a criança não consegue ver os objetos tais quais eles são e sim de que a criança nunca fica indiferente ao objeto. Todo desenho, caso não tenha sido feito por ordem dos adultos, decorre da natureza interior apaixonada da criança, que deve ser considerada propriedade principal do psiquismo infantil e por isso sempre deforma os aspectos secundários do objeto em proveito dos mais centrais e mais importantes.

Tolstói lança a mesma regra na sua pedagogia quando exige que as composições infantis não sejam corrigidas pelos adultos nem mesmo uma parte de ortografia, pois a correção do produto acabado da arte sempre deforma os motivos interiores que o geraram. No famoso artigo "Quem deve aprender com quem: os filhos dos camponeses conosco ou nós com os filhos dos camponeses?", Tolstói defende a idéia à primeira vista paradoxal de que "um menino camponês semi-analfabeto revela a mesma força consciente do artista que Goethe não pode atingir em toda a vasta altura da sua evolução... Parecia-me tão estranho e ofensivo que eu, autor de *Infância*, com que eu tivera certo êxito e merecera o reconhecimento de talento artístico por parte do público educado russo, na questão da arte eu não só não podia orientar ou ajudar a um Siómka ou Fiédka de onze anos e mal podia, e ainda assim, no momento feliz de estimulação, acompanhá-los e entendê-los". Nas composições das crianças Tolstói encontrou muito mais verdade poética do que nos maiores modelos da literatura. E se nas composições apareciam algumas passagens torpes, isso acontecia sempre por culpa do próprio Tolstói; onde as crianças estavam entregues a si mesmas elas não pronunciavam nenhum som falso. Daí Tolstói concluía que o ideal da educação estética como da educação moral não está no futuro mas no passado, não está na aproximação da alma infantil à alma do adulto mas na conservação das qualidades primitivas naturais dessa alma.

"A educação não corrige, mas estraga as pessoas." Nesse sentido, a preocupação da educação consiste quase exclusivamente em estragar as riquezas espirituais da criança, e o mandamento "Sede como as crianças" parece o supremo ideal pedagógico também no que se refere à estética.

Hoje quase ninguém contesta essa grande e conhecida verdade de que na criação infantil encontramos protótipos absolutamente espontâneos e puros de poesia desprovidos de qualquer elemento de refinamento profissional dos adultos. Mas ao mesmo tempo temos de reconhecer também que essa criação é de ordem inteiramente especial; por assim dizer, é uma criação transitória, que não cria quaisquer valores objetivos e é mais necessária à criança que aos circundantes. Como uma brincadeira infantil, ela cura e alimenta, só que o faz não fora mas dentro do próprio organismo. Os Fiédka e Siómka de Tolstói cresceram mas não se tornaram grandes escritores, embora na idade dos doze anos lhes tenha sido dado encontrar palavras que, segundo o reconhecimento autorizado de Tolstói, estavam acima dos seus romances e se equiparavam às palavras mais bem sucedidas de um Goethe.

O erro indiscutível dessa concepção no exagero desmedido e no culto do protótipos da criação infantil e ainda na incompreensão de que a força espontânea da criação, embora seja capaz de criar protótipos da mais grandiosa tensão, ainda assim está condenada definitivamente a permanecer no círculo estreito das formas mais elementares, primitivas e, no fundo, pobres.

Nesse sentido a regra pedagógica da educação da criação infantil deve partir da sua utilidade puramente psicológica e nunca ver na criança que compõe versos um futuro Púchkin ou na criança que desenha um futuro pintor. A criança não escreve versos ou desenha porque nela se revela um futuro criador mas porque nesse momento isso é necessário para ela e ainda porque em cada um de nós estão radicadas certas possibilidades criadoras. Os processos de seleção da genialidade e do talento ainda são tão confusos, tão misteriosos e pouco estudados que a pedagogia é absolutamente impotente para dizer quais são precisamente as medidas que propiciam a preservação e a educação dos futuros gênios.

Aqui surge uma questão sumamente confusa sobre a própria possibilidade da educação estética. Já vimos que as concepções de Tolstói sobre esse tema não fazem a devida diferença entre a criação artística no adulto e na criança. Por isso Tolstói não leva em conta, em primeiro lugar, a grande importância que em arte cabe ao momento da maestria, momento esse que se manifesta como resultado da educação, como cada um pode perceber. A maestria compreende não só as habilidades técnicas da arte porém algo bem mais importante: o conhecimento mais refinado das leis da sua arte, o sentimento do estilo, o talento para compor, o gosto, etc. Antes o conceito de "mestre" cobria inteiramente o conceito de "artista".

Mas além de tudo isso a concepção de natureza mística da inspiração e posse divina, etc. cedeu na ciência o espaço a concepções inteiramente diversas da natureza da criação. E a doutrina de Tolstói segundo a qual "ao nascer o homem representa o protótipo da harmonia, da verdade, da beleza e do bem" deve ser reconhecida antes como lenda que como verdade científica. É verdade ainda que os impulsos imediatos e a criação na infância são mais fortes e nítidos, mas a sua natureza é diferente daquela observada nos adultos, como já salientamos. E por mais elevada e bela que seja, a criação em Siómka e Fiédka irá sempre diferir da criação em Goethe e Tolstói pela própria essência.

É uma questão à parte a opinião apoiada por Aikhenvald, Gerchenzon e outros, segundo a qual a literatura não pode ser objeto de ensino na escola. Mas essa opinião também parte de uma concepção demasiado estreita e ultrapassada sobre a escola. Perde-se de vista a diversidade das possibilidades educativas na nova escola. O sentimento estético deve ser objeto de educação tanto quanto o demais, só que em formas específicas. Do mesmo ponto de vista cabe enfocar também o ensino profissionalizante da técnica dessa ou daquela arte. O sentido educativo dessa técnica é excepcionalmente grande, como o sentido de qualquer atividade complexa de trabalho. Entre outras coisas, ele ainda cresce como meio de educação da percepção das obras de arte porque é impossível penetrar em uma obra de arte até o fim sendo inteiramente alheio à técnica da sua linguagem. Por isso o mínimo conhecimento técnico da estrutura de qualquer obra deve integrar forçosamente o sistema da educação geral, e neste sentido agem de forma integralmente pedagógica aquelas escolas nas quais o domínio da técnica de cada arte se torna condição indispensável da formação.

O ensino profissionalizante da arte encerra bem mais perigos do que utilidade pedagógica. Produzem impressão desalentadora no psicólogo as experiências estéreis e maciças de ensino da música a toda criança, que nos últimos decênios se tornaram regra obrigatória para a classe média abastada na Europa e na Rússia. Se atentarmos para o grande número de energia que se gasta de forma estéril no domínio da técnica sumamente complexa do piano, se compararmos isto aos ínfimos resultados que se obtém ao término de muitos anos de trabalho, não poderemos deixar de reconhecer que essa experiência maciça para toda uma classe social terminou no mais vergonhoso fracasso. Não só a arte musical não ganhou nada nem adquiriu nada de valioso nesse trabalho, mas até a simples educação musical da compreensão, percepção e do vivenciamento da música, como é de reconhecimento geral, nunca e em parte alguma estiveram em um nível tão baixo quanto nesse meio em que o aprendizado do piano tornou-se regra obrigatória do bom tom.

Quanto às influências gerais da pedagogia, esse ensino era diretamente prejudicial porque, quase em parte alguma, nunca esteve imediatamente ligado ao interesse da criança, e se isso acontecia era sempre em prol de alguns interesses estranhos, o mais das vezes da subordinação da criança aos interesses do meio circundante e da refração das concepções de vida mais banais e torpes dos circundantes no psiquismo da criança.

Daí o ensino profissionalizante da técnica de cada arte enquanto problema de formação geral e educação deve ser introduzido em certos limites, reduzido ao mínimo e, principalmente, combinado a duas outras linhas da educação estética: a própria criação da criança e a cultura das suas percepções artísticas. Só é útil aquele ensino da técnica que vai além dessa técnica e ministra um aprendizado criador: ou de criar ou de perceber.

Por último, até bem recentemente a questão da cultura das percepções artísticas continuou sendo a menos elaborada, porque os pedagogos nem suspeitavam de toda a sua complexidade e nem imaginavam que era aí que estava o problema. Observar, ouvir e sentir prazer parecia um trabalho psíquico tão simples que não necessitava de nenhuma aprendizagem especial. E não obstante é aí que está o objetivo principal e o fim da educação geral.

O sistema geral da educação social visa a ampliar ao máximo os âmbitos da experiência pessoal e limitada, estabelecer contato entre o psiquismo da criança e as esferas mais amplas da experiência social já acumulada, como que incluir a criança na rede mais ampla possível da vida. Essas finalidades gerais determinam inteiramente também os caminhos da educação estética. A humanidade acumulou na arte uma experiência tão grandiosa e excepcional que qualquer experiência de criação doméstica e de conquistas pessoais parece ínfima e mísera em comparação com ela. Por isso, quando se fala de educação estética no sistema da educação geral deve-se sempre ter em vista essa incorporação da criança à experiência estética da sociedade humana: incorporá-la inteiramente à arte monumental e através dela incluir o psiquismo da criança naquele trabalho geral e universal que a sociedade humana desenvolveu ao longo dos milênios, sublimando na arte o seu psiquismo. Eis a tarefa básica e o objetivo. Uma vez que a interpretação de uma obra de arte é um procedimento irrealizável de interpretação lógica ela exige um aprendizado especial, a elaboração de habilidades específicas de recriação das obras de artes e, neste sentido, as aulas de observação de quadros e "leitura lenta", introduzidas em algumas escolas européias, são um modelo de educação estética.

Aqui reside a chave para a tarefa mais importante da educação estética: introduzir a educação estética na própria vida. A arte transfigura a realidade não só nas construções da fantasia mas também na elaboração real dos objetos e situações. A casa e o vestiário, a conversa e a leitura, e a maneira de andar, tudo isso pode servir igualmente como o mais nobre material para a elaboração estética.

De coisa rara e fútil a beleza deve transformar-se em uma exigência do cotidiano. O esforço artístico deve impregnar cada movimento, cada palavra, cada sorriso da criança. É de Potiebniá a bela afirmação de que, assim como a eletricidade não existe só onde existe a tempestade, a poesia também não existe só onde há grandes criações da arte, mas em toda parte onde soa a palavra do homem. E é essa poesia de "cada instante" que constitui quase que a tarefa mais importante da educação estética.

Nesse caso, é indispensável levar em conta o mais sério perigo que vem do artificialismo introduzido na vida, e na criança se transforma facilmente em afetação e denguice. Não há nada de mais insípido do que a "falsa beleza" introduzida na brincadeira, no andar de uma pessoa, etc. O que deve servir de regra não é o adornamento da vida mas a elaboração criadora da realidade, dos objetos e seus próprios movimentos, que aclara e promove as vivências cotidianas ao nível de vivências criadoras.

O conto de fadas

Costuma-se considerar o conto de fadas um atributo exclusivo da idade infantil; neste caso, duas considerações psicológicas são apresentadas em defesa de tal concepção.

Primeira: a criança ainda não cresceu a ponto de compreender cientificamente a realidade e por isso necessita de certos sucedâneos para a explicação do mundo. Por isso ela aceita facilmente a explicação fabular da realidade e encontra nela o que o adulto adquire na religião, na ciência e na arte, ou seja, a primeira explicação e interpretação do mundo, a redução de todo o caos desordenado das impressões em um sistema indiviso e integral. O conto de fadas é a filosofia, a ciência e a arte para a criança.

Segundo: conforme o princípio biogenético, em seu desenvolvimento a criança repete em forma reduzida e restrita os estágios e épocas mais importantes percorridos pela humanidade. Daí serem tão populares a aproximação do psiquismo e da criação à criança dos selvagens e do homem primitivo e a afirmação de que a criança vivencia inevitavelmente a sua época de animismo, de personificação universal e antropomorfismo como a humanidade em seu conjunto. Por isso, em certa fase do desenvolvimento considera-se indispensável superar essas condições e crendices primitivas e introduzir no mundo infantil todas as concepções sobre os demônios, as bruxas, os feiticeiros, os espíritos bons e maus que outrora acompanharam a cultura humana. De acordo com a segunda consideração, o conto de fadas é visto como um mal necessário, como uma concessão psicológica à idade, como uma chupeta estética, segundo expressão de um psicólogo.

Esses dois enfoques são profundamente equivocados na sua raiz. Quanto ao primeiro, há muito tempo a pedagogia renunciou a toda sorte de sucedâneos, porque o mal que eles trazem é imensuravelmente superior à eventual utilidade. Ocorre que a utilidade é sempre de natureza transitória, existe enquanto a criança não cresce e nem deixa de necessitar de sucedâneos para a explicação do mundo. Já o mal permanece para sempre, porque no psiquismo, como no mundo, nada passa sem deixar vestígio, nada desaparece, tudo cria os seus hábitos que acabam permanecendo para o resto da vida. Segundo James, "falando com rigor científico, podemos dizer: do que fazemos nada pode ser inteiramente apagado" (1912, p. 392). Isso é especialmente verdadeiro se aplicado à idade infantil, quando a plasticidade e a flexibilidade da massa nervosa atingem um grau excepcional e duas, três vezes depois as reações ficam gravadas para o resto da vida. Se nessa época as crianças forem forçadas a regular e a orientar o seu comportamento sob a influência de concepções e pontos de vista notoriamente falsos, podemos estar certos de que essas concepções criaram hábitos de agir em sentidos falsos. E, achamos, que quando chegar o momento de a criança libertar-se dessas concepções e pontos de vista, talvez consigamos convencê-la por via lógica de que são falsas todas aquelas concepções que usamos para nos aproximarmos dela; talvez consigamos nos justificar moralmente perante ela do engano de que ela foi vítima ao longo de vários anos, mas nunca iremos conseguir apagar os hábitos, instintos e estímulos profundamente arraigados na criança, e no melhor dos casos podem gerar conflitos com os novos hábitos que agora estão sendo implantados.

O ponto de vista básico deve continuar sendo aquele segundo o qual o psiquismo sem comportamento não existe, e se introduzimos no psiquismo uma falsa concepção que não corresponda à verdade e à realidade estamos educando um falso comportamento. Daí ser necessário concluir que a verdade deve ser a base da educação desde a mais tenra idade, porque uma concepção incorreta é um comportamento incorreto. Se desde pequena a criança se acostuma a acreditar no "bicho papão", no mendigo com o saco nas costas, em feiticeiro, na cegonha que traz as crianças, tudo isso não só lhe bloqueia o psiquismo como, ainda pior, determina-lhe falsamente o comportamento.

É absolutamente claro que a criança ou teme, ou se sente atraída por esse mundo mágico, mas nunca fica passiva em relação a ele. Nos sonhos ou desejos, debaixo do cobertor ou no quarto escuro, sonhando ou assustada ela sempre reage a essas representações, reage de modo sumamente elevado, e uma vez que o sistema de tais reações é reforçado em base fantástica e falsa educa-se sistematicamente na criança um comportamento incorreto e falso.

Cabe acrescentar que todo esse mundo fantástico reprime extremamente a criança e, sem dúvida, a sua força opressiva supera a capacidade de resistência da criança. Ao cercarmos a criança do fantástico, nós a obrigamos a viver como que em uma eterna psicose. E se por um instante imaginássemos que o adulto de repente viesse a acreditar nas mesmas coisas que ele ensina à criança, que inusitada depressão e que confusão se formariam em seu psiquismo! Tudo isso deve ser multiplicado quando transferimos essa idéia para a criança, porque a sua mente não fortalecida e fraca estaria ainda mais impotente diante desse elemento sombrio. As análises psicológicas das fobias infantis produzem impressão trágica: elas sempre testemunham e narram sobre aqueles intraduzíveis germes de pavor que os adultos implantam na alma infantil com as suas histórias.

A utilidade educativa decorrente da introdução do velho com o saco nas costas no uso doméstico esgota-se na vantagem imediata na intimidação através da qual pode-se conseguir que a criança pare imediatamente com as suas traquinagens ou cumpra alguma ordem. O mal daí decorrente pode refletir-se em formas de comportamento humilhantes para o homem muitos decênios depois.

O último que se pode falar contra a concepção tradicional do conto de fadas é o seu profundo desrespeito pela realidade e a preponderância do invisível que esse tipo de conto sistematicamente educa. A criança fica tola e obtusa diante do mundo real, fecha-se em um clima doentio e doloroso, o mais das vezes em um reino de invencionices fantásticas. Ela não se interessa por uma árvore nem por uma ave, e toda a diversidade da experiência continua para ela como que inexistente. Os resultados desse tipo de educação devem ser denominados educação para a cegueira, a surdez e a nudez em relação ao mundo.

Temos de concordar com o ponto de vista que exige que se eliminem pura e plenamente todas as representações fantásticas e tolas com base nas quais se costuma educar a criança. Nesse caso é de suma importância observar que os mais nocivos não são apenas os contos de fadas mas também as invencionices tolas e tradicionais com que as babás assustam as crianças, cabendo observar que delas não está livre nenhum dos pedagogos mais cultos. Praticamente não se encontra educador que seja inocente ao argumentar com a criança lançando mão de algum absurdo simplesmente porque o absurdo é tomado pela criança como verdade e representa a saída mais fácil da situação, a linha educativa da menor resistência. "Não vá para lá senão a casa cai", "Não chore senão o soldado te leva": eis os exemplos desse absurdo "científico-natural", que substitui o absurdo fantástico.

Por último, deve-se dizer da forma mais genérica que todo ajuste do pedagogo ao psiquismo infantil é, do ponto de vista psicológico, um fenômeno educativamente prejudicial porque aqui nunca é possível atingir em cheio o objetivo. Para ir ao encontro do pensamento do educador a criança também deve destruir e deformar as suas reações, aproximando-se daquelas ditadas pelo pedagogo. A maneira mais simples de entender isso é tomar como exemplo a falta da criança, quando os adultos, ao conversarem com ela, procuram ajustar-se ao seu modo de falar pensando que estão se tornando mais compreensíveis: ciciam, ceceiam e pronunciam l em vez de r e quando ela ouve do adulto a fala deformada fica inteiramente perdida e procura aproximar a sua fala dessa fala deformada. A maioria das nossas crianças fala uma linguagem contranatural, deformada pelos adultos, e não se pode imaginar nada de mais falso do que esse discurso simulado.

Aqui também se situa a maneira sempre falsa de falar com as crianças através de diminutivos e expressões carinhosas, transformando cavalos em cavalinhos, cachorros em cachorrinhos, casas em casinhas. O adulto acha que a criança deve imaginar tudo pequeno. Por outro lado, agiria de modo bem mais psicológico quem não diminuísse os objetos na representação infantil mas aumentasse as suas dimensões naturais. Quando a uma criança se fala de cavalo que lhe parece imenso dizendo cavalinho, deforma-se nela a verdadeira sensação da fala e a noção de cavalo, já sem falar do tratamento falso e adocicado que esse sistema de fala estabelece. A língua é o instrumento mais refinado do pensamento; ao deformar-se a língua nós deformamos o pensamento. Se pelo menos uma educadora pensasse no absurdo emocional que pronuncia ao dizer a uma criança "vamos bater no cachorrinho" ou "o cachorrinho vai te morder" certamente ficaria horrorizada com a confusão mental que isso provoca no pensamento da criança. E se existe alguma coisa efetivamente repugnante e insuportável na literatura e na arte infantil é exatamente o falso ajuste do adulto ao psiquismo da criança.

Outra concepção relativa à necessidade de superação das crendices e representações primitivas pelas crianças no conto de fadas também não resiste a uma crítica séria e cai junto com a lei biogenética em que se baseia. Ninguém ainda mostrou que, em seu desenvolvimento, a criança repete a história da sociedade humana, e a ciência nunca teve fundamentos para ir além de algumas comparações, de uma analogia mais ou menos distante e da aproximação entre o comportamento da criança e o comportamento do selvagem. Ao contrário, as mudanças substanciais do quadro da educação em função da situação social e do meio, melhor dizendo, daquele elemento geral da vida ao qual a criança se incorpora desde o instante do seu nascimento, tudo isso fala antes contra a lei biogenética, em todo caso contra a sua transferência direta da biologia para a psicologia. A criança é capaz de fazer uma interpretação real e verdadeira dos fenômenos, embora, evidentemente, de imediato não possa explicar tudo e até o fim. Entregue a si mesma, a criança nunca é um animista nem um antropomorfista, e se essas tendências nela se desenvolvem a culpa recai quase sempre sobre os adultos que a rodeiam.

Por último, o mais importante consiste em que, mesmo que algumas condições psicológicas gerassem na criança atavismos, ou seja, o retorno do seu psiquismo a níveis já percorridos da história, se a criança efetivamente encerrasse algo do selvagem, a tarefa da educação de maneira nenhuma consistiria em preservar, alimentar e reforçar esses elementos do selvagem no psiquismo infantil. Ao contrário, a sua tendência seria subordinar por todos os meios esses elementos a elementos vitais da realidade mais poderosos.

Significa isso que o conto de fadas deva ser considerado definitivamente comprometido e ser condenado a uma expulsão total do quarto da criança junto com a representação falsa e fantástica do mundo que se verifica psiquicamente nociva? Não inteiramente. Não há dúvida de que uma parte considerável dos nossos contos de fadas, como todos que são baseados nesse fantástico prejudicial e não implicam quaisquer outros valores, deve ser abandonada e esquecida o mais rápido possível. Entretanto, o que acaba de ser dito não significa que o valor estético de uma obra fantástica esteja sob veto para a criança.

Ao contrário, a lei básica da arte exige essa livre combinação dos elementos da realidade, tal independência de princípios em face da verdade do dia-a-dia que na estética se apaga qualquer limite que separa o fantástico da verdade. Em arte tudo é fantástico ou tudo é real, porque tudo é convencional, e a realidade da arte significa apenas a realidade daquelas emoções a ela relacionadas. De fato, não se trata de modo algum de saber se na realidade pode existir similar ao que é narrado no conto de fadas. Para a criança é mais importante saber que tal coisa em realidade nunca houve do que se trata apenas de um conto de fadas, e que ele aprendeu a reagir a isso como a um conto de fadas; logo, deixou de surgir por si mesma a questão de saber se na realidade tal ocorrência é ou não possível. Para se sentir satisfação com o conto de fadas não há qualquer necessidade de acreditar no que nele é narrado. Ao contrário, a crença na realidade do mundo desse conto estabelece relações puramente cotidianas com tudo, que excluem a possibilidade da atividade estética.

Aqui é necessário elucidar a lei da realidade emocional da fantasia, que é a mais importante para esse campo. Essa lei consiste no seguinte: independentemente de ser real ou irreal a realidade que nos influencia, é sempre real a nossa emoção vinculada a essa influência. Se eu estou com alucinações e ao entrar em um quarto vazio vejo em um canto um bandido em pé, essa figura evidentemente é um delírio e todo o sistema das minhas representações ligadas a essa figura é irreal porque a esse sistema não corresponde nenhuma realidade; mas o pavor que esse encontro me propicia e a emoção ligada à alucinação são inteiramente reais, mesmo que sejam reprimidos pela consciência tranquilizadora do meu equívoco. O que sentimos é sempre real.

Assim, nessa lei da realidade da nossa fantasia o fantástico encontra a sua justificação. Não desviamos as crianças um mínimo da realidade quando narramos para elas uma história fantástica, desde que os sentimentos que surgem nesse momento estejam voltados para a vida. Por isso a única justificação para uma obra fantástica é o seu fundamento emocional real, e não nos surpreende o reconhecimento de que, com a supressão do fantástico nocivo, o conto de fadas ainda assim continua sendo uma das formas da arte infantil. Apenas o seu papel é inteiramente outro: ele deixa de ser filosofia e ciência para a criança e se torna apenas e exclusivamente um franco conto de fadas.

O sentido predominante do conto de fadas se baseia nas peculiaridades sumamente compreensíveis da idade infantil. Acontece que a interação entre o organismo e o mundo, a qual acabam por reduzir-se todo o comportamento e o psiquismo, encontra-se, na criança, no estágio mais delicado e inacabado e por isso se sente de modo especialmente agudo a necessidade de algumas formas que organizam a emoção. De outro modo, os imensos volumes de impressões que recaem sobre a criança e das quais ela não está em condições de dar conta, reprimiriam e poriam em desordem o seu psiquismo. Nesse sentido, cabe ao conto de fadas inteligente o sentido saneador e saudável na vida emocional da criança.

O mais interessante nas teorias subseqüentes sobre a natureza das emoções coincide justamente com a lei aqui exposta. Há muito se observou que a emoção sempre tem certa expressão física externa, mas só bem mais tarde passaram a notar que ela sempre tem uma expressão "psíquica" ou psicológica, em outros termos, que o sentimento está ligado não só a uma certa mímica e a sintomas externos mas também às imagens, representações e ao "pensamento emocional". Se os sentimentos gostam de vestir-se de cores berrantes e tons quentes, outros, ao contrário, se aproximam dos tons frios e das cores apagadas, aqui se manifesta precisamente essa expressão psíquica da emoção. O sentimento de tristeza me leva não só a manter o meu corpo de certo modo mas também a selecionar as impressões, ele se manifesta nas lembranças tristes, nas fantasias tristes, nos sonhos tristes. No fundo, o sonho é essa expressão psíquica das emoções em sua forma pura. Pesquisas mostraram que o sentimento voluntário, por exemplo, é aquele fio unificador que enfeixa os mais diversos episódios e partes incongruentes do sonho.

Daí tornar-se incompreensível o sentido emocional da imaginação. As emoções, não realizadas em vida, encontram vazão e expressão numa combinação arbitrária de elementos da realidade, e antes de tudo na arte. Nesse caso, cabe lembrar que a arte não dá simplesmente vazão e expressão a essa ou aquela emoção mas sempre a resolve e libera o psiquismo da sua influência sombria.

Isso aproxima da brincadeira o efeito psicológico do conto de fadas. O sentido estético da brincadeira não se reflete apenas no ritmo dos movimentos infantis, na assimilação de melodias primitivas em brincadeiras como as cantigas de roda, etc. É bem mais sério o fato de que a brincadeira, sendo do ponto de vista biológico uma preparação para a vida, do ponto de vista psicológico revela-se como uma das formas de criação infantil. Alguns psicólogos chamam a lei acima referida de lei da dupla expressão dos sentimentos, e é a essa "dupla expressão" que serve a brincadeira. Na brincadeira a criança sempre forma criativamente a realidade. Em suas mãos pessoas e objetos assumem facilmente um novo sentido. Uma cadeira não representa simplesmente um trem, um cavalo, um casa, mas como tal participa de fato da brincadeira. Essa transformação da realidade na brincadeira sempre é orientada pelas demandas emocionais da criança. "Nós não brincamos porque somos jovens mas nos foi dada a juventude para que pudéssemos brincar" (1906, p. 88.) Essa fórmula de K. Groos expressa da maneira mais verdadeira a natureza biológica da brincadeira. Sua natureza psicológica é inteiramente determinada por aquela dupla expressão das emoções que se realiza nos movimentos e na organização da brincadeira. Como a brincadeira, o conto de fadas é uma educadora estética natural da criança.

A educação estética e o talento

Existe a opinião segundo a qual se deve falar de dois sistemas inteiramente diversos de educação estética: um para as pessoas talentosas, outro para as médias e comuns. O pensamento não pode aceitar de modo algum que a educação estética de pessoas especialmente talentosas possa coincidir com a educação estética de qualquer pessoa média. Entretanto, os dados da ciência nos afastam cada vez mais de semelhante concepção e apresentam novas provas justamente a favor da opinião contrária: não existe nenhuma diferença de princípio entre uma e outra categoria de pessoas e deve tratar-se antes na elaboração de um sistema pedagógico único. No que concerne à educação da voz, ganha cada vez mais raiz a opinião de que toda pessoa é dotada desde o nascimento de uma voz ideal, que encerra possibilidades que superam em muito as mais elevadas conquistas da arte vocal. A garganta humana normalmente constituída é o maior instrumento musical do mundo, e se nós todos falamos com vozes horríveis isto se deve exclusivamente ao fato de que nós, graças ao grito, à respiração incorretamente colocada e às condições do desenvolvimento do vestuário, nós como que estragamos a voz que primordialmente nos foi dada. E as pessoas mais talentosas em termos de voz não são aquelas que inicialmente foram dotadas da melhor voz mas aquelas que por acaso conseguiram conservá-la. Segundo opinião de Búldin, a voz de Chaliápin não é um dom raro mas um caso raro de conservação de um dom comum. Um dia a voz humana atingirá tal perfeição musical que todas as nossas concepções sobre as linguagem dos anjos ficarão muito para trás.

A concepção do talento natural do organismo humano começa a encontrar um número cada vez maior de adeptos nos mais diversos campos da pedagogia. A concepção habitual de talento como que se coloca às avessas e o problema se propõe de um modo diferente do que se propunha antes: não se deve perguntar por que umas pessoas têm mais talentos mas por que outras têm menos talento, uma vez que um alto grau de talento original do ser humano é, segundo tudo indica, um fato básico em todos os campos do psiquismo e, conseqüentemente, são passíveis de explicação os casos de diminuição e perda de talento. Por ora pode-se falar disso apenas como hipótese científica, se bem que fortemente apoiada em uma série de fatos. Entretanto, se isso for estabelecido como uma coisa inabalada, perante a pedagogia irão revelar-se possibilidades sumamente amplas e o problema da preservação do talento criador da criança.

Se essa questão não pode ser considerada resolvida em forma definitiva e geral, pode sê-lo já agora na aplicação prática a questões de educação geral. Isso porque a tarefa da educação estética, como de qualquer educação criadora, em todos os casos normais deve partir da existência de um alto talento da natureza humana e da hipótese da existência de grandiosas potencialidades criadoras do ser humano e, assim, dispor e orientar as suas interferências educativas de modo a desenvolver e preservar tais potencialidades. O talento se torna também uma tarefa da educação, enquanto na antiga psicologia figurava apenas como condição e fato dessa educação. Em nenhum outro campo da psicologia essa idéia encontra confirmação tão nítida quanto na arte. A possibilidade criadora para que cada um de nós se torne um co-participante de Shakespeare em sua tragédias e de Beethoven em suas sinfonias é o indicador mais nítido de que em cada um de nós existem um Shakespeare e um Beethoven.

A diferença psicológica entre o criador e o ouvinte da música entre Beethoven e cada um de nós foi definida de maneira magnífica por Tolstói, que indicou assim a idéia mais importante para a educação artística sobre a necessidade de se reagir a cada impressão, sobre a arte da arte.

"Porque Beethoven, que compôs essa *Sonata a Kreutzer*, sabia ao menos porque estava em tal estado esse estado o levou a certos atos e por isso esse estado tinha sentido para ele, mas para mim não tem nenhum. É por isso que a música apenas excita, não conclui. Bem, tocam uma marcha militar, os soldados começam a marchar e a música acompanha; tocam música para dançar, eu começo a dançar e a música acompanha; começam a cantar a missa, eu comungo, a música também acompanha, mas só a excitação, mas não há o que fazer com essa excitação. É por isso que a música é tão terrível, às vezes age de modo tão pavoroso... Por exemplo, tomemos ao menos o primeiro presto dessa *Sonata a Kreutzer*. Por acaso pode-se tocar esse presto em uma sala de visitas entre damas decotadas? Tocar e depois aplaudir, e depois tomar sorvete e falar das últimas bisbilhotices? Essas coisas só podem ser tocadas em certas circunstâncias importantes e quando se exigem certos atos importantes correspondentes a essa música. Tocá-la e fazer aquilo para o que essa música dispôs."

Capítulo XIV
Exercício e cansaço

O hábito

"Do momento em que nos levantamos ao momento em que nos deitamos para dormir noventa e nove entre cem dos nossos atos ou novecentos e noventa e nove entre mil desses atos nós os executamos de modo puramente automático ou por hábito. Vestir e tirar a roupa, comer e beber, saudar e despedir-se, tirar o chapéu e dar passagem a damas, todos esses atos e até mesmo a maioria das nosssa falas comuns consolidaram-se em nós graças à repetição em forma tão típica que podemos vê-los quase como movimentos reflexos. Para toda sorte de impressões temos uma resposta pronta, que damos automaticamente." (James, 1912, pp. 62-3.)

Isso já mostra o lugar importante que deve ocupar na educação o estabelecimento de hábitos. O processo através do qual alguma ação se transforma em hábito e adquire propriedades características do movimento automático é denominado exercício. Definimos o nosso próprio comportamento como uma espécie de reação organizada, e agora verificamos que apenas 0,001 dessas reações é determinado por alguma coisa além do hábito. Segundo expressão de James, o homem é simplesmente um complexo vivo de hábitos e por isso o objetivo do professor é infundir no aluno aqueles hábitos que na vida possam posteriormente trazer proveito.

Decorre daí a importantíssima regra pedagógica que exige uma atenção especial pelos processos de exercício. Não cabe ver o exercício como uma simples memória. O exercício cria antes uma predisposição para a melhor realização de alguma ação. Para verificar a capacidade do exercício costuma-se propor a soma de números simples pelo método de Krepelin. "Se prestarmos atenção diz Haupp a um número de somas realizadas numa unidade de tempo, verificaremos que a produtividade do trabalho cresce na maior parte. Isso se revela ainda mais claro quando comparamos a produtividade inicial dos diferentes dias que sucedem uns aos outros. Essa elevação da produtividade ocorre sob a influência do exercício, que, como se sabe, atenua e acelera todas as modalidades do trabalho e do mental. O exercício é uma certa modalidade da memória. Durante o exercício não se trata de preservar certas impressões mas de atenuar todo o sentido da atividade, em termos metafóricos de trilhar o caminho."

Estudos experimentais mostraram que o exercício se desenvolve inicialmente de forma lenta, depois se torna cada vez mais rápido e aperfeiçoa-se aos saltos. Isto significa que o exercício provoca certas mudanças na disposição das moléculas do cérebro. Nesse sentido, James diz que "a parte principal de qualquer educação consiste em fazer do sistema nervoso o nosso aliado e não inimigo. Para atingir isso devemos na idade mais tenra possível tornar habituais e automáticos o maior número possível de ações úteis e combater com não menos empenho a consolidação de hábitos que possam trazer danos. Quanto maior for o número de hábitos corriqueiros que consigamos tornar automáticos e fazer com que dispensem esforços tanto mais as nossas capacidades intelectuais superiores terão liberdade para a sua atividade. Nesse sentido tem razão profunda o provérbio quando diz que o hábito é a nossa segunda natureza. Se as crianças pudessem imaginar com que rapidez se tornam simplesmente um complexo vivo de hábitos, elas dariam mais atenção ao seu comportamento na idade em que ainda são elásticas. Nosso destino está em nossas próprias mãos e, se é bom ou mal, depois nunca podemos mudar o que foi feito antes. Não existe ato meritório ou pervertido que não deixe em nós o mínimo de vestígio. O personagem bêbado de uma comédia de Jefferson depois de cada bebedeira desculpa-se dizendo: 'Eu não vou contar esta vez.' Ele pode não contar, e o senhor caridoso também talvez não conte, mas ainda assim esta vez ficará marcada. Nas profundezas das células e tecidos nervosos ela será contada pelas moléculas que a levarão e incorporarão a outras vezes para usá-las contra o personagem bêbado na primeira recaída. Usando do rigor científico, podemos dizer: nada do que fazemos pode ser inteiramente apagado" (1912, pp. 74-5).

O herói de um conto de Tchékhov, depois de um amor passado e enganoso, escreve em seu diário que o rei Davi tinha um anel com a inscrição "Tudo passa". Em resposta ele anota no seu diário as seguintes palavras: "Se eu tivesse vontade de encomendar para mim um anel, eu escolheria a inscrição 'Nada passa'; cada ato ínfimo nosso tem o seu significado para o futuro".

Do ponto de vista psicológico, essas duas afirmações contraditórias são igual e definitivamente verdadeiras. Psicologicamente tudo passa e todo movimento repetido antecedeu o primeiro justamente por ter perdido alguma coisa e adquirido algo novo. Mas é também verdadeiro que psicologicamente nada passa, tudo deixa o seu vestígio e tem influência na vida presente e futura.

Essa lei deveria chamar a atenção do professor para o sentido enorme e significativo que podem adquirir os atos mais insignificantes caso se tornem habituais.

Um gesto descuidado, um movimento casual e uma brincadeira inocente, uma vez realizados já deixaram o seu vestígio no sistema nervoso, e esse vestígio irá manifestar-se forçosamente, talvez sem que o sintamos, mas o organismo o sentirá.

"Em uma obra do professor Bain há um capítulo denominado 'Os hábitos morais', em que o autor faz algumas magníficas observações práticas que podem ser resumidas em duas regras principais. [...] Use de tudo o que contribuir para o fortalecimento de novos motivos; coloque-se insistentemente em condições que o mantenham no novo caminho...

A segunda regra estabelece: nunca deixe de observar um novo hábito enquanto ele não se consolidar em você. Cada violação do novo hábito pode ser comparada à queda do novelo no qual enrolamos a linha; se ele cai uma vez teremos de tornar a girá-lo uma infinidade de vezes para colocá-lo na forma anterior. A continuidade do exercício constitui o meio principal para tornar infalível a atividade do sistema nervoso...

Às duas regras anteriores podemos acrescentar uma terceira: aproveite o primeiro caso favorável que aparecer para pôr em prática a decisão tomada e procure atender a toda aspiração emocional que surja em você no sentido daqueles hábitos que você quer adquirir. As decisões e empenhos deixam no cérebro um certo vestígio não quando surgem mas no momento em que produzem alguns efeitos motores.

... O empenho de agir lança raízes em nós com tanto mais intensidade quanto mais freqüente e continuamente nós repetimos de fato as ações e quanto mais cresce a capacidade do cérebro para suscitá-las. Quando uma decisão nobre ou um sincero ímpeto de sentimento por nossa culpa desaparece sem deixar vestígio nem trazer quaisquer resultados práticos, nós não só deixamos escapar um caso propício para agir quanto, ainda pior, criamos um retardamento positivo que, no futuro, irá criar obstáculos a que as nossas decisões e emoções seja normalmente descarregadas em forma de ação. Não existe um tipo mais desprezível de caráter humano do que o caráter do sentimentalista e sonhador impotente, que passa a vida inteira entregue a desabafos sentimentais e nunca comete um ato verdadeiramente corajoso.

Isso nos leva a uma quarta regra: não faça sermões demais aos seus alunos e nem lhes fale coisas excessivas de natureza abstrata...

Como quinta e última regra eu gostaria de estabelecer o seguinte: conserve em você mesmo a capacidade viva para o esforço com um exercício pequeno, voluntário e diário, ou seja, revele sistematicamente um heroísmo em pequenas coisas não indispensáveis para você, faça cada dia alguma coisa movido ao menos por alguma dificuldade de execução para que, quando vier a verdadeira necessidade, você não se sinta fraco e despreparado." (1905, pp. 63-73.)

Estudos puramente fisiológicos já mostraram a grande importância que têm a repetição de movimentos e a exaustão a eles relacionada para o normal desenrolar do nosso comportamento. Ocorre que essa repetição está ligada a ação do quase principal mecanismo nervoso: da luta pelo canto motor geral. Sherrington calcula quatro fatores que determinam o desfecho dessa luta. Ao lado da força relativa das estimulações concorrentes e do colorido afetivo nos reflexos, ele menciona a exaustão que age de dupla forma.

Em primeiro lugar, a exaustão acarreta o debilitamento do reflexo dominante sobre o campo geral terminal; ele "perde por si mesmo com o correr do tempo a capacidade de preservar a ligação com esse campo". O mais notável neste caso é que, em si, o campo terminal geral quase não revela cansaço. Tudo indica que a exaustão não está localizada no órgão operativo mas constitui por si mesma "uma adaptação racional" elaborada pelo sistema nervoso, que exclui o domínio duradouro do mesmo reflexo. "Graças a isto, obtém-se uma diversidade de reações reflexas do organismo, e a diversidade de reações é indispensável em função da excepcional diversidade de fenômenos no meio circundante. Não houvesse a exaustão o organismo do animal poderia desenvolver apenas algum órgão o olho, o ouvido, a boca, um braço ou uma perna, mas nunca possuiria a admirável variedade de órgãos receptores que efetivamente o caracterizam." (Sherrington, 1969, p. 216.)

Em segundo lugar, a ação da exaustão consiste em que, depois de um demorado trabalho do mesmo reflexo, ela facilita o surgimento do reflexo-antagonista e inclusive o reforça. Sherrington chamou o seu surgimento de indução da medula espinhal em analogia com fenômenos colaterais no órgão da visão que Haring denominou indução visual.

Assim, vemos que, paralelamente à utilidade biológica da ação costumeira enquanto reação racional estereotipada a estimulações do meio uniformes, estáveis e mais ou menos constantes, o sistema nevoso dispõe ainda de um mecanismo de exaustão biologicamente não menos importante mas inteiramente oposto pelo significado e o sentido, mecanismo esse cuja função consiste em destruir o hábito, barrar-lhe as vias nervosas e facilitar o surgimento de novas reações.

A necessidade de um e de outro mecanismo é evidente. Se não houvesse o hábito isto significaria um modo de comportamento de uma falta colossal de economia. Lembramos que qualquer pensamento, ou seja, o comportamento inusual, a adaptação a novas condições e a criação de novas reações surge forçosamente de uma dificuldade e é prevenido por um retardamento mais ou menos duradouro, por uma suspensão de quaisquer movimentos. O animal que não tivesse o hábito e se valesse desse meio de comportamento em tudo esbarraria em dificuldade e a tudo reagiria com atraso.

Se, ao contrário, não existisse a exaustão não existiria a luta pelo campo motor geral e pelas passagens nesse campo de um receptor a outro. Toda a diversidade funcional das adaptações do animal ao meio desapareceria e seria substituída por uma reação uniforme e automática.

A contradição dialética e a relação entre ambos os mecanismos correspondem plenamente às leis gerais do desenvolvimento da matéria viva.

O significado pedagógico dos exercícios

O comportamento consciente difere por um traço específico: antes de cometer algum ato, temos sempre uma reação inibida, não revelada, que antecipa o resultado do nosso ato e serve como estímulo em relação ao reflexo subseqüente. Noutros termos, todo ato volitivo é antecedido de certo pensamento.

Münsterberg diz o seguinte a esse respeito: "Acho que pego um livro antes de estender a mão para ele; e mais uma vez o fato básico é que a noção anterior do objetivo corresponde ao resultado final. Parece, entretanto, que nesse caso foi omitido o mais importante. Não existiria aqui um processo intermediário do sentimento do impulso interior, do ato da decisão entre o meu pensamento sobre o livro e o movimento quando eu me levanto e o apanho? Não estaria encerrado e implícito precisamente aqui todo o mistério da vontade? Mas a psicologia exata nada tem a fazer com os mistérios, a análise minuciosa pode desmembrar também a emoção dada por tal impulso. É fácil mostrar que, em realidade, aqui só cabe papel à concepção anterior sobre o primeiro movimento, que deve ser executado para se atingir o objetivo final.

Quando penso em apanhar um livro o estágio conclusivo depende do primeiro passo: de levantar-me da cadeira. A execução do primeiro movimento determina se toda a ação será executada. Logo, na minha consciência deve haver a noção sobre o primeiro movimento como réplica efetiva para todo o processo. Essa concepção do primeiro movimento que antecede o próprio movimento é o que constitui o conteúdo daquilo que costumamos denominar sentimento do impulso."

O sentimento do impulso é uma modalidade de concepção antecedente sobre os resultados do primeiro movimento físico que deve ser executado. Noutros termos, toda a vivência consciente e o desejo, incluindo o sentimento de decisão e de impulso, são constituídos pela comparação das concepções sobre os objetivos que competem entre si. Uma dessas concepções chega a dominar, associa-se à concepção sobre o primeiro movimento que deve ser executado. E esse estado de espírito passa ao movimento. Temos a sensação de que esse movimento foi suscitado pela nossa própria vontade, porque o resultado final obtido corresponde à concepção anterior sobre o objetivo.

Assim, todo o êxito do nosso comportamento depende de uma concepção clara do objetivo, ou seja, do quanto a reação anterior não revelada vai dominar de forma sólida e decisiva na nossa consciência. "Não existe nenhuma capacidade volitiva específica que deva ser exercitada, não há nenhuma força psíquica que organize a transição da concepção do objetivo para a sua realização. Ao desenvolver-se gradualmente, a criança deve adquirir a capacidade de preservar com persistência diante da sua visão intelectual o objetivo da ação a ser empreendida. Nisto consiste de fato o centro da influência educativa: fazer o que nós realmente queremos significa cumprir um dever, e não há objetivo mais elevado na educação do que desenvolver essa capacidade de preservar com persistência diante da visão intelectual aquilo que constitui o objeto do nosso desejo profundo."

Essa análise torna absolutamente compreensível o sentido pedagógico do exercício. Münsterberg tem razão ao dizer que outras funções da criança se desenvolvem simplesmente com o passar dos anos, já a atenção da criança se desenvolve apenas graças a um exercício sistemático e minucioso. Estamos lembrados de que a atenção consiste em reações adaptativas de atitudes do nosso organismo. Neste caso a chamada atenção arbitrária surge graças a uma reação interior de pensamento. Logo, ela irá manifestar-se com tanto mais freqüência quanto maior for o número de estímulos interiores a que ela esteja ligada. Noutros termos, para surgir ela necessita de uma grande reserva de estímulos interiores. Exercitar a atenção significa suscitá-la sempre por meio desse tipo de reação interior. Naturalmente, quanto mais fizermos isto, quanto mais casos semelhantes suscitarmos tanto mais intensamente reforçaremos a relação entre o estímulo interior e as reações de atenção. É por isso que Münsterberg afirma que não existe meio mais decidido de regular as ações externas que reprimir os movimentos absurdos e reforçar os racionais.

Comportamento consciente pressupõe atenção e atenção se estabelece graças ao exercício, ou seja, graças à repetição de certos movimentos que são reforçados com base no método dos reflexos condicionados com uma concepção desses movimentos.

Mas esse é apenas um aspecto da questão. O outro consiste no problema do hábito. Cabe perguntar o que o hábito introduz de novo no comportamento consciente. Se é que se pode dizer assim, ele alonga a previsão em nosso comportamento, permite que as idéias se disponham em grupos cada vez maiores de movimentos relacionados entre si e que transcorrem sem qualquer esforço de nossa parte.

Basta apenas comparar alguma ação usual com uma inusual para perceber que imensa economia de esforços se obtém graças à automatização. Como é fácil contar de um a cem e como esse processo de contagem se complexifica quando o fazemos em ordem inversa de cem a um. Como é fácil ler na ordem habitual da esquerda para a direita e o quanto o mesmo processo se complexifica quando começamos a ler do final das palavras para o início, embora façamos a mesma adição de letras.

É essa economia, que obtemos quando lemos a mesma frase na ordem comum em comparação com o caso em que a lemos em ordem inversa, que deve ser atribuída inteiramente à economia do exercício.

Estudos experimentais mostraram que quando lemos produzimos movimentos intermitentes com o olho, percebemos por impulsos e não lemos com o olho que se movimenta de modo uniforme. Através do registro cinematográfico do movimento da pálpebra ou do registro feito através de pequenas alavancas presas a ela, vemos claramente essa linha impulsiforme do nosso olho. Segue-se daí que lemos imóveis e não com o olho em movimento. Quando observamos as primeiras letras adivinhamos toda a palavra. Por outro lado, quando lemos uma palavra em ordem inversa temos de pôr conscientemente cada letra na ordem. É nisso que consiste a ação do hábito, que se manifesta no fato de que ela liga automaticamente entre si uma série de reações e assim libera a nossa consciência da necessidade de preocupar-se com elas. Quanto maior é o número de relações em que se esgarça o hábito tanto mais distante a nossa consciência pode colocar e fixar o objetivo. Por exemplo, se para mim estão ligadas pelo hábito todas as ações através das quais eu me levanto da cama e me visto, a minha decisão consciente pode consistir apenas em uma idéia: preciso me levantar. Se essa idéia está ligada ao primeiro movimento, todo o processo se realiza facilmente e enquanto me visto posso pensar qualquer coisa. Mas se o ato abrange o café da manhã, o passeio matinal e a ida ao trabalho, a minha diretriz inconsciente inicial pode manifestar-se nessa idéia: preciso ir para o trabalho. Assim, a atitude básica pode abranger uma série mais longa de ações.

A economia do hábito consiste em que não nos damos conta de como precisamente se realizam os nossos movimentos. "Não sei de que músculos necessito para tirar um livro da estante. Penso apanhar o livro e sinto o movimento que executo ao retirá-lo. De que modo um movimento levou ao outro é coisa que não diz respeito à minha vontade consciente. Minha vontade conta com a ação correta desse movimento. Mas a mesma coisa pode ser dita também sobre o movimento das nossas representações. Eu quero, por exemplo, traduzir alguma palavra para outra língua, resolver um problema de matemática ou bolar algum plano. Em todos esses casos... tudo segue o seu curso segundo o objetivo traçado. Não temos consciência da maneira pela qual a concepção do objetivo leva a esse processo que se realiza de maneira fluente." (Münsterberg, 1922, p. 195.)

A formação dos hábitos põe à disposição da nossa vontade mecanismos cada vez mais potentes e lhe permite propor-se objetivos cada vez mais distantes. Os hábitos descarregam a vontade e, assim, dão-lhe a possibilidade de recorrer a objetivos mais elevados. Se o processo de leitura e escrita nunca se tornasse habitual para nós ele absorveria toda a nossa energia volitiva, não daria lugar para concentração no sentido que devemos revelar sempre nesses processos. Quanto mais amplo é o círculo de atividade que o hábito abrange tanto menor é a energia volitiva que devemos revelar para atingir os objetivos traçados.

O perigo consiste apenas em que o hábito sempre significa um modo mecânico de comportamento, e por isso pode ser útil apenas onde estamos diante de uma uniformidade de condições. O comportamento habitual pode ser nocivo naqueles casos em que se exige uma adaptação prévia e nova. "Os hábitos nos enriquecem e nos libertam de modo a que possamos orientar os nossos esforços para objetivos mais elevados. Mas os hábitos também nos escravizam e se contrapõem aos nossos esforços. No processo de educação é preciso ter em vista ambos os aspectos da formação dos hábitos." (*Ibid*., p. 203.)

Esse caráter bilateral dos hábitos se manifesta muito claramente se lembramos a relação discutível que existe entre os processos de exercício e de memória. A memória funciona de um modo puramente reflexo, automático. "Nada é lembrado sem 'réplica'", diz James (1912, p. 114). A réplica, que põe em ação o reflexo da memória, pode ser de dupla espécie. Se pertence ao número de estímulos que são mais ou menos permanentes e agem de modo esteriotipado, exigindo a mesma resposta padrão, a ação costumeira é uma reação correspondente às condições, uma resposta dupla e correta a uma réplica. Se, contudo, a réplica pertence a circunstâncias novas, inesperadas e inusuais, se ela ainda por cima encerra algum obstáculo para o desenrolar normal das reações estereotipadas, a ação costumeira é a pior resposta a ela e serve apenas como obstáculo ao pensamento.

Existe mais uma regra psicológica de suma importância para a correta compreensão do exercício. Ela consiste em que o exercício só é plenamente bem sucedido quando acompanhado de uma satisfação interior. De outro modo se transformaria em uma cansativa repetição, contra a qual se rebela o organismo. "O esforço coroado de êxito eis a condição mais importante para se avançar. Todo caso de plena satisfação com os resultados obtidos acarreta certas mudanças no mecanismo nervoso da adaptação. Esse fato tem importante significado pedagógico. Sugere que apenas uma simples repetição ainda não assegura o momento do êxito, uma vez que só a execução bem sucedida de alguma ação propicia a formação da organização desejável no sistema nervoso central. Se o mesmo movimento se repete a cada instante, a exaustão leva a resultados insatisfatórios que impedem diretamente a formação de novos caminhos de menor resistência." (Münsterberg, 1922, p. 202.)

A teoria da exaustão

"A exaustão é um antagonista do exercício." (Haupp, 1910, p. 231.) É que o processo do exercício pode exigir simultaneamente uma atividade conjunta de vários dos nossos órgãos. Por exemplo, quando escrevemos ou caminhamos, o movimento da nossa mão ou da perna é regulado e determinado pelo trabalho do olho e toda pessoa sabe o quanto é difícil escrever ou caminhar de olhos fechados. Assim, qualquer atividade que desenvolvemos mobiliza o trabalho não de um órgão qualquer mas de uma série conjunta de órgãos e em cada ato de atenção é acompanhada de um ativo retardamento e da inibição das demais reações. É isso que determina que, paralelamente à exaustão puramente muscular que se desenvolve no órgão de trabalho, existam manifestações de exaustão nervosa geral, que se dilui amplamente e inabilita todo o nosso corpo para continuar em atividade.

Nesse caso cabe distinguir três conceitos básicos: cansaço, estafa e exaustão. Chamamos cansaço ao estado nervoso que pode surgir até quando não existe nenhum fundamento fisiológico para o surgimento da estafa. O cansaço pode ocorrer depois de um bom sono, ser induzido e decorrer do desinteresse e do tédio provocados pelos processos que se desenvolvem diante de nós. Nos casos normais o cansaço é para nós um sinal de chegada da estafa. A estafa é um fator puramente fisiológico, e alguns estudiosos supõem que ela esteja ligada ao surgimento de venenos específicos no sistema nervoso.

Houve época em que se chegou até a supor que existisse um veneno especial de estafa que orientavam os nossos tecidos durante um trabalho intenso e duradouro. Entretanto a existência de tal veneno não foi absolutamente demonstrada, e a natureza fisiológica da estafa até hoje aguarda ser inteiramente decifrada. Em todo caso, não deixa a menor dúvida o fato simplíssimo e amplamente conhecido de que todo o trabalho nervoso se realiza à custa de certas substâncias materiais que se encontram no nosso sistema nervoso e, conseqüentemente, o esgotamento dessas substâncias deve, mais dia menos dia, pôr fim ao trabalho que se desenvolve em nós.

Nesse caso o sistema nervoso, necessitando de restaurar a alimentação gasta, cai em certa apatia e numa espécie de torpor que em formas diluídas assume o caráter de sono. Ao estudar essas manifestações, Pávlov chegou à conclusão de que o sono são diversos processos amplamente diluídos de inibição interna nos grandes hemisférios cerebrais.

Assim, a estafa é um fato absolutamente normal e necessário, que regula o nosso comportamento no sentido da suspensão do trabalho quando este se torna prejudicial ao organismo. E nesse sentido a chegada normal da estafa é lei obrigatória de todas as modalidades de trabalho. O pedagogo não deve se assustar com ela mas temer aqueles casos em que se manifesta uma estafa excessiva sem cansaço. Isso acontece quando, por um esforço da vontade, reprimimos em nós o cansaço e o superamos, quando temos pela frente algum trabalho complexo e difícil ou quando uma grande tensão nos leva a experimentar uma excitação que nos impede de dormir.

Tudo indica que o cansaço é uma reação subjetiva e a estafa o estado objetivo do nosso organismo. A estafa não se manifesta logo mas aos poucos e pode ser paralisada por pequenos intervalos no trabalho e pela mudança da forma das ocupações. Daí ser sumamente importante para o pedagogo estabelecer a quantidade máxima de tempo que a criança pode trabalhar seguidamente sem cair em estafa.

A estafa nas crianças pequenas é bem superior à das crianças maiores, e por isso é necessário reconhecer como grande erro pedagógico o fato de que a duração das aulas no primeiro e no segundo grupo seja idêntica, apesar de que a estafa em uma criança de oito anos e em outra de seis nem de longe seja igual.

Surge a exigência de mudança, ou seja, de intervalos particulares no trabalho, e a substituição de um tipo de trabalho por outro para que a uniformidade do trabalho não provoque estafa cedo demais. Em si mesma a estafa é a pior condição no trabalho. Ela parece enunciar um protesto do organismo contra o trabalho, desorganiza esse trabalho, retarda-o, diminui a sua precisão, reduz a qualidade e os resultados do exercício.

Por isso uma importantíssima exigência passa a ser uma higiene pedagógica especial, na qual as ocupações sejam distribuídas de modo a levar a criança a uma estafa normal mas não carregá-la de trabalho quando ela já estiver com estafa. Neste sentido, a estafa em si mesma é um fator desejável porque cria fortes estímulos para o repouso, o descanso, o sono e propicia da forma mais enérgica a restauração das forças esgotadas. É bem mais útil aquele trabalho que leva o aluno ao pleno limiar da estafa mas o mantém a alguns passos desse limiar.

Ao contrário, a exaustão significa uma perda anormal de forças na qual a sua plena restauração já não é possível. Neste caso surge um aspecto negativo, uma perda irrecuperável de energia que ameaça o organismo com conseqüências mórbidas. Cria-se então a mais profunda contraposição de todo organismo ao trabalho que provoca estafa.

Capítulo XV
O comportamento anormal

O conceito de comportamento anormal

O conceito de norma está entre aquelas concepções científicas mais difíceis e indefinidas. Na realidade não existe nenhuma norma mas se verifica uma multiplicidade infinita de diferentes variações, de desvios da norma, e freqüentemente é muito difícil dizer onde o desvio ultrapassa aqueles limites além dos quais já começa o campo do normal. Tais limites não existem em lugar nenhum e, neste sentido, a norma é um conceito puramente abstrato de certa grandeza média dos casos mais particulares e, na prática, não é encontrada em forma pura mas sempre em certa mistura de formas anormais. Por isso não existem quaisquer fronteiras precisas entre o comportamento normal e o anormal.

Entretanto os desvios às vezes atingem dimensões quantitativamente tão consideráveis que nos dão o direito de falar de comportamento anormal. Formas de comportamento anormal podem ser encontradas também em pessoas normais, representando um comportamento provisório e passageiro; mas podem ser encontradas também em pessoas como formas mais duradouras e inclusive constantes do seu comportamento. Desse ponto de vista, todas as formas anormais de comportamento podem ser divididas nos seguintes grupos: 1) formas breves e casuais (lapsos, omissões, esquecimento, delírio, embriaguez, etc.); 2) estados duradouros e estáveis (neuroses, psicoses, algumas formas de doenças mentais); 3) falhas de comportamento constantes e vitalícios. Comecemos pelas últimas, mas achamos necessário prevenir que é incorreta a antiga concepção segundo a qual as formas anormais de comportamento são algo absolutamente diferente das formas de comportamento normal. Teremos de contrariar essa concepção e procuraremos mostrar o quanto são tênues as fronteiras que separam o normal do anormal e com que freqüência os traços psicopatológicos estão disseminados no comportamento comum.

As crianças fisicamente defeituosas

O defeito físico tanto pode ser congênito quanto adquirido, ter as mais diversas formas dependendo de como se manifesta o defeito. Ele pode expressar ou na ausência de alguns órgãos operativos (o braço ou a perna) ou manifestar-se no defeito de comportamento que distingue o aleijado. Do comportamento da criança dissemina-se todo um grupo de reações ligadas a essa órgão, e a normalidade do comportamento da criança manifesta-se em que, ao procurar compensar a sua falha e preencher as formas insuficientes de comportamento, o organismo atribui novas funções a outros órgãos e organizam o comportamento de modo diferente daquele verificado nas outras pessoas. Por exemplo, na ausência de uma perna recai sobre o braço a obrigação de ajudar o corpo a deslocar-se no espaço.

A segunda conseqüência desse defeito sempre irá consistir na consciência da sua insuficiência, que destaca a criança do todo social e a coloca em uma situação menos vantajosa à diferença de todas as outras crianças. A preocupação do professor deve ser a de resolver da forma mais indolor possível tanto uma quanto outra conseqüência do defeito. Com a organização correta da vida da criança e a diferenciação moderna das funções sociais, o defeito físico não pode, de maneira nenhuma, vir a ser para o deficiente a causa da completa imperfeição ou da invalidez social.

Tudo consiste apenas em que, nesses casos, os procedimentos educativos devem ser individualizados em função de cada caso particular, e através do método da compensação, por um lado, e da adaptação, por outro, o problema pode ser resolvido de forma indolor. Numa educação racional, pode-se conservar para o deficiente toda a soma do seu valor social de tal forma que a influência da sua deficiência possa ser quase reduzida a zero.

Não está longe o tempo em que o deficiente, por força da sua deformidade, era excluído da vida e a sua função social reduzia-se exclusivamente a uma existência parasitária às custas da piedade dos outros.

O milagre da educação social consiste em que ela ensina o deficiente a trabalhar, o mudo a falar, o cego a ler. Mas esse milagre deve ser entendido como um processo absolutamente natural de compensação educativa das deficiências.

Formas bem mais difíceis assume o comportamento anormal quando se relaciona com as deficiências dos chamados órgãos dos sentidos ou analisadores.

A cegueira ou a surdez congênitas são problemas pedagógicos mais complexos do que outras modalidades de deficiência. Nesse caso, são afetados na criança os órgãos receptores, através dos quais se estabelecem as relações sumamente importantes com o mundo em volta.

Nesse caso, tudo depende da importância que tem o respectivo analisador no sistema geral do comportamento. A perda de funções como o olfato e o paladar não teria conseqüências muito importantes para todo o sistema do nosso comportamento e da nossa existência e nas condições modernas seria uma deficiência pouco sensível e talvez até imperceptível. Na vida moderna emprega-se o olfato em casos sumamente raros, e a sua função biológica vai sendo cada vez mais reduzida a zero.

Cabe supor que perdas de funções isoladas do olfato e do paladar são extremamente raras, como a perda do tato e do sentido motor. Ao contrário, encontram-se com grande freqüência formas congênitas de cegueira e surdez. Nessas formas é mais fácil mostrar em que consiste o princípio da educação de crianças deficientes.

Examinemos antes de tudo o cego. A cegueira, ao não afetar todas as outras formas de comportamento, invalida o mais importante analisador, que permite estabelecer relações muito delicadas e complexas com o mundo exterior. Em função disto o cego se revela capaz de formas de movimento que o distingue daquele que o vê. Daí o mísero papel social que os cegos eram levados a desempenhar em toda parte, por um lado, e por outro o abandono interior e o estado de depressão que ao longo de muitos anos os acompanhavam sempre. O princípio da educação, que se concentrava nas mãos da beneficência, baseava-se nas idéias de que é necessário "ter piedade dos miseráveis", mantê-los com recursos sociais, ajudá-los a levar aos trancos e barrancos uma deplorável sobrevivência humana. Quanto aos próprios cegos, infundia-se por todos os meios a eles a idéia de que eles deviam considerar a sua desgraça como um castigo de Deus ou uma provação e aceitá-la com a maior resignação. Neste caso, não se fazia nenhuma tentativa de ir além dos limites da conciliação com a deficiência, e a regra pedagógica básica era a adaptação da educação a essa deficiência e não a sua superação. Criavam-se lendas psicológicas sobre um incomum e misterioso sexto sentido do cego que, por alguma idéia sábia da natureza, permitia-lhes penetrar por entre a escuridão sobre um inusitado desenvolvimento do tato entre eles que superaria pela força e a delicadez o tato das pessoas normais.

Tudo isso é profundamente falso. De fato, o comportamento dos cegos é organizado exatamente como se organiza o comportamento das pessoas absolutamente normais, excetuando-se apenas que os órgãos analisadores ligados ao olho, que lhes faltam, são substituídos no processo de acumulação da experiência por outras vias analisadoras, o mais das vezes táteis e motoras.

Nesse sentido é muito curiosa a leitura dos cegos. Os livros para cegos são impressos em letras comuns porém salientes, em caracteres em relevo como que colados no papel, de sorte que o cego desde tenra idade aprende a tatear a reação da pronúncia desse ou daquele som com o espaçamento tátil propiciado por uma letra saliente. Toda a diferença em relação à leitura dos que enxergam resume-se apenas a que a sensação visual é aqui substituída pela sensação tátil. Mas devemos estar sempre lembrados de que para a formação do reflexo condicionado é absolutamente indiferente com que tipo de estímulo novo iremos tratar. O reflexo salivar do cão converte-se igualmente em reflexo condicionado e fecha-se em um novo vínculo, seja ele estimulado pelo acender de uma luz azul, um afago ou uma batida do metrônomo.

Os cegos usam ainda com maior freqüência o alfabeto Braille, que foi criado especialmente para eles. Nesse alfabeto cada letra é formada de diferentes combinações de pontos, impressos de forma saliente no papel. Se uma pessoa que enxerga e não está habituada a esse alfabeto tenta tocar com a mão uma página escrita em Braille vai perceber muitos pontos colocados em desordem, terá uma série de sensações absurdas e inclusive será incapaz de narrar o número e a disposição dos pontos. Para o cego os pontos se relacionam à noção de sons, os sons se constituem em palavras, as palavras se unem em frases e lhes dão um determinado sentido.

A partir daí é muito fácil ver que toda leitura tem caráter puramente de reflexo condicionado e qualquer sistema de excitações pode servir como alfabeto para o registro do discurso humano. Para isso basta apenas que a nova excitação esteja ligada ao velho som pelo método do reflexo condicionado. Daí fica compreensível que o tato dos cegos não é melhor nem mais apurado do que o das pessoas que enxergam mas tem o número bem maior de ligações e experiência acumulada do que temos nós.

Isso pode ser facilmente entendido caso se leve em conta como a pessoa culta e a pessoa analfabeta irão olhar para a página escrita de nosso texto. Para uma pessoa culta, não é nenhum trabalho orientar-se rapidamente e com precisão nas milhares de letras que ali se encontram. Para quem vê um livro pela primeira vez as páginas parecem um acúmulo desordenado de milhares de sons, no qual o seu olho se perde. Assim, a ordem e o sentido não são introduzidas pela agudeza da visão e pelo tato mas pelos vínculos das nossas próprias reações condicionadas antes estabelecidos, que agrupam e vinculam uma infinidade de estimulações externas. Quando se leciona a um cego a tarefa consiste em substituir os vínculos de uns estímulos por outro, mas neste caso continuam em vigor todas as leis psicológicas e pedagógicas em que se baseia a educação.

Nesse caso cabe lembrar que qualquer estabelecimento de tais vínculos deve ter como objetivo final a incorporação do cego à experiência social das outras pessoas, e essa incorporação se consegue quando aproximamos o máximo possível os sistemas das estimulações condicionadas dos cegos aos sistemas sociais de convívio universalmente aceitos. E embora o alfabeto Braille seja o mais econômico e adequado do ponto de vista psicológico, não podemos reconhecê-lo como adequado uma vez que essa escrita separa o cego da massa geral das pessoas. Uma carta escrita em alfabeto Braille pode ser entendida apenas por um cego e, assim, não serve para um ampla comunicação dos cegos com aqueles que enxergam mas apenas para o mundo estreito e fechado desses deficientes visuais. Por outro lado, todas as nossas exigências devem estar orientadas no sentido de tirar a experiência do cego dos limites estreitos da sua deficiência e ligá-la da forma mais ampla e íntima possível à experiência social da humanidade.

É por isso que, do ponto de vista psicológico, é necessário exigir uma redução possível do ensino especial para os cegos e introduzi-los o mais cedo possível nas escolas comuns secundárias e superiores. O isolamento dos cegos em escolas especiais não pode dar bons resultados, uma vez que nesse tipo de educação tudo fixa a atenção dos alunos na sua cegueira em vez de lhe dar outra orientação. Intensifica-se a psicologia do separatismo própria dos cegos, fechando-os em um mundinho estreito e abafado. Existe uma opinião difundida segundo a qual os cegos se distinguem por uma especial formação psíquica. Fala-se da sensibilidade especial dos cegos, da sua paixão por sentenças, da gula, etc. Uma vez que tudo isso decorre de observações verdadeiras, pode ser facilmente tomado por verdade. Entretanto só uma observação superficial pode considerar a cegueira como a causa de tudo. Não há dúvida de que essas deficiências não são do educando mas da educação, ou seja, são camadas superpostas à educação dos cegos. Elas foram criadas bem mais pela situação social em que se desenvolveu e educou-se o cego do que pela estrutura interior da sua personalidade.

Nesse sentido, é curioso o conto de Korolienko, "O músico cego", que sofre e se tortura o tempo todo por causa da aspiração instintiva para a luz e da consciência da sua deficiência. O professor Scherbiná, que é cego, aponta com toda razão que é falso o juízo de quem enxerga sobre o cego e de que falta aos cegos qualquer sensação de que se encontram na escuridão. Imaginar a cegueira como o estado de uma permanência constante na escuridão em que nada se vê significa julgar o cego do ponto de vista de quem enxerga. Na própria história de Korolienko há uma verdade com a qual coincide inteiramente a teoria psicológica. O músico cego se arrastou na sua desesperada angústia enquanto esteve fechado no círculo estreito do seu sofrimento pessoal e egoísta. Quando, depois de peregrinar com músicos cegos, afogou o seu sofrimento pessoal no mar comum do sofrimento popular, só então viu tudo claro, ou seja, descobriu-se a si mesmo interior e espiritualmente como ser humano. É curiosíssima a circunstância de que ele foi salvo pela própria música que antes não conseguia lhe propiciar nada além de novos sofrimentos: quando a mãe tentava traduzir para a linguagem dos sons o mundo das cores isso só salientava e agravava ainda mais a sensação de deficiência. Mas quando a música se tornou para ele a fonte de uma ampla experiência social ela efetivamente o ajudou a superar a sua deficiência.

O princípio fundamental da educação dos cegos é o método da compensação social da sua deficiência. E vemos aqui, como em parte alguma, a impotência radical da educação individual e a solução indolor do problema no plano social.

É ainda mais complexo o problema das crianças surdas-mudas. Na maioria dos casos deparamos essencialmente apenas com a surdez como deficiência congênita, a mudez aparece como manifestação secundária, conseqüência de que a criança, não sendo alimentada por quaisquer modelos verbais de fora nem controlada por eles, congela no estágio do grito reflexo. Por não ouvir nem a fala alheia nem a própria, o cego de nascença se torna mudo, embora os seus centros da fala e o aparelho fonador não apresentem nenhuma afecção. Assim, encontramos na surdez um tipo de deficiência inteiramente diferente do que encontramos na cegueira. Embora todo o mundo exterior se descortine para nós mais através do olho do que do ouvido e os sons desempenhem um papel relativamente insignificante no quadro geral do mundo, ainda assim a surdo-mudez é uma deficiência incomensuravelmente maior e mais pavorosa que a cegueira.

Para o cego está fechado o mundo da natureza mas em compensação está aberto o mundo social; para o surdo, ao contrário, está mantida quase inteiramente a percepção do mundo natural mas excluída a possibilidade de convívio social. Aqui vemos notoriamente o quanto os vínculos sociais são mais importantes e essenciais que os naturais na nossa época. Em essência, só a percepção da fala humana está ligada aos sons, mas isto é absolutamente indispensável para o desenvolvimento interior do indivíduo. Em parte alguma vemos com tanta clareza quanto no exemplo dos surdos-mudos que a nossa consciência tem origem puramente social e se desenvolve com base no modelo da comunicação com outras pessoas.

Muito cedo desenvolve-se nos surdos-mudos a linguagem mímica, que logo substitui os estímulos auditivos por estímulos visuais. Os mudos conversam com o auxílio de um alfabeto manual exatamente como nós conversamos através de sons, e tanto lá como aqui temos sistemas de estímulos condicionados para determinar as nossas reações. Entretanto, a linguagem mímica representa o grau mais baixo e a forma mais estreita de desenvolvimento da linguagem e da consciência. Em primeiro lugar, admite a comunicação apenas entre surdos-mudos e os fecha no círculo estreito e limitado da sua deficiência. Em segundo lugar, essa linguagem traz vestígios do pensamento rústico primitivo e por isso não está apta a tornar-se instrumento de expressão e conhecimento de fenômenos dotados do mínimo de complexidade e sutileza. Em terceiro e último lugar, o mais importante consiste em que, além das funções de comunicação social, a linguagem tem ainda a função de construir a consciência. Vimos que todas as reações do pensamento, todos os atos de atitude são, em essência, um discurso interior. Assim, a mudez é também ausência de um pensamento desenvolvido.

O princípio da educação dos surdos-mudos se resume na mesma regra que o princípio de educação dos cegos: na compensação da deficiência pela ampliação da experiência social e a aproximação do surdo-mudo a formas normais de comportamento.

Isso pode ser atingido através de procedimentos pedagógicos mais complexos. Não basta simplesmente substituir o sistema de estimulações auditivas por visuais; é necessário ainda restaurar o mecanismo da reação circular que foi perturbado. Ocorre que para elaborar a consciência do discurso e orientá-la é necessário que a própria reação retorne ao próprio homem sob a forma de uma nova estimulação. Isto costuma acontecer porque quando falamos ouvimos a nós mesmos e através disto desenvolve-se o lado consciencioso do nosso discurso. Nos surdos-mudos o mecanismo de reação circular se realiza com o auxílio das reações cinestésicas, que surgem com o discurso e substituem o ouvido por esse mecanismo. Só quando os movimentos da fala surgem na mente do aluno ele começa a orientar o seu discurso e construí-lo conscientemente. Neste caso ele aprende a vinculá-lo ao contorno visual da palavra e à impressão visual proveniente da pronúncia alheia. Como resultado o surdo-mudo aprende a falar e entender a fala do outro, conferindo-a pelos lábios da maneira como nós conferimos pela folha de papel.

Só nesse desenvolvimento do discurso está a garantia do renascimento social do surdo-mudo e do seu desenvolvimento intelectual. Entregue a si mesmo, sem a ajuda do discurso, o surdo-mudo está condenado a permanecer em um estágio de extremo atraso e retardamento intelectual. É ilustrativa tanto em termos psicológicos quanto educacionais a história do desenvolvimento de surdos-mudos como, por exemplo, a famosa Helen Keller, que atingiu um grau tão elevado de consciência que conseguiu escrever uma série de livros interessantes sobre várias questões.

Um indicador da natureza de qualquer processo educativo é o aparelho para conversações do cego com surdo-mudo. Esse aparelho contém seis pontos Braille, que sobem quando apertados os seis respectivos botões: ao apertá-los, o cego provoca as devidas combinações de pontos e com elas forma as palavras que são conferidas pelo surdo. Ao contrário, o surdo, ao fazer o mesmo trabalho, propicia ao cego apalpar os pontos que vão pulando e penetrar nas suas idéias. Aqui nós vemos que a educação percorreu o caminho mais simples, estabelece novos vínculos condicionados, vence as deficiências naturais e cria a possibilidade de convívio social e, conseqüentemente, do próprio desenvolvimento.

Deficiências mentais e psicopatias

Revelam-se mais complexas as questões da educação das crianças com deficiências mentais. Examinemos os três principais grupos de crianças.

O primeiro abrange as diferentes formas de debilidade mental, começando pelo idiotismo e terminando em uma forma branda de retardamento. Esses fenômenos estão relacionados, em sua maioria, a alguma deficiência orgânica no sistema nervoso ou a doenças congênitas de secreção interna. As deficiências se manifestam nas formas enfraquecidas de acumulação da experiência individual. Essas crianças costumam ser lentas em termos de formação de novos reflexos condicionados e, por conseqüência, são antecipadamente limitadas em termos de possibilidade de elaborar um modo de comportamento suficientemente rico, diversificado e complexo.

Por isso é tarefa natural da educação de tais crianças estabelecer aquelas reações vitais sumamente importantes para a vida, que poderiam realizar uma adaptação mínima das crianças ao meio, fazer delas membros úteis da sociedade e criar para elas uma vida dotada de sentido e com trabalho. Em linhas gerais, os métodos da educação desse tipo de criança coincidem com os métodos normais, sendo o seu ritmo apenas um pouco atenuado e retardado. Do ponto de vista psicológico, é de suma importância não fechar essas crianças em grupos específicos mas praticar com elas o convívio com outras crianças da forma mais ampla possível.

Aqui as considerações práticas pedagógicas sobre a conveniência da educação às vezes entram em contradição com as exigências psicológicas. Por exemplo, quando se lança o princípio da escola auxiliar. Alguns pedagogos admitem que separar crianças atrasadas em escolas especiais nem sempre é útil, embora em termos de realização do programa seja desejável livrar de crianças atrasadas as escolas de educação geral.

Entretanto, quando estamos diante de níveis profundos de atraso já não nos resta nenhum dúvida de que somos obrigados a atribuir a educação de tais crianças a escolas especialmente adaptadas para isso. Todas as peculiaridades pedagógicas dessa escola podem ser abrangidas por uma regra psicológica comum. Ela deve ser a escola simplificada de um meio social, ou seja, uma escola que não esmague a mente débil da criança com o volume e a complexidade das relações mas lhe dê a possibilidade de estabelecer os necessários vínculos condicionados com lentidão e tranqüilidade.

Crianças nervosas, epilépticas, histéricas, etc. representam desvios patológicos em formas de seu comportamento e necessitam antes de tratamento que de educação. Mas aqui ganha força especial a idéia de Zalkind segundo quem, em essência, não se pode estabelecer um limite acentuado entre a educação e o tratamento, entre a pedagogia e a psicoterapia. Ambas são diferentes formas de *sociagogia*, ou seja, de uma criação social sistemática e planificada. Ao acompanharmos as crianças doentes acabamos vendo que o caminho para a sua correta educação passa pela educação de um meio que lhes ajude a estabelecer os vínculos necessários com ajuda da educação. As exigências pedagógicas que podem ser apresentadas à educação dessa espécie consistem mais uma vez em que o meio seja adaptado à doença mental dos educandos. Se as estimulações bruscas e barulhentas são insuportáveis para crianças dessa natureza, a sua vida deve ser organizada de modo a que se garantam o silêncio e a tranqüilidade. Ninguém pode ser otimista a ponto de se permitir pensar que os procedimentos de semelhante educação irão permitir que qualquer comportamento anormal seja colocado definitivamente no caminho normal. Apenas supomos que ainda não conhecemos um centésimo daquelas possibilidades que estão contida na educação social, e se não se pode falar da completa superação das deficiências ao menos temos pleno fundamento para afirmar que sem esse tipo de educação qualquer outra é incapaz de dar formas socialmente úteis a esse comportamento anormal.

Resta uma última forma de comportamento anormal das crianças: a psiconeurótica. Por esse termo costuma-se subentender uma doença transitória e passageira. Propôs-se que se distinguisse a psicose da neurose pelo seguinte indício: a psicose surge do conflito entre o meio e o indivíduo, do fato de que as motivações interiores do indivíduo entram em conflito com as condições do meio. Já a neurose decorre de um conflito no interior do próprio "eu" no qual algumas aspirações internas entram em contradição com o nível moral básico do indivíduo. Em todo caso, nem aqui nem lá estamos diante de doenças que surgem de um conflito interno e testemunham o aparecimento de alguma adversidade na interação do organismo com o meio. A solução desse conflito exige naturalmente a erradicação das causas que o geraram e então a cura do psiconeurótico se resume em sua reeducação.

A reeducação se consegue através de novas inter-relações que se estabelecem entre o meio e a criança e permitem superar o conflito de forma indolor. Isto fica especialmente notório quando nos detemos, por exemplo, no caráter e na natureza das psicopatias infantis durante as guerras. Como uma imensa comoção social, provocou em nós enormes mudanças e uma ruptura e, naturalmente, gerou uma série de conflitos nervosos em cuja base surgiu a chamada fuga para a neurose, ou seja, a tentativa empreendida pelo indivíduo para superar o seu conflito, a sua divergência com o meio nas formas de delírio, de imaginação e comportamento anormal. Nesse tipo de psicopatias a única saída correta é a sua higiene e terapia social, ou seja, a imposição para que o conflito seja superado em formas socialmente aceitáveis e úteis.

Em linhas gerais, a reeducação da psiconeurose se subordina inteiramente a todas as demais leis da educação social no reflexo condicionado. Trata-se apenas de dar certa vazão a uma energia inibida e oculta. Por isso a psicologia atual tende a ver nas psicopatias infantis fenômenos sociais e resumi-los a manifestações anti-sociais da criança.

É por isso que Zalkind diz a esse respeito: "Foram tantos os 'circulares' que perderam seus ciclos sob a influência das condições exteriores, tanto os esquizofrênicos que não só interromperam o seu processo de desintegração como restauraram as suas antigas perdas que só em casos muito grosseiros não recusamos a desesperança psicopatológica diagnóstica. Aliás, como temos testemunhado a torto e a direito, em outras condições sociais e pedagógicas as formas grosseiras, concretas e notoriamente especiais de psicopatia estariam sujeitas a um ritmo inteiramente diverso e a outra profundidade em seu desenvolvimento" (1913, p. 45).

Psicopatologia da vida cotidiana

O comportamento anormal não se manifesta só na forma de anormalidade congênita ou de doenças temporárias. Ele se introduz e penetra na nossa vida cotidiana e é encontrado a cada passo, e em cada pessoa. Durante muito tempo essas manifestações escaparam à atenção da ciência; por isso, a ciência e o público as consideraram casualidades e não lhes atribuíram nenhum significado, uma vez que parecia que na vida do homem elas não desempenhavam papel da mais ínfima importância.

Freud chamou esses fenômenos de psicopatologia da vida cotidiana e inseriu aí formas do nosso comportamento como a casual perda de memória, na qual esquecemos alguns sobrenomes que conhecemos bem ou um nome geográfico: seguem-se os casos de perda involuntária e deterioração de alguns objetos, de esquecimento das nossas próprias intenções, de atitudes sintomáticas como, ao conversarmos, brincarmos com algum objeto ou picarmos papel, de lapsos, erratas, etc. Sob o enfoque atento, todos esses casos se revelam no estudo como processos rigorosamente determinados. O próprio conceito de casualidade deve ser banido do estudo científico, porque nos cabe pressupor de antemão que não existem atos imotivados e casuais e as próprias formas casuais e pequenas do nosso comportamento são, em essência, determinadas e condicionadas por relações causais profundas.

Por exemplo, se pedimos que uma pessoa mencione o primeiro número que lhe vier à cabeça e ela indicar, digamos, 3.448, com o auxílio da psicanálise pode-se quase sempre mostrar por que foi mencionado exatamente esse número e não outro e que causas estão por trás dele. Pode-se mostrar igualmente que causas condicionam todas as nossas pequenas falhas, perda de memória, lapsos, etc. Nesse caso sempre se verifica que na base dessas formas de comportamento estão alguns desejos e aspirações inconscientes, que nesses casos afloram na superfície. Assim é, por exemplo, o significado dos lapsos que freqüentemente surpreendem o próprio falante ao revelarem o seu pensamento secreto ou a sua intenção inconsciente.

É claro que em casos semelhantes estamos diante de formas embrionárias de psiconeuroses, pois cada lapso e cada nome esquecido são o mesmo resultado de um conflito como o é a grande neurose, só que aqui o conflito é provocado por um choque insignificante de duas idéias insignificantes. Entretanto o estudo de tais formas de comportamento tem um significado profundo. Em primeiro lugar, para elucidar os fundamentos gerais da causalidade psíquica e, em segundo, para estudar, na forma mais simples, o mecanismo que orienta a neurose. Em seu trabalho prático o pedagogo tem de revelar um pouco de preocupação com essas manifestações, mas aqui ele deve saber com que está operando e que por trás de todo lapso pode-se perceber uma espécie de inconsciente que ali irrompeu por uma brecha.

A hipnose

A hipnose está entre aquelas formas de comportamento que não representam grande interesse prático para o pedagogo mas são de suma importância para o estudo das formas básicas de comportamento. Chama-se hipnose o estado artificialmente provocado em alguma pessoa e que se assemelha ao sono, distinguindo-se dele apenas por uma manifestação inusitadamente nítida da sugestão e quase sempre o acompanha. Entre o hipnotizador e o hipnotizável se estabelece certa relação denominada *rapport*, que coloca o hipnotizável numa espécie de subordinação ao hipnotizador. Este pode provocar por seu livre arbítrio alucinações no hipnotizável e sugerir-lhe esses ou aqueles atos e ações.

A natureza da hipnose até hoje não foi inteiramente estudada, apesar da infinidade de observações existentes nesse campo. Entretanto, nos traços mais gerais pode-se supor, inclusive atualmente, que a hipnose não significa outra coisa senão uma inibição anterior amplamente diluída nos grandes hemisférios, que o hipnotizador desinibe com suas palavras ora em um, ora em outro sentido ou área. Por isso não surpreende que a hipnose seja provocada por alguma estimulação aguda, forte e repressora ou por uma estimulação suave e fraca, longa e monótona do órgão receptor.

A forma mais curiosa de comportamento hipnótico é a chamada sugestão pós-hipnótica. Durante o sono sugere-se ao hipnotizado que quando ele acordar irá realizar alguma ação após um período considerável e longo. Pode-se, por exemplo, sugerir ao hipnotizado que dentro de três meses ele escreverá uma carta de determinado conteúdo ou irá a algum lugar, ou quando for para casa cometerá um ato inofensivo porém absurdo ou, atendendo a um determinado sinal, quando for pronunciada a palavra "água" ou mencionado algum número, ele fará algum movimento. Em seguida sugere-se ao hipnotizado que ele deve esquecer o ato que lhe foi sugerido. E de fato, depois de desperto, durante algum período o hipnotizado não se lembra do que deve fazer. Entretanto, basta que chegue o prazo sugerido ou que ocorra o sinal combinado para que a ação sugerida se realize imediatamente e com precisão.

O mais curioso nisso é que o hipnotizado costuma achar que ele mesmo está sendo atraído a cometer um determinado ato e inventa pretextos com os quais procura justificar a estranheza da sua atitude. Assim, vemos que o vínculo condicionado reflexo que estabelecemos no hipnotizado pode ser absolutamente inconsciente e fora do controle dele. A pessoa não suspeita da existência desse vínculo e menos ainda de que ele pode funcionar com uma precisão infalível.

Muito amiúde aproxima-se a hipnose da educação, e alguns pedagogos, como Haüy, por exemplo, se inclinam a afirmar que a educação, de um modo geral, é uma série de sugestões coordenadas. Por isso aproximam toda e qualquer sugestão da sugestão hipnótica, e depois aplicam a verdadeira hipnose a alguns casos de crianças difíceis de serem educadas.

É preciso dizer que a sugestão efetivamente desempenha um papel de extrema importância na educação, mas ela se distingue do procedimento educativo normal por criar freqüentemente vínculos artificiais e estranhos no sistema nervoso do aluno ao invés de deixar que esses vínculos surjam naturalmente no processo da experiência.

A importância do princípio das experiências hipnóticas consiste em que elas foram as primeiras a revelar com absoluta nitidez a realidade do inconsciente; mostraram que podemos cometer certos atos e desconhecermos inteiramente a sua verdadeira causa, oculta na sugestão inconsciente, e em seu lugar tomarmos consciência do motivo falso.

Aliás, em linhas gerais o comportamento anormal esconde uma infinidade de possibilidades para a investigação. "Um quarto infantil, o abrigo para idiotas e a escola auxiliar da família são os lugares em que mais se pode conhecer a estrutura do espírito humano e as amplas linhas do seu desenvolvimento." (Bühler, 1924, p. 79.)

Capítulo XVI
Temperamento e caráter

O significado dos termos

Desde os primeiros tempos do desenvolvimento da psicologia, paralelamente aos problemas do comportamento humano, vem sendo lançadas as questões do temperamento e do caráter, que abrangem todo o comportamento do homem em seu conjunto. Ao longo de todo esse tempo os termos mudaram muitas vezes de conteúdo e ainda hoje, quando se pronunciam essas palavras, nunca podemos estar certos de que estão sendo corretamente compreendidas porque alguns estudiosos colocam nelas um conteúdo diferente e as emprega em sentido diferente. Só uma coisa unifica as diversas interpretações e justifica o emprego das mesmas palavras para diferentes conceitos: a concepção de que todo organismo humano particular tem um modo só a ele inerente e um caráter de comportamento no conjunto e, a despeito das suas diferenças individuais, essas peculiaridades do comportamento podem ser reduzidas a determinados tipos.

Em outros termos, supõe-se que toda adversidade de tais peculiaridades pode esgotar-se em algumas classes básicas de casos típicos. Se isso fosse realmente assim, significaria que as manifestações individuais estariam subordinadas a uma certa regularidade e poderiam ser abrangidas por algumas leis gerais.

Essa questão tem enorme importância para o pedagogo, porque na prática ele não depara com reações isoladas da criança mas com o seu comportamento no conjunto. Nesse caso dominam na pedagogia as concepções mais diversas sobre aquilo a que deve ser atribuída a formação desse estilo geral de personalidade da criança: se às peculiaridades ou aos traços da personalidade adquiridos e elaborados na educação. Noutros termos, se o temperamento e o caráter são premissas ou resultados da educação.

Na nossa exposição subseqüente essas duas palavras serão empregadas no sentido mais comum para a psicologia moderna: entenderemos por temperamento as peculiaridades da formação de todas as reações congênitas e hereditárias, a constituição hereditária do organismo. Assim, o temperamento é um conceito mais fisiológico e biológico e abrange o campo da personalidade que se manifesta nas reações instintivas, emocionais e reflexas. O temperamento é o conceito dominante em toda aquela parte do nosso comportamento que se costuma reconhecer como involuntária e hereditária.

Ao contrário, entenderemos por caráter aquela constituição específica da personalidade que nela se elabora sob a influência das reações adquiridas, noutros termos, caráter irá significar em relação à superestrutura individual erigida sobre o comportamento congênito a mesma coisa que significa o temperamento em relação às formas incondicionadas.

A questão se delimita de tal forma que o temperamento é a premissa presente e o caráter o resultado final do processo educativo. É claro que esse emprego da palavra é um tanto convencional mas absolutamente legítimo, em primeiro lugar, uma vez que não rompe bruscamente com a tradição psicológica que sempre colocou o caráter no campo da vontade e o temperamento no campo do sentimento e, em segundo, porque ela distingue com absoluta precisão duas camadas radicais no comportamento humano: uma inata e outra adquirida. Por outras palavras, esse emprego de termos é legítimo na medida em que corresponde aos fatos reais.

O temperamento

As mais antigas doutrinas sobre o temperamento o aproximavam da estrutura do corpo e estabeleciam aqueles tecidos ou líquidos no organismo que seriam os veículos do temperamento. Assim, a prevalência de um temperamento era relacionada ao predomínio de bílis no organismo, a prevalência de outro ao predomínio de sangue, etc.

Como conseqüência destacavam-se outros da mesma ordem; assim, Lesgaft apontava a importância decisiva que têm para o temperamento a largura do vão e a espessura das paredes dos vasos em diferentes pessoas. Outros autores aproximavam o temperamento com diferentes tecidos interiores do organismo mas, a despeito de toda a diferença entre essa concepções, elas se uniam em torno da concepção comum segundo a qual as fontes das peculiaridades do temperamento devem ser procuradas nas peculiaridades individuais da estrutura do corpo.

Alguns pesquisadores abandonaram e esqueceram de vez essa teoria, substituindo-a pela teoria da essência relativamente pura do temperamento, que tentava atribuir a diferença de temperamentos a uma correlação diversificada das forças psíquicas no organismo como paixões baixas e elevadas, desejos voluptuosos e ideais, concepções abstratas e concretas. Cabe dizer que, se as primeiras tentativas de explicar um temperamento foram estéreis porque nunca conseguiram defender e confirmar com evidência a relação que supunham, as segundas foram estéreis por natureza porque apresentavam a incógnita como solução e o problema como resposta.

De fato, explicar o temperamento através de diferentes fusões das propriedades psíquicas significa explicar *idem per idem* (o mesmo pelo mesmo), porque todo o problema do temperamento consiste unicamente em explicar a existência das mesmas paixões e concepções no psiquismo de um homem e das paixões e concepções no psiquismo de outro. O círculo lógico é um vício inevitável de quase todas as teorias psicológicas do temperamento e isto contribuiu para que o problema fosse colocado de certo modo em segundo plano na psicologia científica, viesse a tornar-se objeto de uma descrição semibeletrista e semiantropológica, ou não encontrasse qualquer lugar nos sistemas psicológicos sérios ou fosse interpretado precipitadamente ou com insuficiente profundidade.

A estrutura do corpo e o caráter

"Na representação das massas populares o diabo é magro e tem um cavanhaque pontiagudo de judeu em um queixo fino. Ao mesmo tempo, os diabos magros são marcados por uma tolice bonachona. O intrigante costuma ser imaginado corcunda e tossindo. A velha bruxa, com uma cara fina e feição de ave. Onde é alegre e pitoresco aparece o gordo cavalheiro Falstaff, de nariz vermelho e uma calvície lustrosa. A mulher do povo é atarracada, parece uma bola e tem as mãos nas cadeiras. Os santos das pinturas são esbeltos, transparentes, pálidos como se fossem góticos e têm os membros longos; para ser breve, a virtude e o diabo devem ter um nariz alongado, o humor um nariz gordo. O que se pode dizer a esse respeito!" (E. Kretschmer, 1924, p. 15.)

Assim começa o livro de Kretschmer *A estrutura do corpo e o caráter*, que, como mostram as palavras citadas, na questão do temperamento e do caráter volta à concepção mais antiga sobre o condicionamento mais estreito do caráter à estrutura do corpo e, neste sentido, dá a mão à concepção ocular do corpo humano como o mais seguro veículo do temperamento. Atualmente essa teoria está apenas em estado embrionário mas o material que ela trabalha indica de forma bastante convincente que nela está lançado o germe da verdade.

O estudo começou com os doentes mentais e conseguiu mostrar que a estrutura do rosto e do crânio, a superfície externa e a estrutura constitutiva do corpo estão em relação nítida e direta com o tipo de doença mental de que sofre o doente. Kretschmer parte de duas formas básicas de doenças mentais – a ciclotomia e a esquizofrenia – e estabelece nesses casos uma correlação entre a constituição do homem e o seu caráter. Uma vez que ambas as doenças são acompanhadas de formas extremamente agudas e elevadas de formação do caráter, bem como de nítidas peculiaridades da constituição do corpo, logo tanto neste caso quanto no do diabo e dos santos consegue-se estabelecer esta dependência com uma forma incomum da evidência. Entretanto, as conclusões de Kretschmer vão muito além dos limites da psiquiatria e o seu pensamento se estende para além de suas fronteiras com a finalidade de incluir no círculo do seu exame todos os caracteres do homem. Ele afirma que esses caracteres se baseiam nos mesmos dois tipos do caráter ciclóide e esquizóide que, distinguindo-se substancialmente entre si, na sua expressão máxima produzem a doença mental mas na vida cotidiana são encontrados em forma mais ou menos diluída e atenuada.

Nesse sentido, é de suma importância dominar a classificação de Kretschmer. Três conceitos servem de base ao seu estudo. Ele entende por constituição o conjunto de todas as características individuais condicionadas pela hereditariedade, ou seja, genotipicamente consolidadas. Entende por caráter o conjunto de todas as potencialidades afetivas e volitivas das reações do homem sob a forma em que elas surgiram no curso de sua vida, ou seja, dos dados hereditários de todos os fatores exógenos: dos fenômenos somáticos, da educação psíquica, do meio e das vivências. Assim, o conceito de caráter abrange a personalidade psíquica no conjunto no seu aspecto afetivo, sendo que em parte alguma ela pode ser separada do intelecto.

Por último, o temperamento ainda não é para Kretschmer um conceito fechado mas serve apenas como um termo provisório cuja abrangência ele ainda desconhece mas acha que é justamente ele que deve tornar-se ponto de partida para a principal diferenciação da psicologia biológica. Por ora, ele distingue dois campos principais e cruzados da ação: "o primeiro são os aparelhos psíquicos, aproximadamente aquilo que ainda se chama de arco reflexo psíquico. Esses aparelhos psíquicos têm como correlato somático os centros do encéfalo e as suas vias diretamente ligadas aos órgãos dos sentidos e aos aparelhos motores, ou seja, o aparelho unificado dos sentimentos externos, do encéfalo e da esfera motora. O segundo campo são os temperamentos. Estes, como foi demonstrado empiricamente, são inteiramente condicionados pela química do sangue, ou seja, condicionados de forma humoral. Seus representantes somáticos são o cérebro e as glândulas. Os temperamentos são a parte do psiquismo que, pelo visto, está correlacionada por via humoral à estrutura do corpo. Os temperamentos influenciam o mecanismo dos aparelhos psíquicos, dando colorido aos sentimentos e inibindo-os ou excitando-os.

O quanto foi possível elucidar empiricamente, os temperamentos exercem a seguinte influência nas características psíquicas: a primeira é aquela exercida sobre a psicoestesia, ou seja, a sensibilidade elevada ou sensibilidade a estímulos espirituais; a segunda é a exercida sobre o colorido no estado de ânimo, sobre o matiz do prazer ou do desprazer nas vivências psíquicas, principalmente em escala alegre e triste; a terceira é exercida sob o ritmo psíquico, a aceleração ou retardamento dos processos psíquicos em geral; a quarta é a exercida sobre o campo psicomotor, tanto sobre o ritmo geral do movimento (ritmo móvel ou em repouso) quanto sobre o caráter especial do movimento (indolente, constrangido, apressado, animado, brando, circularizado)" (*ibid.*, p. 273).

Kretschmer admite ainda que a influência humoral dos hormônios estende-se à estrutura anatômica do cérebro tal qual se estende à estrutura do restante do corpo. "Graças a isso toda a questão se torna vertiginosamente complexa. Acho que agiremos bem se por enquanto agruparmos o conceito de temperamento em torno dos aparelhos psíquicos que reagem de modo especialmente fácil e freqüente a interferências químicas agudas, tanto as exógenas (morfina, álcool) quanto as endócrinas, ou seja, em torno da afetividade e do ritmo psíquico geral" (*id.*, *ibid.*, p. 274).

Assim, Krestchmer parte da importância primordial das glândulas de secreção interna para a estrutura do corpo e a formação do temperamento.

Como já dissemos, paralelamente às glândulas que liberam a sua secreção (lágrimas, saliva, suco gástrico, suor, etc.), existe no organismo uma série de corpos glandulares da mesma estrutura mas sem fluxo excretor externo. Durante muito tempo pareceu totalmente enigmática a função desses órgãos enquanto não se conseguiu estabelecer por via empírica e por extirpação e inoculação experimental dessas glândulas que, pelo visto, são glândulas que lançam a sua secreção diretamente no sangue. Por isso é costume chamá-las de glândulas sangüíneas, endocrínicas, incretórias ou glândulas de secreção interna. Neste caso, foram fonte de observação, em primeiro lugar, os casos patológicos de deficiência congênita (adquirida) ou do crescimento excessivo de uma das glândulas; em segundo, a extirpação experimental e o transplante das glândulas de um animal em outro; em terceiro e último lugar as experiências operatórias de rejuvenescimento do homem ultimamente realizadas. Todas as observações mostraram de modo concorde que as glândulas endocrínicas, que liberam para o sangue certos estímulos ainda desconhecidos e que são habitualmente denominados hormonais, modifica diretamente a composição química do nosso sangue e através deste exerce uma ação fortíssima e primordial em todo o organismo e todos os processos que nele se desenvolvem.

Cabe observar que durante o estudo subseqüente foram descobertas ainda glândulas de terceira ordem que, segundo expressão de um estudioso russo, parecem "operar em duas frentes", ou seja, têm, por um lado, uma secreção externa liberada através de um fluxo secretor especial e, de outro, uma secreção hormonal interna. Aliás, a essa categoria de glândulas pertencem as glândulas genitais masculinas e femininas.

A atividade da secreção interna regula o crescimento e a estrutura do corpo, o tamanho e a formação dos ossos, da cartilagem, dos músculos e tecidos, o funcionamento do cérebro e do sistema nervoso, as mudanças etárias do corpo humano e as suas peculiaridades genitais. Na ausência congênita de tireóide aparece inevitavelmente o cretinismo ou idiotismo, que se cura com a inserção de uma nova glândula no doente. A castração das glândulas genitais acarreta mudança da estrutura de todo o corpo: no homem o corpo assume formas femininas com a perda das masculinas, nas mulheres o corpo se torna masculinizado. Vêm em seguida a transformação da voz e de todas as propriedades do temperamento que, segundo testemunho dos observadores, modificam-se a ponto de se tornarem irreconhecíveis. Inoculando nos animais castrados glândulas genitais do sexo oposto, a biologia experimental conseguiu uma espécie de mudança experimental do sexo, ou seja, uma transformação radical de todos os indícios genitais secundários. Assim, a galinha de laboratório nas experiências de Zavódovski perde todos os indícios do seu sexo, ganha crista, esporões, voz de galo, às vezes sente atração pelas fêmeas e, em linhas gerais, pelo caráter do comportamento e a estrutura do corpo ela revela uma semelhança indiscutível com o macho. São possíveis também transformações experimentais do sexo em ordem inversa.

A hipertrofia da hipófise acarreta o gigantismo no crescimento, uma deformação de crescimento de órgãos particulares. O crescimento deficiente dessa glândula acarreta o nanismo no crescimento.

Por último, as experiências de rejuvenescimento mostraram que todas as mudanças do nosso corpo e do caráter relacionada a certas fases etárias da vida do homem são essencialmente um efeito direto do funcionamento da secreção interna das glândulas genitais. Ao regular com interferência operatória a atividade da glândula genital no sentido de reforçar a sua secreção interna à custa da secreção externa, nós obtemos efeitos rápidos e impressionantes de rejuvenescimento do corpo e de todo o caráter. Em experiências mais grosseiras com animais e com o homem o transplante direto dessa glândula, situada em algum ponto de um órgão neutro (atrás da orelha, por exemplo) produz os mesmos efeitos em formas ainda mais impressionantes. Pode-se considerar absolutamente estabelecida a relação imediata e estreita entre os órgãos de secreção interna e a química do sangue por eles condicionada, por um lado, e entre todo o psiquismo do homem e a estrutura do seu corpo, por outro.

Até hoje se conseguiu estabelecer na investigação apenas essa dependência, a questão passa atualmente para outra fase da sua solução e consiste em estabelecer uma correlação entre a estrutura do corpo e o caráter, uma vez que em ambos são comuns as causas que os geraram: o funcionamento da glândula secretória.

Nesse sentido, como já foi dito, voltamos à concepção antiga da alma e, de acordo com essa concepção, tendemos a localizá-la no sangue e afirmar o significado efetivamente primordial do sangue humano para o psiquismo: é precisamente o sangue que unifica o funcionamento do cérebro do sistema nervoso e das glândulas endócrinas.

Quatro tipos de temperamento

Na psicologia tradicional há muito tempo a descrição do temperamento costuma abranger quatro tipos, em cuja base está a antiga teoria dos tipos básicos de comportamento humano. Esses tipos são descritos da maneira mais diversa, mas em todas as variações de sua definição continuam inabaláveis dois traços fundamentais: certa expressividade corporal de cada tipo, a circunstância de que com um desenho se pode ilustrar o temperamento, bem como certo caráter dos movimentos e do seu ritmo como fundamento da transição do comportamento externo do homem para a interpretação do seu psiquismo. Eis um resumo breve dos quatro tipos, feito por Kornílov para as crianças: "Caracterização minuciosa desses temperamentos. Vejamos um criança de temperamento sangüíneo: ela é magrela, esbelta, elegante. Em seus movimentos é rápida demais e móvel, até agitada; agarra-se com ardor a qualquer novo empreendimento mas, sem ter a persistência de levá-lo até o fim, rapidamente esfria com ele. Sua inteligência é viva e aguda mas insuficientemente profunda e ponderada. Seus sentimentos se intensificam rapidamente mas a envolvem com excessiva superficialidade; ela é jovial, gosta dos deleites e procura atingi-los. Em linhas gerais é uma criança meiga, encantadora, sem pensamentos inquietantes sobre o futuro, sem queixas profundas do passado.

É um tanto diferente a compleição da criança de temperamento fleumático. Fisicamente nutrida, ela é lenta em seus movimentos, chegando a ser inerte e preguiçosa. Sua inteligência é lógica, meditativa e observadora, brilha pelo volume de conhecimentos em detrimento da originalidade e da criatividade. Seus sentimentos não são ardentes porém constantes. Em linhas gerais, é uma criança bondosa, equilibrada, dá muito pouco trabalho aos pais e educadores.

O oposto total desses dois tipos fracos de criança são os outros dois tipos restantes: os fortes. Vejamos uma criança de tipo colérico. É magricela e esbelta, excessivamente decidida e rápida, e por isso freqüentemente irrefletida em seus movimentos. É ousada, persistente e viva na realização dos seus planos. Seu intelecto agudo, penetrante e jocoso é categórico em suas conclusões. Seus sentimentos são veementes demais e nítidos nas manifestações de suas simpatias e antipatias. É ávida de poder, vingativa e propensa a qualquer tipo de luta. É a criança mais intranqüila e menos equilibrada, que dá muitas preocupações aos pais mas, em compensação, sob condições de educação favoráveis tem o futuro muito promissor.

Outra é a compleição das crianças de temperamento melancólico: é sombria e séria acima da idade, lenta e sólida nas manifestações da sua vontade. Dotada de um intelecto forte, profundo e ponderado, é inflexível e persistente até o fanatismo em suas concepções preferidas. Extremamente impressionável, sombria e sorumbática, raramente externa os seus sentimentos. É a criança que envelhece cedo, tão pouco parecida a uma criança jovial, infunde em seus orientadores um respeito involuntário e um medo oculto pelo seu futuro" (1921, pp. 131-2).

Para passarmos das descrições excessivamente genéricas e abstratas do temperamento para a sua investigação mais exata, precisamos encontrar algum indício básico em que o temperamento se realize com fidedignidade indiscutivelmente plena e então tentarmos o estudo objetivo desses sintomas externos do temperamento.

Pelo que foi anteriormente exposto fica claro que, em suma, definimos o temperamento pelo tipo de movimento que os nossos órgãos realizam ou, noutros termos, pela possibilidade ou disposição dos movimentos que percebemos nos traços do corpo. Logo, cabe tomar por base das nossas observações o ato de reação como elemento básico e integral de que se constituem todas as formas de comportamento. Quando relacionamos o temperamento com um tipo de reação obtemos imediatamente, para o julgamento dessa questão, um imenso material psicoexperimental sobre a característica temporal dinâmica da reação.

Há muito foi estabelecido que cada um de nós possui um ritmo habitual próprio de reação, e neste sentido é possível dividir as pessoas em rápidas e lentas pelo caráter da sua reação. A subseqüente diferenciação pode ser obtida caso se introduza na caracterização da reação um novo momento de dinamismo ou força, e então da combinação cruzada de ambos os momentos serão obtidos naturalmente quatro tipos básicos de comportamento humano que Kornílov caracterizava assim: 1) pessoas dotadas de propensão natural para um tipo rápido e forte de reação tipo musculoso-ativo; 2) pessoas dotadas de propensão natural para o modo rápido e fraco de reação tipo musculoso-passivo; 3) pessoas dotadas de propensão natural para o modo lento e forte de reações tipo sensorial-ativo; 4) pessoas dotadas de propensão natural para o modo fraco e lento de reação tipo sensorial-passivo.

É fácil perceber que esses quatro tipos, estabelecidos fora de qualquer dependência em relação à doutrina dos temperamentos e por um método inteiramente diverso, levam à mesma coisa em suas conclusões finais e coincidem inteiramente com a doutrina clássica do temperamento.

É evidente que se costumava e ainda se costuma denominar sangüíneas as pessoas do tipo musculoso-passivo, que reagem com rapidez e se excitam facilmente mas não levam as suas reações à sua plena potência e expressividade e se extinguem tão rápido quanto se inflamam. A caracterização do colérico coincide com o tipo musculoso-ativo de reação forte e rápida, e não é por acaso que esse temperamento tem sido atribuído a grandes e enérgicas figuras históricas, pessoas dotadas de persistência e vontade. O melancólico reage com lentidão e força e coincide com o tipo sensorial-ativo.

Daí uma espécie de retardamento, represamento ou retenção e tensão nos temperamentos melancólicos, a sua capacidade de atrelar-se a um pensamento ou idéia durante muitos anos, a sua aparente imobilidade, relacionada, em uma pessoa, a alguma decisão grave e uma tensão viril. Por último, as fleumáticas são pessoas dotadas de propensão natural para a reação retardada e atenuada, são pessoas do tipo sensorial-passivo.

O estabelecimento dos quatro tipos, se os considerarmos com todo o rigor e tratá-los apenas como o esquema científico prévio e aproximado, tem o mérito indiscutível de transferir a questão para o terreno objetivo e permite estudar o temperamento no aspecto da sua flexibilidade a interferências educativas.

É uma questão de suma complexidade definir os limites da reeducação do temperamento, e só passando ao seu estudo na ótica da reação pode-se estudar experimentalmente se é possível que pessoas dotadas de propensão natural para um dos quatro tipos referidos de reação passe para outro tipo como resultado da aprendizagem educativa, de exercícios, da mudança de atitude, etc. Nesse caso, as conclusões gerais dos estudos experimentais mostraram que todas as regras da reeducação do temperamento podem ser abrangidos por uma lei geral que tenha sentido primordial para a pedagogia.

Qualquer pessoa passa facilmente do tipo de reação atenuado para o intensificado, ou seja, do passivo para o ativo e do retardado para o acelerado. A passagem inversa do tipo rápido para o lento e do forte para o fraco é extremamente difícil e quase impossível em vários casos. Daí ser perfeitamente compreensível que as pessoas do tipo sensorial-passivo, ou seja, fleumáticas, sejam as que melhor se prestam à reeducação e assimilam facilmente o comportamento das naturezas coléricas ativas. Segundo um psicólogo, assim são todas as "falsas" figuras históricas, de quem ele diz com muita jocosidade que são fleumáticas fingidas de coléricas. É possível também a transição média do temperamento fleumático para o melancólico ou sangüíneo, uma vez que cada um de seus tipos está ligado à mudança de apenas um momento característico na orientação possível e acessível à educação. Com a aceleração dos movimentos os tipos fleumáticos se transformam facilmente em sangüíneos, e quando intensificam as suas reações aproximam-se do tipo melancólico.

Quem mais dificilmente se presta à reeducação é o grupo de temperamentos coléricos, e o que nunca se pode fazer com um colérico é ensiná-lo a ter sangue-frio em quaisquer circunstâncias da vida. As formas transitórias para o temperamento fleumático também continuam quase inalcançáveis para o colérico e este sempre pertencerá ao número das crianças dificilmente educáveis. São crianças desse tipo que na literatura pedagógica se consideram caracteres inconviváveis com o meio e subordinados.

Em termos de reeducação, ocupam posição intermediária dos outros temperamentos que, *grosso modo*, podem ser considerados só meio reeducáveis: um temperamento melancólico se aproxima facilmente do colérico sob a condição de aceleração da sua reação e o temperamento sangüíneo pode passar facilmente por colérico em certas condições. O sangüíneo, depois de aprender a sentir com intensidade e a falar com imponência, de ter aprendido pela primeira vez o que significa sentir com intensidade e atingir a sua meta, por consideração nenhuma já não pode distinguir-se do colérico.

Se as considerações pedagógicas se distinguem demasiadamente pela grande generalidade e pela imprecisão da conclusão, esse mesmo esquema apresenta um significado bem maior para as conclusões e os juízos psicotécnicos sobre a vocação profissional do homem.

O problema da vocação em psicotécnica

Toda espécie de trabalho é constituída de combinações especiais de reações que lhe são inerentes. Se uma profissão se distingue de outra não é pelo caráter geral da sua composição psicológica mas pela qualidade e a lógica de determinadas reações que dela fazem parte. Por isso é facílimo decompor qualquer trabalho profissional em alguns de seus constituintes primários, ou seja, reduzir toda a atividade do trabalho a uma série de reações de determinados tipos e à sua unificação.

É de suma importância estabelecer a aptidão dessa ou daquela pessoa para a respectiva profissão. Trata-se de uma exigência que corresponde aos interesses não só do assunto mas do correto desenvolvimento do indivíduo; foi de ambos os pontos de vista que se passou a procurar a solução desse problema. Inicialmente a psicotécnica surgiu dos interesses de uma organização correta da empresa e se propôs tarefas práticas da chamada seleção negativa.

A tarefa dessa seleção era, através de teste psicológico, selecionar entre todos os candidatos ao emprego aqueles que eram indiscutivelmente incapazes de dar conta do trabalho, que iriam apenas entravar a empresa. Em função disso toda a atenção da psicotécnica foi inicialmente concentrada na elaboração de exigências mínimas cuja observância equivalia à inabilidade de dado sujeito para o referido trabalho. Depois o círculo de interesses desse campo científico ampliou-se: passou-se a fazer a seleção não só negativa mas também positiva, ou seja, testes psicológicos que permitiam julgar não só a inabilidade mas também o grau positivo de talento e vocação para a profissão. Em função disto, em vez de elaborar o mínimo de exigências necessárias e suficientes, a psicologia devia confeccionar um psicodrama minucioso de cada modalidade de trabalho, ou seja, fazer uma análise psicológica multilateral das partes componentes de cada modalidade de trabalho. Essa análise psicológica das mais variadas espécies de trabalho profissional pode basear-se em uma gama geral típica de processos de trabalho, ou seja, no estabelecimento de certos tipos básicos capazes de fundamentar toda a diversidade das diferentes profissões.

Segundo o esquema de Kornílov, na gama de reações do trabalho distinguem-se vários tipos de processo de trabalho.

No primeiro plano está o tipo natural de processos de trabalho, que correspondem a profissões que não exigem nem trabalho físico intenso nem trabalho mental intenso. Essas profissões são as de empregada doméstica, servidores técnicos, porteiros, vigias, faxineiros, etc. Em todas essas profissões as reações de trabalho se constituem de uma série de movimentos, mais ou menos habituais a cada um de nós na nossa vida cotidiana. As condições de trabalho são tais que todo ele transcorre mais ou menos de forma padronizada e automática, dispensando atenção intensa. Por último, o mais importante: o trabalho profissional transcorre quase sempre em estado mais ou menos desembaraçado e natural, dispensando o operário de qualquer esforço específico e qualquer velocidade especial. Para esses tipos naturais de processos de trabalho naturalmente é mais fácil fazer a seleção psicotécnica, uma vez que, embora cada operário revele determinada propensão natural para esse ou aquele tipo de reações, ainda assim pode facilmente dar conta das tarefas do trabalho.

É mais complexo o trabalho de tipo especial, dos chamados processos musculares de trabalho, que exige uma atenção concentrada não no objeto do trabalho mas predominantemente nos próprios movimentos. Esse trabalho requer de quem o executa uma imensa tensão muscular e uma considerável perda de energia periférica. Assim é, por exemplo, a profissão de pedreiros, ferreiros, mineiros, marteladores, lenhadores, etc.

Aqui as exigências psicotécnicas já indicam com absoluta precisão e clareza os temperamentos que propiciariam a revelação do tipo musculoso e enérgico de reação. Noutros termos, os fleumáticos e sangüíneos, que são pessoas habituadas a uma reação fraca, ou seja, a uma liberação insignificante de energia em seus atos, seriam inadequados para o papel desses operários e, o que é ainda mais importante, entrariam em um seríssimo conflito com as tendências básicas do seu próprio organismo se as condições de vida os levassem a executar esse tipo de trabalho.

Cabe reconhecer o tipo melancólico de comportamento e temperamento como o mais adequado desses dois tipos restantes, uma vez que a lentidão das suas percepções garante certa precisão, infatigabilidade, tranqüilidade e persistência no trabalho. E a enorme força de cada movimento garante o necessário efeito. Ao contrário, os coléricos, que apagam tão rápido quanto se incendeiam, neste sentido trabalham com menos persistência e com moderação.

O terceiro tipo dos processos de trabalho pode ser convencionalmente definido como sensório e caracterizado pelos traços opostos ao anterior. Aqui a atenção se concentra predominantemente no objeto de trabalho, e exige-se da reação como condição obrigatória um mínimo de liberação externa de energia mas uma percepção sumamente lenta e complexa das estimulações externas. Essas profissões abrangem o trabalho dos mestres relojoeiros, mecânicos, torneiros, alfaiates, etc.

Mais uma vez se evidencia que o mais adequado para esse tipo de trabalho é o temperamento que se caracteriza justamente por esses traços, ou seja, por uma reação lenta e fraca. Os fleumáticos podem ser bons relojoeiros e alfaiates bastante bons com direito bem maior ao sucesso que todos os demais.

Para esse tipo de profissão, como foi estabelecido por simples observação muito antes de existir a psicotécnica, são particularmente desastrosas as pessoas do tipo inadequado de reação. Assim, há pessoas que se habituaram tanto ao movimento enérgico e forte que, com um desenvolvimento intelectual perfeitamente suficiente, não são capazes de dominar, por exemplo, a arte de consertar relógios durante uma série de anos: fatalmente irão dobrar ou desdobrar a mola, de maneira alguma conseguirão moderar o seu movimento e dar-lhe aquela fraqueza elegante e delicada com a qual esse movimento se torna unicamente útil e eficiente no funcionamento. Existem pessoas a quem não se pode confiar a lavagem de um copo porque, em linhas gerais, não conseguem segurar em suas mãos nada de frágil e quebrável.

Deve ser classificado de quarto tipo de processos de trabalho aqueles que exigem já uma reação de tipo complexo, a chamada reação de discriminação. Assim é o trabalho do compositor em tipografia: antes de efetuar um movimento do trabalho ele deve fazer uma discriminação precisa de uma série de estímulos numa folha de composição e na caixa de caracteres e reagir não antes que essa discriminação seja feita com precisão e fidelidade. É evidente que a aptidão para esse tipo de processos de trabalho não pode ser determinada por um único indício do tipo de temperamento como fizemos acima para todas as profissões da espécie mais simples.

Aqui a reação se complexifica tanto à custa do processo central que para calcular o efeito do trabalho um papel bem maior do que o desempenhado pelas propriedades elementares da reação encontradas no temperamento é desempenhado pelo desenrolar de processos centrais tão complexos como o pensamento, a atenção, etc. Em função da diversidade de pessoas e da sua aptidão diferenciada para essas profissões, elas devem ser caracterizadas por um esquema bem mais complexo que o esquema de temperamento constituído de quatro elementos com o auxílio do qual se produz a mais grosseira seleção psicotécnica. Aqui entramos no campo da ação de mecanismos complexos cujo funcionamento está mais para o campo do caráter que do temperamento, ou seja, das reações educadas e adquiridas que das hereditárias.

Por isso se pode adotar como regra geral igualmente aplicável a todos os tipos subseqüentes a seguinte tese: as pessoas de todos os temperamentos são capazes de ser igualmente adequadas para esse tipo de profissões dependendo do trabalho dos mecanismos mais complexos que integram a composição do caráter.

Também aqui se pode indicar a maior probabilidade da aptidão profissional em condições estáveis e iguais para todas as pessoas cuja reação se desenvolve de forma lenta e fraca, uma vez que o momento sensorial é, sem dúvida, submetido a um esforço considerável entre as profissões, enquanto o momento motor é relativamente indiferente para o efeito final do trabalho. Ainda assim, a reação em fluxo fraco costuma estar mais estreitamente ligada a um pensamento intenso e uma atenção dirigida do que em caso contrário.

Aliás, em linhas gerais, essa regra exprime a tendência do trabalho humano que, das formas de liberação colossal e dissipadora de energia psíquica passa cada vez mais a reações fracas porém complexas e inteligentes. Por isso, a regra geral da pedagogia estabelece: se você quer ensinar à criança as devidas reações para forma superiores de trabalho, ensine-lhe os movimentos fracos porque esses movimentos são os mais "inteligentes", e isso continua justo também para este caso.

No quinto lugar estão os processos de trabalho do tipo de seleção, que exige discriminação dos estímulos do processo não só da percepção mas também do movimento responsivo. Do trabalho desse tipo, antes de realizar alguma ação é necessário fazer um cálculo preciso e uma discriminação de dois momentos: da estimulação e da resposta.

Situam-se entre essas profissões o trabalho do motorista, do maquinista, do motorneiro, da datilógrafa, do piloto, etc. Para o motorneiro, é indispensável perceber com precisão os objetos que diante dele se encontram no caminho do movimento do vagão, contudo é ainda mais importante fazer a escolha correta e exata entre uma guinada da manivela para a direita ou para a esquerda e um movimento de freio ou intensificação da velocidade. Aqui se obtém uma espécie de discriminação dupla ou reação de seleção em sua forma mais pura.

Nesse caso ganha importância substancial o momento de rapidez da reação, uma vez que nem de longe é indiferente com que velocidade ocorrerá a inibição ou a travada diante do perigo, com que velocidade a datilógrafa conseguirá dar conta do texto que lhe ditam, qual o instante que o piloto gastará para reagir com uma girada do volante para a mais leve inclinação do aparelho.

Ao analisarmos as propriedades elementares do temperamento não recebemos a resposta suficiente sobre a aptidão desse ou daquele indivíduo e mais uma vez devemos adiar essa decisão até uma análise mais precisa das reações complexas do comportamento. Esse caminho consiste no estudo experimental do tipo de reações que se exige para determinada profissão. Em outros termos, se operamos com a reação do motorneiro ou do piloto, que fazem um trabalho cuja essência consiste na reação de seleção, devemos experimentar sempre como a reação de escolha desse sujeito ocorre e com que rapidez e intensamente. É muito claro que se temos diante de nós duas pessoas iguais em todos os outros sentidos mas uma delas produz reação de escolha rapidamente, ou seja, responde com um movimento necessário e correto ao estímulo corretamente interpretado em 0,12-0,13 segundos e a outra em 0,16-0,18 segundos, a primeira estará mais apta para esse tipo de trabalho.

Ficam no sexto lugar os processos de trabalho do tipo de identificação que exigem como condição prévia da reação identificar essa ou aquela estimulação antecipadamente ignorada pelo operário. A diferença desse tipo, se comparado à simples discriminação, consiste em que a discriminação pressupõe todo um grupo de eventuais estímulos antecipadamente conhecido, ao passo que a identificação opera com um número indefinido e imenso de estímulos que não podem ser antecipadamente levados em conta. É assim, por exemplo, o trabalho do corretor de textos, que não pode fazer um movimento antes de perceber e identificar essa ou aquela falha no texto impresso. Nesse caso fica claro que este tipo de trabalho difere do trabalho do compositor gráfico apenas pelo fato de que esse último opera com um número antecipadamente definido de caracteres, enquanto o corretor nunca pode prever precisamente que tipo de erro irá encontrar.

Devem-se colocar no último lugar os processos de trabalho mais complexo, como as associações, para os quais são mais adequadas as profissões intelectuais, nas quais se exige que o operário efetue as operações mais diversas com o material dado valendo-se de associações livres ou limitadas ou efetuando o trabalho de seleção intelectual direcionado para a tarefa que assumiu. Esses tipos de processos estão entre os mais complexos e naturalmente necessitam da mais complexa metodologia de investigação psicotécnica para definir as aptidões a eles adequadas.

O resultado geral dessas investigações psicotécnicas pode se resumido em uma regra que Kornílov formula mais ou menos assim: toda passagem de uma perda periférica de energia para uma perda central ocorre com mais dificuldade do que o processo inverso. Em outros termos, a passagem do trabalho mental para o trabalho físico ocorre sempre de modo consideravelmente mais fácil do que o processo inverso de passagem do trabalho físico para o mental.

O significado pedagógico da psicotécnica evidentemente não se esgota na análise elementar apresentada; entretanto, essa análise já é suficiente para nos dar uma noção geral do trabalho psicotécnico em pedagogia e os meios básicos de resolvê-lo.

É necessário ter em vista que o conteúdo desse trabalho não se esgota simplesmente na definição da aptidão profissional mas desempenha um papel bem mais substancial no processo de aprendizagem e educação. Esse enfoque permite acompanhar com que êxito se desenvolvem e se educam as reações dos nosso alunos no sentido em que escolhemos o objetivo das interferências. Assim, em psicotécnica temos um conselheiro prévio e um juiz de autoridade no início e no final do processo educativo, que permitem responder não só se devemos ou não ensinar a um dado aluno uma dada profissão mas também se esse aluno aprenderá essa profissão.

Além disso, no nosso processo educativo, a psicotécnica é uma acompanhante e um orientador permanente, que a cada dia podem mostrar com precisão objetiva em que situação se encontram as reações que educamos, o que já foi obtido e o que deve ser obtido, que aspectos dessas reações e em que ordem devem servir de objeto da nossa preocupação e do nosso cuidado educativo.

É necessário observar que na concepção habitual o problema psicotécnico adquire um sentido bastante estreito e limitado, porque, como dizem, a vida nem de longe se esgota na escolha da profissão. A educação tem tarefas mais amplas do que a construção de um profissional. No fim das contas, freqüentemente se verifica que é indiferente que tipo de profissão determinada pessoa escolhe, contanto que ela represente uma personalidade desenvolvida e acabada.

Essa concepção, uma vez que parte de uma avariação nada elevada da escolha do trabalho, é a conseqüência mais nociva da velha escola, que orientava os objetivos fundamentais da educação "para algum lugar distante", para ideais de um indivíduo harmoniosamente desenvolvido e perfeito que não tinham como realizar-se em parte alguma da Terra, passava à margem do trabalho e, em função disto, organizava a vida aqui, ao nosso redor, da forma mais vil e medíocre.

Dessa maneira predeterminava-se e sancionava-se de antemão o radical fracasso existencial de cada educando, que não era preparado para a vida que ele efetivamente levava e para ele a vida real era proclamada indiferente e nenhuma outra era possível e acessível. Esse radical fracasso para a vida assumia habitualmente a forma de drama existencial, de insatisfação com seu próprio trabalho, de perda do sentido da vida e de todas as peculiaridades que caracterizavam o modo psíquico do intelectual russo de um passado recente, de um discípulo típico dessa escola.

Vazio e a ausência de conteúdo dos ideais distantes e abstratos articulavam-se aqui com a ignomínia e as limitações da existência pequeno-burguesa, e o trabalho, que determina os aspectos fundamentais da existência humana, era reduzido às formas mais humilhantes, desumanas e servis. Por isso, do ponto de vista da educação para o trabalho, cabe avaliar de modo inteiramente diverso o problema da aptidão profissional. Cabe-nos transformar uma questão auxiliar e secundária de natureza puramente prática em questão teórica geral de primeira importância que abrange os objetivos individuais e concretos que podem ser colocados no processo de educação de cada aluno em particular.

Quando passamos de concepções e pontos de vista pedagógicos gerais à idéia de um aluno concreto, à preocupação com o indivíduo singular, estamos passando forçosamente de questões puramente pedagógicas para questões psicotécnicas. Assim, o problema da psicotécnica envolve quase inteiramente o problema da pedagogia individual, mas ele deve ser objeto de um capítulo especial sobre o estudo do talento e as peculiaridades individuais de cada aluno.

Traços endógenos e exógenos do caráter

Para o pedagogo, é de importância decisiva a discriminação dos traços endógenos e exógenos do caráter, ou seja, daqueles traços que são determinados pela organização psiconervosa da criança e atuam em forma pronta desde o nascimento, por um lado, e, por outro, daqueles que são produto da influência externa e de uma aquisição tardia e podem ser denominados traços educados. Em outros termos, a questão é a seguinte: o que no caráter pertence à constituição inata do organismo e o que pertence à educação.

Até hoje essa questão tem sido objeto das discussões mais apaixonadas e acirradas e, dependendo dos campos em que se desenvolve a observação, os estudiosos têm se revelado propensos a afirmar como determinante ora um, ora outro aspecto do caráter. Entre outros, os biólogos e fisiólogos têm se mostrado propensos a atribuir importância decisiva ao momento congenitamente somático e a colocar as formas mais complexas do caráter em ligação imediata com esses ou aqueles processos fisiológicos. Assim, Kretschmer, cuja teoria expusemos brevemente, é propenso a reduzir a momentos exclusivamente biológicos da constituição grupos de caracteres como "os bonachões serenos, os nobres refinados, os idealistas distantes do mundo, as naturezas autoritárias frias e os egoístas, etc. etc." (1924, p. 282).

Diante disso, torna-se popular nas ciências naturais uma concepção cuja essência consiste em que a hereditariedade, em suas linhas mais sutis e importantes, é determinada inteiramente por toda a constituição da nossa personalidade. Nesse caso, equipara-se quase a zero o papel da educação e, em particular, do meio social em que ocorrem a formação e a consolidação da personalidade.

Uma posição oposta é a dos psicólogos de orientação social, cujos estudos penetram no campo da realidade histórica e social concreta. Milhares de fatos os levam diariamente a conclusões no sentido diametralmente oposto. Suas observações mostram de modo mais que convincente que não só as últimas linhas do desenho geral da nossa personalidade mas até os contornos básicos que determinam a sua feição não se desenvolvem de outro modo senão sob a influência imperiosa do meio.

Entre esses dois pontos de vista extremos parecia impossível qualquer conciliação e diante da ciência colocava-se a alternativa de reconhecer a hereditariedade ou o meio e a discussão se desenvolvia sempre nesse plano. Só a doutrina dos reflexos condicionados lançou luz sobre essa questão e permitiu que se tentasse colocá-la de modo inteiramente novo. Essa teoria conciliou os dois pontos de vista extremos e determinou com a precisão de um naturalismo experimental o verdadeiro papel de cada uma delas.

Nada é mais falso do que a concepção sobre a criança que dominava na velha pedagogia, segundo a qual a criança é representada por uma folha de papel em branco, ou seja, por um conjunto absolutamente puro de potencialidades que ainda não conseguiram de maneira nenhuma a sua concretização. Pensar assim significa apagar não só todos os processos de formação e nascimento da criança humana mas o imenso caminho da evolução orgânica que redundou na elaboração e na criação da natureza humana. De antemão é claro que nem um nem o outro processo podem ser excluídos do campo da atenção e ainda se assegura inverossímil que o resultado de tais processos tenha sido a pobre alternativa de que nada haja sido superado pelo caráter desses processos.

Ao contrário, hoje estamos propensos a levar absolutamente em conta todas essas influências e nos aproximarmos mais da verdade científica quando dizemos que nenhum fato da vida dos ancestrais do homem e dos animais ou das influências experimentadas pela mãe e pelo feto passa sem deixar vestígios para o organismo do recém-nascido, e isto incorpora os longos resultados da experiência ancestral acumulada cujos últimos elos são para ele o pai e a mãe.

Nesse sentido caberia falar não tanto de uma hereditariedade estreita, que se fecha no círculo familiar, quanto das formas mais amplas de herança da experiência de toda a humanidade. Nossa tendência é atribuir ao momento da hereditariedade um sentido absoluto no comportamento da criança e afirmar que nenhum movimento em sua vida futura, seja esse movimento o mais insignificante, surge de alguma outra fonte além das capacidades e reações adquiridas por via hereditária. Sem o mínimo de exagero podemos afirmar que todos os procedimentos e movimentos de que o futuro homem e cidadão irá dispor em toda a sua vida já estão presentes quando ele ainda se debate no berço sem saber fixar o olhar e manter o braço em uma posição.

De fato, de onde irão surgir em sua vida posterior novas possibilidades de movimento, se elas não têm de onde surgir como não têm de onde surgir novos órgãos em seu corpo? Entretanto não existe a menor dúvida de que a experiência hereditária, que se reduz a certos movimentos inteiramente estereotipados e padronizados de comportamento em todos os indivíduos de uma dada espécie, não é algo estagnado e permanente mas tende a mudanças constantes.

É tão verdadeira quanto a anterior a nossa segunda afirmação de que nenhum dos movimentos de que dispõe a criança no berço permanece ao longo de sua vida posterior na mesma forma e com a mesma exatidão com que ela o recebeu como herança. O mecanismo de educação do reflexo condicionado revela as leis sob cuja interferência a experiência hereditária se adapta às condições individuais do meio e se o comportamento do adulto se distingue do comportamento da criança é apenas porque, através da interferência educativa sistemática do meio, introduzem-se organização, sentido, ordem e seqüência no caos dos movimentos descoordenados e desorganizados do recém-nascido. A agitação impotente do recém-nascido se transforma em uma luta cheia do sentido trágico que o homem trava com o mundo e consigo mesmo.

O sentido da educação social é determinado com precisão científica como certa seleção social que a educação faz dentre uma infinidade de possibilidades contida na criança, permitindo que só uma delas se realize.

Assim, o processo de educação perde a sua natureza bem sucedida e pacífica de preocupação com a criança e "ajuda à natureza" que antes lhe atribuíam; ele se revela sob o novo aspecto com o processo dialético e trágico de extinção permanente de umas possibilidades sociais à custa da realização de outras, de luta permanente entre diferentes partes do mundo pelo organismo e dentro do organismo, como choques constantes entre as mais diversas forças dentro do próprio organismo.

Toda essa luta, assim como o seu desfecho, são efetivamente determinados no seu aspecto mais essencial pelo tipo de vida em que a criança vive desde os primeiros instantes após o nascimento. Assim, o ponto de vista conciliatório parte do reconhecimento de ambos os momentos mas visando não a uma solução de compromisso e paliativa dos problemas, como se a uma das teses se atribuísse uma metade ou parte da influência, mas a compatibilizá-las reconhecendo inteiramente que são teses opostas.

Em outras palavras, não negamos a contradição entre a hereditariedade e o meio, apenas nos parece que essa contradição existe não só no pensamento mas também na própria vida. E é precisamente dessa base, dessa contradição que surge a educação. Se a criança nascesse como um vegetal, com todas aquelas formas de comportamento que correspondessem a toda a sua vida futura, não haveria necessidade de nenhuma educação. Segundo expressão de Thorndike, a própria necessidade da educação surge de que "algo, alguma coisa existe, não existe o que é necessário" (1925, p. 25). Por isso educação sempre significa mudança e, conseqüentemente, a negação de umas formas de comportamento em prol da elaboração e do triunfo de outras.

Só nesse enfoque a educação se revela como processo de um sentido absolutamente idêntico ao de todos os outros processos da vida. Nesse sentido é profundamente verdadeira a tese que coloca em primeiro lugar o caráter trágico desse processo, caráter esse que para ela é comum a todos os demais processos da vida. "Nem o nascimento de uma criança nem o de uma estrela acontecem sem dor."

De igual maneira o caráter não deve ser entendido de maneira estática, sob a forma dessa ou daquela soma acabada de peculiaridades, de reações indiferentemente inatas ou adquiridas mas como um fluxo dinamicamente móvel de luta de umas contra outras. Em outros termos, o caráter também não surge de propriedades hereditárias do organismo, vistas como são, e nem de influências sociais do meio vistas de forma independente mas de um choque contraditório de umas contra outras e da transformação dialética do comportamento hereditário em comportamento individual.

Torna-se compreensível a tese que exige de nós reconhecer a existência de elementos de uma e outra espécie no caráter. Daí se esboça também a solução do problema da reeducação do caráter. Na psicologia científica não se deve colocar a questão da seguinte maneira: o caráter é condicionado inteiramente pela educação ou a educação deve levá-lo como condição antecipadamente dada e imutável. O que definimos convencionalmente por caráter é uma transformação permanente em um conflito individual com a experiência hereditária, e nesse processo de transformação e luta o educador pode interferir a cada instante e convencer-se na prática de que tanto uma quanto a outra tese são ao mesmo tempo verdadeiras.

A luta não foi provocada pela educação, começou antes dela e se desenvolve independentemente dela. Compreende-se que a interferência nessa luta pressupõe a consideração mais acabada e precisa de todos os elementos que nesse instante determina a situação da luta. Mas essa mesma circunstância nos permite superar a passividade educativa e, organizando de outra maneira os elementos do meio segundo o nosso arbítrio, lançar na luta mais e mais forças novas ou, ao contrário, desmobilizá-las dessa luta e colocá-las fora de combate aquelas que nos são indesejáveis.

Assim, lançando mão das doses mais ínfimas de interferência, atingimos resultados imensos. Para acionar um corpo móvel é necessário um impulso de uma enorme força. Para exercer influência sobre um complexo sistema de forças em movimento, freqüentemente é bastante um esforço insignificante ou a atenuação de algum deles para que toda a resultante ganhe uma nova direção e um novo sentido. Assim, na guerra às vezes é necessária a intervenção de uma potência insignificante para resolver o desfecho e levar a vitória para o lado de uma das partes em luta. Foi justamente neste sentido que James relacionou à arte militar e disse que, em certo sentido, educar significa combater. Em certo sentido, pedagogia significa estratégia.

Assim, a regra educativa geral continua verdadeira também aqui. Não pode haver qualquer interferência direta na formação do caráter, todas as conversas sobre a influência moral na formação do caráter do educando, todas as afirmações de que o bom mestre modela, como se usasse cera, a alma dos seus educandos e lhes dá as formas que deseja, tudo isso ou são conversas absurdas ou atribuições à influência moral daquilo que em realidade é realizado por forças inteiramente diversas.

A interferência direta do educador na formação do caráter seria tão absurda e ridícula quanto se um jardineiro inventasse interferir no crescimento de uma árvore puxando-a do chão para o alto por meio mecânico. Mas o jardineiro não interfere no crescimento do vegetal puxando-o diretamente do chão pela copa mas de forma indireta, através das respectivas mudanças do meio. Ele rega e aduba o solo, organiza o meio ao redor, modifica a temperatura, a luz, o ar, etc. e através disso atinge efetivamente os resultados desejados. De igual maneira o educador, ao influenciar o meio ao redor e organizá-lo devidamente, determina o caráter que assume o conflito das formas hereditárias de comportamento da criança com o meio e, conseqüentemente, ganha a possibilidade de influenciar a construção do caráter da criança.

Deve-se ter em vista que aqui, como em qualquer parte, nada desaparece ou passa sem deixar vestígio, e o mestre tem sempre de levar em conta a influência não só da herança mas também de toda a experiência passada, ou seja, tem de levar em conta o mesmo capital acumulado de reações que foi adquirido nos tempos antecedentes.

Nesse sentido, para efeito de clareza da questão, entenderemos por temperamento aqueles elementos puramente hereditários do caráter que foram dados desde o início sob a forma de propriedades elementares desse caráter. Em seguida cabe destacar o que se pode chamar de caráter estático, ou seja, a forma costumeira de comportamento que foi elaborada como resultado da experiência pessoal e representa uma espécie de resumo. Por último, cabe distinguir em particular o caráter dinâmico, aquele algo fluido que na ciência ainda não recebeu uma denominação precisa mas constitui a realidade mais concreta, mais complementar e essencial na criança.

Capítulo XVII
O problema da inteligência e os objetivos individuais da educação

O indivíduo e a educação

As permanentes observações sobre o caráter social do processo educativo não significam de maneira nenhuma a erradicação do indivíduo na escola ou um tratamento indiferente desse problema. Em suma, a educação sempre trabalha com indivíduos determinados, e o meio social se forma, ou melhor, se realiza em determinados indivíduos.

O papel e a importância diretriz da personalidade do educando no processo educativo naturalmente não podem lembrar de maneira nenhuma o "dueto pedagógico" a que se resume a educação individual, dueto esse estabelecido inteiramente entre o professor e o aluno. Se antes a personalidade do aluno era o centro do mundo educativo, hoje ela adquire novos significado e sentido.

O problema de indivíduo na educação social pode desdobrar-se ao mesmo tempo em algumas questões particulares. A primeira delas refere-se às diferenças individuais próprias de cada aluno. Havendo identidade familiar da constituição do corpo humano e do comportamento, cada constituição se destaca por qualidades e propriedades específicas, singulares, únicas, só dela e, no fundo, é uma variação do mesmo tipo médio do "homem em geral" que deve ser visto apenas como um procedimento metodológico cômodo como uma abstração e nada mais.

O homem em geral, como partes e aspectos seus, digamos, do esqueleto, a psicologia, existem apenas no pensamento abstrato; na prática, na realidade factual existe apenas esse ou aquele homem, o esqueleto e a psicologia desse ou daquele homem. E eis que é essa a tensão pelas peculiaridades concretas de cada indivíduo em particular que deve, naturalmente, tornar-se obrigatória para o pedagogo e o psicólogo.

A educação nunca começa no vazio, não se forjam reações inteiramente novas nem se concretiza o primeiro impulso. Ao contrário, sempre se parte de formas de comportamento já dadas e acabadas e fala-se da sua mudança, procura-se a sua substituição mas não o absolutamente novo. Nesse sentido, toda educação é a reeducação do já realizado. Por isso a primeira exigência da educação é o conhecimento absolutamente preciso das formas hereditárias de comportamento, em cuja base será erigido o campo pessoal da experiência. E é aqui que o conhecimento das diferenças individuais se manifesta com força especial.

Isso salta muito acentuadamente à vista naqueles casos em que estamos diante de desvios muito evidentes do indivíduo em relação ao tipo médio. Imaginemos uma criança cega, surda-muda, ou com deficiência orgânica congênita do sistema nervoso central, digamos um idiota. É claro que todas as formas de educação e aprendizagem, embora não devam violar as leis básicas da pedagogia, ganham uma direção e um sentido especiais aplicadas a esse tipo de crianças. As crianças cegas, por exemplo, elaboram reflexos condicionados tão precisos quanto os das que enxergam, só que partem do tato e não da visão, e em função disso o cego lê correndo os dedos por caracteres salientes, ou seja, apalpa e tateia letras em vez de percebê-las com o olho, todo o processo de leitura e os atos a ele vinculados adquirem nessa criança um caráter e uma orientação absolutamente específicos.

De igual maneira os processos de aprendizagem e adaptação do surdo-mudo e do idiota à vida de trabalho são diferenças notórias que o pedagogo deve levar em conta. Os surdos de nascença não costumam aprender a falar porque não ouvem as palavras e os sons que eles mesmos emitem. Para familiarizá-los com o discurso humano e tornar possível o convívio entre eles e as pessoas normais, cabe fixar a sua atenção naqueles movimentos dos lábios que fazemos sempre que pronunciamos essa ou aquela palavra, ensiná-los a relacionar cada movimento a certo desenho da palavra e seu significado. Depois é necessário ensiná-las a ler com os olhos o discurso que sai dos lábios humanos da mesma forma que nós os lemos da folha de papel. Para ensinar o surdo a falar é necessário propiciar-lhe a possibilidade de perceber o que ele mesmo pronuncia e controlar as próprias reações que movimentam a fala. Uma vez que não se pode fazê-lo pela via natural através do ouvido, neste caso cabe substituir o ouvido por estimulações cinestésicas e táteis e, aplicando a mão do aluno à garganta, ensiná-lo a tatear os movimentos que ele realiza enquanto fala e, voltando para o próprio falante, ajudá-lo a elaborar a fala consciente. Entre nós, essa fala é elaborada com o auxílio do ouvido, através do que nós mesmos não só pronunciamos mas também ouvimos; logo, avaliamos o que pronunciamos.

Da mesma forma, quando educamos um idiota temos de aplicar procedimentos psicológicos diferentes dos que se aplicam a uma criança normal para estabelecer e consolidar nessa criança reações condicionadas, e aproveitar freqüentemente os mais primitivos instintos e necessidades para ensinar o idiota as formas indispensáveis de comportamento. Para ensinar alguns idiotas a lavar-se ou vestir-se, uma vez que só sobre a pressão da mais forte estimulação da fome esta criança se revela capaz de sair do estado de imobilismo e impor a si mesmo uma certa atividade.

Esses procedimentos, aplicados a uma criança normal, provocariam a mais rigorosa censura, mas revelam-se os únicos racionais e necessários para educar crianças mentalmente retardadas e deficientes.

Do mesmo modo, se tomamos outro exemplo, como o das criança superdotadas, aqui também esbarramos na necessidade de mudança de alguns procedimentos e regras gerais da educação. Mais uma vez isso se manifesta da forma mais grosseira e simples em algumas formas especiais de talento, digamos para a pintura, a música ou a dança, situação em que só o ensino especial prematuro, iniciado desde a mais tenra infância, pode assegurar um desenvolvimento normal das potencialidades já jacentes na criança.

Por isso a educação de anormais, inválidos e talentosos há muito é considerada como que exterritorial em pedagogia, ou seja, uma educação à qual não se estendem as leis gerais. É preciso dizer que essa concepção é profundamente equivocada, e a exterritorialidade não pertence legitimamente a esse campo mas a ele foi atribuída por equívoco, em função da incompreensão natural dos fenômenos ainda não estudados. As leis gerais da pedagogia só podem ser leis científicas quando são igualmente aplicáveis a todo o campo da educação. As leis da pressão e da gravidade são absolutamente idênticas, lancemos nós trilhos em um túnel montanhoso ou em terreno pantanoso. A física de ambos os terenos é idêntica, embora o trabalho prático, vinculado à colocação dos trilhos, sempre assuma novas formas para cada terreno. Entretanto, a exigência de formas originais de trabalho para cada local de modo algum pode significar a existência de leis particulares para cada um deles, limitando-se a indicar que as mesmas leis podem ter diferentes expressão e grau de importância quantitativa.

Assim, tanto o gênio quanto o idiota são, na fase infantil, o mesmo objeto preciso de educação como qualquer criança, e as leis gerais da pedagogia foram escritas para elas na mesma medida em que foram para todas as crianças dessa fase etária. Só partindo dessas leis gerais da pedagogia conseguiremos encontrar as formas corretas daquela individualização que deve ser comunicada à educação de cada uma delas.

É igualmente incorreta a idéia de que o problema da individualização surge apenas em relação ao que vai além dos limites da norma. Ao contrário, em cada criança particular temos certas formas de individualização, se bem que não tão nitidamente acentuadas e expressas quanto na cegueira, na genialidade, na surdo-mudez ou no idiotismo. Mas o fenômeno não deixa de ser o que é se lhe reduzimos o nível quantitativo. A exigência de individualização dos procedimentos educativos também constitui exigência geral da pedagogia e se estende a qualquer criança.

Por isso duas questões se colocam diante do pedagogo: em primeiro lugar, a do estudo individual de todas as particularidades específicas de cada educando em particular, em segundo, do ajuste individual de todos os procedimentos de educação e interferência do meio social em cada uma delas. Nivelar todas elas é o maior equívoco da pedagogia, e a sua premissa básica requer forçosamente a individualização: requer a definição consciente e precisa dos objetivos individuais da educação para cada aluno.

A psicologia moderna começa a compenetrar-se cada vez mais da idéia da concretitude dos objetivos individuais da educação e, em face disto, tende a rever a doutrina tradicional do talento como capacidade abstrata e comum ou, em todo caso, fazer correções substanciais nessa doutrina. Assim, Burt substitui o conceito de talento intelectual pelo conceito de aptidão escolar e dá a todo o problema uma orientação psicotécnica. Nesse caso, a criança é analisada do ponto de vista da correspondência às tarefas práticas que a escola coloca diante dela, de modo absolutamente análogo à maneira como a psicotécnica estuda o operário do ponto de vista da sua correspondência às exigências dessa ou daquela profissão. No lugar das faculdades abstratas sugerem-se estudos concretos e práticos e testes de habilidades reais para ler, escrever e contar.

Outra correção essencial consiste na substituição de conceito de talento geral e abstrato pelo conceito de aptidão especial e concreta. Essa correção se justifica com igual clareza tanto para uma criança deficiente quanto para um escritor genial. Todo talento é necessariamente um dom especial para alguma coisa. Tolstói, por exemplo, ocuparia um dos primeiros lugares caso se estudasse o seu dom para escrever, e provavelmente ocuparia um lugar muito modesto, talvez até um dos últimos, caso se estudassem as suas capacidades musicais, a sua aptidão para a engenharia, o seu talento matemático. Tchékhov foi um médico bastante mediano e um grande artista. Também não são raros casos em que semi-idiotas podem brilhar por uma memória fenomenal que causaria inveja aos gênios. Tudo isso mostra uma coisa: não existe nenhum "talento em geral", existem diversas predisposições especiais para essa ou aquela atividade.

Capítulo XVIII
Formas básicas de estudo da personalidade da criança

A psicologia moderna dispõe de três formas básicas de estudo da personalidade da criança.

A primeira delas pode ser definida como observação cientificamente ordenada. Ela consiste em que observamos as manifestações individuais do educando, mas só em forma cientificamente ordenada.

Para entender o sentido e a função desse método deve-se lembrar a diferença entre a observação científica e a simples observação.

Todos nós observamos cada dia uma multiplicidade extraordinária de fatos, e a observação científica se distingue apenas por alguns traços essenciais. Em primeiro lugar, à diferença da observação comum, a observação científica pressupõe uma seleção previamente estabelecida de fatores sujeitos à observação. Suponhamos que o eclipse solar seja observado por um pequeno-burguês, um astrônomo, um zoólogo, uma pessoa interessada no comportamento dos animais, um psicólogo, etc. As observações científicas sempre distinguem uma série especial de fatos entre uma infinidade de fenômenos relacionada ao eclipse solar. Enquanto o pequeno-burguês se orienta pelo próprio interesse e pela seqüência casual dos fatos e transfere o seu olho da vaca assustada para uma pessoa que se benze e do disco solar enegrecido para o seu reflexo cinzento na água, o observador científico sempre limita a sua observação a um grupo de fatos, de cujos limites procura não sair um só instante. O astrônomo observa apenas o escurecimento gradual do sol, o zoólogo apenas o comportamento dos animais, etc.

Assim, a primeira habilidade do observador científico está no conhecimento do círculo de fatos que cabe ser destacado de todo o restante.

Em segundo lugar, como condição de observação científica caberia reconhecer a classificação dos fatos observados, ou seja, a capacidade de distribuir entre eles os semelhantes em grupos, a capacidade de superar a individualidade de cada fato e encontrar o seu sentido típico e o seu significado semelhantes aos dos outros. O imenso amontoado de fatos observados com absoluta fidedignidade nunca irá constituir sequer o material inicial da ciência. É necessário saber para que esses fatos foram reunidos. Noutros termos, é necessário fazer uma escolha nova das propriedades necessárias dentro desses fatos e selecioná-los de forma a que tais propriedades se distingam e apareçam com uma notória clareza.

Deve-se considerar como terceira regra da observação científica o estabelecimento de um vínculo entre determinados grupos de fatos, ou seja, a capacidade de compor um quadro articulado e integral de algum aspecto do processo em estudo, quadro esse que seja capaz de incorporar todo o grupo disperso de fatos.

Consideraremos como quarta e última regra a capacidade da observação científica não só para descrever fatos mas para explicá-los, ou seja, descobrir as causas e as dependências que servem de base a esses fatos.

É necessário colocar essas mesmas exigências gerais diante da observação psicológica científica. Cabe a ressalva de que, aqui, não nos ocupamos da questão geral da metodologia da observação psicológica mas de uma metodologia particular de observações psicológicas em pedagogia, ou seja, do sentido e da importância que as observações psicológicas podem ter para o professor. Nesse caso, supõe-se que estamos sempre diante não de um psicólogo mas de uma pessoa que procura na psicologia apenas um serviço auxiliar.

E eis que, nesse sentido, o professor é socorrido por toda uma série de esquemas, programas de observação da personalidade, planos de estudo da alma infantil, que sob diferentes denominações desempenham a mesma tarefa: dar ao professor o instrumento que lhe permita subordinar uma massa de observações feitas diariamente às quatro regras acima assinaladas e, desse modo, transformar a sua observação em observações psicológicas científicas da personalidade dos alunos.

Sem referir as particularidades de cada um desses planos, cabe indicar os princípios e fundamentos gerais de cada um deles. Todo plano desse tipo é uma espécie de série de perguntas dirigidas ao professor e distribuídas por capítulos particulares, subcapítulos, parágrafos e números. Digamos que o quinto capítulo seja constituído de questões sobre a memória, aspectos particulares dessa função – durabilidade, precisão, volume da memória, etc. Por sua vez, cada subcapítulo pode dividir-se em várias questões concretas particulares, que indicam diretamente ao professor aquelas manifestações que podem ser relacionadas a um determinado caso e ser ilustrativas para ele. Por exemplo, faz-se uma pergunta: por quanto tempo o aluno conserva na memória um material assimilado e decorado ou quantas vezes o aluno tem de repetir um poema para assimilá-lo? Nesse caso, o plano costuma ter o aspecto de livro ou caderno com metade da folha impressa e a outra em branco, na qual, contra qualquer pergunta, o professor escreve as respectivas observações.

Esse exemplar impresso pode ser utilizado também para uma escola inteira com a finalidade de que o registro seja feito em cadernos especiais com os respectivos números e questões, parágrafos e capítulos. O professor deve necessariamente conhecer de antemão o plano para orientar-se nele.

Depois a acumulação de observações psicológicas transcorre de modo absolutamente de modo absolutamente imperceptível no processo na vida doméstica ou no trabalho escolar. O mestre, o educador ou os pais anotam no caderno todo fato de comportamento da criança que observam, encontrando previamente o respectivo espaço e o número da questão. Se para semelhante fato não aparece a questão adequada, isto significa que esse fato não é suscetível de consideração e observação. Esses registros e acumulação de fatos transcorrem durante longo período (meio ano ou até um ano), resultando na acumulação de um volumoso material. Neste caso se verifica que já realizamos de forma absolutamente automática as duas primeiras exigências da observação científica: ocorreu por si só a seleção dos devidos fatos; graças à existência do plano os fatos insignificantes ou secundários foram inteiramente suprimidos do campo da atenção e graças ao sistema de registros adotado os fatos não só foram acumulados como automaticamente classificados, distribuídos pelas respectivas partes e, conseqüentemente, definidos em seu significado típico e espécie.

Nesse sentido, o diário desempenha o papel de uma caixa de coleção, para a qual os fatos se constituem como sessões para eles antecipadamente preparadas. Assim, restam ao educador os dois últimos momentos da observação científica: a sistematização e a explicação do que foi acumulado. Se levarmos em conta a excepcional dificuldade do quarto momento (até mesmo para uma observação científica solidamente organizada) e a complexidade especial da explicação dos fatos obtidos, teremos de reconhecer inteiramente que essa exigência pode ser cumprida apenas parcialmente nas passagens que melhor se prestam à interpretação, colocando-se inteiramente apenas a tarefa da sistematização das observações.

Existem vários procedimentos dessa sistematização, entretanto mais uma vez o traço que as unifica se resume na transição de uma série de fatos concretos para algumas conclusões e formulações gerais desse ou daquele aspecto do comportamento. Suponhamos que durante um ano tenhamos acumulado algumas dezenas de fatos que comprovem que o aluno memorizou sempre grupos consideravelmente grandes e significativos de material de ensino. Neste caso verifica-se que a duração da memorização praticamente não foi reforçada por nenhum fato que nos tenha cabido observar durante o ano. É evidente que, ao sistematizar as observações, tiremos uma conclusão natural: o reforço das reações em dado aluno deve ser reconhecido exclusivamente como desenvolvido e ativo no sentido do volume das reações que abrange e assimila mas representa uma grandeza extremamente modesta no sentido da continuidade do reforço.

Esse exemplo deixa claro que a sistematização, no fundo, não traz nada de novo. Nela é de suma importância evitar qualquer tolerância e criatividade ou que o aluno apresente de sua parte quaisquer conjecturas, hipóteses, etc. Ela não deve conter nada a não ser o que estiver nos próprios fatos, mas deve simplesmente passar da descrição de fatos isolados a formulações gerais.

Nesse caso, a explicação causal só se torna possível e desejável quando a própria comparação de determinados grupos de fatos, que surge na sua sistematização, empurra o pensamento para a suposição de que existe uma dependência causal entre um e outro grupos de fatos. Se na parte que caracteriza o momento receptivo da reação nos baseamos nos fatos e chegamos à conclusão de que os receptores visuais do nosso aluno estão debilitados e preguiçosos, e, paralelamente, na caracterização da memória chegamos ao estabelecimento factual de que de todos os tipos de memória está mais bem desenvolvida no aluno a memória visual, naturalmente devemos concluir que, neste caso, estamos diante de fenômenos ligados entre si por vínculos causais e, precisamente por ser a memória visual do aluno a mais atrasada, é fraca a sua percepção visual.

Os méritos dessa forma de observação cientificamente ordenada são, em primeiro lugar, a naturalidade da observação aqui realizada; em segundo, a classificação científica dos fatos; em terceiro, o paralelismo entre as observações realizadas e todo o trabalho escolar.

De fato, observamos o aluno sempre em condições naturais de seu trabalho, e os fatos que acumulamos sempre se referem aos modos imediatos de trabalho a que o aluno está habituado. Além do mais, classificamos os fatos segundo o ambiente natural de trabalho: como eles surgem. Por último, nunca e em parte alguma o aluno suspeita de estar sendo objeto de observação. Por sua vez, nunca interrompemos o trabalho pedagógico para fazermos observações especiais mas as incluímos como parte componente no processo geral dos procedimentos educativos.

Esse sistema ainda tem toda uma série de falhas muito grandes. A primeira e mais importante é a indefinição e a espontaneidade desse sistema de observações. Nesse caso, não somos senhores da situação; ao contrário, resta-nos esperar tranquilamente enquanto o fato de que necessitamos não se manifesta por si mesmo. Por isso levamos muito tempo, às vezes anos, esperando os devidos fatos, podendo acontecer ainda que eles nunca se manifestem no trabalho escolar. A ausência desses ou daqueles fatos nessa ou naquela parte não é, de maneira nenhuma, uma prova de que tais formas de comportamento não existam na criança e de que não possam ser obtidas no ambiente escolar ou familiar.

A segunda falha consiste no desdobramento da atenção que se exige do professor e educador quando ele, sendo ao mesmo tempo psicólogo e pedagogo, deve não só ocupar-se do seu assunto mas também observar. Compreende-se que, nesse desdobramento da atenção, possam ser afetados os dois aspectos do problema: a precisão da observação e o incremento da criação pedagógica.

A terceira e última falha do sistema é a distração da atenção do professor imediatamente com muitos e vários alunos, o que no curso de uma observação longa não lhe permite entender que aspectos de que alunos já foram reforçados na devida medida e quais desses aspectos não estão de modo algum representados em seu diário. Esse aspecto casual e assistemático da observação privam a cada vez e a cada dia a observação do caráter eficaz e ativo.

Da aspiração a evitar essas falhas surgiu outra forma sumamente popular de observações psicológicas, estreitamente vinculada ao estudo do talento. A essa forma pode ser atribuída a denominação de estudo experimental da personalidade do aluno.

Estudos psicoexperimentais da personalidade da criança

O método psicoexperimental de estudo consiste em colocar a criança em condições especiais, nas quais lhe são propostas essas ou aquelas tarefas para a avaliação de aspectos particulares da sua personalidade. Existe uma série de procedimentos, dos quais nós nos deteremos nas duas partes mais populares na nossa prática. É necessário ter em vista que todos os métodos de experimento psicológico se dividem facilmente em três grupos básicos. No primeiro estão os métodos de estimulação, que consiste em modificar a força, a composição e a combinação dos elementos da estimulação para definir esses ou aqueles vínculos e correlações entre a causa exterior e as reações por ela suscitadas. No segundo estão os métodos de expressão, que consistem no estudo de sintomas como a mudança do pulso, da respiração, da mímica e da fala, nos quais os diferentes estados psíquicos encontram a sua expressão. No terceiro estão os métodos de reação, que consistem em suscitar por sinal reações antecipadamente combinadas.

Nenhum método é aplicável em forma pura à criança. Exige-se desse tipo de estudo não uma descrição detalhadamente analítica dos fatos mas uma constatação mais ou menos completa dos complexos grupos e formas de comportamento. Em função disso, a reação sempre está ligada a uma série de outros fatos e o comportamento é estudado na sua integridade e na sua forma combinada.

Binet e Simon criaram uma escala de medição para o estudo da inteligência da criança em função da idade. A escala é constituída de testes ou tarefas, distribuídas a cada faixa etária, pressupondo-se que a solução correta de todos os testes exigidos é uma prova do desenvolvimento normal para determinada idade. É necessário dizer que essa precisão etária dos testes de Binet é bastante aproximada. Parte da estimativa de que 50% das crianças de uma dada faixa resolve corretamente todos os testes, 25% superam a sua faixa etária e outros 25% ficam atrás dela. Aliás, a idade da criança não é uma grandeza definida com precisão em seu desenvolvimento para que possamos julgá-la de modo plenamente objetivo e preciso. Entretanto, a unidade de medições pode ser escolhida de forma inteiramente convencional. Para nós, o importante é ter alguma norma precisa para comparar as crianças, e essa norma pode corresponder apenas parcialmente às verdadeiras faixas etárias de desenvolvimento da criança.

O próprio teste é realizado de modo a que se propunha à criança fazer todos os testes de alguma faixa. Nesse caso, é necessário encontrar os limites da solução: por um lado, encontrar aquela faixa em que ela não irá resolver nenhuma tarefa; por outro, encontrar a faixa em que a criança irá resolver todas. Para isso, é necessário avançar e recuar por faixas etárias, começando por aquela que corresponde à idade física da criança. Entre essas fronteiras distribuem-se as faixas em que uma parte das tarefas será resolvida, e a outra parte não.

Depois se faz a contagem da seguinte forma: digamos que uma criança tenha resolvido todas as tarefas correspondentes à faixa dos oito anos, depois três tarefas correspondentes à dos nove, depois uma correspondente aos dez e duas tarefas aos onze e aos doze anos. Para cada tarefa resolvida em qualquer faixa conta-se para a criança 1/5 ano. Assim, toda a contagem ganha a seguinte forma: $8 + 3/5 + 1/5 + 2/5 = 9\ 1/5$.

Esse número é o que determina a idade mental da criança. Resta agora encontrar a diferença entre a idade mental e a idade física e exprimir o atraso ou o adiantamento da criança. Assim, no nosso exemplo: 9 1/5 – 8 = 1/5; a criança superou a sua idade em 1/5 ano. Em seguida, enumera-se ainda a relação entre idade mental e idade física, que também é o índice de atraso ou inteligência da criança.

Por último, chama atenção o número de faixas etárias que foram situadas entre as fronteiras. A idade mental da criança pode corresponder à sua verdadeira idade ou até mesmo superá-la, e ainda assim o desenvolvimento mental da criança não pode ser reconhecido como normal, uma vez que o número da idade mental pode ser constituído de tarefas particulares, lançadas em tal número de faixas etárias que o desenvolvimento da criança deve ser notoriamente reconhecido como irregular.

Eis uma breve exposição do método Binet-Simon. Esse método tem a peculiaridade de tentar aplicar os seus testes ao estudo de processos mentais de caráter complexo, tomando formas isoladas de comportamento no aspecto em que elas são encontradas na vida e não de modo desmembrado, circunstância em que se estudam isoladamente a memória, a atenção e outras funções. Binet escolhe atitudes em que se expressa uma combinação de reações características de uma dada faixa. Por isso, os seus testes podem ser facilmente aplicados em diferentes países e, como ainda não foram criados novos testes, servir como um breve recuso preliminar que permite interpretar convencionalmente três novas coisas. Em primeiro lugar, destacar da massa de crianças um grupo que, por seu atraso, possa ser reconhecido como anormal e transferido para uma instituição educativa especial. Em segundo lugar, que nos convençamos de uma maior ou menor seriedade do desenvolvimento do restante da massa infantil. Em terceiro lugar, acompanhar o processo do desenvolvimento infantil, medindo a cada ano para ver o quanto a criança avançou.

Esses mesmos objetivos são alvo do método de Rossolino, denominado pelo autor Perfil Psicológico, porque nele não se estudam funções integrais do comportamento mas funções mentais isoladas: a memória, a atenção, a vontade, a receptividade, a sagacidade, etc. Cada função é experimentada com o auxílio de dez testes. O teste resolvido é marcado com o sinal de +, o não resolvido com o sinal de –, e por essa função a totalidade dos mais lhe caracteriza o nível. Depois isso é graficamente registrado em uma folha de papel dividida em dez quadrículos, onde se marca o número de testes não realizados pelos impulsos no respectivo nível.

Tira-se a média aritmética que deve caracterizar a inteligência geral da criança, separadamente, para três grupos básicos: a média aritmética dos processos evolutivos, da memória e dos processos associativos.

Essas mesmas formas aproximadas de testes existem para o estudo das noções elementares nas crianças em tenra idade. Mas elas falham quando tomam por base da sua concepção a noção absolutamente falsa de que existe uma inteligência mental comum. Não há dúvida de que essa concepção radica em uma concepção cientificamente superada, que é um reflexo da psicologia das capacidades. O próprio conceito de inteligência mental deve ser substituído pelo conceito de aptidão especial.

Não se pode omitir a relação desses sistemas com a velha escola, que baseava todos os procedimentos educativos na aprendizagem mental e, assim, esses sistemas acabam sendo apenas um estudo do intelecto mas não do campo emocional e volutivo dos alunos.

Por isso tais sistemas intelectualizavam unilateralmente a personalidade da criança e faziam dela um enfoque equivocado. Por último, são próprios desses sistemas a falha de toda pesquisa experimental e o artificialismo, uma vez que o sujeito das experiências era sempre colocado em uma situação excepcional. Isso não dava a garantia de que a memória ou a atenção do aluno funcionasse na escola como funcionam em laboratório. Por isso, apesar de o estudo experimental representar maiores vantagens em termos de possibilidade de suscitar a seu critério qualquer mudança no comportamento do aluno, ainda assim apresenta as falhas próprias de qualquer experimento por colocar o aluno em novas situações sem a convicção de obter resultados positivos. Assim, o método experimental, ao evitar as falhas da observação, traz consigo novas imperfeições.

A saída desses procedimentos está no terceiro sistema de investigação psicológica, no chamado experimento natural.

O experimento natural

A própria denominação desse método soa paradoxal, uma vez que o experimento sempre pressupõe formas artificiais de investigação e o experimento natural soa literalmente como água seca ou quadrado redondo. Entretanto, esse método lançado por Lazurski é a síntese da observação e do experimento que visa a evitar os aspectos negativos de um e de outro e manter os aspectos positivos de ambos.

Lazurski diz que quanto mais elevado e complexo é o fenômeno tanto mais simples e próximo da vida deve ser o método aplicado. Acontece que os diferentes elementos do comportamento são encontrados em uma combinação tão complexa que cabe escolher as formas sintéticas de observação.

O experimento natural consiste em que o mestre que quer fazer observações confecciona de antemão um programa e um plano de trabalho com as crianças que elas costumam desenvolver, digamos, nas aulas de russo, física, desenho, ginástica, etc. Nesse caso, os alunos acham que estão em aulas normais. Isso se consegue pelo fato de que o trabalho do aluno transcorre em condições normais e ele não se sente o tempo todo sob a vigilância do olho do experimentador.

O mestre que desenvolve a aula como experimentador elaborou de antemão um programa de aula e vê cada resposta do aluno como uma certa manifestação que dá essa ou aquela interpretação do seu comportamento. O grupo de estudo costuma ser constituído de quatro ou cinco alunos. As questões podem variar ao extremo, e o programa desse experimento pode ser aplicado às formas mais diversas e flexíveis.

É possível unificar uma série de programas particulares, preparados com a finalidade de que o resultado final seja uma caracterização integral do aluno. Os dados obtidos se caracterizam sempre por três avaliações: uma normal, uma superior e uma abaixo da normal. Os resultados são colocados em uma forma especial que representa três círculos concêntricos correspondente a três níveis de avaliação. O círculo é dividido em setores, cada setor correspondente a algum aspecto do comportamento. Dependendo da avaliação que recebe uma dada função, ela é assinalada com um ponto na respectiva circunferência. Unindo entre si todos os pontos, obtemos uma linha fechada quebrada que se costuma chamar de "estrela de Lazurski"; pelas saliências e cavidades essa linha ajuda a fazer um juízo nítido do desenvolvimento desses ou daqueles aspectos do comportamento do aluno.

É necessário lembrar que esse método representa a linha média que, ao que tudo indica, está destinada a desempenhar um importante papel no desenvolvimento do experimento pedagógico. Entretanto, cabe dizer que todos os três métodos de estudo psicológico da criança até hoje estão em estado embrionário, e se podemos lançar mão deles não será senão como medida provisória. Mas é inevitável a tarefa de rever todas as formas. Nesse caso, a reforma deve basear-se no conceito de reação, ou seja, na caracterização da personalidade da criança em sua interação com o meio.

Capítulo XIX
A psicologia e o mestre

A natureza psicológica do trabalho do mestre

Até agora tratamos da psicologia do processo pedagógico do ponto de vista do educando e aluno. Procuramos elucidar as leis e influências a que está sujeita a educação, uma vez que ela depende da criança. As molas psicológicas do processo pedagógico, por estarem alicerçadas no psiquismo da criança, foram objeto de todas as reflexões. A questão é análoga também nos cursos atuais de psicologia pedagógica.

Entretanto essa teoria é extremamente incompleta e unilateral. Para abranger inteiramente o processo de educação e enfocar de um ângulo psicológico todos os aspectos mais importantes do seu desenvolvimento, é necessário levar em conta também a psicologia do trabalho do mestre e mostrar a que leis ele está sujeito. Não é tarefa deste capítulo conclusivo e breve; eu poderia encontrar espaço apenas em um curso completo e desenvolvido de psicologia pedagógica, que é assunto do futuro.

A ciência ainda não chegou aos dados e descobertas que lhe permitam encontrar as chaves para a psicologia do mestre. Dispomos mais provavelmente apenas de informações e observações fragmentárias, ainda não transformadas em sistema, de algumas tentativas de natureza puramente prática relacionadas à seleção psicotécnica dos mestres. Cabe observar que no campo da psicotécnica a elaboração de um psicodrama do mestre é bem mais difícil do que nas outras profissões.

Em função disso, devemos conhecer que neste momento dificilmente poderemos escrever na psicologia pedagógica um capítulo científico sobre o trabalho do mestre. Entretanto, as considerações mais gerais a esse respeito se esboçam já agora, e sem ela este livro ficaria incompleto. Por isso, na conclusão devemos dar espaço a essas considerações básicas com a finalidade de acabar e fechar a questão.

É necessário dizer que toda teoria da educação apresenta as suas próprias exigências ao mestre. Para a pedagogia de Rousseau, o mestre é apenas o vigia e protetor da criança contra a perversão e as más influências. Para Tolstói, o mestre deve ser forçosamente um homem virtuoso, capaz de contagiar a criança com a sua experiência pessoal. Para a pedagogia ascética o educador é quem sabe pôr em prática os ensinamentos: "quebra a vontade da tua criança para que ela não se destrua". No *Domostrói* exigem-se mais uma vez novas qualidades do educador quando se prescreve: "Executa teu filho por causa da mocidade dele e terás paz na tua velhice, e terás beleza na tua alma. E não afrouxes, bate na criança: se a espancas com uma vara, ela não vai morrer, vai ficar ainda mais sadia, tu a espancas pelo corpo mas salvas a alma da morte." Para Haüy o mestre é um hipnotizador, e um bom mestre é aquele que parece um hipnotizador, a pessoa capaz de sugestionar e subordinar a vontade do outro. Para Pestalozzi e Froebel, o educador é um jardineiro infantil. Para Blonski o educador é um engenheiro da antropotécnica, ou da pedotécnica; é um técnico da antropocultura que existe paralelamente à pecuária e à fitocultura como ciência congênere.

Muita gente tem comparado o trabalho do professor ao trabalho do artista e colocado em relevo as questões da criação individual. Ao contrário, como Komiênski, afirmam que "é desejável que o método da formação do homem seja mecânico, ou melhor, ele deve preconizar todas as coisas de modo tão definido que tudo o que as pessoas estudam ou de que se ocupam não pode deixar de ter êxito". Foi ele mesmo que chamou o ensino de máquina didática. Pestalozzi mantinha essa mesma concepção.

Assim, vemos que cada concepção particular sobre o processo pedagógico se relaciona a uma concepção específica da natureza do trabalho do mestre. Por isso é compreensível que o novo ponto de vista que hoje se lança na pedagogia tente criar um novo sistema de psicologia pedagógica, ou seja, uma disciplina científica que a justifique. E o novo sistema de psicologia pedagógica, ou seja, o novo ponto de vista sobre a natureza do processo pedagógico, o qual tenta explicar todos os seus aspectos e elementos partindo de uma idéia única, naturalmente leva a uma nova concepção do trabalho do mestre.

Em um dos primeiros capítulos já indicamos que o mestre atua no papel de simples fonte de conhecimentos, de livro ou de dicionário de consulta, manual ou demonstrador, em suma, atua como recurso auxiliar e instrumento de educação. É fácil perceber que é exatamente esse aspecto do trabalho do mestre, como mostramos acima, o que constituía na velha escola nove décimos do conteúdo do trabalho do mestre. Atualmente, esse papel vai sendo cada vez mais reduzido a zero e substituído de todas as maneiras pela energia ativa do aluno, que em toda a parte deve não viver do alimento que o mestre lhe fornece mas procurar por conta própria e obter conhecimentos, mesmo quando os recebe do mestre.

Já nos livramos daquele preconceito segundo o qual o mestre deve educar. Estamos igualmente distantes dessa concepção, como o estamos daquela segundo a qual o homem deve carregar o seu fardo nos próprios ombros. Neste sentido E. Key tem toda razão quando diz que o verdadeiro segredo da educação é não educar. O processo de desenvolvimento está subordinando às mesmas leis férreas da necessidade como tudo o mais na natureza. Logo, os pais e mestres "não têm nem direito, nem poder de prescrever as suas leis para esse novo ser, como não têm o direito nem o poder de prescrever leis para o movimento dos corpos celestes" (1905, p. 131).

O próprio aluno se educa. Uma aula que o professor dá em forma acabada pode ensinar muito mas educa apenas a habilidade e a vontade de aproveitar tudo o que vêm dos outros sem fazer nem verificar nada. Para a educação atual não é tão importante ensinar certo volume de conhecimento quanto educar a habilidade para adquirir esses conhecimentos e utilizá-los. E isso se obtém apenas (como tudo na vida) no processo de trabalho.

Sobre o professor recai um novo papel importante. Cabe-lhe tornar-se o organizador do meio social, que é o único fator educativo. Onde ele desempenha o papel de simples bomba que inunda os alunos com conhecimento pode ser substituído com êxito por um manual, um dicionário, um mapa, uma excursão. Quando o professor faz uma conferência ou explica uma aula, apenas em parte está no papel de professor: exatamente naquele que estabelece a relação da criança com os elementos do meio que agem sobre ela. Onde ele simplesmente expõe o que já está pronto.

O maior perigo, ligado à psicologia docente, ocorre quando na personalidade do professor começa a predominar o segundo aspecto. O professor começa a sentir-se no papel de instrumento da educação, no papel de um gramofone que não possui a sua própria voz e canta o que o disco lhe dita. É necessário dizer que toda profissão docente marca o seu agente com os seus traços típicos e indeléveis e cria figuras deploráveis que exercem o papel de apóstolos da verdade corrente. Não é por acaso que o mestre, essa sentença viva, sempre pareceu uma figura humorística, objeto de brincadeira e zombaria e sempre foi um personagem cômico, das comédias antigas aos contos modernos. O "Homem no estojo" de Tchékhov ou o seu personagem, que repete eternamente "O Volga desembarca no mar Cáspio, o cavalo come aveia e feno", é horrível porque representa o modelo acentuado da total ausência de personalidade, do sentimento e do pensamento que desapareceram em definitivo.

À constatação de que o Volga desemboca no Cáspio é um fato científico extraordinariamente importante e de imenso significado educativo, mas o cômico não está nisso. O cômico está em que esse fato se tornou um estojo que envolve o homem, devorou uma vida inteira, devido a isso o homem deixou de existir inteiramente. Sobre esse tipo de professor de estojo, uma antiga comédia diz que a verdade não é uma coisa tão inteligente se os seus arautos são tolos em sua maioria.

O que aqui se expõe em forma caricaturada representa, no fundo, o traço permanente do mestre enquanto ele ainda for instrumento da educação. É sumamente curioso que os mesmos tipos de professor desenhados por Tchékhov existem até entre professores universitários, que depois de trinta anos dando aulas de estética não entendem nada da matéria e estão profundamente convencidos de que o importante não é Shakespeare mas as observações que se fazem sobre ele. A essência da questão não está no pequeno volume de conhecimentos, nas limitações do horizonte e na insignificância dos próprios fatos, não está em que o homem é sempre coisa de pouca importância e sabe pouco mas, antes, em que a própria transformação do homem em máquina de educar, por sua natureza psicológica, o aprofunda demais.

Assim, a mais importante exigência que se faz a um professor nas novas condições é a de que ele deixe inteiramente a condição de estojo e desenvolva todos os aspectos que respiram dinamismo e vida. Em todo trabalho docente do velho tipo formavam-se forçosamente um certo bolor e ranço, como em água parada e estagnada. E aqui de nada servia a costumeira doutrina segundo a qual o mestre tem uma missão sagrada e consciência dos seus objetivos ideais.

Os psicólogos exigiam do professor uma educação inspirativa que definisse diante deles a personalidade do mestre. Tratava-se do calor interior do mestre. "O mestre que não percebe a beleza e o sagrado da sua missão, que entra para a escola não porque o coração está repleto de vontade de ensinar a juventude mas apenas para ter um emprego e conseguir os meios de sobrevivência, esse tipo de mestre prejudica os alunos e ainda mais a si mesmo", diz Münsterberg, exprimindo da maneira mais notória essa concepção. Exigia-se que o professor tivesse inspiração e com ela alimentasse o seu aluno (1910, p. 333).

"Do professor que fica sentado à sua escrivaninha pode-se dizer exatamente o mesmo que se diz do sacerdote no púlpito: sem fé no coração ele está condenado... Quando o entusiasmo toca a alma tudo se torna vivo e inspirado... Para isto não se faz necessária a deformação da perspectiva, não há necessidade de falar sobre os verbos irregulares como se eles fossem o centro de todo o mundo intelectual. Todo objeto pode permanecer no lugar que lhe pertence e ser interpretado de tal modo que a importância do conhecimento, tomado em conjunto, perceba-se em cada mínimo detalhe... O mestre, evidentemente, se interessa por um dado material particular porque tem consciência da relação multifacetada desse material com outros problemas mais amplos. O real interesse do mestre está ligado ao que ele não pode mostrar ao aluno mas em sua própria mente serve como campo geral para os elementos a serem expostos... O interesse do aluno é absorvido porque o seu interesse pelo mestre inspirado se transfere para o material lecionado e em si mesmo indiferente." (*Ibid.*, pp. 333-4.)

Essas palavras foram ditas por Münsterberg, um dos fundadores da psicotécnica, e ele não encontrou nada melhor que a fé inspirada no valor dos ideais humanos para nela fundamentar o trabalho do mestre. Nessa concepção, verdade e falsidade se misturam. Ele tem razão quando fala de uma linguagem psicológica e exige do mestre certo temperamento emocional inato. Quem não é quente nem frio mas apenas morno nunca poderá ser um bom professor. Ele tem razão ainda quando aponta o perigo que está no fato de que o trabalho docente se transfere cada vez mais para as mulheres. "Se a educação dos meninos naqueles anos que se desenvolvem os seus traços masculinos está, principalmente, nas mãos das mulheres, daí não pode deixar de surgir um perigo para os melhores interesses da sociedade." (*Ibid.*, p. 337.)

É verdade também que, em função da correlação econômica de forças, o trabalho docente tornou-se espaço para onde se canaliza tudo o que há de inadaptado, mal sucedido e fracassado em todos os campos da vida. A escola é um cais para onde a vida encaminha os navios avariados. Por isso, para a profissão de mestre faz-se uma seleção de um material humano fraco, imprestável e mutilado. É simbólico o fato de que houve época em que soldados reformados iam para o magistério. Os soldados reformados da vida ainda hoje preenchem 3/4 das fileiras docentes. Escreveu um pedagogo: "É um horror! que entre os professores haja tantas tias velhas de ambos os sexos e, no geral, toda sorte de fracassados. Como se pode confiar a vida das crianças a quem fracassou na própria?" Porque é preciso dizer francamente que o magistério não é para qualquer um mas para o mais apto.

Com tudo isso coincide também um ponto de vista atual. Este também coincide com aquele segundo o qual o professor deve saber muito. Deve dominar o objeto que leciona. "O professor deve beber em uma fonte abundante. Não basta que ele saiba o que, segundo as suas exigências, devem saber os seus alunos, e que à noite ele prepare precipitadamente as respostas para as perguntas que provavelmente lhes serão feitas na aula do dia seguinte. Só pode passar informações em forma interessante aquele que for capaz de dar cem vezes mais do que efetivamente tem de dar.

Quando um professor explica um simples poema faz uma enorme diferença se ele conhece ou não toda a literatura; a sua aula de ciência natural pode limitar-se em uma turma a apenas alguns elementos, mas ainda assim esses elementos exigem que diante dos seus olhos se descortinem as amplas perspectivas da ciência moderna." (*Ibid.*, p. 338.)

Isso pode ser comparado ao processo de uma marcha, no qual só podemos pisar firme quando vemos à nossa frente uma distância de mil passos e não apenas a dos passos seguintes. Esse exemplo elucida magnificamente o papel que na pedagogia atual cabe atribuir aos conhecimentos especiais. Porque para um passo real, para colocar o nosso pé, é necessário um espaço extremamente apertado. Para que se faz necessário um caminho largo e aberto? Este não é necessário tanto à perna quanto ao olho, para orientar e regular o movimento da perna. O mesmo acontece com o professor que, liberado da obrigação de lecionar, deve saber bem mais do que antes. Em suma, para lecionar pode-se saber muito pouco só que com clareza e precisão. Para orientar os próprios conhecimentos do aluno é necessário saber bem mais.

Até hoje o aluno tem permanecido nos ombros do professor. Tem visto tudo com os olhos dele e julgado tudo com a mente dele. Já é hora de colocar o aluno sobre as suas próprias pernas, de fazê-lo andar e cair, sofrer dor e contusões e escolher a direção. E o que é verdadeiro para a marcha – que só se pode aprendê-la com as próprias pernas e com as próprias quedas – se aplica igualmente a todos os aspectos da educação.

Existe uma divergência entre a velha e a nova pedagogia quanto à teoria da inspiração idealista do mestre. É profundamente verdadeiro o que diz Münsterberg sobre a relação de cada fato particular com o valor global de todo o objeto e que o vivenciamento dos valores deve ser comunicado ao aluno mesmo quando este estuda verbos irregulares. O erro está apenas na definição dos meios através dos quais os psicólogos esperavam atingir o êxito desejado.

Eles viam a garantia do êxito na inspiração que contagiava o mestre e no interesse que surge no aluno pelo mestre inspirado. E é isso o que constitui o maior equívoco psicológico. Em primeiro lugar, a inspiração é um processo psicologicamente tão raro e difícil de regular que é impossível basear apenas nela a construção de algum assunto vital. Resulta daí ou a falsa inspiração, aquela imagem da falsa ênfase em que o professor fala de verbos irregulares como se estes fossem o centro do universo, ou, noutros termos, a inspiração que não contagia, como a de um ator, que vivencia sinceramente e chora lágrimas verdadeiras mas suscita o riso dos espectadores. Quantas vezes o professor inspirado esteve em semelhante situação!

Continua na memória de cada um de nós o nobre mestre Dom Quixote, o idealista que se extasiava infinitamente com o estilo da Líbia com os contornos do Madagáscar para a grande distração dos seus alunos.

O problema não é o mestre estar inspirado, porque a sua inspiração nem sempre atinge o aluno. O problema é antes fazer os alunos ficarem inspirados pelo mesmo motivo. Pior ainda era quando a inspiração fracassava e o mestre, como o ator frio, revelava uma ênfase retórica forçada que encontrou uma expressão magnífica no estilo de alguns dos nossos manuais dos velhos tempos, em que a história ou a geografia eram expostas em um estilo grandiloqüente com a finalidade de tocar a sensibilidade ou a imaginação do aluno. Mas até mesmo quando a inspiração atingia a consciência dos alunos nem sempre tinha o endereço certo e se transformava em adoração do professor, que assumia formas profundamente antipedagógicas.

Em parte alguma a doença da nossa velha pedagogia se esboçou com uma nitidez tão especial quanto naqueles casos em que, em vez da velha guerra entre o aluno e o professor, surgiam relações amistosas. Esse endeusamento do amado mestre, que assumia a forma de adoração, é realmente um sério problema psicológico, que lembra o que em psicanálise se chama de transferência. Os psicanalistas entendem por transferência a relação especialmente falsa que surge entre o neurótico e o seu médico, na qual o paciente concentra na pessoa do médico o seu interesse neurótico, liga a ela os interesses que alimentam a neurose e na qual a pessoa do médico forma uma barreira entre o meio circundante e o mundo interior do doente.

Assim, a tarefa consiste antes em suscitar no aluno o seu próprio entusiasmo e não atribuir ao professor – como se fazia, salvo engano, em circulares de um Ministério da Prússia – cair em êxtase ao expor a história de seu país.

A inspiração se assemelha ao charlatanismo como o entusiasmo à aventura. O século da inspiração passa inclusive na poesia, esse refúgio eterno de uma força sombria. Dificilmente um único fabricante americano confiaria a direção da sua fábrica à inspiração de um diretor ou o comando de um navio ao entusiasmo do capitão. Ele sempre irá preferir um engenheiro experiente e um marinheiro adestrado. Já é hora de a pedagogia seguir esse caminho e escolher pessoas que conheçam com precisão as leis e a técnica dos caminhos pelos quais se cria na alma da criança o próprio entusiasmo.

Assim, o conhecimento preciso nas leis da educação é o que se exige antes de tudo de um professor. Neste sentido aplica-se a expressão de Münsterberg, segundo quem devem existir muitos tipos de professores e ainda assim o verdadeiro mestre é sempre o mesmo. É o mesmo mestre que constrói o seu trabalho educativo não com base na educação mas no conhecimento científico. A ciência é o caminho mais seguro para a assimilação da vida.

No futuro todo professor deverá basear o seu trabalho na psicologia, e a pedagogia científica se tornará ciência exata baseada na psicologia. A pedagogia científica, diz Blonski, deve basear-se em uma psicologia pedagógica científica, ou seja, dissocial. Assim teremos o cientista no lugar do curandeiro.

Desse modo, a primeira exigência que fazemos a um professor é que ele seja um profissional cientificamente instruído e um professor de verdade antes de ser um matemático, um filólogo, etc. Só os conhecimentos exatos, só o cálculo preciso e o pensamento sensato podem tornar-se verdadeiros instrumentos do pedagogo. Neste sentido, o ideal primitivo do pedagogo-babá, que exigia dele calor, ternura e preocupação, não corresponde absolutamente aos nossos gostos. Ao contrário, para o psicólogo a velha escola já está condenada pelo simples fato de haver mediocrizado a profissão de pedagogo. Ela reduziu o processo educativo a funções monótonas e insignificantes a ponto de deformar o pedagogo da maneira mais profunda e sistemática.

E não é um paradoxo psicológico que as notas e o cárcere, os exames e o controle tenham deformado mais o pedagogo que o aluno. O ginásio exercia mais influência educativa nos professores que nos alunos. O psicólogo poderia escrever mais de uma página interessante caso estudasse a psicologia do mestre daquele tempo. À luz da psicanálise podemos dizer francamente que o sistema pedagógico organizado na forma anterior era o lugar para a educação de todas as possíveis anormalidades do professor e no pleno sentido da palavra criava uma neurose docente. Neste sentido, Pieriedónov, herói do romance de Sologub, não é nenhuma invenção absurda ou monstruosa.

Hoje, com a complexidade a cada dia crescente das tarefas que se colocam perante o professor, o número de procedimentos exigidos tornou-se tão infinitamente diversificado e tão complicado que, se o professor quiser ser um pedagogo cientificamente instruído, deve ter um embasamento cultural muito vasto.

Antes se exigia apenas que conhecesse o seu objeto, um programa e fosse capaz de gritar com a turma em casos difíceis. Hoje a pedagogia se torna uma verdadeira arte complexa e de base científica. Assim, exige-se do professor um elevado conhecimento do objeto da técnica do seu ramo.

Além disso, o método de ensino exige do professor aquele dinamismo, aquele coletivismo nos quais deve estar mergulhado o espírito da escola.

O mestre deve viver na comunidade escolar como parte inalienável dela e, neste sentido, as suas relações com o aluno podem atingir tal força, transparência e elevação que não encontrarão nada igual na escala social das relações humanas.

Mas isso é apenas metade da questão. A outra consiste em que o mestre deve responder também a uma exigência oposta. Ele deve ser mestre até o fim e, ao mesmo tempo, não ser só mestre mas alguma coisa além de mestre. Por mais estranho que pareça, o magistério como profissão é um fato falso do ponto de vista psicológico. E não há dúvida de que ele desaparecerá em um futuro breve. Isto, evidentemente, não significa uma renúncia ao que foi dito anteriormente sobre a excepcional complexidade dos conhecimentos especiais do mestre. E embora não haja dúvida de que o mestre do futuro não seja o professor mas o engenheiro, o marinheiro, o agitador político, o ator, o operário, o jornalista, o cientista, o juiz, o médico, etc.; entretanto, isso não significa que o mestre do futuro venha a ser um diletante em pedagogia. Trata-se apena de que na própria natureza do processo educativo e na sua essência psicológica já está implícita a exigência do contato mais estreito possível e da mais íntima comunicação com a vida.

No fim das contas só a vida educa, e quanto mais amplamente ela irromper na escola mais dinâmico e rico será o processo educativo. O maior erro da escola foi ter se fechado e se isolado da vida com uma cerca alta. A educação é tão inadmissível fora da vida quanto a combustão sem oxigênio ou a respiração no vácuo. Por isso o trabalho educativo do pedagogo deve estar necessariamente vinculado ao seu trabalho criador, social e vital.

Só quem tem veia criativa na vida pode ter a pretensão de criar em pedagogia. Eis por que no futuro o pedagogo será um ativo participante da vida. Seja no campo da ciência teórica, do trabalho ou da atividade prático-social, através do objeto que ensina ele estará ligando a escola à vida. Assim, o trabalho pedagógico estará necessariamente fundido ao amplo trabalho social do cientista ou do político, do economista ou do artista.

Na cidade do futuro provavelmente não haverá um único prédio em que apareça o letreiro "Escola", porque escola, que no pleno sentido da palavra significa "lazer" e destinou pessoas especiais e um edifício especial para ocupações com "lazer", estará toda incorporada ao trabalho e à vida e se encontrará na fábrica, na praça pública, no museu, no hospital e no cemitério.

"Em cada sala de aulas haverá janelas, um professor de verdade irá olhar de sua escrivaninha para o vasto mundo, para as inquietações humanas, as alegrias e obrigações da vida", diz

Münsterberg (1910, p. 334), e na escola do futuro essas janelas estarão abertas da forma mais escancarada, o professor não só irá olhar mas participará ativamente das "obrigações da vida". O que criava o bolor e a estagnação da nossa escola devia-se ao fato de que nela as janelas para o vasto mundo estavam hermeticamente fechadas, e fechada antes de tudo na alma do próprio professor.

Muita gente acha que no novo sistema de pedagogia atribui-se ao professor um papel insignificante, que se trata de uma pedagogia sem pedagogo e de uma escola sem professor. Pensar que na escola do futuro o professor não terá nada a fazer equivale a imaginar que o papel do homem na produção mecânica irá reduzir-se a ponto de tornar-se nulo. Pode parecer facilmente que na nova escola o professor irá transformar-se em um manequim mecânico. Na realidade o seu papel irá crescer infinitamente, e exigirá que ele preste um exame superior para a vida e assim poder transformar a educação em uma criação da vida.

A vida como criação

Até hoje existe infelizmente a convicção de que o processo educativo, por expressar-se na relação entre o professor e o aluno, na parte mais importante esgota-se na imitação. Até nos novos sistemas da pedagogia marxista fala-se às vezes de que o reflexo da imitação é o fundamento da educação (A. Zalkind). "O educador deve seduzir, envolver o organismo educando com o conteúdo sedutor do seu próprio exemplo, do contrário serão estéreis todas as tentativas de pôr em movimento o aparelho refletor e psíquico." (Zalkind, 1930, p. 155.)

Tudo isso é essencialmente falso. Na medida em que à luz dos conhecimentos científicos transforma-se o próprio processo pedagógico, modifica-se também a concepção do fundamento e da natureza da educação. Antes de mais nada, amplia-se o próprio conceito de educação. Não se trata simplesmente de educação mas de refundição do homem. Como se tem ressaltado reiteradamente, essa refundição precisa antes de mais nada utilizar ao máximo o material congênito do comportamento.

Nenhuma das reações da criança necessita desaparecer inutilmente. James diz: "Por isso leve sempre em conta as reações congênitas, mesmo quando quiser destruir-lhes a ligação com certos objetos para substituí-la para uma relação de outra espécie e tornar esta comum para a criança. Os maus atos servem tanto de ponto partida ao professor quanto os bons, freqüentemente até melhor do que os bons, por mais paradoxal que isso possa parecer" (James, 1905, p. 60).

Assim, o caráter criador no processo pedagógico manifesta-se com toda a sua nitidez. Daí tornar-se compreensível a natureza criadora do processo educativo, orientada não para o simples cultivo dos dados naturais mas para a criação de uma vida humana "acima da natural" e "supranatural".

Nesse sentido a pedagogia diverge radicalmente da teoria da educação natural que vê o ideal no passado. Para Tolstói e Rousseau a criança é um ideal de harmonia, e toda a educação subseqüente apenas a estraga. Para a psicologia científica, a criança se revela como problema trágico na apavorante desproporcionalidade e na desarmonia do seu desenvolvimento. Sem falar do paralelismo biogenético, pode-se assim mesmo dizer que uma criança recém-nascida é um condensamento da experiência anterior, é pura biologia, e que em alguns anos do seu desenvolvimento ela deve efetivamente superar todo o caminho percorrido pela humanidade, do macaco ao aeroplano.

Toda a diferença consiste em que a criança percorre esse caminho nas próprias pernas e sem qualquer paralelismo com os caminhos da história. Mas atentando-se para toda a imensidão do caminho, fica compreensível que a criança terá de entrar em uma luta encarniçada com o mundo, e nessa luta caberá ao educador a palavra decisiva. É assim que entre nós surge a concepção de educação como guerra. "A psicologia e toda a pedagogia científica nela baseada lembram muito a ciência da guerra: a estratégia. Aqui, como lá, os princípios fundamentais são extremamente simples e definidos... de sorte que se pode imaginar que aqueles que os assimilam conquistam vitórias constantes quer no campo de batalha, quer na sala de aula. Mas tanto em um quanto em outro caso cabe levar em conta mais uma grandeza que não se presta ao cálculo. O espírito do nosso inimigo-aluno tenta paralisar os nossos esforços com o mesmo empenho com que o espírito do chefe militar inimigo procura destruir os planos do general cientista." (James, 1905, pp. 7-8.)

Assim, a pedagogia se revela sob o aspecto da luta. "Em face da estrutura caótica da sociedade capitalista, três quartos das modernas diretrizes sociais constituem um sistema de sociofobias, ou seja, de uma hábil abstração pelo organismo de ações socias válidas. Por isso educar no organismo uma sólida resultante social em sua maior parte é uma luta encarniçada ora latente, ora evidente entre o educador e o educando. Por isso a sociologia (pedagogia, psicoterapia) não deve e nem pode ser apolítica. O verdadeiro sociólogo, ou seja, o educador e não o gramofone, sempre é político. A educação dos reflexo sociais é a educação da linha social do organismo, ou seja, a educação não pode deixar de ser política. A pedagogia (sociologia) nunca foi apolítica, uma vez que, ao trabalhar com o psiquismo e os reflexos sociais, sempre infundiu, voluntaria ou involuntariamente, essa ou aquela linha social, ou seja, política em correspondência com os interesses da classe social dominante que a orientavam." (Zalkind, 1930, pp. 155, 157-8.)

Por isso os limites da educação nunca se ampliaram tanto quanto hoje quando a revolução empreende a reeducação de toda a humanidade e cria na própria vida uma nítida orientação para a educação. É necessário ter em vista que a sociologia do organismo consiste em suscitar mudanças coerentes e profundas em toda a sua diretriz sócio-reflexa, ou seja, em todos os reflexos sem exceção, uma vez que todos eles estão penetrados de elementos sociais. Educar pontos de vista, sentimentos, conhecimentos e atrações é apenas uma expressão parcial e incorreta de um pensamento geral sobre a educação do organismo em sua totalidade, em todas as suas funções, especialmente na parte social, uma vez que a educação de determinados conhecimentos, sentimentos, etc., é ao mesmo tempo a educação de determinado tipo social de respiração, de gestão, etc. Os pontos de vista e sentimentos não estão separados nem teórica, nem praticamente dos "momentos biológicos" (*ibid.*, pp. 153-4).

Acrescentemos a isso que funções do organismo como o crescimento, a forma de constituição dos ossos, etc., também dependem em grande medida da educação social. Assim, a educação se desdobra como o mais amplo problema do mundo: o problema da vida como criação.

Nesse sentido Zalkind tem razão quando aproxima o processo da criação artística a qualquer outro ato mental.

"Os elementos básicos do processo de criação artística em nada diferem, a não ser pela tensão quantitativa, de qualquer outro ato mental, seja ele o mais simples. Todo impulso no aparelho psíquico do homem, o mínimo deslocamento na cadeia de pensamentos, sentimentos, etc. é um ato de adaptação social do indivíduo, uma manifestação da sua luta social pela autopreservação. Só um estado de incômodo social provoca mudança no aparelho psíquico. O bem-estar absoluto o mergulharia em um sono profundo. A fonte de todo movimento da alma, do pensamento mais insignificante a uma descoberta genial, é o mesmo." (*Ibid.*, p. 195.)

Um pensamento emitido, um quadro pintado e uma sonata composta nascem de um estado de incômodo dos seus autores e procuram através da reeducação modificar as coisas no sentido de uma maior comodidade. Quanto maior é a tensão no incômodo e ao mesmo tempo mais complexo o mecanismo psíquico do homem tanto mais naturais e insuperáveis se tornam os seus arrebatamentos pedagógicos e maior a energia com que irrompem.

"O criador é sempre da espécie dos descontentes." É por isso que a educação nunca pode limitar-se à razão. "Para semelhantes pretextos e comoções é necessária uma afinidade interior entre o educador e o educando, uma proximidade em seus sentimentos e conceitos. A educação é um processo de mútua e contínua adaptação de ambos os campos, no qual a parte mais dinâmica e terminantemente ativa é ora o orientador, ora os orientados.

O processo pedagógico é a vida social ativa, é a substituição de vivências combativas responsivas, é a luta tensa na qual o professor no melhor dos casos personifica uma grande parte da classe (freqüentemente ele é um completo solitário). Todos os seus melhores elementos, toda a experiência do sentir e do pensar, além da vontade, ele utiliza incessantemente em um clima de tensa luta social denominada trabalho pedagógico interior. A cadeia das suas insatisfações pessoais, dos incômodos, das aspirações a adaptar-se, das revelações pedagógicas daí decorrentes e das aulas de educação é a mesma cadeia da criação artística que acabamos de desenhar. O pedagogo-educador não pode não ser um artista. O objetivismo puro do pedagogo é um absurdo. O educador racional nunca educa." (*Ibid.*, pp. 196-8.)

Está claro para qualquer um que quanto mais forte é o incômodo que dá o primeiro impulso ao movimento da alma tanto mais forte é o próprio movimento, que a educação e a criação são sempre trágicas porque partem do "incômodo" e do mal-estar, da desarmonia. A biologia desconhece a teleologia. O mundo se desenvolve de forma improdutiva. É justamente por ser a infância a época da educação que ela é a época mais trágica, época da desarmonia e da discrepância do organismo com o meio. A música da educação surge de uma dissonância que ela procura resolver. Quanto mais envelhecemos, quanto mais nos sentimos adaptados e confortáveis na vida tanto menos nos resta espírito criador e mais dificilmente nos prestamos à educação.

Toda aquela pedagogia que adocicava a "época dourada da infância serena" e o processo educativo com água de rosas está fora do nosso caminho. Sabemos que o maior motor da educação é o lado trágico da infância, como a fome e a sede são os inspiradores da luta pela sobrevivência. Por isso a educação deve ser orientada no sentido de não turvar e nem escamotear os traços cruéis do verdadeiro desconforto da infância mas fazer a criança chocar-se da forma mais brusca e freqüente com esse desconforto e levá-la a vencê-lo.

A vida se revela como um sistema de criação, de permanente tensão e superação, de constante criação e combinação de novas formas de comportamento. Assim, cada idéia, cada movimento e cada vivência são uma aspiração de criar uma nova realidade, um ímpeto no sentido de alguma coisa nova.

Assim, a vida só se tornará criação quando libertar-se definitivamente das formas sociais que a mutilam e deformam. Os problemas da educação serão resolvidos quando forem resolvidas as questões da vida.

Dessa forma, a vida do homem se tornará uma criação constante, um ritual estético quando surgir não da tendência para a satisfação de algumas necessidades pequenas mas de um arroubo criador luminoso e consciente. O ato de alimentar-se e o sono, o amor e a brincadeira, o trabalho e a política, cada sentimento e cada pensamento se tornarão objeto de criação. O que agora se realiza nos campos estreitos da arte mais tarde penetrará toda a vida e esta se tornará um trabalho criador.

Para o educador se abrirão possibilidades infinitas de criação da vida em sua infinita variedade. Não é nos limites estreitos da atividade pessoal e da vida pessoal que ele se tornará um verdadeiro criador do futuro. Nessa época a pedagogia, como criação da vida, ocupará o primeiro lugar. Paralelamente a pedagogia, no sentido amplo da formação psicofísica de novas gerações, se tornará a rainha do pensamento social. Os sistemas pedagógicos irão unir em torno de si poderosos partidos. As experiências socialmente educativas e as competições entre os diferentes métodos ganharão uma amplitude com a qual atualmente nem se pode sonhar.

O homem passará finalmente a harmonizar a si mesmo. Propor-se a tarefa de introduzir no movimento dos próprios órgãos – no trabalho, nas caminhadas, no jogo – a máxima precisão, racionalidade, economia e beleza. Ele desejará dominar os processos semi-inconscientes e depois inconscientes no próprio organismo: a respiração, a circulação sangüínea, a digestão, a fecundação – e nos limites necessários subordiná-los ao controle da razão e da vontade. A espécie humana, o estagnado *Homo sapiens*, retomará a transformação radical e sob seu próprio controle se tornará objeto dos mais complexos métodos de seleção artificial e treinamento psicofísico. Isto está inteiramente na linha do desenvolvimento. O homem expulsou pela primeira vez o elemento obscuro da produção e da ideologia, suplantando a rotina bárbara com a técnica científica e a religião com a ciência. Depois ele expulsou o inconsciente da política, destronou a monarquia e o regime de castas com a democracia, o parlamento racionalista e depois com a ditadura toda transparente dos soviets. Por último, no canto mais fundo e obscuro do inconsciente, do espontâneo, do subterrâneo encaramujou-se a natureza do próprio homem. Não está claro se para cá serão canalizados todos os grandes esforços do pensamento investigatório e da iniciativa criadora. A espécie humana não vai deixar de rastejar diante de Deus, dos reis e do capital para inclinar-se docilmente diante das leis obscuras da hereditariedade e da seleção sexual cega! O homem liberto desejará atingir maior equilíbrio no funcionamento dos seus órgãos, um desenvolvimento mais regular e o desgaste dos seus tecidos para, só com isso, introduzir o medo da morte nos limites da reação racional do organismo ao perigo, pois não pode haver dúvida de que é justamente a desarmonia do homem, a extrema desigualdade anatômica e fisiológica do desenvolvimento e do desgaste dos órgãos e tecidos que dão ao instinto de vida uma forma mórbida, melindrada e histérica de medo da morte, medo esse que obscurece a razão e alimenta fantasias tolas e humilhantes sobre a existência além-túmulo. O homem se proporá o objetivo de dominar os próprios sentimentos, elevar os instintos à altura da consciência, torná-los transparentes, estender os fios da vontade ao oculto e ao subterrâneo e assim elevar-se a um novo nível e criar um tipo socialmente biológico mais "alto" ou um talvez super-homem.

Capítulo XX
O problema do ensino e do desenvolvimento mental na idade escolar

A relação entre o ensino e o desenvolvimento da criança na idade escolar é a questão mais central e fundamental sem a qual o problema da psicologia pedagógica e da análise pedológica do processo pedagógico não podem ser não só resolvidos corretamente mas nem sequer colocados. Por outro lado, essa questão é a mais sombria e não esclarecida entre todos os conceitos básicos em que se baseia a aplicação da ciência no desenvolvimento da criança à elucidação nos processos de sua educação. A ausência de clareza teórica da questão não significa, evidentemente, que ela tenha sido inteiramente afastada de todo o conjunto das investigações modernas relacionadas a esse campo. Nenhuma pesquisa concreta consegue evitar uma questão teórica central. Mas se em termos metodológicos o problema continua sem elucidação, isto significa apenas que as pesquisas concretas estão baseadas em postulados e premissas teoricamente confusas, criticamente não ponderadas, às vezes internamente contraditórias, não conscientizadas, em decisões alheias que, evidentemente, são a fonte de uma série de equívocos.

Se tentarmos reduzir a uma única raiz as fontes de todos os equívocos e dificuldades mais profundas com que deparamos nesse campo, não será exagero dizer que a raiz comum é justamente a questão aqui discutida. Nossa tarefa é revelar aquelas soluções teóricas vagas e não conscientizadas da questão, que servem de base à maioria dos estudos, examiná-las criticamente partindo de dados experimentais e de considerações teóricas, esboçar ao menos nos traços mais gerais e compactos a solução do problema que nos interessa. No fundo, podemos reduzir esquematicamente todas as soluções existentes da questão atinente à relação entre o desenvolvimento e o ensino da criança a três grupos básicos, que tentaremos examinar em separado na sua expressão mais nítida e completa.

O primeiro grupo de soluções proposto na história da ciência tem como centro a tese sobre a independência dos processos do desenvolvimento infantil em face dos processos de ensino. Nessas teorias o ensino é visto como processo puramente externo, que deve ser combinado de uma forma ou de outra com a marcha do desenvolvimento da criança mas, em si, não participa ativamente desse desenvolvimento, nada modifica nele e aproveita mais as conquistas do desenvolvimento que desloca a marcha e modifica a sua orientação. É típico dessa teoria a concepção sumamente complexa e interessante de Piaget, que estuda o desenvolvimento do pensamento infantil com absoluta independência em relação aos processos de ensino da criança.

Até hoje surpreende o fato – que foge à atenção da crítica – de que os pesquisadores, quando estudam o desenvolvimento do pensamento do aluno escolar, partem de uma premissa de princípio segundo a qual existe independência entre esses processos e o ensino escolar. Para esses pesquisadores, é como se processos como o raciocínio e a compreensão da criança, sua concepção de mundo, a interpretação da causalidade física e o domínio das formas lógicas de pensamento e da lógica abstrata transcorressem por si mesmos, sem qualquer interferência por parte do ensino escolar.

Para Piaget, não é questão de técnica mas de princípio o método que ele aplica para estudar o desenvolvimento mental da criança com base em material que exclui inteiramente qualquer possibilidade de preparação pedagógica da criança não só para resolver uma dada tarefa mas, em linhas gerais, para determinada resposta. Qualquer uma das perguntas que Piaget propõe em suas palestras clínicas com as crianças pode servir como exemplo típico na base do qual todos os pontos fortes e fracos desse método podem ser mostrados com absoluta clareza. Quando se pergunta a uma criança de cinco anos por que o sol não cai tem-se em vista que essa criança não só não tem a resposta pronta para essa pergunta como não está em condições de dar uma resposta que seja um mínimo satisfatória por mais genial que essa criança possa ser. O sentido da colocação dessas perguntas totalmente inacessíveis para a criança consiste em excluir inteiramente a influência da experiência anterior e dos conhecimentos anteriores da criança, obrigar o pensamento da criança a trabalhar questões notoriamente novas e inacessíveis para ela e assim detectar em forma pura as tendências do pensamento da criança em sua independência plena e absoluta em relação aos conhecimentos, a experiência e ao ensino dessa criança. Se dermos continuidade ao pensamento de Piaget e dele tirarmos conclusões em relação ao ensino, será fácil perceber que estas irão se aproximar demais da colocação do problema que não raro encontramos entre os nossos pesquisadores. Muito amiúde deparamos com essa colocação do problema sobre a relação entre o desenvolvimento e o ensino, que encontra a sua expressão extremada e quase disforme na teoria de Piaget. Entretanto, não é difícil mostrar que, aqui, ela é apenas levada ao seu limite lógico e, assim, ao absurdo.

Costuma-se dizer com muita freqüência que a tarefa da educação com relação aos processos de aprendizagem consiste em estabelecer em que medida desenvolveram-se na criança aquelas funções, aqueles modos de atividade e faculdades intelectuais que são indispensáveis para assimilar certos campos do conhecimento e adquirir certas habilidades. Supõe-se que para aprender aritmética a criança necessite de uma memória bastante desenvolvida, de atenção, pensamento, etc. A tarefa do pedagogo consiste em estabelecer o quanto essa função amadureceu para que a aprendizagem de aritmética seja possível.

Não é difícil perceber que nesse caso admite-se total independência dos processos de desenvolvimento dessas funções em relação aos processos de aprendizagem, que se manifesta inclusive na divisão temporal de ambos os processos. O desenvolvimento deve concluir certos círculos de leis, determinadas funções devem amadurecer antes que a escola passe a lecionar determinados conhecimentos à criança. Os ciclos do desenvolvimento sempre antecedem os ciclos da aprendizagem. A aprendizagem segue a reboque do desenvolvimento, este sempre está adiante da aprendizagem. Graças só a isso já se pode excluir de antemão qualquer possibilidade de colocar a questão do papel da própria aprendizagem no processo de desenvolvimento e amadurecimento daquelas funções que são dinamizados pela aprendizagem. O desenvolvimento e o amadurecimento de tais funções são antes uma premissa que o resultado da aprendizagem. A aprendizagem se ajusta ao desenvolvimento sem nada modificar essencialmente nele.

O segundo grupo de soluções dessa questão pode estar unificado tanto em torno do seu centro quanto da tese oposta, segundo a qual aprendizagem é desenvolvimento. Essa é a fórmula mais compacta e precisa que expressa a essência do segundo grupo de teorias. Essas teorias surgem nas mais diferentes bases.

Há pouco tempo observava-se entre nós um poderoso renascimento dessa teoria essencialmente velha, com base na reflexologia. A fórmula segundo a qual a aprendizagem se resume à formação de reflexos condicionados, seja a alfabetização ou a aprendizagem de aritmética, no fundo tem em vista o que foi dito anteriormente: desenvolvimento é educação de reflexos condicionados, ou seja, o processo de aprendizagem se funde de forma integral e indivisa ao processo do desenvolvimento infantil. Em forma mais velha e em bases diferentes essa mesma idéia foi desenvolvida por James, que, ao distinguir as reações congênitas e as adquiridas, como o faz a reflexologia atual, reduziu o processo de aprendizagem à formação de um hábito e identificou esse processo ao processo de desenvolvimento.

À primeira vista pode parecer que esse ponto de vista é bem mais parecido do que o anterior, pois se o primeiro se baseava na total separação dos processos de aprendizagem e desenvolvimento, o segundo atribui à aprendizagem a importância central no processo de desenvolvimento da criança. Entretanto, uma análise mais próxima mostra que, a despeito de toda a aparente oposição entre ambos os pontos de vista, num ponto fundamental acabam muito parecidos um com o outro. Para James, a educação pode ser mais bem definida como organização de hábitos de comportamento adquiridos e propensões para a ação. O próprio desenvolvimento também se resume basicamente à acumulação de toda sorte de reações. Toda reação adquirida, segundo James, costuma ser ou uma forma mais complexa ou uma forma substitutiva da reação congênita que determinado objeto teve originalmente a tendência de suscitar. James chama a essa tese de princípio geral que serve de base a todo o processo de aquisição, ou seja, de desenvolvimento, e orienta toda a atividade do professor. Para ele, cada indivíduo é simplesmente um complexo vivo de hábitos.

Impõe-se perguntar quais, desse ponto de vista, são as relações da pedologia com a pedagogia, da ciência do desenvolvimento com a ciência da educação. Verifica-se que essas relações se parecem como duas gotas d'água àquelas que a teoria anterior nos desenhou. A pedologia é a ciência das leis do desenvolvimento e da aquisição de hábitos, já o ensino é arte. A ciência apenas indica aqueles limites a que se aplicam as regras, a arte e as leis, os quais não devem ser ultrapassados por quem se ocupa dessa arte. Vemos que no principal a nova teoria repete a velha. Os fundamentos do desenvolvimento são vistos como um processo puramente naturalista, ou seja, como complexificação natural ou substituição das reações congênitas. As leis do desenvolvimento são leis naturais, nas quais a aprendizagem nada pode modificar, mas elas indicam apenas os limites para a aprendizagem que essas leis naturais não devem ultrapassar. Dificilmente seria necessário confirmar que as reações congênitas se subordinam em seu fluxo às leis naturais. O mais importante é a afirmação de James, segundo a qual o hábito é a segunda natureza, ou, como disse Belington, é dez vezes mais forte que a natureza.

É difícil exprimir com mais clareza a idéia de que até no segundo grupo de teorias as leis do desenvolvimento continuam sendo vistas como leis naturais, que o ensino deve considerar de igual maneira como a técnica considera as leis da física, e onde o ensino é tão impotente para modificar algo quanto a mais perfeita técnica é impotente para mudar alguma coisa nas leis gerais da natureza.

A despeito de toda a semelhança entre ambas as teorias, nelas existe uma diferença substancial que podemos imaginar com mais clareza se prestarmos atenção na relação temporária entre os processos de aprendizagem e os processos de desenvolvimento. Como vimos, Piaget afirma que o ciclo do desenvolvimento antecede os ciclos da aprendizagem. O amadurecimento está adiante da aprendizagem. O processo escolar segue a reboque da formação psíquica. Para a segunda teoria ambos os processos se realizam de forma regular e paralela, de sorte que cada passo na aprendizagem corresponde a um passo no desenvolvimento. O desenvolvimento segue a aprendizagem como uma sombra segue o objeto que a lança. Até essa afirmação parece demasiado ousada para essa teoria, pois parte da plena fusão e da identificação dos processos de desenvolvimento e aprendizagem sem fazer qualquer distinção entre eles e, conseqüentemente, pressupõe ainda uma relação mais estreita e dependência entre ambos. O desenvolvimento e a aprendizagem, para essa teoria, coincidem entre si em todos os pontos, como duas figuras geométricas iguais quando superpostas uma à outra. É natural que qualquer pergunta sobre o que antecede e o que segue a reboque é absurda do ponto de vista dessa teoria, e a simultaneidade ou sincronia se tornam dogma fundamental de teorias dessa espécie.

O terceiro grupo de teorias tenta superar os extremos de ambos os pontos de vista simplesmente compatibilizando-os. Por um lado, o processo de desenvolvimento é concebido como processo que não depende da aprendizagem. Por outro, a própria aprendizagem, em cujo processo a criança adquire toda uma série de novas formas de comportamento, é concebida também como idêntica ao desenvolvimento. Assim, criam-se teorias dualistas do desenvolvimento, cuja encarnação mais nítida pode ser a teoria de Koffka sobre o desenvolvimento mental da criança. Segundo essa teoria, o desenvolvimento tem por base dois processos diferentes por natureza embora vinculados e mutuamente condicionados um pelo outro. O primeiro, o amadurecimento, que depende imediatamente do processo de desenvolvimento do sistema nervoso, o segundo, a aprendizagem, que em si também é um processo de desenvolvimento, segundo famosa definição de Koffka.

O segundo momento é a idéia da dependência mútua, da influência mútua dos dois processos fundamentais, dos quais se constitui o desenvolvimento. É verdade que o caráter da influência mútua quase não é elucidado no famoso trabalho de Koffka, que se limita a observações das mais gerais sobre a existência de uma relação entre esses processos. Entretanto, como essas observações dão a entender, o processo de amadurecimento prepara e torna possível certo processo de aprendizagem. O processo de aprendizagem como que estimula e avança o processo de amadurecimento.

Por último, o terceiro momento, que é o mais substancial: a ampliação do papel da aprendizagem no processo de desenvolvimento da criança. Neste devemos nos deter com um pouco mais de detalhes. O terceiro momento nos leva imediatamente ao velho problema pedagógico, que ultimamente se tornou agudo; este costuma ser chamado de problema da disciplina formal. Essa idéia, que encontrou expressão mais nítida no sistema de Herbart, resume-se em que para cada objeto de aprendizagem se reconhece certa importância em termos de desenvolvimento mental geral da criança. Desse ponto de vista, diferentes objetos têm valor variado em termos de desenvolvimento mental da criança. Como se sabe, a escola, fundada nessa idéia, tomou por base do ensino objetos como as línguas clássicas, a cultura antiga, a matemática, supondo que, independentemente do valor vital desses ou daqueles objetos, deveriam ser promovidas ao primeiro plano aquelas disciplinas de maior valor do ponto de vista do desenvolvimento mental geral da criança. Essa teoria da disciplina formal levou a conclusões práticas extremamente reacionárias no campo da pedagogia. Até certo ponto, uma reação contra ela foram as teorias do segundo grupo por nós examinadas, que tentaram devolver à aprendizagem a sua importância autônoma, em vez de considerá-la apenas um meio de desenvolvimento da criança, mera ginástica ou disciplina formal que deveriam treinar-lhe as faculdades intelectuais.

Realizaram-se várias pesquisas, que mostraram a inconsistência da idéia básica sobre a disciplina formal. Essas pesquisas descobriram que a aprendizagem em um determinado campo influencia pouco demais o desenvolvimento geral. Assim, Woodworth e Thorndike descobriram que os adultos que fizeram grandes sucessos na definição de linhas curtas depois de exercícios especiais quase em nada avançaram na habilidade de definir linhas longas, e, após definirem com sucesso as dimensões da superfície de uma determinada forma, tiveram sucesso ao definir menos de um terço da superfície de diferentes dimensões e formas. Gilbert, Fracker e Martin mostraram que os exercícios de reação rápida a um tipo de sinal pouco influenciam a rapidez da reação a um sinal de outro tipo.

Seria possível apresentar ainda uma série de investigações semelhantes cujos resultados quase sempre são idênticos. Justamente elas comprovam que a aprendizagem especial de alguma forma de atividade reflete-se pouquíssimo em outra forma de atividade ainda que esta seja parecida à primeira. Para Thorndike, o problema de saber o quanto as reações parciais diariamente produzidas pelos alunos desenvolvem as suas faculdades mentais no conjunto é uma questão referente ao sentido educativo geral dos objetos de ensino ou, para ser breve, uma questão de disciplina formal.

"Uma resposta comum que os teóricos da psicologia e da pedagogia costumam dar consiste em que cada aquisição particular e cada forma especial de desenvolvimento realizam imediata e regularmente uma habilidade geral. O professor pensava e agia com base na teoria de que a inteligência é um complexo de faculdades: de potencialidades, de espírito de observação, de atenção, de memória, de pensamento, etc., e todo aperfeiçoamento em uma dessas faculdades é uma aquisição para todas as demais. Mais com base nessa teoria concentrar uma atenção intensiva na gramática latina implicaria reforçar as capacidades de concentrar a atenção em qualquer assunto. É opinião geral de que palavras como exatidão, vivacidade, sensatez, memória, espírito de observação, atenção, poder de concentração, etc. significam capacidades reais e fundamentais que se modificam em função do material com que operam, que essas capacidades básicas modificam-se consideravelmente em decorrência do estudo de determinados objetos e conservam essas modificações quando se voltam para outro campo. Assim, ainda segundo essa opinião geral, se o homem aprende a fazer bem alguma coisa, graças a alguma relação misteriosa ele irá fazer bem também outras coisas que não tenham nenhuma relação com a primeira. Considera-se que as faculdades mentais funcionam independentemente do material com que operam. Considera-se também que o desenvolvimento de uma faculdade acarreta o desenvolvimento das outras." (1925, pp. 206-7.) Contra esse ponto de vista manifestava-se Thorndike, que recorria a várias pesquisas para mostrar que ele era falso. Ele revelou a dependência dessa ou de outra forma de atividade em relação ao material concreto com que opera essa atividade. O desenvolvimento de uma capacidade particular raramente significa também o desenvolvimento das outras. O estudo minucioso da questão mostra, segundo ele, que a especialização das capacidades ainda é maior do que deixa transparecer uma observação superficial. Por exemplo, se de cem indivíduos dez que tenham capacidade para notar erros de ortografia ou medir o comprimento, esses dez de maneira nenhuma revelam melhores capacidades para uma definição correta do peso do objeto. De igual maneira, a rapidez e a precisão na adição não têm qualquer ligação com a rapidez e a precisão na criação de palavras de significado oposto em tais condições.

Essas pesquisas mostram que a consciência não é, de maneira nenhuma, um complexo de algumas faculdades gerais: de observação, atenção, memória, julgamento, etc., mas a soma de uma multiplicidade de capacidades particulares cada uma das quais independe da outra e deve ser exercitada de forma independente. A tarefa de ensinar não é tarefa de desenvolver uma capacidade de reflexão. É tarefa de desenvolver muitas capacidades especiais de pensar sobre uma variedade de objetos. Ela consiste em desenvolver diferentes capacidades de concentração da atenção em uma variedade de objetos e não de modificar a nossa faculdade geral da atenção.

Os métodos, que asseguram a influência da aprendizagem especial sobre o desenvolvimento geral, só atuam por intermédio de elementos idênticos: da identidade do material e da identidade do próprio processo. O hábito nos governa. Daí a conclusão natural de que desenvolver a consciência significa desenvolver uma multiplicidade de faculdades parciais independentes umas das outras, de formar uma infinidade de hábitos parciais, pois a atividade de cada faculdade depende do material com que esta opera. O aperfeiçoamento de uma função da consciência ou de um aspecto da sua atividade pode influenciar o desenvolvimento de outra apenas na medida em que existam elementos comuns a uma e outra função ou atividade.

Foi contra esse ponto de vista que se manifestou o terceiro grupo de teorias de que já falamos. Com base nas conquistas da psicologia estrutural, que mostrou que o próprio processo de aprendizagem nunca se resume na simples formação de habilidades mas implica uma atividade de ordem intelectual, que permite transferir os princípios estruturais encontrados na solução de uma tarefa a uma série de outras, essa teoria lança a tese segundo a qual a influência da aprendizagem nunca é específica. Ao aprender alguma operação particular, a criança está adquirindo a capacidade de formação de estruturas de um determinado tipo independentemente do material com que opera e dos elementos particulares integrantes dessa estrutura.

Assim, o terceiro grupo de teorias contém, como momento essencial e novo, a retomada da doutrina da disciplina formal e, assim, entra em contradição com a sua própria tese básica. Como estamos lembrados, Koffka repete a velha fórmula ao afirmar que aprendizagem é desenvolvimento. Mas como a própria aprendizagem não lhe parece apenas um processo de aquisição de hábitos e habilidades, a relação entre a aprendizagem e o desenvolvimento não é idêntica para ele mas uma relação de natureza mais complexa. Se para Thorndike a aprendizagem e o desenvolvimento coincidem entre si em todos os pontos como duas diferentes figuras geométricas superpostas, para Koffka o desenvolvimento sempre é um círculo mais amplo do que a aprendizagem. A relação esquemática entre ambos os processos poderia ser representada através dos círculos concêntricos, o menor dos quais simbolizando o processo de aprendizagem e o maior o processo de desenvolvimento suscitado pela aprendizagem.

A criança aprendeu a realizar alguma operação. Desse modo, assimilou algum princípio estrutural, um campo de aplicação de algo mais amplo que a simples operação do tipo em que esse princípio foi assimilado. Logo, ao dar um passo na aprendizagem a criança avança dois passos no desenvolvimento, ou seja, a aprendizagem e o desenvolvimento não coincidem.

Quando resolvem de diferentes maneiras o problema da relação de aprendizagem e desenvolvimento, os três referidos grupos de teoria se afastam desses dois itens e permitem esboçar uma solução mais correta para a mesma questão. Achamos que o momento inicial para esse problema é o fato de que a aprendizagem da criança começa muito antes da aprendizagem escolar. Em essência a escola nunca começa no vazio. Toda aprendizagem com que a criança depara na escola sempre tem uma pré-história. Por exemplo, a criança começa a estudar aritmética na escola. Entretanto, muito antes de ingressar na escola ela já tem certa experiência no que se refere à quantidade: já teve oportunidade de realizar essa ou aquela operação de dividir, de determinar grandeza, de somar e diminuir. Logo, a criança tem a sua aritmética pré-escolar, que só psicólogos míopes poderiam ignorar.

Um estudo minucioso mostra que essa aritmética pré-escolar é sumamente complexa e, conseqüentemente, a criança percorre o caminho do desenvolvimento aritmético muito antes de começar a aprendizagem escolar de aritmética. É verdade que a pré-história escolar da aprendizagem escolar não significa uma sucessão direta existente entre uma e outra etapa do desenvolvimento aritmético da criança.

A linha da aprendizagem escolar não é uma continuação direta da linha do desenvolvimento pré-escolar da criança em algum campo, além disso, em certo sentido pode sofrer desvio e, mais ainda, tomar um rumo oposto à linha do desenvolvimento pré-escolar. Seja como for, tenhamos na escola uma continuação direta da aprendizagem escolar ou a sua negação, não podemos ignorar a circunstância de que a aprendizagem escolar nunca começa no vazio mas sempre se baseia em determinado estágio do desenvolvimento, percorrido pela criança antes de ingressar na escola.

Além do mais, achamos sumamente convincentes os argumentos de pesquisadores como Stumpf e Koffka, que tentam apagar a fronteira entre a aprendizagem escolar e a aprendizagem na fase pré-escolar. Um olho atento descobrirá facilmente que a aprendizagem não começa apenas na idade escolar. Ao tentar elucidar para os mestres a lei da aprendizagem infantil e a sua relação com o desenvolvimento mental da criança, Koffka concentra a sua atenção nos processos mais simples e primitivos de aprendizagem, que se manifestam precisamente na idade pré-escolar.

Koffka se equivoca ao ver a semelhança entre a aprendizagem escolar e a pré-escolar sem perceber as diferenças entre elas. Não percebe o especificamente novo que o fator aprendizagem escolar introduz. Pelo visto, Koffka tende a considerar, com Stumpf, que a diferença consiste apenas em que, em um caso, estamos diante de uma aprendizagem não sistemática da criança e, em outro, de uma aprendizagem sistemática. Tudo indica que não se trata apenas da sistematicidade mas de algo fundamentalmente novo que a aprendizagem escolar introduz no desenvolvimento da criança.

Esses autores têm razão por haverem indicado o fato indiscutível de que já existe aprendizagem muito antes de chegar a idade escolar. De fato, por acaso a criança não aprende a falar com os adultos; por acaso, ao fazer perguntas e dar respostas, ela não adquire conhecimentos e informações dos adultos; por acaso, ao imitar os adultos e receber deles a orientação de como deve agir, a criança não elabora toda uma série de habilidades?

É natural que a aprendizagem pré-escolar seja substantivamente diversa da escolar, pois esta trabalha com a assimilação das bases do conhecimento científico. Mas mesmo quando a criança, ao se encontrar no perigo das primeiras perguntas, assimila os nomes dos objetos ao redor, no fundo ela passa por um determinado ciclo de aprendizagem. Assim, a aprendizagem e o desenvolvimento não se encontram pela primeira vez na idade escolar, mas estão de fato interligadas desde o primeiro dia de vida da criança.

Assim, a questão que devemos nos propor ganha uma dupla complexidade. Divide-se como que em duas questões particulares. Em primeiro lugar, devemos entender a relação que existe entre aprendizagem e desenvolvimento em linhas gerais e, em segundo, saber quais as peculiaridades específicas dessa relação na idade escolar.

Comecemos pela segunda questão, que nos permitirá elucidar a primeira, a que nos interessa. Examinemos os resultados de algumas pesquisas que, do nosso ponto de vista, têm importância capital para todo o problema e permitem introduzir na ciência um novo conceito de suma importância, sem o qual a questão aqui examinada não pode ser corretamente resolvida. Trata-se da chamada zona de desenvolvimento imediato.

É impossível contestar o fato empiricamente estabelecido e reiteradamente verificado de que o ensino, de uma forma ou de outra, deve estar combinado ao nível de desenvolvimento da criança. Dificilmente seria necessário demonstrar que só se pode começar a alfabetizar uma criança a partir de certa idade, que só depois de determinada idade a criança está capacitada para estudar álgebra. Assim, a definição do nível de desenvolvimento e sua relação com as possibilidades da aprendizagem constituem fato inabalável e fundamental, do qual podemos partir sem medo como se parte de algo indiscutível.

Entretanto, só recentemente se deu atenção ao fato de que não podemos nos limitar a uma simples definição do nível de desenvolvimento quando tentamos esclarecer as relações reais entre o processo de desenvolvimento e as possibilidades da aprendizagem. Devemos definir ao menos dois níveis de desenvolvimento da criança, sem cujo conhecimento não conseguiremos encontrar a relação correta entre o processo do desenvolvimento infantil e as possibilidades da sua aprendizagem em cada caso concreto. Chamaremos o primeiro de nível de desenvolvimento atual da criança. Temos em vista o nível de desenvolvimento das funções mentais da criança, que se formou como resultado de determinados ciclos já concluídos do seu desenvolvimento.

No fundo, quando definimos a idade mental da criança com o auxílio de testes, quase sempre trabalhamos com o nível de desenvolvimento atual. Entretanto, a simples experiência mostra que o nível de desenvolvimento atual não determina com suficiente plenitude o estado de desenvolvimento da criança no dia de hoje. Imagine-se que nós estudamos duas crianças e definimos como sendo de sete anos a idade mental de cada uma. Isto significa que as duas crianças resolvem tarefas acessíveis a crianças de sete anos. Entretanto quando tentamos fazer essas crianças avançarem na solução de testes, verificamos uma diferença substancial entre elas. Através de perguntas sugestivas, exemplos e amostra, uma delas resolve facilmente os testes que estão dois anos aquém do seu nível de desenvolvimento. A outra só resolve testes que se estendem meio ano além do seu nível.

Aqui deparamos imediatamente com um conceito central, indispensável para definir a zona de desenvolvimento imediato que, por sua vez, está relacionada à reavaliação do problema da imitação na psicologia moderna.

Antes se considerava inabalável que, para o nível de desenvolvimento mental da criança, era sintomática apenas a sua atividade autônoma mas de maneira nenhuma a imitação. Isto se manifestou em todos os sistemas atuais de pesquisas com testes. Na avaliação do desenvolvimento mental, só se levam em conta aquelas soluções a que a criança chegou com autonomia, sem ajuda de outros, de amostra nem de pergunta sugestivas.

Essa tese é inconsistente, como mostra a pesquisa. As experiências com animais já nos convenceram de que as ações que o animal é capaz de imitar estão na zona de suas próprias possibilidades. Noutros termos, o animal pode imitar apenas aquelas ações que, de uma forma ou de outra, são acessíveis a ele mesmo. Ademais, como estabeleceu Köhler, a possibilidade de imitação nos animais quase não vai além dos limites das possibilidades de sua própria ação. Isto significa que, se um animal é capaz de imitar algum ato intelectual, na atividade independente ele irá descobrir em certas condições a capacidade para realizar atos análogos. Deste modo, a imitação está estreitamente vinculada à compreensão, só possível no campo daquelas ações que são acessíveis à compreensão do animal.

O mérito essencial da imitação na criança consiste em que ela pode imitar ações que vão muito além dos limites das suas próprias capacidades, mas estas, não obstante, não são de grandeza infinita. Através da imitação na atividade coletiva, orientada pelos adultos a criança está em condição de fazer bem mais, e fazer compreendendo com autonomia. A divergência entre os níveis de solução de tarefas – acessíveis sob orientação – com o auxílio de adultos e na atividade independente determina a zona de desenvolvimento imediato da criança.

Lembremos o exemplo citado. Temos diante de nós duas crianças com a mesma idade mental de sete anos, mas uma delas resolve com o mínimo de ajuda tarefas calculadas para os nove anos, e a outra para os sete, cinco anos. Será idêntico o desenvolvimento mental das duas crianças? Do ponto de vista da atividade independente das duas esse desenvolvimento é idêntico, mas do ponto de vista das possibilidades imediatas do desenvolvimento esse desenvolvimento mental é acentuadamente discrepante. O que a criança se revela em condições de fazer com a ajuda do adulto nos indica a zona do seu desenvolvimento imediato. Logo, com a ajuda desse método podemos considerar não só o processo de desenvolvimento terminado no dia de hoje, os ciclos já concluídos e os processos de amadurecimento percorridos mas também os que se encontram atualmente em estado de formação, amadurecimento e desenvolvimento.

O que hoje a criança faz com o auxílio do adulto fará amanhã por conta própria. A zona do desenvolvimento imediato pode determinar para nós o amanhã da criança, o estado dinâmico do seu desenvolvimento que leva em conta não só o já atingido mas também o que se encontra em processo de amadurecimento. As duas crianças do nosso exemplo revelam uma idade mental idêntica do ponto de vista dos ciclos de desenvolvimento já concluídos mas nelas a dinâmica do desenvolvimento é inteiramente diversa. O estado de desenvolvimento mental da criança pode ser determinado pelo menos através da elucidação de dois níveis: do nível de desenvolvimento atual e da zona de desenvolvimento imediato.

Esse fato, que em si pareceria de pouca importância, em realidade tem importância fundamental e subverte toda a teoria da relação entre os processos de aprendizagem e desenvolvimento da criança. Em primeiro lugar, ele modifica a concepção pedagógica tradicional do diagnóstico do desenvolvimento. Antes essa questão se concebia da seguinte forma: através de testes determinava-se o nível de desenvolvimento mental da criança com a qual a pedagogia teria de contar e fora de cujos limites não devia atuar. Na própria colocação do problema já havia a idéia de que a aprendizagem deve ser orientada para o dia de amanhã no desenvolvimento da criança, para as suas etapas já percorridas e concluídas.

Na prática, o equívoco dessa concepção foi revelado antes que se tornasse claro na teoria. Isto pode ser mostrado com mais clareza no exemplo da aprendizagem das crianças mentalmente retardadas. Como se sabe, a criança mentalmente retardada tem pouca capacidade para o pensamento abstrato. Daí a pedagogia da escola auxiliar tirou a conclusão, que pareceria correta, de que toda a aprendizagem dessa criança deve basear-se no método direto. Entretanto uma grande experiência levou a pedagogia especial a uma profunda frustração. Verificou-se que esse sistema de ensino, que se baseia apenas no método direto e exclui do ensino tudo o que está ligado ao pensamento abstrato, não só não ajuda a criança a superar a sua deficiência natural como a aprofunda, habituando a criança a um pensamento exclusivamente direto e abafando nela os fracos embriões do pensamento abstrato que, apesar de tudo, existem na criança mentalmente retardada. É precisamente por isso que a criança mentalmente retardada, se entregue a si mesma, nunca atinge o mínimo de formas desenvolvidas de pensamento abstrato, e a tarefa da escola é envidar todos os esforços e fazê-la avançar nessa direção, desenvolver nela aquilo que em si não está suficientemente desenvolvido. Na pedagogia moderna da escola auxiliar observamos uma transformação benéfica dessa concepção direta, que atribui aos próprios métodos do ensino direto a sua verdadeira significação. O método direto se verifica necessário e inevitável apenas como um degrau para o desenvolvimento do pensamento abstrato, como meio e não como fim em si mesmo.

No desenvolvimento da criança acontece algo extremamente próximo. A aprendizagem, que se orienta nos ciclos já concluídos de desenvolvimento, acaba sendo ineficaz do ponto de vista do desenvolvimento geral da criança, não conduz o desenvolvimento mas segue a reboque dele.

Ao contrário do velho ponto de vista, a teoria da zona do desenvolvimento imediato permite propor a forma oposta, segundo a qual só é boa a aprendizagem que supera o desenvolvimento. A justeza desse ponto de vista pode ser confirmada no exemplo do ensino complexo. Todos temos fresca, na memória, a defesa do sistema complexo de ensino do ponto de vista pedagógico. Cabe perguntar se a pedologia equivocou-se e precisamente como ao demonstrar de todas as maneiras que o sistema complexo corresponde à natureza da criança.

Achamos que o erro da defesa pedológica desse sistema não está em ter ela se baseado em fatos inverídicos mas em ter colocado a própria questão de forma equivocada. É verdade que a criança que chega à escola tem mais afinidade com o sistema complexo de pensamento, mas é igualmente verdadeiro que ela (o sistema complexo de pensamento) já é uma etapa concluída do desenvolvimento pré-escolar. Tomar esse sistema como orientação significa reforçar no pensamento da criança as formas e funções que, no desenvolvimento infantil normal, devem extinguir-se, desaparecer e dar lugar a formas novas e mais perfeitas de pensamento juntamente na fronteira da idade escolar, e através de sua negação transformar-se em pensamento sistemático. Os pedólogos que defendiam esse sistema não cometeriam esse equívoco se colocassem o problema da concordância da aprendizagem com o processo de desenvolvimento da criança do ponto de vista não do ontem, mas do amanhã, no desenvolvimento.

Por outro lado, ganhamos a possibilidade de formular em termos mais amplos o problema da relação entre aprendizagem e desenvolvimento. Entre várias pesquisas, que não vamos citar mas nos permitimos aqui mencioná-las, sabe-se que o processo de desenvolvimento das funções superiores psíquicas da criança, específicas do homem e reveladas no processo do desenvolvimento histórico da humanidade, é um processo sumamente original. Em outra passagem, formulamos da seguinte maneira a lei básica do desenvolvimento das funções psíquicas superiores: toda função psíquica superior no desenvolvimento da criança vem à cena duas vezes: a primeira como atividade coletiva, social, ou seja, como função interpsíquica; a segunda, como atividade individual, como modo interior de pensamento da criança, como função intrapsíquica.

Um exemplo do desenvolvimento do discurso pode servir de paradigma a todo o problema nesse sentido. O discurso surge inicialmente como meio de comunicação entre a criança e as pessoas que a rodeiam. Só posteriormente, ao transformar-se em discurso inteiror, ele se torna modo fundamental de pensamento da própria criança, função psíquica interior. As pesquisas de Boldwin, Rignano e Piaget mostraram que no grupo infantil surge inicialmente a discussão e com ela a necessidade de demonstração do seu pensamento, e só depois disso surgem na criança as reflexões como campo original de atividade interior, cuja peculiaridade consiste em que a criança aprende a conscientizar e verificar os fundamentos do seu pensamento. "Nós mesmos acreditamos de bom grado na palavra e só no processo de comunicação surge a necessidade de verificação e confirmação da idéia", diz Piaget.

Como o discurso interior e a reflexão surgem da interação da criança com as pessoas que a rodeiam, essas inter-relações são a fonte do desenvolvimento da vontade infantil. Falando do desenvolvimento dos juízos morais da criança, em seu último trabalho Piaget mostrou que eles se baseiam na colaboração. Outros pesquisadores estabeleceram anteriormente que na brincadeira coletiva da criança surge antes a capacidade de subordinar o seu comportamento à regra e só depois disso aparece a regulação volitiva do comportamento como função interior da própria criança.

O que vemos em exemplos particulares ilustra a lei geral do desenvolvimento das funções psíquicas superiores na idade infantil. Pensamos que essa lei se aplica inteiramente ao processo de aprendizagem infantil. Depois de tudo o que foi dito, não temeríamos afirmar que o indício substancial da aprendizagem é o de que ela cria uma zona de desenvolvimento imediato, ou seja, suscita para a vida na criança, desperta e aciona uma série de processos interiores de desenvolvimento. Atualmente esses processos são possíveis para a criança só no campo das inter-relações com os que a rodeiam e da colaboração com os colegas mas, ao prolongar o processo interior de desenvolvimento, elas se tornam patrimônio interior da própria criança.

Desse ponto de vista a aprendizagem não é desenvolvimento mas, corretamente organizada, conduz o desenvolvimento mental da criança, suscita para a vida uma série de processos que, fora da aprendizagem, se tornariam inteiramente inviáveis. Assim, a aprendizagem é um momento interiormente indispensável e universal no processo de desenvolvimento de peculiaridades não naturais mas históricas do homem na criança. Toda aprendizagem é uma fonte de desenvolvimento que suscita para a vida uma série de processos que, sem ela, absolutamente não poderiam surgir. O papel da aprendizagem como fonte de desenvolvimento, da aprendizagem que cria a zona de desenvolvimento imediato pode ser elucidado com maior clareza na comparação da aprendizagem da criança com a do adulto. Até recentemente dava-se muito pouca atenção à diferença entre a aprendizagem dos adultos e da criança. Como se sabe, os adultos também são dotados de uma elevadíssima capacidade de aprendizagem. A concepção de James, segundo quem depois dos vinte e cinco anos os adultos não podem mais adquirir novas idéias, acaba sendo desmentida no curso das investigações experimentais modernas. Entretanto, até hoje não foi suficientemente esclarecido o que difere basicamente a aprendizagem dos adultos da aprendizagem da criança.

Efetivamente, do ponto de vista das teorias de Thorndike, James e outros já referidas e que reduzem os processos de aprendizagem à formação de hábitos, não pode haver diferença de princípio entre a aprendizagem dos adultos e da criança. A formação de hábitos se baseia no mesmo mecanismo independentemente de surgir esse hábito no adulto ou na criança. Tudo consiste em que em um ele se forma com mais facilidade e rapidez, em outro, com menos. Cabe perguntar: o que irá distinguir essencialmente o processo de aprendizagem da escrita na máquina de escrever, andar de bicicleta e jogar tênis no adulto do processo de aprendizagem da escrita, da aritmética e das ciências naturais da criança em idade escolar? Achamos que a diferença mais importante irá consistir na relação que o adulto e a criança venham a ter com os processos de desenvolvimento.

Outra coisa são os processos de aprendizagem da escrita. Pesquisas especiais, de que falaremos adiante, mostraram que esses processos suscitam para a vida novos ciclos sumamente complexos de desenvolvimento de processos mentais, cujo surgimento implica uma mudança tão fundamental no quadro espiritual geral da criança quanto a aprendizagem da linguagem na passagem da fase de recém-nascido para a tenra infância.

Podemos agora tentar resumir o que foi dito e formular em linhas gerais a relação encontrada entre os processos de aprendizagem e desenvolvimento. Antecipando-nos um pouco, diremos que todas as investigações experimentais da natureza psicológica dos processos de aprendizagem de aritmética, da escrita, das ciências naturais e outros objetos na escola primária mostram que os processos de aprendizagem giram, como em torno de um eixo, em volta das novas formações básicas da idade escolar. As próprias linhas da aprendizagem escolar despertam processos interiores de desenvolvimento. Observar o surgimento e o destino das linhas interiores do desenvolvimento, que surgem vinculadas à aprendizagem escolar, é o que constitui a tarefa direta da análise pedológica do processo pedagógico.

Para a hipótese aqui levantada, a mais importante é a tese segundo a qual os processos de desenvolvimento não coincidem com os processos de aprendizagem, os primeiros vêm atrás dos segundos, que criam zonas de desenvolvimento imediato.

Desse ponto de vista muda também a concepção da relação entre aprendizagem e desenvolvimento. Na ótica tradicional, no momento em que a criança assimilou o sentido de alguma palavra (por exemplo, a palavra "revolução") ou dominou alguma operação (por exemplo, a soma, a escrita), os processos de seu desenvolvimento estão basicamente concluídos. Desse novo ponto de vista esses processos apenas começam nesse momento. Mostrar como o domínio das quatro operações aritméticas dá início a uma série de processos internos complexos no desenvolvimento do pensamento da criança constitui a tarefa básica da pedologia na análise do processo pedagógico.

Nossa hipótese estabelece a unidade mas não a identidade dos processos de aprendizagem e dos processos internos de desenvolvimento. Ela pressupõe a transformação de um em outro. Mostrar como o sentido externo e a habilidade externa da criança se tornam internos constitui o objeto direto da investigação pedológica.

A análise pedológica não é uma psicotécnica da questão escolar. O trabalho escolar da criança não é um artesanato análogo a uma atividade profissional de adultos. Descobrir os processos de desenvolvimento que realmente se realizam e estão por trás da aprendizagem significa abrir as portas à análise pedológica científica. Toda pesquisa reflete algum campo determinado da atividade.

Cabe perguntar que espécie de realidade se representa na análise pedológica. É a realidade dos efetivos vínculos internos dos processos de desenvolvimento despertados para a vida pela aprendizagem escolar. Nesse sentido, a análise pedológica estará sempre voltada para o interior e lembrará uma pesquisa com auxílio de raios X. Ela deve iluminar para o mestre como na cabeça de cada criança realizam-se os processos de desenvolvimento suscitados para a vida pelo curso da aprendizagem escolar. Descobrir essa rede genética interna dos objetos pedagógicos é tarefa primordial da análise pedológica.

O segundo momento substancial da hipótese é a concepção de que, embora a aprendizagem esteja imediatamente relacionada ao desenvolvimento da criança, ainda assim eles nunca estão em igualdade nem em paralelismo entre si. O desenvolvimento da criança nunca segue a aprendizagem escolar como uma sombra atrás do objeto que a projeta. Por isso os testes de conquistas escolares nunca refletem a marcha real do desenvolvimento da criança. Em realidade, entre os processos de desenvolvimento e aprendizagem se estabelecem dependências dinâmicas as mais complexas, que não podem ser abrangidas por uma forma especulativa única e *a priori*.

Cada objeto tem uma relação concreta original com o processo do desenvolvimento da criança, e essa relação se modifica quando a criança passa de um nível a outro. Isso nos leva inteiramente à revisão do problema da disciplina formal, ou seja, do papel e do significado de cada objeto particular do ponto de vista do desenvolvimento mental geral da criança. A questão não pode ser resolvida com o auxílio de alguma fórmula, aqui se abre uma vastidão para as investigações concretas mais amplas e diversificadas.

Pode-se supor que o coeficiente de disciplina formal, próprio de cada objeto, também não seja idêntico nos diferentes níveis de aprendizagem e desenvolvimento. A tarefa da investigação pedológica nesse campo é estabelecer a estrutura interna dos processos pedagógicos do ponto de vista do desenvolvimento da criança e da mudança da estrutura acompanhada da mudança dos métodos de ensino na escola.

Achamos que, ao lado dessa hipótese, introduzimos na pedologia a possibilidade de um imenso campo para pesquisas concretas que são as únicas capazes de resolver em toda a plenitude o problema que colocamos.

Capítulo XXI
A dinâmica do desenvolvimento mental do aluno escolar em função da aprendizagem

Nesta conferência de hoje gostaria de me deter em algumas questões elaboradas pela pedologia nos últimos anos e vinculadas ao problema do desenvolvimento mental da criança no processo de sua aprendizagem. Essas questões tratam de como se relacionam entre si o desenvolvimento mental e o progresso da criança nas atividades escolares.

Antes esses problemas se resolviam com extrema facilidade, à semelhança de como um homem ingênuo observa certa ligação que se estabelece por via puramente empírica entre o desenvolvimento mental da criança e a possibilidade da sua aprendizagem. Sabe-se que a aprendizagem deve ser nivelada a determinadas fases etárias que a criança percorre no desenvolvimento mental. Não se pode começar a ensinar aritmética seja a uma criança de três ou doze anos. A melhor idade para ensinar aritmética oscila aproximadamente entre os seis e os oito anos. A enorme experiência pedagógica e simples observações empíricas, bem como uma série de pesquisas comprovam que o desenvolvimento mental e o processo de aprendizagem estão intimamente interligados e devem ser ajustados um ao outro.

Entretanto essa ligação era imaginada simples demais. Se fizermos um apanhado do que foi feito nessa questão em alguns países nos últimos dez anos, sem qualquer exagero poderemos dizer que ocorreu uma mudança radical nas concepções dos pesquisadores sobre o problema da relação entre o trabalho mental da criança e o processo da sua aprendizagem.

Como Binet, Meuman e outros fundadores da bibliografia clássica da área entendiam antes essa relação? Eles supunham que o desenvolvimento sempre é uma premissa necessária para a aprendizagem, que se na criança ainda não amadureceram o suficiente as funções mentais (as operações intelectuais) para que ela esteja em condições de iniciar a aprendizagem sobre este ou aquele objeto, então essa aprendizagem será estéril. Logo, eles achavam que o desenvolvimento deve anteceder a aprendizagem. A aprendizagem deve apoiar-se no desenvolvimento e aproveitar todas as funções já amadurecidas, pois só assim ela se tornará frutífera e possível. Eles temiam em especial que não se deve começar a ensinar uma criança algum objeto cedo demais quando ela ainda não está madura para isto. Todos os esforços dos pesquisadores estavam voltados para encontrar um limiar inferior de aprendizagem, ou seja, uma idade em que a aprendizagem se torna possível.

Como procuravam essa idade? Eles a achavam e até hoje ainda a acham principalmente com o auxílio de pesquisas baseadas em testes, na solução de tarefas que exigem da criança a aplicação dessas e daquelas operações mentais. Se a criança resolve essa tarefa de modo independente, julgavam eles que amadureceu nela propriedades indispensáveis à essa solução; daí a conclusão: a aprendizagem pode ser iniciada. Se essas propriedades não amadureceram, isto significa que a criança ainda não está preparada para a aprendizagem escolar.

Pode-se afirmar sem qualquer exagero que, nesse período, o diagnóstico do desenvolvimento mental era aplicado da mesma forma como se aplicava o diagnóstico da investigação das qualidades intelectuais do homem durante a seleção profissional. Quando se escolhe uma pessoa para uma profissão raciocina-se da seguinte maneira: para se revelar um bom profissional nesse campo, a pessoa necessita ter tais e tais qualidades. Depois investigam, e se o sujeito da experiência tem tais qualidades dizem que ele serve; mas, se ele não tem essas qualidades ou as tem de forma insuficientemente desenvolvidas, dizem que ele não serve para essa profissão. Era assim que se agia na seleção das crianças para a escola, supondo que, se a criança já tem funções acabadas, necessárias para a profissão do escolar, ela serve para a aprendizagem escolar.

Esse ponto de vista foi abalado quando se estabeleceu a lei sumamente importante que, infelizmente, é tão pouco utilizada na prática e na teoria que até costuma vir exposta nos nossos manuais. É amplamente conhecida a verdade simples de que não se pode ensinar algum objeto cedo demais, mas alguns poucos até ouviram em um curso de pedologia que não se pode ensinar qualquer objeto também tarde demais, que para a aprendizagem sempre existe a melhor fase da idade mas não a mínima e nem a máxima. O desvio dessas fases otimais para baixo ou para cima se revela igualmente nocivo. Assim como para o organismo humano existe a temperatura otimal de 37 graus e um desvio para cima ou para baixo ameaça igualmente de perturbação das funções vitais e finalmente da morte, de igual maneira em relação à aprendizagem existe a temperatura otimal para a aprendizagem de cada objeto. Se começamos cedo demais ou tarde demais a aprendizagem acaba igualmente embaraçosa.

Tomemos um exemplo simples. Uma criança começa a aprender a falar com um ano e meio e até antes. Pelo visto, para que a criança comece a aprender a falar é necessário que nela tenham amadurecido certas premissas, certas funções. Mas se a criança é mentalmente retardada ela começa a falar bem mais tarde, porque nela essas funções amadurecem mais tarde. Pareceria que, se começássemos a ensinar uma criança de três anos a falar, nela essas funções amadureceriam em grau maior do que com um ano e meio. Verifica-se que aos três anos a criança aprende a falar com maior dificuldade do que quando tem um ano e meio. Isso viola a lei básica em que se basearam Binet, Meuman e outros representantes da psicologia clássica: a lei da maturidade da função, segundo a qual o amadurecimento de determinadas funções é premissa indispensável para a aprendizagem.

Se isso fosse verdade, então quanto mais demorássemos a começar o ensino tanto mais fácil seria ensinar a criança. Por exemplo, para ensinar a falar são necessárias premissas como atenção, memória e intelecto. Algumas delas amadurecem mais em três anos do que em um e meio, e por isso é mais difícil ensinar a criança a falar aos três anos do que com um ano e meio? Novas pesquisas, se bem que unilaterais porque partem de uma determinada tendência pedagógica, mostraram que a aprendizagem da escrita é mais fácil entre os cinco e os seis anos que os oito e os nove. Logo, a escrita pressupõe certa maturidade das funções. Entre os oito e os nove anos elas amadurecem mais do que entre os cinco e os seis. Se é verdade que para ensinar é necessário amadurecimento dessas funções, fica compreensível porque a aprendizagem em idade mais tardia se torna mais complicada.

Isso ainda é pouco. Quando se passou a comparar a aprendizagem com o processo do desenvolvimento mental em idades tenra e depois tardia, verificou-se que essa aprendizagem se desenvolvia por diferentes caminhos. Se compararmos a aprendizagem de línguas estrangeiras pela criança na escola e da língua materna quando ela tem um ano e meio, poderá parecer que a aprendizagem aos oito anos deva transcorrer com mais rapidez porque todas as funções para a assimilação da língua estão bem mais desenvolvidas aos oito anos. Em outros termos, tanto a memória quanto a atenção e o intelecto estão desenvolvidos mais aos oito anos, mas acontece que o aprendizado de uma língua estrangeira por uma criança de oito anos apresenta maiores dificuldades e dá resultados infinitamente menores que se ela tivesse um ano e meio, período em que para ela é igualmente fácil assimilar de uma a duas e até três línguas estrangeiras sem a menor inibição de alguns desses objetos de aprendizagem.

As pesquisas mostram não só que é difícil ensinar língua a uma criança de oito anos (e mais difícil do que a uma criança de um ano e meio) mas ainda que a criança de oito anos estuda línguas estrangeiras segundo um princípio inteiramente diverso, apoiando-se em funções psicológicas diferentes daquela em que se apoia a criança mais nova. Assim, essa doutrina da excelência pedológica já abalou a lei da maturidade das funções como premissa indispensável da aprendizagem escolar.

As pesquisas mostraram ainda que as relações entre o processo de desenvolvimento mental da criança e a sua aprendizagem são infinitamente mais complexas do que se imaginava quando da primeira solução desse problema. Quero examinar agora algumas pesquisas, concentrá-las em torno de um problema e mostrar a questão aplicada ao desenvolvimento mental das crianças em escolas de massa e auxiliares. Vou examinar a questão da dinâmica do desenvolvimento mental da criança na escola. Todos sabem que as crianças que ingressam na escola são distribuídas em quatro categorias segundo o critério do desenvolvimento mental. Entre as crianças sempre encontramos algumas tão imaturas mentalmente que não podem estudar em uma escola normal e são destinadas a instituições especiais. Deixemo-las de lado. Entre as crianças que atravessam o limiar da escola, sempre podemos selecionar três grupos: com alto, médio e baixo desenvolvimento mental.

Isto costuma ser definido pelo chamado quociente de desenvolvimento mental e representado convencionalmente pelas duas letras latinas QI. Chama-se quociente de desenvolvimento mental a relação da idade mental da criança com sua idade cronológica ou idade do registro civil, ou seja, se a criança tem oito anos de idade e apresenta um desenvolvimento de oito anos, seu quociente será igual a 1 ou 100 por cento, mas se ela tiver oito anos e um desenvolvimento mental de 12, seu quociente de desenvolvimento mental será igual a 150% ou 1,5. Se, ao contrário, tiver oito anos de idade e desenvolvimento mental de 6, seu quociente será de 75% ou 0,75.

Para examinar todas as crianças que ingressam na escola, estabeleçamos convencionalmente a sua distribuição em três níveis. Ao primeiro nível pertencem as crianças com QI superior a 110%, ou seja, as crianças que, em seu desenvolvimento mental, superaram sua idade cronológica em mais de 10%. Ao segundo grupo pertencem as crianças cujo QI oscila entre 90 e 110%. Um pequeno desvio dos 100% em um ou outro sentido caracteriza as crianças médias. Pertencem ao terceiro nível as crianças com QI inferior a 90% mas não inferior a 70%.

Quais entre essas crianças irão se sair melhor ou pior na escola? Todo o sentido da contagem do desenvolvimento mental quando a criança ingressa na escola consiste na hipótese da existência de uma relação entre o nível de um desenvolvimento mental e o aproveitamento escolar da criança. Essa hipótese se baseia em observações simples e pesquisas estáticas e teóricas, nas quais foi demonstrada a alta relação existente entre o rendimento escolar da criança e o seu QI. No ato de ingresso na escola, todo pedagogo supõe que as crianças do primeiro nível devem ocupar o primeiro lugar em termos de rendimento, as do segundo – com QI médio – o segundo lugar e as de QI baixo o terceiro. Essa regra é hoje aplicada pelas escolas no mundo inteiro, e nisto consiste a sabedoria fundamental das investigações pedológicas realizadas nos limites da escola.

O mesmo se aplica à escola auxiliar. Quando as crianças chegam a essa escola, são colocadas em grupos e lhes dizem que irão estudar melhor as crianças menos atrasadas, em segundo lugar ficarão as médias e em terceiro as fracas. Quando passaram a estudar essa previsão para ver se ela se realizava durante o desenvolvimento escolar da criança, quando – como sempre acontece na ciência – não acreditaram na simples observação e no bom senso mas tentaram verificar, perceberam que aquela previsão não se justificava na prática. Vários pesquisadores – Terman nos Estados Unidos, Burt na Inglaterra, Blonski entre nós – mostraram que, se observarmos a dinâmica do QI na escola e esclarecermos se ele se mantém ou não nas crianças de QI alto, se o QI baixo sobe ou desce entre as crianças de aprendizagem escolar fraca, verificaremos que as crianças que chegam à escola com QI alto revelam, em sua maioria, a tendência a reduzi-lo.

O que significa isso? Significa que, pelos índices absolutos, ou seja, pela comparação com outras crianças, elas podem estar adiante mas em relação a si mesmas reduzem o seu QI alto no processo da aprendizagem escolar. Ao contrário, as crianças que apresentam QI baixo entre todas as demais apresentam a tendência a elevá-lo, ou seja, pelos índices absolutos mais uma vez elas podem ficar para trás das primeiras pela inteligência mas elevar o QI em relação a si mesmas. As crianças de QI médio apresentam a tendência a mantê-lo (veja-se a Tabela 1).

Tabela 1

Nível	Dinâmica do QI	Aproveitamento	
		Absoluto	Relativo
alto	III	I	II
médio	II	II	III
baixo	I	III	I

Assim, pela dinâmica do QI estarão em primeiro lugar aquelas crianças representadas pelos algarismos romanos III, no segundo as representadas pelos algarismos II e no terceiro as representadas pelo algarismo I. A seqüência parece inverter-se. Em sua pesquisa, Terman mostrou que a dinâmica do desenvolvimento mental na escola trai as nossas expectativas baseadas no bom senso e na velha teoria psicológica. Esperávamos que as crianças que chegassem à escola com o QI alto tivessem melhor desenvolvimento que todas as demais no processo de aprendizagem escolar. Ocorre que elas se tornam as últimas, uma vez que a escola exerce uma influência negativa sobre o seu desenvolvimento mental ao reduzir-lhe o ritmo. Quem mais ganha com as condições da aprendizagem escolar são as crianças de QI baixo, enquanto as de QI médio conservam o seu ritmo.

Essa situação paradoxal desencadeou uma série de pesquisas, que tentaram explicar de que modo uma criança com o melhor desenvolvimento mental, no processo de aprendizagem escolar acaba sendo a pior pela dinâmica do QI. O paradoxo se complexifica ainda mais quando comparamos esses dados ao aproveitamento escolar. Como se distribuem as crianças dos três níveis em relação ao aproveitamento escolar? Sabe-se que existe uma alta correlação entre QI alto e aproveitamento. Quem estuda melhor na escola é o primeiro nos estudos? Verifica-se que o primeiro lugar acaba sendo ocupado pelos alunos de QI I, o segundo pelos alunos de QI II e o terceiro pelos alunos de QI III, ou seja, a nossa coluna mais uma vez se inverte e reassume o aspecto que nós estabelecemos no limiar da escola. Observa-se que uma criança pode ser a primeira em QI ao ingressar na escola e a última pelo ritmo do processo de aprendizagem escolar e tornar a ser primeira em rendimento.

Essa proporção, estabelecida por via puramente empírica, por um lado acarreta dificuldades insolúveis e enigmas incompreensíveis e, por outro, indica que, pelo visto, as proporções que existem entre o processo de aprendizagem e o QI da criança são bem mais complexos do que antes se imaginava.

A solução dessa dificuldade tornou-se possível depois que se estudou uma quarta grandeza, que permitiu explicar até certo ponto o surgimento da contradição. Tenho em vista a pesquisa dedicada a um problema de suma importância para os objetivos práticos da escola que pode ser denominado problema do aproveitamento relativo. Vou explicar o que tenho em vista. Suponhamos que algum de nós, adultos, seja colocado em alguma turma da escola, por exemplo, na II ou IV. Acho que cada um de nós será o primeiro aluno dessa turma pelo critério de aproveitamento absoluto, ou seja, irá cumprir as exigências da escola melhor do que as crianças da turma e, sem dúvida, será colocado no primeiro lugar pelo critério de aproveitamento absoluto da escola. Mas será que vamos ganhar alguma coisa na escola, aprender alguma coisa? É claro que sairemos de lá com os mesmos conhecimentos com que chegamos. É evidente que do ponto de vista do aproveitamento relativo, ou seja, do que nós adquirimos em um ano, não estaremos não só no primeiro lugar mas no último. Podemos afirmar com segurança que o último dos alunos em matéria de aproveitamento negativo estará acima de nós pelo aproveitamento relativo. Assim, vemos que o aproveitamento absoluto ainda não diz nada sobre o aproveitamento relativo.

Passou-se a pesquisar o estado de coisas, por exemplo, a rapidez da leitura. Sabemos que as crianças chegam à escola com diferentes níveis de conhecimento, umas sabendo ler vinte palavras por minuto, outras cinco. Um ano depois já lêem trinta palavras por minuto, as segundas, quinze. Pelo aproveitamento absoluto o mestre naturalmente irá considerar melhor os alunos do primeiro grupo. Mas pelo aproveitamento relativo estes conseguiram aumentar a rapidez da leitura em 1,5 vez, ao passo que os alunos do segundo grupo aumentaram essa rapidez em três vezes, ou seja, o aproveitamento relativo dos segundos foi maior em comparação com o dos primeiros, ao passo que o seu aproveitamento absoluto foi duas vezes inferior ao dos primeiros. Essa discrepância entre o aproveitamento absoluto e o relativo colocou uma série de questões importantes.

O aproveitamento relativo não adquire uma importância tão grande em parte alguma como na escola para crianças mentalmente retardadas, pois é aqui que estudam as crianças com rendimento negativo absoluto. Em relação a essas crianças é importante levar sempre em conta o aproveitamento relativo. Isto deve estender-se de forma especialmente ampla às escolas para crianças mentalmente retardadas e aplicado ao aproveitamento relativo. Na escola várias crianças recebem nota 2 a cada dia, o 2 é transformado em 4 e às vezes lançado nos resultados finais do ano, de sorte que a escola tem um grupo especial de alunos notas 2. Essas crianças têm rendimento negativo pelo critério do aproveitamento absoluto. Mas o 2 em si mesmo é apenas a descrição negativa do estado dos conhecimentos do programa por essas crianças mas não reflete o que elas obtiveram na escola em linhas gerais. Quando iniciei a pesquisa, as crianças foram divididas em dois diferentes grupos. Alguns alunos nota 2 ficaram com rendimento negativo pelo critério do aproveitamento negativo, outras pelo critério do aproveitamento absoluto, mas mesmo assim ficaram com aproveitamento relativo médio alto (é verdade que em casos raros). É necessário distinguir os alunos de rendimento negativo pelo critério absoluto dos alunos de rendimento negativo pelo critério relativo. Em termos práticos isto é muito importante. Em alguns laboratórios de pedologia elaborou-se uma regra prática segundo a qual deve-se transferir para a escola auxiliar apenas aquele aluno que revela sistematicamente não só aproveitamento negativo absoluto mas também relativo. O aluno que revela aproveitamento negativo absoluto mas tem certo aproveitamento relativo (em comparação com a turma) necessita de mudança de condições dentro da escola e não de transferência para outra. Adiante procurarei explicar essa importante regra prática tanto do ponto de vista teórico quanto da análise experimental.

A consideração do aproveitamento relativo adquire importância primordial em relação ao movimento escolar dos alunos de aproveitamento negativo na escola de massa e dos alunos da escola auxiliar. O aproveitamento relativo não é menos importante em toda a escola de massa para todos os alunos, pois freqüentemente se revela um aproveitamento relativamente baixo do aluno que está adiante da turma em termos de aproveitamento absoluto. Assim, o aproveitamento relativo abre pela primeira vez os olhos do professor para perceber o quanto cada um dos seus alunos assimila e então se verifica que, entre todos os grupos de crianças com índices de desenvolvimento mental alto, médio e baixo, existem crianças com aproveitamento elevado e aproveitamento baixo. Daí surge uma questão: de que depende o aproveitamento relativo? Para responder a essa questão, indico apenas a última coluna da tabela. As pesquisas mostraram que, se colocarmos as crianças desses três grupos numa determinada fileira, em ordem decrescente pelo aproveitamento relativo, teremos o seguinte quadro interessante. Pelo aproveitamento relativo, o primeiro lugar caberá ao terceiro grupo, o segundo ao primeiro grupo e o terceiro ao segundo grupo no conjunto do alunado. Embora não observemos aqui a correspondência simétrica que se verifica nos três primeiros casos, se por um instante nos desviarmos dos segundos, que representam as crianças mais complexas e menos estudadas, e considerarmos apenas os primeiros e os terceiros, ficará evidente que os primeiros e os terceiros trocaram de lugar. Se pelo aproveitamento absoluto os primeiros estavam adiante e os terceiros no final, pelo aproveitamento relativo os terceiros estão na frente e os primeiros no final.

Verificam-se dependências interessantes entre o QI da criança que está no limiar da escola e o seu aproveitamento absoluto e entre a dinâmica do desenvolvimento mental da criança e o seu aproveitamento relativo.

Passemos às pesquisas que permitiriam responder à questão sobre essas relações muito complexas. É naturalmente impossível esgotar toda a adversidade das questões que vão surgindo, uma vez que seria necessário um livro inteiro para expor todos os problemas e resultados aqui pertinentes. Nossa tarefa é indicar dois ou três momentos básicos que expliquem no principal essas relações e apontem o caminho a ser seguido, para que possamos usar na prática o diagnóstico do desenvolvimento mental segundo os interesses da atividade escolar e possam ter significado prático imediatamente atual para as nossas escolas normal e auxiliar literalmente a partir de hoje e amanhã.

A primeira questão a surgir e cuja solução dará uma resposta ao menos aproximada à questão relativa a essa importante inter-relação é a da chamada zona de desenvolvimento imediato. Quando se estuda o desenvolvimento mental da criança costuma-se considerar que só aquilo que a própria criança pode fazer é o índice de inteligência infantil. Damos à criança uma série de testes e tarefas de variado grau de dificuldade e, pela maneira e o grau de dificuldade com que a criança os resolve fazemos um juízo do alto ou baixo nível de desenvolvimento da sua inteligência. Costuma-se pensar que o índice para o nível de desenvolvimento da inteligência é a solução que a criança encontra para as tarefas de modo independente e sem a ajuda de estranhos. Se lhe fizeram perguntas sugestivas ou mostraram como é necessário resolver a tarefa, depois disto a criança a resolveu, ou o professor começou a resolver uma tarefa e a criança concluiu ou a resolveu com a colaboração de outras crianças, em suma, se a criança se desviou um mínimo da solução independente da tarefa, essa solução já não é um índice para o desenvolvimento da sua inteligência. Esta verdade era tão amplamente conhecida e confirmada pelo bom senso que, durante um decênio, aos cientistas mais profundos em sua forma de pensar não ocorreria a idéia de que, para a inteligência da criança e o seu desenvolvimento, não era importante só o que a própria criança pudesse fazer mas, até certo ponto, era mais importante ainda o que ela pudesse fazer com a ajuda de outros.

Imaginemos um caso dos mais simples que eu tirei de uma pesquisa e é o protótipo de todo o problema. Eu estudei duas crianças no limiar da idade escolar. Ambas têm dez anos de idade e oito de desenvolvimento mental. Posso dizer que essas crianças têm a mesma idade mental? Evidentemente. O que isso quer dizer? Significa que elas resolvem com autonomia tarefas de tamanha complexidade que se ajustam ao padrão de uma criança de oito anos. Nesse ponto a pesquisa termina, e as pessoas imaginam que o destino subseqüente do desenvolvimento mental das crianças e sua aprendizagem na escola será idêntico, uma vez que depende da inteligência. É claro que esse destino depende de outras causas; por exemplo, uma das crianças ficou meio ano doente, enquanto a outra freqüentava a escola sem faltas. Em geral, contudo, o destino dessas crianças deve ser idêntico. Agora imaginemos que eu não interrompo a pesquisa no instante em que recebi esse resultado mas a recomeço. Pois bem: as minhas crianças eram de oito anos de idade, resolveram tarefas destinadas à idade de oito anos e não podem resolver as seguintes. Depois eu lhes mostro os diferentes meios para resolvê-las. Diferentes autores e pesquisadores aplicam em casos vários procedimentos diversos de amostragem. E mostram inteiramente à criança como ela deve resolver a tarefa, sugerem repetir, eles mesmos começam a resolvê-la, pedem que a criança conclua e lhe fazem perguntas sugestivas. Em suma, por diferentes caminhos propõem que a criança resolva a tarefa com a nossa ajuda. Em tais condições, a primeira criança resolve tarefas destinadas até aos doze anos, a segunda, aos nove. Será que essas crianças se revelaram iguais em inteligência depois dessa pesquisa complementar?

Quando pela primeira vez esbarraram nesse fato e mostraram que as crianças com o mesmo nível de desenvolvimento mental são capazes de aprender sob a orientação do pedagogo em dimensões inteiramente diversas, ficou claro que elas não são da mesma idade mental e, evidentemente, o seu destino no processo de aprendizagem deverá ser diferente.

É essa a diferença entre os doze e os oito, os nove e os oito anos que denominamos zona de desenvolvimento imediato. Empiricamente, é claro que uma criança de oito anos é capaz de resolver com ajuda uma tarefa destinada aos doze anos, outra criança, uma tarefa destinada aos nove.

Elucidemos o conceito de zona de desenvolvimento imediato e o seu significado. Como se torna cada vez mais universal na pedologia moderna, convencionemos chamar de nível de desenvolvimento atual da criança o nível que ela atingiu no processo do seu desenvolvimento e que é determinado com o auxílio de tarefas que a própria criança resolve com autonomia. Logo, o nível do desenvolvimento atual será a idade mental no sentido comum que é empregado em pedologia. Nesse momento acusamos em pedologia precisamente chamá-lo de desenvolvimento mental, pois, como vimos, ele não caracteriza o desenvolvimento mental. A zona de desenvolvimento imediato da criança é a distância entre o nível do seu desenvolvimento atual, determinado com o auxílio de tarefas que a própria criança resolve com independência, e o nível do possível desenvolvimento, determinado com o auxílio de tarefas resolvidas sob a orientação de adultos e em colaboração com colegas mais inteligentes.

A pesquisadora americana MacCarthy mostrou em relação à idade pré-escolar que, se a criança dos três aos cinco anos é levada a fazer uma pesquisa, nela se revelarão um grupo de funções disponíveis e outro grupo de funções que a criança não domina com autonomia mas orientada, em grupo, em colaboração. Verifica-se que o segundo grupo de funções entre os cinco e os sete anos está basicamente no nível do desenvolvimento atual. Essa pesquisa mostrou o que que a criança dos três aos cinco anos pode fazer orientada, em colaboração e coletivamente, pode fazê-lo sozinha dos cinco aos sete anos. Assim, se definíssemos apenas o desenvolvimento mental da criança, ou seja, apenas as funções amadurecidas, conheceríamos o resultado do desenvolvimento já ocorrido, mas ao definirmos as funções em maturação, poderíamos dizer o que aconteceria a essa criança entre os cinco e os sete anos mantendo-se as mesmas condições de desenvolvimento.

Desse modo, o estudo da zona de desenvolvimento imediato é um dos instrumentos mais poderosos de investigação pedológica, que permitem elevar consideravelmente a eficácia, a utilidade e a fertilidade da aplicação do diagnóstico do desenvolvimento mental à solução de tarefas propostas pela pedagogia e pela escola.

Tentemos agora responder de que modo surge a contradição acima referida, que é um sintoma de relações muito complexas e existe entre o processo de desenvolvimento mental da criança e o seu progresso escolar. É impossível abordar todos os problemas ou até mesmo os mais profundos. Por isso fiquemos em dois. Em primeiro lugar na zona do desenvolvimento imediato.

Temos uma pesquisa concreta.

Já vimos que crianças com o mesmo QI podem ter zona diferente de desenvolvimento imediato. Pelo QI as crianças se dividem em três grupos, mas esses grupos, por sua vez, podem ser subdivididos por zona de desenvolvimento imediato. Situamos na categoria "A" as crianças com zona de desenvolvimento imediato superior a três anos, na categoria "B" crianças com a mesma zona inferior a dois. Compreende-se que as crianças das categorias A e B estarão entre todos os grupos por QI. Pode-se ter um QI alto e uma zona de desenvolvimento inferior baixa, e vice-versa. Suponhamos que eu selecione para experiência quatro alunos de uma escola com a finalidade de acompanhar a dinâmica do seu desenvolvimento mental no processo da aprendizagem escolar e do seu aproveitamento relativo. Represento o primeiro aluno (Tabela 2) com a unidade romana da categoria "A", ou seja, esta é uma criança de QI alto e grande zona de desenvolvimento imediato. O segundo aluno é representado pela unidade romana, a categoria "B", ou seja, é uma criança de QI alto e baixa zona de desenvolvimento imediato. O terceiro aluno é representado pelo III romano, categoria "A", é uma criança de QI baixo e grande zona de desenvolvimento imediato. O quarto aluno é representado pelo III romano, categoria "B", com QI baixo e pequena zona de desenvolvimento imediato. I "A" e I "B", III "A" e III "B" são semelhantes pelo QI mas diferentes pela zona de desenvolvimento imediato. I "A" e III "A", I "B" e III "B" são semelhantes pela zona de desenvolvimento imediato mas diferentes pelo QI.

Tabela 2

Categoria	QI	Zona de desenvolvimento imediato
I "A"	alto	grande
I "B"	alto	pequena
III "A"	baixo	grande
III "B"	baixo	pequena

Se quisermos elucidar qual dos indícios é o mais importante, comparemos as crianças semelhantes em um indício e diferentes em outro. Coloquemos a questão: entre que alunos é maior a semelhança na dinâmica do desenvolvimento mental e do aproveitamento relativo – I "A", I "B", III "A" e III "B" ou I "A" e III "A" e I "B" e III "B", ou seja, o que se verifica como fator mais importante que determina a dinâmica do desenvolvimento e o aproveitamento relativo dos alunos? Se o QI é igual, então devem ser semelhantes I "A" e I "B", III "A" e III "B"; se a semelhança é a zona de desenvolvimento imediato, então deve ser mais semelhantes I "A" e III "A", I "B" e III "B". Para efeito de elucidação escolhemos quatro crianças, mas as experiências naturalmente são levadas a efeito em ordem maciça e não podemos investigar quatro mas quarenta, quatrocentas ou até quatro mil crianças, contanto que estejam divididas em quatro grupos.

Os resultados da pesquisa mostraram que a semelhança consideravelmente maior na dinâmica do desenvolvimento mental e do aproveitamento relativo não é entre I "A" e I "B", III "A" e III "B" mas entre I "A" e III "A" e I "B" e III "B". Para a dinâmica do desenvolvimento mental na escola e o aproveitamento relativo do aluno a maior importância, maior influência e o maior poder não recaem sobre o nível de desenvolvimento mental no dia de hoje mas sobre a zona de desenvolvimento imediato. Em termos mais breves, para a dinâmica do desenvolvimento mental para o aproveitamento escolar não são tão importantes as funções que amadureceram para o dia de hoje, não passam de premissa enquanto funções em estágio de amadurecimento. O que está amadurecendo vem a ser mais importante.

. Quando longos esforços do pensamento científico redundam na descoberta de uma lei, parece que isso já seria compreensível. Porque a escola nunca trabalha com o que nós trabalhamos testando as crianças. Quando a criança ingressa na escola nós exigimos que ela faça o que ela sabe fazer, e o professor comece a trabalhar de forma a que a criança esteja sempre passando do que sabe para o que não sabe. Esta análise puramente empírica do ensino escolar revela que em medida bem maior ela não deve ser determinada pelo que a criança sabe fazer por conta própria quanto pelo que sabe fazer orientada.

Simplifiquemos. Mais importante para a escola não é tanto o que a criança já aprendeu quanto o que ela é capaz de aprender, e a zona do desenvolvimento imediato é quem determina quais as possibilidades da criança no plano da assimilação daquilo que ela ainda não domina e assimilação sob orientação, com ajuda, por indicação e em colaboração.

As pesquisas não terminam aí, mas continuam e tocam outro problema interessante. Vou me deter nesse problema para saber que caminhos devemos seguir e depois passarei a algumas conclusões.

Comecemos por um estudo concreto que foi realizado com os primeiros grupos e que eu conheço de perto. Chamemos de categoria "C" as crianças alfabetizadas incluídas no grupo das alfabetizadas, e as analfabetas, incluída no grupo dos analfabetos. "C" são crianças incluídas no grupo de crianças iguais a elas mesmas. Chamemos de categoria "D" as crianças que aqui, em Moscou e Leningrado, não são muitas mas que na província são um número imenso, ou seja, onde as alfabetizadas entram no grupo das analfabetas e as analfabetas no grupo das alfabetizadas. Acho que todos concordaremos com que as categorias "C" e "D" estejam representadas em todos os grupos – I "A", I

"B", III "A" e III "B" de QI baixo e alto. Continuemos as experiências em relação às categorias "C" e "D", repetindo com precisão as reflexões que fizemos em relação às categorias "A" e "B". Tomemos quatro crianças. Em vez de quatro poderíamos tomar quatrocentas, quatro mil, como se costuma fazer. As primeiras serão representadas pela unidade romana da categoria "C", as segundas pela unidade da categoria "D", as terceiras pelo III romano da categoria "C" e as quartas pelo III romano da categoria "D" (veja-se a Tabela 3).

Tabela 3

Categoria	QI	Zona de desenvolvimento imediato
I "C"	alto	alfabetizadas no grupo alfabetizado ou analfabetas no analfabeto
I "D"	alto	alfabetizadas no grupo analfabeto ou analfabetas no alfabetizado
III "C"	baixo	alfabetizadas no grupo alfabetizado ou analfabetas no analfabeto
III "D"	baixo	alfabetizadas no grupo analfabeto ou analfabetas no alfabetizado

Agora perguntemos a nós mesmos entre que crianças haverá maior semelhança pela dinâmica do desenvolvimento mental e pelo aproveitamento escolar relativo: entre um "C" e um "D", que são mais próximos pelo QI mas não pelo grupo, entre III "C" e III "D" ou I "C" e III "C" e I "D" e III "D"? Porque cada uma dessas crianças é semelhante em um indício com uma e em outro com outra. Qual dos indícios vem a ser mais influente em termos de definição do destino escolar e de dinâmica do desenvolvimento mental da criança? A pesquisa mostra (e desta vez de forma bem mais significativa e expressiva que no estudo da zona do desenvolvimento imediato) que é bem maior a semelhança entre I "C" e III "C", I "D" e III "D" que entre I "C" e I "D", III "C" e III "D". Isso significa que para a dinâmica do desenvolvimento mental na escola e para o progresso da criança na aprendizagem escolar o determinante não é tanto a própria grandeza do QI em si, ou seja, o nível de desenvolvimento para o dia de hoje, quanto a relação do nível de preparação e desenvolvimento da criança para o nível de exigências que a escola lhe faz. Em pedologia foi proposto que se chamasse agora de idade mental ideal essa última grandeza, ou seja, o nível de exigências que a escola apresenta. Acho que se trata de um conceito sumamente importante. Imaginemos que uma criança entre para a turma IV. De que desenvolvimento mental ela necessita para estudar de maneira ideal nessa turma, ou seja, para ser o primeiro aluno e conseguir o máximo em termos de aprendizagem e desenvolvimento mental?

Estudando os melhores alunos das diferentes turmas, podemos definir por via puramente empírica a idade ideal. Podemos fazer como outros pesquisadores, ou seja, transferir para a idade pedológica o nível de exigências que essa turma escolar apresenta. Trata-se de uma questão de metodologia muito complexa e fundamental; não vou abordá-la. Em todo caso, acho que todos os presentes entendem o que é a idade mental ideal de uma dada turma. São o nível e o caráter do desenvolvimento mental da criança que lhe permitem seguir com o máximo de êxito, dando conta das exigências apresentadas pela aprendizagem na turma. Portanto, verifica-se que a grandeza determinante e mais sensível entre todas aquelas que foram estabelecidas pela pedologia é hoje a relação entre o desenvolvimento mental ideal de uma dada turma e o desenvolvimento mental e a preparação ideais dos alunos que trabalham nessa turma. Essa relação entre um e outro é optimal, ou seja, nem todas as relações aqui são benéficas mas apenas se encontram em certos limites, como uma temperatura de 37 graus. Se a relação é perturbada no sentido do aumento ou diminuição do desenvolvimento mental da criança, o aproveitamento escolar relativo acaba sendo perturbado. É verdade que, aqui, essa perturbação não é idêntica, ou seja, não é indiferente se essa relação é reduzida no sentido do aluno ou da escola; não é indiferente se um analfabeto vai para o grupo de alfabetizados, onde terá condições de aprendizagem muito difíceis e a idade ideal supera muito a idade real, ou a alfabetizada vai para o grupo de analfabetos, onde a idade ideal permanecerá, se bem que em grau diferente. Tanto lá como aqui obteremos certas perturbações.

Eis alguns dados que deram motivo a uma pesquisa especial. Verifica-se que a semelhança existe não só entre o grupo I "C" e III "C", o que é fácil entender por que as crianças alfabetizadas ficaram entre as analfabetas e as analfabetas entre as alfabetizadas, ou seja, estão em condições relativamente idênticas, mas se verifica que existe aproximadamente a mesma semelhança entre I "D" e III "D".

O que é I "D"? São crianças com QI alto, alfabetizadas, que foram incluídas entre analfabetas, e crianças analfabetas que foram incluídas entre alfabetizadas. Entre I "D" e III "D" existem ambas as categorias. Aqui a questão se torna mais difícil. Imaginamos que para o aluno alfabetizado deva ser muito fácil aprender com os analfabetos. Ele pode assobiar, não fazer nada e ainda assim ser o primeiro aluno da turma, ao passo que o analfabeto não tem condição de acompanhar os alfabetizados na turma. O analfabeto irá trabalhar mas ainda assim não alcançará os alfabetizados. Acontece que, caso se aumente a divergência entre a idade ideal e a idade real ou se a reduza, para o aproveitamento relativo e a dinâmica relativa do desenvolvimento mental isso é um retardamento não exatamente igual mas ainda assim um retardamento. Analisemos o que foi dito. Que o aluno alfabetizado em uma turma de analfabetos irá aprender alguma coisa em termos de alfabetização? Muito pouco, uma vez que o alfabetizado irá aprender pouco demais com os analfabetos.

Os resultados desta e de uma série de outras pesquisas levaram à idéia de que ao menos existem distâncias optimais, divergências optimais entre as idades ideais, ou seja, entre as exigências que a turma apresenta ao desenvolvimento mental e o desenvolvimento mental real. A aprendizagem deve forçosamente fazer exigências mais elevadas, baseando-se não nas funções amadurecidas nas que estão em processo de amadurecimento. Como diz Owell, na idade infantil é boa aquela aprendizagem que supera o desenvolvimento, ou seja, arrasta atrás de si o desenvolvimento, desperta para a vida, organiza e conduz o processo de desenvolvimento, mas apenas se afasta dele e não se apóia em funções prontas e maduras. Se entendemos que a idade ideal se aproxima inteiramente, chega até a ficar abaixo da idade real ou a idade real desce muito baixo, de sorte que a divergência se torna demasiado grande, então a dinâmica do desenvolvimento mental irá ser afetada no primeiro e no segundo casos. Precisamos responder às perguntas: qual é a distância, o que determina as condições optimais para o desenvolvimento mental da criança? Poderá isto ser definido? Como definir em termos reais qual é a divergência ou, como dizem os pedagogos, qual é a zona de dificuldade forçada da aprendizagem escolar para a criança?

Cada um sabe que uma aprendizagem fácil demais e difícil demais é igualmente pouco eficaz. E qual é a zona optimal, o que a determina? Essas tentativas foram empreendidas. Foram estabelecidas em uma unidade de idade mental da criança, em uma unidade de material programático, em uma unidade de anos escolares, etc. mas me parece que o resultado dessas tentativas teve sua expressão definitiva em pesquisas não tão grandes pelos materiais estatísticos (ali os trabalhos foram individuais) mas responderam à questão colocada, explicando o sentido de todas as pesquisas empíricas. Verificou-se que essa divergência coincide inteiramente com a zona de desenvolvimento imediato da criança. Se o desenvolvimento mental real da criança é de oito anos, conclui-se que para ela a idade ideal da turma deva ser de dez anos. A idade ideal de uma turma escolar para dada criança coincide com a zona do seu desenvolvimento imediato. Quando essa coincidência ocorre, constatamos condições optimais de desenvolvimento da criança.

Quando a gente se lembra de como foi complexo o caminho pelo qual o pensamento humano chegou à definição dessa lei, a gente pensa que ela poderia, propriamente falando, tornar-se clara por simples considerações; em todo caso, essa hipótese poderia vir à mente de cada um de nós, mas apesar disso os maiores pesquisadores não adivinharam isto. Acabamos de dizer: a escola ensina a criança não o que ela pode fazer mas o que ela sabe fazer orientada. E definimos a zona de desenvolvimento imediato como um índice de inteligência que se baseia no que a criança pode fazer orientada. Logo, a zona de desenvolvimento imediato deve determinar as condições optimais. Assim, a análise da zona de desenvolvimento imediato se torna um meio excelente não só para prever o destino do desenvolvimento mental e da dinâmica do aproveitamento relativo na escola mas também para preencher uma turma e permitir que se definam efetivamente essas quatro grandezas: nível de desenvolvimento mental da criança, zona de seu desenvolvimento imediato, idade ideal da turma e relação entre idade ideal da turma e zona de desenvolvimento imediato. Isso nos fornece o melhor instrumento para resolver o problema da complementação das turmas. Nesse ponto eu me permito concluir a exposição do aspecto puramente factual desta conferência porque ela não visou a nenhum outro fim senão a levar ao conhecimento do estado do problema do diagnóstico do desenvolvimento mental nos últimos dez anos.

Para concluir, vou me deter em mais dois momentos.

Primeiro: por que na psicologia clássica se considerava prova de inteligência infantil apenas o que a criança pode fazer sozinha? Porque existia uma concepção incorreta da imitação e da aprendizagem. A imitação e a aprendizagem eram vistas como processo puramente mecânico. Considerava-se que, se eu mesmo cheguei a alguma coisa por via experimental, isto era prova de inteligência, mas se eu imito é porque se pode imitar tudo o que se queira. Os psicólogos rejeitaram essa concepção e mostraram que só se pode imitar aquilo que está na zona das próprias possibilidades do homem. Se eu, por exemplo, tenho dificuldade de resolver algum problema de aritmética e começam a resolvê-lo no quadro diante de mim eu posso resolvê-lo imediatamente, mas se alguém começar a resolver uma tarefa de matemática superior, e eu não sei matemática superior, então por mais que eu imite nunca vou resolvê-lo. Logo, só se pode imitar o que está na zona da própria idade mental. Esse problema foi muito bem resolvido pela psicologia animal. Colocaram para Köhler um problema: definir se operações no campo do pensamento sem imagens são acessíveis ao macaco antropóide. Como sempre acontece em casos semelhantes, perguntou-se o macaco já fizera alguma coisa com autonomia ou quando vira alguma coisa semelhante. Por exemplo, ele vira como outros animais o faziam ou como as pessoas usavam paus e outros instrumentos. Entre outras coisas, uma das macacas de Köhler foi levada de navio a uma ilha onde ficava a sua estação. Ela viu marinheiros limpando o convés com lambazes, usando paus e varas para reforçar ou retirar alguma coisa do alto. Um psicólogo alemão teve uma idéia: o que se poderia considerar ato consciente ou imitação no que a macaca fazia? Köhler fez experiências especiais para elucidar o que o macaco pode imitar. Verificou-se que o macaco, quando precisa imitar movimentos que saem dos limites do seu próprio desenvolvimento mental, cai numa situação tão lamentável quanto eu cairia se deparasse com a necessidade de imitar a solução de um problema de matemática superior. Em outros termos, esclareceu-se que, imitando, a macaca só resolve tarefas (pelo nível de dificuldade) que ela mesma está em condição de resolver. Mas há um fato notável que Köhler não levou em conta: através da imitação é impossível ensinar um macaco (no sentido humano da palavra), é impossível desenvolver nele o intelecto porque ele não tem zona de desenvolvimento imediato. Aquele grau de dificuldade que ele resolve com autonomia determina igualmente o grau de dificuldade que lhes são acessíveis por imitação, ou seja, pelo estado da sua mente o macaco não pode, orientado ou com o auxílio da aprendizagem, desenvolver em si a capacidade para resolver com autonomia questões análogas. Pode-se ensinar muita coisa ao macaco através do treinamento, aproveitando as suas habilidades mecânicas, pode-se combinar as suas habilidades intelectuais (andar de bicicleta) mas não se pode torná-lo mais inteligente, ensiná-lo a resolver com autonomia questões mais inteligentes. Eis porque é impossível a aprendizagem no animal no sentido humano da palavra, que pressupõe pelo visto uma natureza social específica e a integração da criança na vida intelectual dos que a rodeiam.

Houve seguidores de Köhler que afirmaram que o problema é o mesmo na criança: a imitação não vai além dos limites da própria idade. Evidentemente, a crítica mais leve mostrou que essa afirmação era um absurdo. Sabemos que todo o desenvolvimento e a aprendizagem da criança se baseiam em que, orientada, ela pode aprender, tornar-se mais inteligente não só através do treino (como o macaco); ela é capaz de aprender até um novo tipo de atos individuais. Mas um colaborador de Köhler externou uma opinião, baseada em puro preconceito, que mesmo assim ganhou força na ciência durante vários anos. Sua idéia consistia em que no macaco não havia divergências entre o nível mental no processo de imitação e a solução autônoma do problema. A criança humana tem esse nível de divergência, mas ele (o nível de divergência) deve ser constante. Se a criança resolve de forma autônoma tarefas calculadas para a idade dos oito anos, orientada ela pode resolver tarefas destinadas aos doze anos, ou seja, a zona de desenvolvimento imediato sempre deve ser determinada pelo nível do desenvolvimento atual.

Se a coisa fosse assim, seria demais estudar em cada caso particular a zona do desenvolvimento imediato, porque ela seria idêntica. Entretanto, dados experimentais mostraram que pode haver duas crianças de oito anos, e uma delas terá a zona de desenvolvimento imediato nos dez anos e a outra nos nove. Assim, a zona de desenvolvimento imediato não é uma constante.

Agora, quero mostrar como as questões que levantei podem ser de fato aproveitadas para resolver questões práticas. Serei muito esquemático, porque a aplicação de cada um desses problemas a tarefas do ensino é infinitamente complexa e diversificada e exigiria um exame especial. Voltemos à Tabela 1. O que se esclareceu com o auxílio daquelas condições que eu mostrei nela? Acho que se esclareceu pouco mas se esclareceu alguma coisa. Pode se colocar de forma geral a questão de saber qual deve ser o aproveitamento da criança de QI alto e a dinâmica do seu desenvolvimento mental. Vimos que há crianças com diferentes zonas de desenvolvimento imediato, depois há crianças que respondem de diferentes maneiras às exigências das aulas escolares, e se combinamos isto verificamos que existem muitos grupos diversos. Será isto indiferente para a dinâmica do desenvolvimento mental e do aproveitamento relativo? Não, estes são os traços mais importantes. Verifica-se que todos os grupos que dividimos pelo QI são heterogêneos e todas as leis que obtivemos (Tabela 1) são leis de ordem puramente estatística, elas não revelam mas obscurecem as verdadeiras leis, pois quando se calculam coisas qualitativamente heterogêneas não se pode deduzir daí uma lei comum.

Pode-se deduzir uma regra geral segundo a qual as crianças de QI alto apresentam a tendência a perder esse QI alto na escola? Não, porque é necessário levar em conta que crianças são essas, se são analfabetas ou alfabetizadas, etc. Mas por que aparece essa lei estatística? Esclareço com um exemplo simples. O que é QI? É um sintoma, um indício. Acaso nós sabemos que indício é esse, quais foram as causas do seu surgimento? Vejamos a medicina, que trabalha com sintomas. Pode-se deduzir uma lei segundo a qual a maioria das pessoas com tosse se curam por si mesmas sem remédio caso permaneçam em casa entre três e sete dias? Se tomássemos como exemplo os meses de outubro ou novembro, quando as pessoas com tosse estão em sua maioria gripadas, poderíamos deduzir daí uma lei? Não. A lei seria incorreta, sairia por acaso. Se eu tomo os pacientes de alguma clínica para internos, onde há tuberculosos que tossem, fica claro que a lei por mim elaborada será incorreta. Se eu tomo o mês de maio, quando o número de gripados é menor, fica claro que a lei será outra. Logo, a lei estatística pode ser obtida até quando tomamos por acaso um grupo heterogêneo cuja maioria pertence a um determinado tipo, e a lei será correta para esse grupo mas nós a adotamos equivocadamente como lei geral.

Por que as crianças de QI alto apresentam a tendência a perder os índices elevados nos quatro anos de escola primária? O grosso das crianças que chega à escola com QI alto, acima de 70%, não é de crianças que se destaquem em relação às outras, mas de crianças que cresceram em condições favoráveis. É sabido que na Alemanha as crianças começam a estudar aos seis anos, entre nós aos oito. Sabemos que uma criança de seis anos é capaz de estudar os rudimentos do saber escolar como alfabetização, contar, ler e escrever. Uma criança cresce em uma família culta, na qual há livros, mostram-lhe as letras, lêem para ela em voz alta, enquanto outra criança vive em uma família na qual ela nunca viu uma letra impressa. Testamos as crianças lançando mão dos testes de Binet e de outros, ajustados aos conhecimentos escolares, às habilidades escolares das crianças. Será surpreendente que as crianças oriundas de famílias cultas tenham QI alto? O contrário é que seria surpreendente. E onde essas crianças recebem o seu QI alto? Recebem à custa da zona de desenvolvimento imediato, ou seja, elas recorrem mais cedo à sua zona de desenvolvimento imediato e por isso acabam ficando com uma zona relativamente pequena de desenvolvimento, uma vez que em certo sentido já a utilizaram. Segundo dados de duas escolas de que disponho, ali esse tipo de crianças passa de 57%.

O que acontece a essas crianças? Em primeiro lugar, são crianças com pequena zona de desenvolvimento imediato pelo próprio tipo de desenvolvimento mental, logo, devem estudar mal na escola, ou seja, apresentar ali uma dinâmica ruim. À custa de que essas crianças receberam um QI elevado? À custa de boas condições, de desenvolvimento cultural, e na escola essas condições se nivelam. Quando passam os quatro anos de aprendizagem escolar, as crianças com baixo QI e alto QI apresentam a tendência natural de aproximação, ou seja, o QI baixo, que entre nós é condicionado por más condições, eleva-se na escola porque para essas crianças as condições se modificam acentuadamente para melhor. Para aquelas crianças que nasceram em condições privilegiadas, as condições pioram relativamente, elas se nivelam. É natural que, se essas crianças constituem 57%, então a lei está estatisticamente justificada; mas ela será lei na mesma proporção que seria se a tivéssemos deduzido em relação à tosse, onde por acaso iria predominar esse ou aquele grupo? É claro que não.

Assim, pela primeira vez torna-se possível passar de magnitudes qualitativas grosseiramente estatísticas, a divisas indiferentes para uma análise mais profunda da questão.

A aplicação prática das questões que eu levantei parece-me seguir as direções mais diversas e bastante amplas. Antes de mais nada, ela tem importância primordial para todos os aspectos do diagnóstico, da seleção dos retardados mentais, do cálculo do rendimento, da análise do rendimento negativo tanto parcial quanto geral, da revelação do rendimento latente dos alunos nota 2 e daqueles com rendimento negativo. Não é menos importante aplicar essas questões na complementação da classe, na elucidação do quanto a permanência na escola contribui para que a criança não só aprenda alguma coisa mas também atinja uma das questões principais da escola politécnica: ser instrumento de um desenvolvimento multilateral. Em termos breves, acho que é mais difícil nomear os problemas escolares práticos que não estejam relacionados a essas questões do que enumerar aquelas a elas relacionados.

Acho que se deixarmos a colocação tradicional da questão de saber se a criança amadureceu ou não para a aprendizagem em determinada idade e passarmos a uma análise mais profunda do desenvolvimento mental da criança na aprendizagem escolar, assumirão outro aspecto todos os problemas da pedologia tanto na escola normal quanto na auxiliar.

Desenvolvimento dos conceitos cotidianos e científicos na idade escolar

Tentarei expor algumas reflexões básicas sobre a maneira de se enfocar em uma pesquisa a questão do desenvolvimento do pensamento ligado ao processo de aprendizagem. Quero analisar essa questão do ponto de vista puramente investigatório e elucidar aqueles momentos que me parecem essenciais para a organização da pesquisa em determinada área. Partirei da tese segundo a qual o objeto da pesquisa pedológica na escola é o desenvolvimento da criança, particularmente o seu desenvolvimento mental, que se realiza em função da aprendizagem, da atividade. Mas ele não coincide com o desenrolar do próprio processo de educação e tem sua lógica interna, vinculada mas não dissolvida na dinâmica da aprendizagem escolar. Pelo visto o pensamento é uma das funções mais importantes que desempenha o papel fundamental no desenvolvimento mental da criança na idade escolar, e por isso vou deter-me com maiores detalhes no estudo do pensamento.

Como premissa eu gostaria de fazer algumas observações gerais no que tange ao estudo do desenvolvimento do próprio pensamento. Parece-me que a questão está colocada assim: o que se desenvolve no pensamento e o que cabe ser estudado na pesquisa? Em que consiste o conteúdo do próprio processo de desenvolvimento do pensamento?

Sabe-se que nos primórdios do estudo do pensamento na psicologia, o conteúdo do seu desenvolvimento se resumia principalmente em uma acumulação quantitativa de conhecimentos, ou seja, imaginava-se que o homem mais desenvolvido em termos intelectuais difere do menos desenvolvido antes de mais nada pela quantidade e a qualidade das representações de que dispõe e pela quantidade dos vínculos que existem entre essas representações; já as operações de pensamento são idênticas nos seus níveis mais altos e mais baixos.

Como sabemos, hoje em dia pouca gente tende a defender esse ponto de vista, a não ser alguns representantes da velha psicologia associativa e da nova psicologia do comportamento. Entre outras coisas, o livro de Thorndike é uma tentativa de defender a tese segundo a qual o desenvolvimento do pensamento consiste, principalmente, em formar novos elementos de ligações entre representações particulares, podendo se construir uma curva constante que irá simbolizar o desenvolvimento mental, começando pela minhoca e terminando no estudante americano. E essa curva representaria a linha contínua, na qual a ascensão e o descenso significam apenas a aceleração e o retardamento dos ritmos.

Quando, posteriormente, veio a reação a esse ponto de vista, a questão foi posta de cabeça para baixo. Passou-se a afirmar que o material do pensamento não desempenha nenhum papel em seu desenvolvimento e concentrou-se a atenção nas próprias operações de pensamento, nas funções, no processo que se realiza no homem quando este pensa ou resolve alguma tarefa com ajuda do pensamento. A Escola de Würzburg levou ao extremo esse ponto de vista e chegou à conclusão de que o próprio pensamento é um processo em que todas as imagens, nas quais está representada a realidade exterior, inclusive a palavra, não desempenham nenhum papel e ele (o pensamento) é visto como um ato puramente espiritual que consiste numa abrangência não sensorial puramente abstrata de relações abstratas, em vivências de tipo absolutamente especial, etc.

Essa escola tem um aspecto positivo: seus pesquisadores lançaram uma série de idéias baseadas na análise experimental, que enriqueceram a nossa concepção sobre a originalidade real das operações do próprio pensamento e sobre o seu funcionamento. Mas eles suprimiram inteiramente da psicologia do pensamento a questão do material do pensamento.

Se nos ativermos ao momento atual, poderemos constatar que o ponto de vista da Escola de Würzburg revelou sua unilateralidade. Surge, é claro, não uma retomada direta do velho ponto de vista mas um novo interesse pelo que antes se denominava material do próprio pensamento. Vê-se, pois, que a própria operação de pensamento depende do tipo de material com que opera, porque qualquer pensamento estabelece uma relação entre os fenômenos da realidade de alguma forma representados na consciência. Em outros termos, a função ou as diferentes funções do pensamento não podem depender de que funcionem, do que se mova, do que venha a ser o fundamento desse processo. Em termos mais simples, a função do pensamento depende da estrutura do próprio pensamento. As eventuais operações dependem da maneira como foi construído e funciona o pensamento.

Acho que aquilo que funciona não determina absolutamente a maneira como funciona, especialmente no campo do processo puramente funcional como é o pensamento, mas acho que as duas coisas estão estreitamente interligadas.

Se o próprio significado de uma palavra, ou seja, a própria generalização primordial que existe com tanta abundância em todo o discurso da criança pertence a um determinado tipo de estruturas, então só certo círculo de operações se torna possível nos limites de dada estrutura, enquanto outro círculo de operações se torna possível nos limites de outra estrutura. Se operamos com generalização o conceito sincrético, o círculo de operações irá corresponder ao tipo ou ao caráter da estrutura dessas generalizações primordiais. Se a generalização foi construída de determinada maneira, umas operações lhe serão impossíveis e outras possíveis.

Como se sabe, vários pesquisadores, como os franceses Janet e Claparede e o suíço Piaget, levantaram a questão da estrutura do pensamento infantil. Piaget chegou ao extremo em suas reflexões. Afirmou que as funções não se modificam no desenvolvimento, a função (por exemplo, a assimilação) continua a mesma. O conteúdo da mudança é a estrutura do pensamento, que adquire essa ou aquela forma em função da mudança da estrutura das funções.

Vários trabalhos de Piaget são uma tentativa de retorno à análise da própria estrutura do pensamento infantil, de sua estrutura interior. Naturalmente, esses trabalhos não foram um passo atrás na própria acepção da palavra: eles conservaram também a análise das funções do pensamento. Em todo caso, mais uma vez estamos diante de certa reviravolta nessa direção. O próprio conteúdo da reviravolta me parece correto. Hoje seria impossível estudar o pensamento com base no estado atual da questão, sem levar em conta que o desenvolvimento do pensamento tem um conteúdo diversificado, não se esgota no desenvolvimento das funções, e no desenvolvimento do pensamento estamos diante de certos processos de caráter interno muito complexos. Esses processos modificam a estrutura interna do próprio tecido do pensamento, fato que não se manifesta na mudança maciça e grosseira das funções mas na modificação da estrutura, da célula e do pensamento, se me é permitido dizer assim.

Acho que existem dois aspectos com os quais deparamos no estudo concreto do pensamento, e estes têm importância primordial no estudo do processo de aprendizagem na escola. Primeiro aspecto, o crescimento e o desenvolvimento do próprio conceito. Já que esta palavra suscita freqüentemente certa perplexidade, vamos falar de modo absolutamente empírico e concreto; em vez de conceito falaremos de significado da palavra. Não há nenhuma dúvida de que a palavra tem uma realidade psicológica e um significado variado.

Esse aspecto do desenvolvimento do pensamento é um processo interno profundo de mudança da estrutura do próprio significado da palavra.

Segundo aspecto: eu me permito afirmar que o significado da palavra se me afigura uma unidade sumamente importante de estudo do pensamento, porque ela assegura uma investigação do pensamento discursivo em que o discurso e o pensamento estão representados em sua unidade. Acho que todo significado da palavra é, por um lado, um discurso, porque está na natureza da palavra o fato de ela ter certo significado (as palavras desprovidas de significados são simplesmente um som vazio) e, por outro, todo significado representa uma generalização. Não existe um significado por trás do qual não haja um processo de generalização. Logo, qualquer significado da palavra surge como produto e processo de pensamento, logo, já não se pode dizer do significado da palavra que ele é um discurso ou pensamento. É um pensamento discursivo ou a unidade de discurso e pensamento, ou seja, aquela unidade real viva que conserva em si todas as propriedades pertencentes ao discurso e ao pensamento enquanto processo indiviso. A mim se afigura que o desenvolvimento dos significados das palavras é um processo celular interno de desenvolvimento ou mudanças. Um processo microscópico, que não se manifesta direta e imediatamente na mudança da atividade do pensamento. Em si mesmas, essas mudanças não se realizam de forma a que a cada modificação não corresponda imediatamente o surgimento de um novo fato. O processo de mudança interna do próprio pensamento acarreta inevitavelmente mudança e operações de pensamento, ou seja, também estão na dependência do tipo de estrutura do pensamento aquelas operações que são possíveis no campo desse pensamento.

Para ser ainda mais simples, em função do que funciona ou do que foi construído o que funciona foram estruturados o modo e o caráter desse funcionamento. Quando falo de estrutura do pensamento, tenho em vista certo aspecto que, no estudo do pensamento, abrange momentos mais ou menos estáveis e persistentes de organização do pensamento e determina certa uniformidade de uma série de atos que vão surgindo. Por exemplo, Piaget dá ao estudo do egocentrismo do pensamento infantil o nome de estudo da estrutura, diferentemente de estudo de determinados fatos em sua sucessão. Eu pessoalmente considero que se trata de uma estrutura macroscópica. E concebo por estrutura macroscópica o desenvolvimento do significado do conceito.

Assim, o estudo do pensamento no desenvolvimento quase sempre esbarra na necessidade de introduzir na pesquisa dois aspectos da análise: um microscópico e outro macroscópico, ou seja, de estudar as mudanças celulares internas, as mudanças da estrutura do próprio significado da palavra e estudar as funções, os modos de movimento das palavras que podem realizar-se no pensamento discursivo. Ambos os aspectos estão internamente interligados e onde quer que um aspecto seja excluído em proveito de outro isto se faz em detrimento da plenitude da investigação.

Para concluir a introdução, eu gostaria apenas de mostrar com base em um exemplo a que isso leva na prática. Parece-me que a exclusão de um aspecto em proveito de outro leva a que os problemas da aprendizagem escolar se tornem inviáveis em termos de investigação e estudo. As enormes dificuldades que experimentamos quando enfocamos essa questão são suscitadas, em primeiro lugar, pelo fato de que as nossas habilidades investigatórias e os nossos enfoques estão presos a uma tradição segundo a qual esses aspectos sempre foram estudados um fora do outro. Recorramos a Piaget, autor que se ocupa predominantemente da análise funcional macroscópica do pensamento infantil e examinemos como esses dados se refletem em seus estudos das operações através das quais a criança estabelece a causa, a relação e a dependência entre as representações, etc. Piaget informa no prefácio que o material do pensamento infantil e os próprios conceitos que a criança assimila não representam nenhum interesse para a pesquisa. Para ele só apresentam interesse aqueles conceitos que de certa forma já foram deformados, ou seja, elaborados pela criança. Os conceitos que a criança recebeu dos que a cercam e adquiriu na escola não constituem nenhum interesse, porque a criança tomou de empréstimo o conceito e nele as peculiaridades do pensamento infantil se diluíram nas peculiaridades do pensamento adulto.

Segundo Piaget, o processo de pensamento não pode ser objeto de pesquisa quando se trata de aprendizagem. Todos os conceitos que a criança adquire durante a aprendizagem ela os tomou de empréstimo aos adultos; evidentemente esses conceitos também são infantis, uma vez que a criança os deforma.

Piaget constrói o pensamento fora dos processos de aprendizagem, partindo basicamente de que tudo o que surge na criança no processo de aprendizagem não pode ser objeto de estudo no processo de pensamento. Baseando-se nisso, ele estuda a estrutura do pensamento e não se interessa pela originalidade das suas operações funcionais. Piaget separa o processo de aprendizagem do processo de desenvolvimento, estes se revelam desproporcionais, e isto significa que na escola ocorrem na criança dois processos independentes entre si: o processo de desenvolvimento e o de aprendizagem. O fato de a criança estudar e o fato de a criança desenvolver-se não têm nenhuma relação entre si. Mas se tomarmos o desenvolvimento mental da criança do ponto de vista do conteúdo e do material do pensamento, mantendo a posição de Piaget teremos de parar de investigar a relação entre os processos de desenvolvimento e aprendizagem.

Examinemos algumas variantes da prática investigatória, que surge hipoteticamente da premissa de que a aprendizagem da criança é o aspecto em que devem desenvolver-se os estudos da estrutura do próprio pensamento infantil.

Comecemos por um problema que desempenha um papel muito importante: o desenvolvimento dos conceitos espontâneo e científico no pensamento da criança. O conceito tem uma história de desenvolvimento muito longa. Na criança, ele se desenvolve muito antes de que a criança ingresse na escola. Foi estudado por diferentes cientistas, e podemos dizer que temos alguma noção aproximada desse processo. Mas o outro aspecto do problema foi muito mal elucidado. Acontece que o próprio ingresso na escola significa, para a criança, um caminho interessantíssimo e novo no desenvolvimento de seus conceitos. A criança assimila na escola, no processo de aprendizagem, uma série de conceitos de objetos como ciências naturais, aritmética, ciências sociais. Entretanto, o desenvolvimento do conceito científico quase não tem sido estudado; enquanto isso, o estudo do destino desses conceitos é importante tarefa do pedólogo.

Alguns achavam (durante muito tempo, eu mesmo estive propenso a conceber a questão mais ou menos dessa forma) que o caminho do desenvolvimento do conceito científico repete basicamente o caminho do desenvolvimento do conceito espontâneo da criança, ou seja, do conceito que surge com algumas variações na experiência cotidiana dela. Logo, supunha-se que a aprendizagem escolar não propiciava o essencialmente novo. O fato de que a criança adquiria esse conceito no sistema de conhecimentos científicos na escola nada introduzia de novo no destino do desenvolvimento da criança.

Outros tentavam afirmar que o conceito corriqueiro efetivamente se transforma no conceito científico, é assimilado ou sugerido, ou seja, chega à cabeça da criança a despeito do desenvolvimento.

Não vou deter-me na crítica a esses pontos de vista mas me permito expor apenas uma concepção geral do real estado de coisas.

Dizemos que os conceitos científicos se desenvolvem na criança de modo diferente do que se desenvolvem os espontâneos e por outras vias. Parece-me que o próprio fato de a aprendizagem escolar – a criança estuda pela primeira vez um sistema de alguns conhecimentos científicos – distinguir-se tão acentuadamente das condições em que surgem os seus primeiros conceitos, permite supor que o caminho do desenvolvimento dos conceitos científicos é outro. Mas é claro que não se deve superestimar as diferenças entre os caminhos do surgimento dos conceitos espontâneos e dos conceitos científicos. E não se pode fazê-lo de dois pontos de vista. Os conceitos espontâneos se desenvolvem não sem a ajuda dos adultos, ou seja, desenvolvem-se de cima para baixo e de baixo para cima. Porque a aprendizagem não começa apenas na idade escolar. Quando a criança pergunta "Por quê?" e o adulto lhe responde, quando ela escuta histórias contadas por um adulto ou outras crianças, ela está de fato aprendendo. Entretanto, o conceito científico não começa e não surge de algum campo desconhecido. Por exemplo, se na aula a criança ouve falar de água ou gelo, antes ela já sabia alguma coisa a respeito. Como afirma Piaget, o conceito científico distribui o seu peso sobre uma série de conceitos que já surgiram na criança em seu desenvolvimento espontâneo. Não se pode absolutizar as diferenças entre as vias de desenvolvimento dos conceitos espontâneos e dos científicos, pois existe aqui muita coisa em comum e isto, a meu ver, será útil para a análise subseqüente da questão.

Mas por enquanto permitam-me concentrar a sua atenção no que há de diferente entre eles. A diferença consiste em que (abstraindo, em certo sentido, todos os momentos de que falei até aqui) o desenvolvimento dos conceitos científicos segue o caminho oposto ao que segue o desenvolvimento dos conceitos espontâneos da criança. Até certo ponto esses caminhos são inversos entre si.

Tomemos um simples conceito espontâneo, no qual, como se sabe, a criança chega relativamente tarde à conscientização verbal do conceito, à definição verbal do conceito, à possibilidade de fazer em outras palavras uma formulação verbal, uma descoberta verbal de dado conceito. A criança já conhece uma determinada coisa, já tem um conceito, mas ainda tem dificuldade de dizer o que representa esse conceito na sua totalidade, no âmbito geral. O momento de surgimento do conceito científico começa exatamente a partir da definição verbal, de operações vinculadas a essa definição. Este, evidentemente, é um sintoma, mas um sintoma que indica que (como mostra a moderna teoria do conceito) o nível que surge no processo de desenvolvimento do conceito espontâneo da criança está apenas sazonando para o final da idade escolar. A partir desse nível começa a ter vida o conceito científico da criança.

Tomemos, como exemplo, qualquer conceito científico ou alguns conceitos científicos que a criança aprende na escola. Para efeito de clareza do experimento, tomemos um conceito que ainda não tem uma longa pré-história na aprendizagem da criança fora da escola. Por exemplo, ao chegar a escola a criança fica sabendo pela primeira vez que 1905 foi um momento histórico. Suponhamos que antes ela não soubesse disto e pela primeira vez tenha ouvido falar na escola. É claro que a novidade aqui é relativa, pois ela tomou conhecimento de um novo conceito com base nos que já existiam. Mas uma vez que o conceito é novo, o desenvolvimento começa no momento em que se elabora com a criança um determinado círculo de conhecimentos, que são comparados a outro círculo já conhecido, e se fazem diferentes formulações desse conhecimento. Em suma, realiza-se uma série de operações nas quais a mais inconsistente é o conceito espontâneo da criança. As operações que Piaget mostrou no conceito espontâneo são muito fracas. Por exemplo, fica-se sabendo que antes dos doze anos a criança conhece mal o conceito (inclusive um tão simples como "irmão"). Entre os onze e os doze anos ela domina inteiramente o conceito pleno de "irmão".

Em polêmica com Piaget, o psicólogo inglês Barens chamou atenção para o fato de que as crianças assimilam melhor um conceito científico que o conceito de "irmão". Precisamos nos apegar a isto. Por que uma criança, que assimilou o conceito espontâneo de "irmão" muito cedo, antes dos onze anos nem sempre é capaz de entender a sua relatividade, ou seja, que ela é irmã do seu irmão? Já o conceito científico que ela assimilou na idade escolar, comparado ao outro conceito, sai bastante fácil para ela.

Parece-me que isso poderia ser denominado sintoma do desenvolvimento dos conceitos espontâneos e científicos. E cabe observar ainda que a fraqueza dos conceitos espontâneos e dos conceitos científicos da criança se manifesta de diferentes modos. A criança sabe muito bem o que significa "irmão", seus conhecimentos estão saturados de uma grande experiência, mas quando precisa resolver uma tarefa abstrata como "o irmão do irmão, o irmão da irmã" e contá-los, a criança fica confusa. Ela sente dificuldade quando tem de tomar o conceito de "irmão" no seu significado puro. Quando a criança assimila um conceito científico, por exemplo, "revolução", a complexidade consiste em que ela é muito fraca no campo de semelhantes conceitos (freqüentemente, quando necessita falar das causas da revolução, a criança responde bastante bem) mas é muito forte no campo em que está o conceito de "irmão". Noutros termos, o conceito científico da criança vem a ser mais fraco onde por trás do conceito está a experiência da criança, que lhe garante que a palavra "irmão" não é a designação verbal de algum fenômeno.

Para efeito de clareza, permito-me apresentar esquematicamente o caminho de desenvolvimento dos conceitos espontâneos e científicos sob a forma de duas linhas de sentido oposto. Neste caso, os conceitos espontâneos se desenvolvem de cima para baixo em certo sentido. Logo, os conceitos científicos e as suas primeiras germinações estão, apesar de tudo, relacionados ao contato imediato da criança com esses ou aqueles objetos. É verdade que se trata de objetos que ao mesmo tempo encontram explicação por parte dos adultos, mas ainda assim são objetos reais. Através de um longo desenvolvimento, a criança se torna capaz de dar algum definição a esses conceitos, de discriminar de certo modo as relações lógicas que se estabelecem entre eles.

Já a explicação científica começa pela definição geral do conceito. Nas aulas a criança aprende a estabelecer relações lógicas entre os conceitos, mas é como se o movimento germinasse para dentro, ou seja, vincula-se à experiência que, neste sentido, existe na criança. Os conceitos "científico" e "espontâneo" parecem encontrar-se em um nível no sentido de que não se pode separar nos pensamentos da criança os conceitos adquiridos na escola dos conceitos adquiridos em casa. Do ponto de vista da dinâmica, esses conceitos têm uma história inteiramente diversa: a fraqueza de um conceito se descobre justamente onde o outro já está relativamente maduro.

Logo, parece-me que, até certo ponto, no caminho do seu desenvolvimento, o conceito científico se revela oposto ao conceito espontâneo ou conceito do dia-a-dia da criança. É verdade que isto é muito relativo mas, em certo sentido, acaba sendo justo. Entretanto, apesar dessa contraposição, parece-me que ambos os processos de desenvolvimento – dos conceitos espontâneos e dos científicos – estão internamente interligados da maneira mais profunda. Estão interligados porque o desenvolvimento dos conceitos espontâneos na criança deve atingir certo nível para que ela possa assimilar em linhas gerais os conceitos científicos. Sabe-se que estes não se tornam imediatamente acessíveis à criança. Entre outras coisas, durante muito tempo podem ser inapreensíveis no sistema, embora cada um possa ser, separadamente, inteligível para a criança. Assim, o próprio desenvolvimento dos conceitos espontâneos deve atingir certo nível, criar premissas no desenvolvimento mental para que a assimilação dos conceitos científicos se torne inteiramente possível para a criança. Mas o desenvolvimento dos conceitos científicos também está vinculado da forma mais estreita aos conceitos espontâneos da criança.

Se é verdade que o conceito científico da criança desenvolveu-se até um ponto ainda não atingido pelos conceitos espontâneos em seu desenvolvimento, ou seja, se pela primeira vez tornou acessível à criança uma série de operações ainda impossíveis em relação a um conceito como "irmão", isso ressalta o fato de que o conceito científico da criança, depois de percorrer o seu caminho, não pode ser desinteressante para o restante do caminho a ser percorrido pelo conceito espontâneo. Para evitar acusação de esquematismo, gostaria de apontar o que aqui existe de esquema e o que existe de fato. Parece-me que, aqui, transmitiu-se o efetivo estado de coisas, no qual o desenvolvimento do conceito "irmão" na criança de onze anos e o desenvolvimento do conceito "pressão do líquido" estão no mesmo nível. Mas onde o conceito de "pressão do líquido" é mais fraco o conceito de "irmão" é mais forte, e vice-versa. O esquemático, o hipotético é o fato de que trabalhamos com vias de desenvolvimento. Barens foi o primeiro a apontá-lo. Os resultados dos testes mostraram que na criança do mesmo nível, ou seja, situada no padrão dos onze anos, observa-se uma solução diferente de conceitos diversos.

Minha tese consiste em que aqui deparamos com um processo original de desenvolvimento. Gostaria de esclarecer a minha tese com o auxílio da análise de pesquisas concretas do desenvolvimento dos conceitos científicos da criança em face do desenvolvimento dos seus conceitos espontâneos. Vejamos o trabalho de J. I. Chif *Estudo dos conceitos científicos da criança em face da investigação dos conceitos espontâneos*. Pelo conceito básico aplicado por Chif, pediu-se que as crianças estabelecessem, digamos, relações causais. Pediram que elas concluíssem frases interrompidas na palavra "porque". Piaget cita os seguintes exemplos: "O navio foi carregado no mar e afundou porque..." "Um ciclista caiu da bicicleta porque..." "A menina ainda lê mal porque...". A criança deve concluir essas frases e responder ao porquê.

Com base no material de alcance humano geral trabalhado na escola as crianças tiveram bem mais facilidade de achar a solução do que com o material do seu dia-a-dia. Nesse sentido, na turma II a divergência entre as conclusões das frases com base no material de alcance humano geral e no material do dia-a-dia foi bem maior.

O estudo do material dos conceitos espontâneos e científicos revela o seguinte. Se para as turmas II e IV representamos o processo na forma de curvas, percebemos que na turma II a curva do desenvolvimento do conceito científico está bem acima da curva do desenvolvimento do conceito espontâneo no caso de conclusão das frases com "porque". Na turma IV, as duas linhas mais ou menos confluem. Se examinamos o teste da conclusão das frases que terminam na palavra "embora", a representação gráfica dos resultados dos alunos da turma II aparece da seguinte maneira: inicialmente as linhas seguem mais ou menos juntas, depois se separam. A divergência de vias de desenvolvimento dos conceitos científicos e espontâneos é um momento muito sério que depende diretamente da idade. Isto me parece um fato bastante considerável.

Para analisar esse fato, cabe examinar mais uma questão importante. Nunca podemos definir o que significa essa divergência entre os testes com conceitos científicos e os testes com conceitos espontâneos se não definimos psicologicamente que tipo de processo é desencadeado para a vida no primeiro e no segundo casos, ou seja, o que faz a criança quando se exige que ela conclua a oração "o navio afundou no mar porque..." e que tipo de operação mental deve realizar quando termina a frase construída com base em material de amplo sentido humano. Pode acontecer que as operações mentais sejam idênticas em ambos os casos e a diferença esteja apenas no material, como pode acontecer que a diferença esteja nas próprias operações.

Existe uma questão fundamental à qual todo pesquisador deve responder: o que determinado teste desencadeou para a vida, ou seja, que processo psicológico foi estudado com o auxílio de determinado experimento. A resposta não parece fácil nem mesmo depois de uma pesquisa tão boa quanto a realizada por Piaget, mas ainda assim, como resultado de uma longa polêmica e de uma série de trabalhos, pode-se considerar que estão elucidados alguns momentos que agora tentarei expor.

O que distingue uma tarefa quando uma criança deve dizer "o navio afundou porque..." de outra em que ele deve informar sobre algum fenômeno da vida social, como "a revolução de

1905 foi esmagada porque...". Pode-se dizer que o problema está nos conhecimentos: a criança estudou o porquê de a revolução ter sido esmagada mas não estudou o motivo que fez o navio afundar. Apesar de se ter estudado a revolução de 1905 na escola e mais provavelmente não se ter estudado nada sobre navios naufragados, ainda assim não existe aluno de segunda série que não saiba ou nunca tenha ouvido falar dos motivos que levam o navio ou o barco a afundar. De sorte que a questão é de conhecimentos.

Por que a criança tem dificuldade de concluir uma frase do tipo "o ciclista caiu da bicicleta e quebrou a perna porque..."? Acho que para essa pergunta pode-se dar uma resposta: a criança tem dificuldade porque se exige que ela faça o que involuntariamente talvez faça todos os dias. Quem já observou crianças de dez anos sabe que nessa idade ela emprega de forma corretamente contextualizada a palavra "porque". Se ela viu o ciclista cair na rua, nunca dirá que o ciclista caiu e quebrou a perna porque "ele foi levado para o hospital"; entretanto, é assim que as crianças respondem nos testes. Pelo visto a própria dificuldade não consiste em ter de estabelecer uma relação causal entre os fenômenos (em Piaget as crianças empregavam as palavras com absoluta correção) mas em que a criança não sabe fazer voluntariamente o que em situação análoga faz uma infinidade de vezes. Uma vez que o que acabamos de dizer parece-me um fato importante do pensamento infantil, quero abordar uma situação em que a criança não sabe fazer voluntariamente o que involuntariamente faz muitas vezes. Dispomos de dados de um número imenso de experimentos que foram orientados no sentido de mostrar como inicialmente a criança domina o que posteriormente vai usar de forma involuntária. Por exemplo, se forçarmos uma criança pequena a fazer alguma combinação de sons isto será impossível para ela, mas se nomearmos uma palavra em que exista essa combinação de sons ela resolverá a tarefa de modo irrepreensível. Se pedirmos para ela fazer uma combinação de sons com as consoantes "sc" isto também será impossível para ela, mas se lhe propusermos dizer "Moscou" ela pronunciará esta palavra, apesar de haver nela a combinação de sons com "sc". Na estrutura essa reprodução será bem sucedida. Mas quando se pede para ela fazê-lo intencionalmente isto se torna inexeqüível para ela. Se dermos atenção não ao aspecto fonético mas gramatical da fala, veremos que a criança pequena domina involuntariamente a gramática antes de estudar a escrita, declina, combina palavras, mas voluntariamente ela não consegue nem declinar, nem construir palavras porque não sabe o que faz, ao passo que quando estuda a linguagem falada e a gramática ela sabe o que está fazendo.

Já tive oportunidade de mostrar que todos os estudos da linguagem escrita das crianças confirmam que ela é difícil para a criança de tenra idade, pois exige o emprego voluntário das mesmas funções discursivas que antes ela já empregava involuntariamente. Se uma criança conta com muita vivacidade algum acontecimento e depois o transmite em forma escrita com a maior dificuldade e em frases simplificadas, isto acontece principalmente porque na forma escrita ela deve fazer voluntariamente o que antes fizera involuntariamente em forma oral. Noutros termos, o estado de coisas em que as funções amadurecem antes na criança como funções que se realizam involuntariamente e só depois se tornam como que voluntárias é a situação geral que, como mostrou Claparede em seu trabalho, está vinculada à função de conscientização. Na medida em que a criança toma consciência do que faz e de como o faz, as suas funções se tornam voluntárias. A criança que pronuncia a palavra "Moscou" mas antes de aprender a forma escrita não suspeitava de que nessa palavra estivesse a combinação de sons "sc" e que ela a pronunciava, não sabe como cumprir determinada tarefa voluntariamente. O problema da atividade voluntária está na dependência direta do problema da conscientização dessa atividade.

Se levarmos isso em conta e voltarmos aos testes a que me refiro, parece-me que o primeiro aspecto da questão ficará claro.

A criança emprega a palavra "porque" em sua fala de forma irrepreensível, mas ainda não tomou consciência da própria relação que há em "porque". Usa essa relação antes de tomar consciência dela. Como mostrou Piaget, a criança diz freqüentemente "Eu não vou à escola porque estou doente". Mas quando no experimento psicológico pergunto a essa mesma criança "Uma criança disse que não irá à escola porque está doente, o que isto significa?", ela responde mais provavelmente que isto significa ou que a criança está doente ou que não irá à escola, mas nunca responderá que a criança não irá à escola porque está doente. A criança desconhece as relações causais entre um e outro conceitos. Como se pode entender que as crianças dos onze aos doze anos só resolvam 75% (segundo dados de Piaget) desses testes? Acho que isso deve ser entendido apenas no sentido de que essas crianças que já dominaram de forma inconsciente esses conceitos e as relações causais, ainda não os domina de modo consciente, ou seja, voluntariamente.

Quanto ao problema da conscientização, contornei um pouco as questões de outros pesquisadores, e com elas era possível explicar em que consiste o problema. Para o conceito espontâneo a conscientização é difícil, apesar de a criança já usar bem esse conceito, enquanto que o conceito científico é, neste sentido, conscientizado bem antes. Parece-me que essa é a lei geral da conscientização. As pesquisas de Claparede mostraram que antes a criança atua em relação à semelhança e mais tarde toma consciência dela. Um estudo comparado revelou que a criança reage à semelhança antes de reagir à diferença, mas conscientiza e formula a diferença antes de fazê-lo com a semelhança. Parece-me compreensível que isso deva manifestar-se lá e cá em diferentes medidas. Entretanto seria errôneo pensar que isso se manifesta antes do tempo em que a criança começa a conscientizar o conceito em linhas gerais.

Os conceitos científicos têm muito em comum com os espontâneos (até certo ponto o constrangimento circunstancial é inerente a ambos), mas uma vez que surgem em diferentes situações e essas mesmas situações estão na primeira tese que eu gostaria de defender consiste em que os testes não foram concluídos, porque tanto em relação ao aluno quanto ao material tomado do campo dos conceitos espontâneos exigem da criança um uso voluntário das estruturas que ela domina involuntariamente, automaticamente. A criança acaba sendo inconsistente diante desses testes.

Examinemos os testes tomados de material sociológico do qual cabe desenvolver o conceito científico da criança. Que série de operações a criança realiza ali? Pergunta-se à criança: "A revolução de 1905 foi esmagada porque...". Se a criança estuda bem na escola, se esta questão foi trabalhada segundo o programa, ela conhece as causas. O que ela faz quando responde a essa pergunta? Usa os conhecimentos que foram estabelecidos na escola, se não excluímos que a questão haja sido tirada de um manual e a criança a tenha decorado e reproduzido o que leu com uma precisão de fotografia. Quando a criança reproduz uma estrutura próxima e singular de relações estabelecidas, parece-me que a operação que confiamos ao aluno pode ser explicada assim: ela tem a sua história, a sua complexidade não no momento em que o experimentador realizou o experimento. Porque o professor trabalhou o tema com o aluno, passou os conhecimentos, verificou, perguntou, corrigiu. Todo o trabalho foi completado pela criança sob orientação do professor. E quando a criança faz isto agora, o teste exige dela habilidade (se é que se pode dizer assim) de resolver a questão por imitação com auxílio do professor. Parece-me que a diferença essencial entre os testes com conceitos espontâneos e com conceitos sociológicos é o fato de que a criança deve resolver a tarefa com ajuda do professor. Porque quando dizemos que a criança atua por imitação, isto não significa que ela olhe nos olhos de outra pessoa e imite. Se hoje eu ouvi alguma coisa e amanhã faço a mesma coisa eu o faço repetindo. Logo, psicologicamente eu vejo esse teste como teste que exige do aluno a reprodução de uma resposta com auxílio do professor.

Se levarmos em conta que nos referidos testes exigem-se da criança diferentes operações, ou seja, que aqui ela deva fazer voluntariamente alguma coisa que faz automaticamente e ali, sob orientação do professor, deva saber fazer algo que não fizera nem espontaneamente, para nós ficará clara uma coisa: a divergência entre os testes e outros tem importância essencial. Resume-se não só nos conhecimentos, ou seja, no fato de que em relação aos conceitos científicos a criança domina tais conhecimentos e em relação aos conceitos espontâneos não os domina.

Agora retomemos o esquema. Minha idéia consiste em que os conceitos científicos começam a surgir por outras vias, em certo sentido inversas se comparadas às vias de surgimento dos conceitos espontâneos e, conseqüentemente, a força e a fraqueza dos primeiros será essencialmente diversa da força e da fraqueza dos segundos. Mais uma vez tomo como exemplo uma pesquisa em que foi estabelecido que em relação aos conceitos científicos descobre-se verbalismo na criança. Mas será que em relação aos conceitos espontâneos o verbalismo é um perigo real? Não. A pesquisa mostrou que a criança elabora o esquema e o aplica sem procurar entendê-lo, e esse perigo esquemático não existe para o conceito "irmão". Estamos diante precisamente dos perigos e fraquezas que Chif descobrira antes no campo dos conceitos científicos. Por outras palavras, os perigos e fraquezas que se observam no desenvolvimento da criança em relação aos conceitos espontâneos, estabelecidos por Piaget (a impossibilidade de fazer a definição do conceito, de revelar a sua relação com outros conceitos), em suma, esses aspectos do desenvolvimento são exatamente fortes na sociologia, como mostra o trabalho de Chif.

Em que medida têm papel aqui as deficiências da escola? De fato, essa idéia pode surgir facilmente porque a fraqueza dos conceitos científicos e espontâneos é vária. O fato de que o desenvolvimento dos conceitos científicos está ameaçado de torná-los verbais mas não ameaça os conceitos espontâneos mostra a diferença entre eles. Mas me parece que as deficiências da escola podem manifestar-se no fato de que a criança vai estudar improdutivamente, vai estudar conceitos científicos, mas, permanecendo no mesmo nível nos conceitos espontâneos, vai assimilar os conceitos científicos de modo freqüentemente verbal, esquemático, aumentando assim a divergência entre os primeiros e os segundos. Eu não vejo a própria divergência como defeito, pois em toda aprendizagem escolar a divergência como tal aciona o desenvolvimento mental da criança e introduz nele novas possibilidades. Em si mesma a divergência não seria um defeito se não significasse divergência no desenvolvimento mental da criança mas simplesmente o tornar-se mais rico. O conceito científico estará sempre acima do espontâneo.

Piaget estabeleceu que a criança não está em condições de resolver testes com "porque" e "embora", mas se verifica que ela os resolve em sociologia. Logo, a força dos conceitos científicos manifestou-se onde se revelou a fraqueza dos conceitos espontâneos, e vice-versa. Só um fenômeno em todo o trabalho de Chif vem a ser comum lá e aqui: certa tentativa de explicação sincrética das causas e relações adversas. Mas à luz do que foi dito sou propenso a achar que o sincretismo aqui é outro. O sincretismo que a criança descobre em relação aos conceitos científicos e espontâneos são diferentes modalidades e formas de sincretismo. Mas como essa questão é complexa e particular, eu me permito não analisá-la.

À luz do que foi dito antes, voltemos ao esquema e tentemos observar as relações entre as linhas de desenvolvimento dos conceitos científicos e espontâneos. Procurei mostrar sob a forma de generalização que nos testes com conceitos espontâneos exige-se fazer de forma intencional uma operação voluntária que a criança executa involuntariamente. Outrora se considerava que o desenvolvimento mental da criança se caracterizava por aquilo que ela podia fazer espontaneamente, sendo secundário o que ela podia fazer com ajuda de outro.

Nesta conferência eu falei de zona de desenvolvimento imediato. Quero lembrar de que se trata. Antes se imaginava que só tinham importância os testes que a criança resolvesse sozinha, e se alguém a ajudasse isto era sintomático para o desenvolvimento mental. A imitação só é possível onde ela se situa na zona das possibilidades aproximadas da criança, e por isso o que a criança pode fazer com o auxílio de uma sugestão é muito importante para o estado do seu desenvolvimento. Falando propriamente, isto exprime um pensamento há muito conhecido e empiricamente estabelecido pela pedagogia: o desenvolvimento mental da criança não se caracteriza só por aquilo que ela conhece mas também pelo que ela pode aprender. O simples fato de que a criança pode facilmente aprender álgebra é importante para o desenvolvimento mental. O estudo pedológico não só determina o nível de desenvolvimento atual da criança, ou seja, o nível das funções amadurecidas, mas também sonda as funções que ainda não concluíram o seu desenvolvimento e se encontra na zona do desenvolvimento imediato, ou seja, em maturação.

Quase nenhuma das funções mentais complexas surge para aparecer imediatamente como atividade autônoma da criança. É curioso um fato: a criança faz com ajuda em uma idade aquilo que pode fazer com autonomia em idade mais tardia. Como mostraram os trabalhos de MacCarthy, as crianças que dos três aos cinco anos fizeram alguma coisa orientadas fizeram o mesmo de forma autônoma dos cinco aos sete anos. Isto pode ser visto em um exemplo. Quando duas crianças não podem resolver alguma tarefa, uma delas, se lhes soprarem como começar, imediatamente continua e conclui essa tarefa, enquanto a outra não dá conta dela nem se lhe soprarem. Pergunta-se: as duas crianças dominam com a mesma rapidez a solução autônoma da tarefa? Acho que a primeira, que depois que lhe sopraram resolveu logo a tarefa, começará a resolver com autonomia antes da segunda.

O que prova o trabalho de Chif?

Comecemos pela análise do fato principal, estabelecido no estudo comparado dos conceitos científicos e espontâneos no aluno escolar. Para elucidar a originalidade dos conceitos científicos, naturalmente teríamos de escolher para o primeiro passo a via do estudo comparado dos conceitos adquiridos pela criança na escola e confrontados com os conceitos espontâneos. Conhecemos uma série de peculiaridades que foram reveladas no estudo dos conceitos espontâneos do aluno. Naturalmente haveria a vontade de examinar como se manifestam essas mesmas peculiaridades em relação aos conceitos científicos. Para isso seria necessário propor tarefas estruturalmente experimentais, aqui realizadas no campo dos conceitos científicos, ali no campo dos conceitos espontâneos do aluno. O fato principal, para cujo estabelecimento conduz a pesquisa, consiste em que esses conceitos todos, como esperávamos, não estão no mesmo nível de desenvolvimento. O estabelecimento de relações de causa e efeito e de dependências, assim como de relações de sucessão em operações com conceitos científicos e espontâneos, acabou sendo acessível à criança de diferentes modos. A análise comparada dos conceitos espontâneos e científicos em uma faixa etária mostrou que, havendo os respectivos momentos programáticos no processo de educação, o desenvolvimento dos conceitos científicos supera o desenvolvimento dos espontâneos. No campo dos conhecimentos científicos encontramos o nível mais elevado de pensamento que no dos conceitos espontâneos. A curva de soluções dos testes (de conclusão das frases interrompidas nas palavras "porque" e "embora") com conceitos científicos está sempre acima da curva de soluções dos mesmos testes com conceitos espontâneos. É esse o primeiro fato que necessita de explicação.

Se examinarmos onde o desenvolvimento dos conceitos espontâneos e científicos foi relativamente baixo e onde se tornou mais alto, ficará evidente que antes subia a curva de solução de tarefas sob orientação, ou seja, na aprendizagem surgiram novas formas de atividade que só se desenvolveram depois como formas autônomas.

Gostaria de generalizar o que foi dito, mas não me baseando num material investigatório e sim em algumas reflexões hipotéticas. A mim a questão se afigura da seguinte maneira: o próprio desenvolvimento dos conceitos científicos se torna possível para a criança só quando ela atingiu determinado nível nos conceitos espontâneos. Existe uma idade em que a criança ainda não pode fazê-lo. O surgimento dos conceitos científicos não se tornam possível se não em certo nível de desenvolvimento dos conceitos espontâneos. Suponho que uma parte do desenvolvimento de onde começou o desenvolvimento dos conceitos científicos seja a zona de desenvolvimento imediato. Sob orientação do pedagogo tornam-se possíveis operações que são impossíveis na solução relativamente autônoma da criança. As operações e formas que surgem na criança sob orientação, posteriormente propiciam o desenvolvimento da sua atividade independente.

O fundamento para semelhante afirmação é a experiência de MacCarthy. Alguns pesquisadores consideram que a zona de desenvolvimento imediato sempre serve como indicador de previsão, uma vez que o fato de que o conceito científico da criança está em linha de ascensão não é indiferente para o desenvolvimento da criança. Falando com cautela, o material factual obtido por Chif não exclui essa hipótese. Segundo os dados dessa pesquisadora, os conceitos científicos estão acima, os espontâneos seguem abaixo e depois se ajustam.

O que ocorre na transformação dos conceitos espontâneos em científicos? Evidentemente não podemos por enquanto dar nenhuma resposta a não ser em forma de conjectura. Mas acho que uma das questões centrais da pedologia da aprendizagem escolar consiste precisamente no estudo dessas transformações, porque todo conceito científico deve apoiar-se em uma série de conceitos espontâneos que germinaram até chegar à escola e transformá-los em científicos. Nos termos mais gerais pode-se dizer que o conceito espontâneo se transforma em uma nova parte do seu desenvolvimento. A criança o conscientiza, ele se modifica na estrutura, ou seja, passa à generalização de um tipo mais elevado no aspecto funcional e revela a possibilidade das operações, dos signos que caracterizam a atividade do conceito científico. Noutros termos, ele adquire uma qualidade essencial que distingue a estrutura e o círculo de atividade do conceito científico. Ambos podem existir separadamente na criança, nela pode haver o conceito de água tanto como conceito formado na vida quanto obtido nas aulas de ciências naturais. Barens apresenta muitos exemplos semelhantes. Os conhecimentos que a criança tem sobre a água, obtidos na vida e levados da escola, não podem unificar-se de uma vez.

O conceito científico, obtido na escola, caracteriza-se pelo fato de que a criança o emprega facilmente em resposta a uma pergunta do professor, ou seja, voluntariamente. Entretanto raramente se ouve falar de um aluno da escola primária, que disse sobre a revolução de 1905 alguma coisa pessoalmente pensada, sentida. Se o conceito científico em uma situação espontânea venha a ser tão inconsistente quanto o conceito espontâneo em uma situação científica, isto apenas prova que, em primeiro lugar, o conceito científico é mais fraco na situação em que o conceito espontâneo é mais forte e, em segundo, uma grande afinidade é própria dos conceitos espontâneo e científico. Eles pertencem à mesma época do desenvolvimento do pensamento da criança e, conseqüentemente, a lei comum do pensamento – o conceito depende da situação – continua a mesma em ambos os casos. Nós só nos convencemos do desenvolvimento do conceito científico quando ele se tornou o próprio conceito da criança. A plenitude da generalização consiste em que nela existem não só indícios do próprio objeto mas uma ligação com outros objetos. Se em determinada rede de relações eu incluo alguma coisa nova, imediatamente eu compreendo isto. Ninguém viu uma criança que imediatamente dominasse um sistema decimal: ela assimila de baixo para cima; ninguém viu uma criança que assimilasse um número negativo tal qual assimila um positivo: ela o assimila mas não assimila imediatamente. Em si mesmo o sistema é uma condição básica, graças à qual se torna possível percorrer originalmente o caminho do desenvolvimento dos conceitos científicos. Se estudarmos como as crianças usam conceitos científicos, ficará claro que os dados que Piaget tomou por base da sua análise da solução dos conceitos espontâneos vêm a ser inversos. No que tange aos conceitos espontâneos, as crianças dizem com clareza e de forma correta por que não há necessidade de ir à escola, mas quando lhes pedem para concluir a frase "Não vou à escola porque..." elas não conseguem fazê-lo. Acho que os conceitos científicos nas construções espontâneas das crianças são muito pobres, mas são muito ricos nas construções voluntárias, onde elas têm de responder a perguntas. Embora não disponhamos de quaisquer dados experimentais para insistir nesse ponto, acho que se recorrermos às observações do cotidiano, elas confirmarão o que foi dito com uma fração bem maior de probabilidade. No juízo espontâneo a criança diz pouquíssimo sobre os conceitos científicos, ou seja, aqui está exatamente o campo em que os conceitos científicos revelam a sua fraqueza na criança.

Ao concluir a exposição dessa questão, é necessário generalizar um pouco e resumir o que foi dito.

Operei com materiais e exemplos de uma pesquisa concreta, mas ainda assim tive em vista alguma coisa mais geral em termos de estabelecimento não de resultados teóricos conhecidos e que podem ser adotados como cientificamente demonstrados mas de um enfoque científico-investigatório do problema que nos interessa. A questão que hoje abordei pode tornar-se consideravelmente mais clara e convincente com a incorporação de uma série de histórias análogas no problema do desenvolvimento. As vias do desenvolvimento mental da criança são muito diversificadas, e aquilo de que trato é muito parecido ao desenvolvimento do estudo de uma língua estrangeira pela criança em comparação com a língua materna. Em termos psicológicos e funcionais e não só externos a criança estuda uma língua estrangeira e a língua materna de modos inteiramente diferentes. Existem muitos trabalhos estrangeiros sobre o plurilingüismo, o bilingüismo, etc. Sabe-se que a assimilação de uma língua estrangeira pelo aluno escolar segue um caminho diametralmente oposto ao caminho da assimilação da língua materna. A criança não começa a assimilação da língua materna memorizando a diferença entre os substantivos masculino e feminino mas se estuda, por exemplo, o alemão logo lhe explicam que, se a palavra é do gênero masculino, ela tem um elemento, e se é do gênero feminino ela tem outro elemento. Ao estudar a língua materna a criança não começa combinando sons, já no alemão começa exatamente daí. A própria assimilação da língua alemã se torna possível apenas quando a língua materna atinge na criança certo nível de desenvolvimento e a assimilação se baseia no conhecimento da língua materna. Ao estudar uma língua estrangeira em tenra idade a criança a assimila tanto quanto assimila a língua materna. O conhecimento de apenas uma língua não radica na natureza mas se o professor, ao conversar com uma criança de oito anos, lhe pergunta "o que é?" e a criança responde "um tinteiro", é necessário dizer que aos oito anos a criança já tem consciência de que esse é um método de estudo da palavra, e então passa a estudar a língua estrangeira de modo diferente. A propósito, Barens é muito jocoso contra Stern, ao dizer que toda a teoria que este propõe para o aprendizado da língua materna é muito correta mas só se aplica a ginasianos que estudam uma língua estrangeira.

Usei esse exemplo como meio para explicar a idéia de que a assimilação psicofuncional de duas estruturas aparentemente idênticas em diferentes idades e diferentes condições reais de desenvolvimento pode ser inteiramente diversa. Com o auxílio dessa comparação eu diria que no aspecto psicofuncional a assimilação dos conceitos científicos se distingue da assimilação dos espontâneos aproximadamente como o estudo de uma língua estrangeira na escola difere do estudo da língua materna, e que o conhecimento da língua materna deve atingir determinado nível para que seja possível estudar conscientemente uma língua estrangeira. A criança tem irmãos e ouve dizer que eles têm colegas que têm irmãos, mas nunca refletiu sobre o que é "irmão", pois isso nunca foi objeto de sua reflexão consciente. Na escola, os conceitos de sociologia estavam de tal forma construídos que sempre se operava com eles precisamente no campo da consciência. Em outros termos, a criança assimila o conceito de "irmão" dispondo de relações reais e aplicando a elas o conceito que ouviu. Ele apreendeu o conceito de "revolução de 1905" assimilando apenas o esquema da situação e através dela reproduzindo alguma situação real. É claro que não se pode fazer uma análise funcional precisa desse processo mas me parece que a participação do pensamento, da consciência e de um grau de lógica e abstração desse ou daquele conceito são diferentes. Neste sentido, a gênese dos conceitos espontâneos e científicos é semelhante à gênese das línguas materna e estrangeira. Acho correta a analogia de Barens, que abre uma possibilidade de pesquisa. Penso que os fatos que arrolei em relação à definição dos testes e do círculo de conceitos são mais ou menos sintomáticos e típicos dos conceitos espontâneos e científicos em geral, que entre esses conceitos existe uma divergência muito complexa que, não obstante, não se deve superestimar. É claro que essa divergência é relativa, ou seja, só em determinado sentido podem-se contrapor as vias do desenvolvimento dos conceitos espontâneos e científicos da criança. Evidentemente, entre uns e outros existe muita coisa em comum: tanto os conceitos científicos se apóiam em uma série de informações anteriormente adquiridas quanto o desenvolvimento dos conceitos espontâneos se realiza não só de baixo para cima mas também a partir daqueles conhecimentos que os adultos enviam de todos os lados para a criança.

Mas esse equívoco não contraria em nenhuma medida o que eu disse sobre a diferença. Eles têm origem diversa em sua estrutura semântica porque se desenvolvem de modo diferente. Ora, sabemos que o desenvolvimento do aspecto semântico do discurso na idade infantil, ou seja, o desenvolvimento dos primeiros significados da palavra da criança revela certa contraposição ao desenvolvimento do aspecto físico do discurso. Evolui em seu desenvolvimento de palavras isoladas para a frase, o seu aspecto semântico caminha da frase para as palavras. Será essa lei aplicável aos conceitos científicos? Não. Nos conceitos científicos operamos com uma correlação dos aspectos semântico e físico do discurso diferente daquela com que se opera nos conceitos espontâneos, logo, com outra via de desenvolvimento porque passa o aspecto semântico desse discurso. Entretanto essa diferença deve servir para nós como indicador de que entre os processos de desenvolvimento dos conceitos no convívio social e dos conceitos na escola existe um vínculo profundo e recíproco, que é possível justamente porque o desenvolvimento desse ou daquele conceito segue por caminhos diferentes.

Surge a seguinte pergunta: se o caminho de desenvolvimento dos conceitos científicos nas crianças repetia basicamente a via de desenvolvimento dos conceitos espontâneos, então o que isto trazia de novo para o desenvolvimento dos conceitos da criança? O aumento, a ampliação do círculo de conceitos. Mas se os conceitos científicos desenvolvem alguma área não percorrida pela criança, se a assimilação desses conceitos vai à frente do desenvolvimento, ou seja, opera em uma zona em que na criança ainda não amadureceram as possibilidades, então começam a entender que a aprendizagem de conceitos científicos pode efetivamente desempenhar um grande papel no desenvolvimento da criança. Pode-se dizer que os conceitos científicos ampliam o círculo da idéia na criança. Para nós, é essencial entender não o que há de comum no desenvolvimento dos conceitos científicos e espontâneos mas em que eles são diferentes; logo, o que eles trazem de novo ao formarem a zona de desenvolvimento imediato.

Quero terminar esta exposição apontando uma questão muito complexa para que ela não pareça omitida nem se suscite perplexidade. É preciso dizer que, evidentemente, são diversos o desenvolvimento dos conceitos científicos e o peso específico desse processo no campo dos diferentes objetos, por exemplo, da aritmética e da língua, por um lado, e da sociologia e das ciências naturais, por outro. Na aritmética a criança assimila certo método de pensamento independentemente do material com que resolve uma tarefa. Na sociologia e nas ciências naturais material é a realidade concreta que o conceito reflete. Por isso me parece que as vias de desenvolvimento dos conceitos científicos em aritmética e sociologia podem ser um tanto diferentes. Nesta conferência caberia examinar essa questão, mas eu quis apenas mencioná-la para mostrar que o próprio conferencista tem consciência de todo o caráter de rascunho, de todo o aspecto prévio, de toda a imperfeição da simplificação que involuntariamente são cometidas nesse tipo de enfoque da questão. Mais do que nunca eu estou propenso à cautela apenas porque considerei toda a conferência como um material prévio para um enfoque investigatório. É exatamente no início do trabalho investigatório dedicado à escola que me parece inútil considerar aquelas reflexões que nos surgem quando tomamos conhecimento de alguns trabalhos nesse campo.

A análise pedológica do processo pedagógico

A análise pedológica abrange tanto os aspectos da educação quanto da aprendizagem da criança. Mas vamos concentrar toda a nossa atenção na análise pedológica dos processos de aprendizagem da criança, uma vez que o outro aspecto requer um exame especial. Parece que todos aceitam que a análise do processo pedagógico constitui a parte central do trabalho pedológico na escola e nenhum aspecto do trabalho pedológico foi elaborado tão mal e de modo tão ineficaz. Como nos parece, isto se deve a duas circunstâncias: 1) ao divórcio entre a teoria pedológica e o trabalho prático que, infelizmente, se faz presente até hoje e se manifesta no fato de que o centro da atenção no trabalho pedológico é freqüentemente ocupado por questões teórico-abstratas enquanto o trabalho prático se constitui de modo mais ou menos espontâneo; 2) à falta de elaboração teórica da análise pedológica no processo pedagógico. Os problemas mais abstratos, relacionados à pedologia em sua totalidade, costumam ser elaborados com menos intensidade, enquanto continuam teoricamente pouco elaborados os problemas do desenvolvimento mental da criança e da relação desse desenvolvimento com a aprendizagem escolar. Como resultado, cria-se uma situação que não satisfaz nem os pedólogos nem a escola, que têm todo o direito de esperar desse trabalho algo mais definido e sério do que aquilo que lhes chega às mãos.

De fato, a que se resume a chamada análise pedológica do trabalho pedagógico na escola? Em sua maior parte esse trabalho assume o caráter de pronto-socorro: o pedólogo chega à sala de aula de lápis e papel na mão, passa a aula toda sentado e fazendo anotações minuciosas. Depois analisa a aula do ponto de vista de considerações gerais, do quanto as crianças estiveram interessadas e o quanto foram atenciosas, etc. Como resultado obtém-se no melhor dos casos uma análise metodológica da aula, e onde o pedólogo é mais ou menos experiente nesse tipo de análise ele atua em relação ao pedagogo como consultor, instrutor, auxiliar ou simplesmente como o segundo pedagogo ou assistente. Se, como acontece freqüentemente, ele não é especialista em metodologia de algum objeto, então a chamada análise pedológica do processo pedagógico se resume a indicações gerais sobre metodologias de organização da aula, ou seja, indicações de que toda aula deve interessar as crianças, atrair-lhes a atenção, desenvolver-se de modo a permitir a alternância de ocupações e ter determinada dinâmica, etc.

Tentaremos, antes de mais nada, definir o conteúdo do que se costuma designar pelo termo "análise pedológica". Depois virá a questão de saber por que meios, vias e métodos a análise deve ser realizada. Para responder a essas questões achamos mais correto partir não da sua colocação abstrata mas dos resultados de que dispõem a pedologia como fruto de uma correta análise dos aspectos particulares da aprendizagem escolar.

Se tentarmos simplificar a situação e imaginá-la em forma esquemática, ficará claro que existem pontos de vista contraditórios sobre o problema do conteúdo da análise pedológica. Ambos os pontos de vista têm uma participação mesclada na nossa análise pedológica. Ao mesmo tempo, os dois não são inteiramente consistentes e devem ser rejeitados em proveito de um terceiro, que tentaremos defender em seguida.

Em ordem cronológica, o primeiro ponto de vista consiste no seguinte: supõe-se que a criança realiza certos processos de desenvolvimento que são uma premissa da possibilidade da sua aprendizagem escolar. O desenvolvimento deve anteceder a aprendizagem. Esta se baseia em ciclos concluídos do desenvolvimento da criança. A tarefa do pedólogo ou psicólogo é definir o processo de desenvolvimento da criança e depois a aprendizagem já deve ser adaptada às leis do desenvolvimento da criança. De fato, com muita freqüência ouvimos a indagação: qual é a abrangência pedagógica de certa idade? Será efetivamente necessário começar a alfabetização das crianças aos oito anos, quando elas ingressam na primeira série da escola, ou se pode ensiná-las a ler e escrever aos cinco anos, como se faz em alguns jardins-de-infância, ou aos sete anos, como é prática nos cursos preparatórios?

De que depende a solução desse problema, ou seja, quando é necessário começar a alfabetizar a criança? Isso depende do processo de desenvolvimento dessa criança. Para iniciar a alfabetização de uma criança é necessário que as suas funções mentais estejam amadurecidas e tenham atingido certo nível de desenvolvimento. Assim, não se pode alfabetizar uma criança de três anos porque nela a atenção não está suficientemente desenvolvida (ela não consegue se concentrar por muito tempo em uma ocupação) e a sua memória ainda não está devidamente desenvolvida (ela não consegue memorizar o alfabeto) e o pensamento ainda não se desenvolveu suficientemente, etc.

Os adeptos do primeiro ponto de vista acham que a memória, a atenção e o pensamento se desenvolvem por certas leis próprias, à semelhança das forças da natureza, que eles devem atingir certo nível e só então a aprendizagem escolar se tornará possível. Assim, a relação entre aprendizagem e desenvolvimento é interpretada como existência de duas séries independentes. A primeira é processo de desenvolvimento da criança e a segunda o processo de aprendizagem escolar. Tudo consiste em ajustar o processo de aprendizagem escolar ao processo de desenvolvimento da criança.

Esse é, em particular, o ponto de vista de Piaget: as crianças até os onze anos não dominam o pensamento, ou seja, o estabelecimento de uma dependência de causa e efeito, e por isso, segundo ele, é inútil começar a ensinar ciências naturais e ciências sociais a uma criança antes dos onze anos.

Emprega-se freqüentemente a comparação: a relação da pedagogia com a pedologia é a mesma da técnica com a física. A física estabelece as leis da natureza como tais, a técnica aplica essas leis. De igual maneira, a psicologia e a pedologia estabelecem as leis do desenvolvimento infantil, a pedagogia organiza a aprendizagem da criança com base nessas leis. Esse ponto de vista é o que tem mais vitalidade embora seja o mais antigo. Baseia-se em que uma série de pedólogos, pedagogos e psicólogos até hoje supõem que o desenvolvimento mental da criança depende imediatamente do amadurecimento do cérebro. Como o pensamento é a função básica do cérebro, eles consideram que o desenvolvimento do pensamento é função decorrente do desenvolvimento do cérebro e existe uma dependência imediata entre certos níveis de amadurecimento do cérebro e os níveis de desenvolvimento do pensamento. Se uma criança de idade inferior não pensa como uma criança de sete anos, isto acontece porque o seu cérebro ainda não amadureceu. O processo de desenvolvimento é visto por esses pensadores como processo de caráter orgânico.

No que se refere a esse ponto de vista, foram feitos três reparos básicos a prática das escolas americanas e européias avançadas. Esses reparos reduziram de fato esse ponto de vista a quase zero.

Primeiro reparo: se o nível de desenvolvimento da criança nos dias de hoje não permite dominar a dependência de causa e efeito, isto significa que é necessário extirpar do material didático tudo o que não corresponda a determinado nível de desenvolvimento do pensamento da criança? Não. Na criança o desenvolvimento do pensamento causal é fraco, e justamente por isso a escola deve trabalhar o desenvolvimento dessa função com a maior atenção e a menor perda de tempo. Ao contrário, a escola não precisa trabalhar intensamente o que na criança está suficientemente desenvolvido. Assim, os processos de percepção se desenvolvem antes e, conseqüentemente, na escola não é necessário ensinar a criança a ouvir, a ver, etc. Veja-se o exemplo da escola auxiliar. Na pedagogia da escola auxiliar desenvolveu-se o seguinte dogma: se nas crianças com retardamento mental o pensamento abstrato é precário, então toda a aprendizagem deve ser organizada segundo os princípios do método direto. Muitas escolas baseavam o seu trabalho nesses princípios, até que ficou claro que essas escolas estavam paralisando o pensamento abstrato. E surgiu um lema novo e inverso no campo da pedagogia da escola auxiliar, particularmente na Alemanha, que dizia: se o pensamento abstrato de uma criança com retardamento mental tem um desenvolvimento fraco, a escola é obrigada a trabalhar intensamente o desenvolvimento dessa função nessa criança.

O primeiro reparo mostrou que o nível de desenvolvimento da criança não é critério do que se possa fazer ou deixar de fazer com ela no momento.

Segundo reparo: foi estabelecido que os processos de desenvolvimento da criança são processos de suma complexidade que não podem ser bem caracterizados por um só nível. Daí surgiu a teoria que nos Estados Unidos foi chamada de "teoria do duplo nível". Esta teoria é de enorme importância porque mostrou na prática até que ponto é capaz de reconstruir o serviço pedológico ou psicológico do processo escolar. A idéia consiste no seguinte: o desenvolvimento da criança é um processo de mudança constante. Cabe perguntar se pode o desenvolvimento ser determinado apenas por algum nível existente, ou seja, pelo nível daquilo que a criança pode fazer hoje, daquilo que a criança sabe hoje. Isso significaria admitir: o desenvolvimento se realiza sem qualquer preparação, só começa quando se torna visível. Mas na prática é claro que sempre existe preparação, que o desenvolvimento e os processos na criança passam por um original período embrionário. Exatamente como a existência da criança começa não do momento do seu nascimento mas da concepção, o nível de seu desenvolvimento é, em essência, preparado. No fundo, determinar o desenvolvimento da criança pelo nível do que hoje está amadurecido significa renunciar à concepção do desenvolvimento infantil.

Para neutralizar tais deficiências, Meuman e outros pesquisadores fizeram reparos que redundaram em uma modificação no campo da teoria e da prática da análise pedológica. Pela essência do reparo, se hoje a criança revela em forma imatura essas e aquelas habilidades e capacidades amadurecidas, no processo de seu desenvolvimento já existem nelas certas funções que fazem avançar esse desenvolvimento. Nesse caso, a tarefa da investigação pedológica é estabelecer o que hoje já não traz apenas frutos mas está semeado, ainda irá florescer e amanhã dará certos frutos, ou seja, o enfoque da definição do nível de desenvolvimento é dinâmico. As pesquisas levaram os pedólogos à idéia de que se deve definir ao menos o duplo nível de desenvolvimento da criança: em primeiro lugar, o nível de desenvolvimento atual da criança, ou seja, aquilo que hoje já está maduro e, em segundo, a zona do seu desenvolvimento imediato, ou seja, aqueles processos no desenvolvimento subseqüente dessas funções que, estando maduros hoje, ainda assim estão a caminho, germinando; amanhã darão frutos e passarão ao nível de desenvolvimento atual.

Bibliografia

Abrámov, S. S. *Problemi omolojéniya po Shteinakhu* (Os problemas do rejuvenescimento segundo Steinach). Berlim, 1921.
Aikhenvald, Y. *Etiúdi o západnikh pissátelyakh* (Estudos sobre escritores ocidentais). Moscou, 1910.
Binet, A. *Sovremennie idéi o dêtyakh* (Les idées modernes sur les enfants, 1909), Moscou, 1910.
Blonski, P. P. *Ázbuka trudá: Vvedénie v trudovedénie* (ABC do trabalho. Introdução aos estudos do trabalho). Moscou, 1922.
____. *Osnóvi pedagóguiki* (Fundamentos de pedagogia). Moscou, 1925a.
____. *Ótcherk naútchnoi psikhológiuii* (Esboço de psicologia científica). Moscou, 1921.
____. *Pedagóguika* (Pedagogia). Moscou, 1924.
____. *Pedológuiya* (Pedologia). Moscou, 1925b.
____. *Psikhológuiya kak naúka o povedénii. // Psikhológuia i marksizm* (A Psicologia como ciência do comportamento. A Psicologia e o marxismo). Moscou-Leningrado,1925c.
____. *Trudováya chkola* (Escola para otrabalho). Moscou, 1919.
Bühler, C. T.-H. B., Herzer, H. *Sotsiálno-psikhologuítcheskoe izutchénie rebiónka piérvovo goda jizni* (Estudo psicossocial da criança no primeiro ano de vida). Moscou, 1931.
____. *Abriss der geistigen Entwicklung des Kindes*. Leipzig, 1923.
____. *Dukhóvnoe razvítie rebiónka* (O desenvolvimento mental da criança). Moscou, 1924.

_____. *Tatsachen und Probleme zuteiner Psychologie der Penkvor gange* // Archiv. f. d. gesante Psychologie, 1908, 12.

_____. *Theorie der Perzeption.* Jenna, 1922.

Buseman, A. *Pedagogisce Milienkunde.* Haale, 1927.

Chif, J. I. *Razvítie jitêiskikh e naútchnikh ponyatii* (Desenvolvimento dos conceitos espontâneos e científicos). Moscou, 1933.

Christiansen, B. *Filosófiya iskússtva* (Filosofia da arte). S. Petersburgo, 1911.

Claparede, E. *La conscience de la ressemblance et de la difference chez l'enfant* // Arch. de Psych. 1998, XYII.

_____. *Psikhológuiya rebiónka i eksperimentálnaya pedagóguika* (Psicologia da criança e pedagogia experimental). S. Petersburgo, 1911.

_____. *Psychologie de l'enfant.* Genebra, 1916.

Darwin, C. *Sobr. sotch.* (Obras). S. Petersburgo, 1898-1901.

De Vries. *Mutátsii i períodi mutátsii pri proiskhojdénii vídov* (A mutação e os períodos das mutações na origem das espécies). S. Petersburgo, 1912.

Ebbinghaus, H. *Osnóvi psikhológuii* (Fundamentos de Psicologia). Moscou, 1927-1929. *Pedagoguítcheskaya entsiklopédiya* (Enciclopédia de Pedagogia).

Frank, S. L. *Duchá tcheloviéka* (A alma do homem). Moscou, 1917.

Freud, S. *Yá i onó* (O Ego e o Id). Leningrado, 1924.

Fröbel, F. *Pedagoguítcheskie sotchinéniya* (Obras pedagógicas). Moscou, 1913. Freud, S. *Liéksii po vvediéniiu v psikhoanaliz* (Cinco lições de psicanálise). Moscou, 1923.

Gessen, S. I. *Osnóvi pedagóguiki: Vvedénie v prikladnúiu filosofiiu* (Funda-mentos de pedagogia. Introdução a uma filosofia aplicada). Berlim, 1923.

Groos, K. *Duchévnaya jizn detêi* (A vida mental das crianças). S. Petersburgo, 1906.

_____. *Zur Psychologie der Reifenden Jugend.* S. I., 1912. Janet P. *L'évolution psychologique de la personalité.* P., 1930.

Hall, S. *Sobránie statiêi po pedológuii i pedagóguike* (Seleta de artigos sobre pedologia e pedagogia). Moscou, 1912.

Haupp, R. *Psikhológuiya rebeónka* (A psicologia da criança). S. Petersburgo, 1924.

Herbart, I. *Ízbrannie pedagoguítcheskie sotchinéniya* (Obras pedagógicas escolhidas). Moscou, 1906.

Ivanov-Razúmnik, R. V. *Istóriya rússkoi obschêstvennoi misli: Individualizm i meschánstvo v rússkoi literature i jizni XIX véka* (História do pensamento social russo. Individualismo e mesquinhez na literatura e na vida russa do século XIX). S. Petersburgo, 1930.

James, W. *Psikhológuiya v besêdakh s utchítelyami* (A Psicologia conversando com os professores). Moscou, 1905.

_____. *Psikhológuya* (Psicologia). S. Petersburgo, 1902.

_____. *Suschestvúiet li soznánie? // Nóvie idéi v filosófii* (Existirá a consciência? Novas idéias em filosofia). S. Petersburgo, 1913, v. 4.

Key, E. *Vek rebiónka* (O século da criança). S. Petersburgo, 1905.

Koffka, K. *Grundlangen der psychischen Entwicklindes*. Langensalza, 1928.

_____. *Osnóvi psikhítcheskovo razvítiya* (Fundamentos do desenvolvimento psíquico). Moscou-Leningrado, 1934.

Köhler, W. *Issliédovanie intelekta tcheloviekopodóbnikh abezyan* (Estudo do intelecto dos antropóides). Moscou, 1930.

Kornílov, K. N. *Bioguenetítcheskii príntsip o ievó znatchénie v pedagóguike. Diétsvo i iúnost, ikh psikhológuiya i pedagóguika* (O princípio biogenético e sua importância em pedagogia. // A infância e a adolescência, sua psicologia e sua pedagogia). Moscou, 1922.

_____. *K psikhológuii diétskoi igrí v kúkli. // Rebiónka i igrúchka* (Em torno da psicologia do brincar de bonecas entre as crianças. A criança e o brinquedo). Moscou, 1923.

_____. *Utchénie o reáktsiakh tchelovieka* (A teoria das reações humanas). Moscou, 1924.

_____. *Ótcherk psikhológuii rebiónka ránnevo vózrasta* (Esboço de psicologia da criança em tenra idade). Moscou, 1921.

Korolienko, V. G. *Sliepói muzikant: (Etiúd)* [O músico cego (Estudo)]. Petrogrado, 1922.

Kretschmer, E. *Stroiénie tiéla i kharáktera* (Estrutura do corpo e do caráter). Moscou-Petrogrado, 1924.

Kroh, O. *Die Psychologie des Grundschulindes*. Langensalza, 1928.

Lange, K. G. *Duchévnie dvijéniya* (Os movimentos da psique). S. Petersburgo, 1918.

Lazurski, A. F. *Estéstvennii eksperiment i ievó chkólnie porimenénie* (O experimento natural e sua aplicação escolar). Petrogrado, 1918.

Marx, K. e Engels, F. *Obras*, t. 3, 13, 19 e 23 (edição em russo).

Meuman, E. *Ekonómiya i tékhnika pámyati: Eksperimentálnoe issliédovanie o zapetchatlénii i zapominanii* (Estudo experimental do registro e da memorização). Moscou, 1913.

_____. *Vorlesungen zur Einfuhrung in die experimentelle Paedagogik und ihre psuchologischien Grundlagen*. Leipzig, 1911-1914.

Münsterberg, H. *Grundlage der Psychologie*. Leipzig, 1923.

_____. *Nóvoe v refleksológuii i fiziológuii niérvoi sistemi* (O novo em reflexologia e fisiologia do sistema nervoso). Leningrado, 1925.

_____. *Osnóvi psikhotékhniki* (Fundamentos de psicotécnica). Moscou, 1922.

_____. *Psikhológuiya i utchítiel* (A Psicologia e o mestre). Moscou, 1910.

Pávlov, I. P. *Lieksii o rabote glávnikh pischevarítelnikh jelióz* (Conferências sobre o funcionamento das glândulas centrais do aparelho digestivo dos animais), t. III, livro 2, Moscou-Leningrado, 1951.

_____. *XX-liétnii ópit obiektívnovo izutchéniya víschei nérvnoi dêiyatelnosti (povedéniya) jivótnikh* (Uma experiência de vinte anos de estudo objetivo da atividade (comportamento) nervosa superior dos animais). Leningrado, 1924.

Peters, W. *Chkola pôlnaya jizni* (Uma escola plena de vida). Moscou, 1912.

_____. *Struktur in Jugendalter*. Leipzig, 1923.

Piaget, J. *Le langage et la pensée chez d'enfant*. P., 1923.

_____. *Riétch i michliênie rebiónka* (A linguagem e o pensamento da criança). Moscou-Leningrado, 1932.

Platão. *Pir* (O banquete). Moscou, 1908.

Potiebniá, A. A. *Misl i yazík* (Pensamento e linguagem). Odessa, 1922.

Rubinstein, M. M. *Ótcherk pedagoguítcheskoi psikhológuii v svyazí s óbschei pedagóguikoi* (Esboço de psicologia pedagógica em face da pedagogia geral). Moscou, 1913.

Schmidt, P. *Teóriya i práktika omolojêniya* (Teoria e prática do rejuvenescimento (operações de Steinach)). Petrogrado, 1923.

Sherrington, C. *Assotsiatsiya spinnomozgovíkh refléksov i príntsip óbschevo pólya // Uspiékhi sobreménnoi bilóguii* (Associação dos reflexos medulares e o princípio do campo geral. Êxitos da biologia moderna). Odessa, 1912.

____. *Integratívnaya dêyatelnost niérvnoi sistémi* (Atividade integrativa do sistema nervoso). Leningrado, 1969 (Aqui há um erro gráfico: Vigotski morreu em 1934, logo, não poderia citar um livro de 1969 – N. do T.)

Sologub, F. *Miélkii biês* (Um pequeno demônio). S. Petersburgo, 1912.

Stumpf, K. *Eigenartige sprachliche Entwicklund eines Kindes // Zeitscher. ü Pädagogische. Psyche und phatalogie.* 1901, Bd. 3.

Tchékhov, A. P. *Ízbrannie proizvedéniya* (Obras escolhidas). Berlim, 1922.

Thorndike, E. *Educational Psychology.* Nova York, 1913-1914.

____. *Príntsipi obutchêniya, osnóvannie na psikhológuii* (Princípios da aprendizagem baseados na psicologia). Moscou, 1925.

____. *The Elements of Psychology.* Nova York, 1920.

____. *The Fundamentals of Learning.* Nova York, 1932.

____. *Ótcherki psikhológuii* (Esboços de Psicologia). S. Petersburgo, 1889.

____. *Utchébnik psikhológuii* (Manual de Psicologia). Parte I, II, S. Petersburgo, 1914.

Tolstói, L. N. *Pedagoguítcheskie stati* (Artigos sobre pedagogia). Moscou, 1903.

Vagner, V. A. *Biopsikhológuiya i sméjnie naúki* (A biopsicologia e as ciências e as ciências contíguas). Petrogrado, 1923.

Vail, A. *Vnútrennyaya sekrétsiya* (A secreção interna). M-Pg., 1923.

Vesselovski, A. N. *Psikhologuítcheskii parallelizm i ievó formi v otrajéniyakh poetítcheskovo pólya* (O paralelismo psicológico e suas formas nos reflexos do campo poético). S. Petersburgo,1898.

Vesselovski, K. P. *Pedologuítcheskii parktikum: Possóbie dlya praktítcheskikh zanyatii po pedológuii* (Practicum pedológico: Manual de aulas práticas de pedologia). Moscou, 1924.

Wundt, W. *Duchá i mozg* (A alma e o cérebro). S. Petersburgo, 1909.

____. *Fantáziya kak osnóva iskússtva* (A fantasia como fundamento da arte). S. Petersburgo-Moscou, 1914.

Zalkind, A. B. *K vopsóssu o súschnosti psikhonevrózov* (Em torno da questão da essência das psiconeuroses). Moscou, 1913.

____. *Osnovníe vopróssi pedológuii* (Questões fundamentais de pedologia). Moscou, 1930.

____. *Vopróssi soviétskoi pedagóguiki* (Questões de pedagogia soviética). Leningrado, 1926.

Índice onomástico

Aall 194
Aikhenvald, I. 337, 349
Andrêiev, L. N. 308
Aristóteles 290, 344

Bain, A. 368
Barens 526, 529, 540, 542-3
Beethoven, L. V. 343, 363
Belington 470
Ber, K. M. 220
Biékhteriev, L. V. 80
Binet, A. 190, 440-1, 490, 492, 514
Blok, A. A. 300
Blonski, P. P. 1-2, 5, 7, 9, 11-3, 272, 276, 287, 327, 446, 454, 494
Boldwin, J. M. 483
Braille 383-4, 388
Bühler, C. 244-5, 294, 395
Bukhárin 339
Búldin 362
Burt, S. L. 494
Byron, J. 307

Chaliápin, F. I. 362
Chestov, L. 297
Chif, J. I. 529, 535-7, 539
Chopin, F. 343
Christiansen, B. 333, 345
Claparede, E. 520, 532-3
Cooper, J. F. 309

Darwin, C. 16, 24-5, 87
Descartes, R. 226
Dostoiévski, F. M. 218, 298, 312

Ebbinghaus, H. 190
Engels, F. 43, 285
Espinoza, B. 306

Fracker 472
Frank, S. L. 78
Freud, S. 235, 279, 281, 392
Froebel, F. 117, 446

Gessen 10, 14
Gerchenzon 349
Gilbert 472

Goethe, J. 347-9
Gógol, N. V. 345
Griboiêdov, A. S. 297
Groos, K. 159, 361

Haeckel, E. 88
Hall, S. 209
Haring, E. 370
Haupp, R. 211, 322, 366, 376
Haüy, V. 395, 446
Herbart, I. 305, 317, 472
Hume 3

Ivanov-Razúmnik, R. V. 329

James, W. 9, 127-9, 146, 189, 191, 204-5, 209, 261, 302-3, 306, 319-20, 336, 354, 365-6, 375, 458-9, 468-70, 484-5
Janet, P. 520
Jefferson, J. 367

Kant, I. 3, 176
Keller, H. 388
Kerschensteiner, G. 250
Key, E. 447
Koffka, K. 471, 475-7
Köhler, W. 244, 479, 511-2
Komiênski, Y. A. 446
Kornílov, K. N. 90, 211, 223-4, 405, 407, 411, 416
Korolienko, V. G. 385
Krepelin, E. 366
Kretschmer, E. 400-3, 419
Krilov, I. A. 326-7
Kruiévitch 273

Laj, W. A. 10, 64
Lange, K. G. 127, 140

Lázariev, P. P. 19, 245
Lazurski, A. F. 443-4
Lesgaft, P. F. 399
Locke, J. 3
Lomonóssov, M. V. 184-5

MacCarthy 502, 537, 539
Maiakóvski, V. V. 184
Marshall, A. 90
Martin 472
Marx, K. 13, 43, 226, 253, 273, 285
Mayne Reid 309
Meuman, E. 10, 13, 176, 190-1, 199, 289, 303, 490, 492, 552
Mozart, W. A. 188
Münsterberg, H. IX, XII, 6, 10-4, 137, 197, 371-4, 376, 450, 452, 454, 457

Natorp, P. 317
Nemietchek 194
Niekrássov, N. A. 240
Nietzsche, F. 297-8

Oniéguin I, 329-30
Ovsiániko-Kulikóvski 329
Owell 509

Pávlov, I. P. XIIIn, 27, 30, 33, 38, 45-7, 50, 54, 65, 281, 377
Pestalozzi, J. H. 446-7
Peters, W. 194
Piaget, J. 466-7, 470, 483, 520, 522-3, 525-6, 529-31, 533, 535-6, 550
Pieriedónov 327
Platão 102

Potiebniá, A. A. 352
Púchkin, A. S. 110n, 327, 330, 348

Rignano, E. 483
Rossolino, G. I. 441
Rousseau, J. J. 301, 306, 446, 458
Rubinstein, M. M. 175, 292-3, 296

Savódnik, V. F. 273
Scherbiná, A. M. 385
Schopenhauer, A. 102
Shakespeare,W. 197, 337, 363, 449
Sherrington, C. 46-7, 55, 369-70
Siétchenov, I. M. 40, 209, 221
Simon, T. 440-1
Sócrates 302
Sologub, F. 327, 455
Spencer, H. 335
Steinach, E. 56-7
Stern, W. 190, 542
Stumpf, K. 476-7

Tagore, R. 211
Tchatski, S. T. 329

Tchékhov, A. P. 145, 196, 325, 340, 342, 346, 367, 432, 448-9
Temístocles 195
Terman, L. 494-5
Thorndike, E. 93, 111, 115, 163, 244, 308, 422, 472-3, 475, 485, 518
Titchener, E. 176
Tolstói, L. N. 301, 322, 339, 347-9, 363, 432, 446, 458

Ukhtómski, A. A. 49
Urbántchitch 153

Vagner, V. A. 23, 82, 86
Verne, J. 329
Viessiebrski, A. 335
Vóronov 56

Weil, A. 59
Withaft 304
Woodworth, R. 472
Wundt, W. 138, 152, 223

Zalkind, A. B. 279, 281-3, 390-1, 457, 459-60.
Zavódovski, B. M. 56, 404